Rolf Arnold
Ekkehard Nuissl
Matthias Rohs

Erwachsenenbildung

Eine Einführung in Grundlagen, Probleme und Perspektiven

Schneider Verlag
Hohengehren GmbH

Umschlag: Gabriele Majer, Aichwald

Gedruckt auf umweltfreundlichem Papier (chlor- und säurefrei hergestellt).

Bibliografische Information der Deutschen Nationalbibliothek

Die Deutsche Nationalbibliothek verzeichnet diese Publikation in der Deutschen Nationalbibliografie; detaillierte bibliografische Daten sind im Internet über ›http://dnb.d-nb.de‹ abrufbar.

ISBN 978-3-8340-1722-2 – **3. unveränderte Auflage**

Schneider Verlag Hohengehren, Wilhelmstr. 13, 73666 Baltmannsweiler
Hompage: www.paedagogik.de

Printed in Germany – Druck: Esser, Bretten

INHALTSVERZEICHNIS

VORWORT

Das vorliegende Buch wurde erstmals 1988 veröffentlicht und erschien danach in fünf Auflagen, jeweils überarbeitet und aktualisiert. Der hier nun vorliegenden Neuauflage ging ein längerer Klärungs- und Diskussionsprozess voraus, der vor allem um die Frage kreiste: *Haben sich nach fast 30 Jahren nicht die Grundlagen und Formen der Erwachsenenbildung so grundlegend verändert, dass es kaum noch möglich sein dürfte, diese durch die Aktualisierung und Fortschreibung einer dereinst schlüssigen Aufbereitungsform des Themas adäquat abzubilden?* Insbesondere die neueren, stärker selbtsorganisierten Formen des lebensbegleitenden bzw. „lebenslangen" Lernens, an deren Entwicklung ich selbst seit nunmehr über dreißig Jahren aktiv beteiligt sein darf (Stichworte: eLearning, berufsbegleitende wissenschaftliche Weiterbildung etc.), gaben dieser Frage eine zusätzliche Berechtigung.

Doch waren es vor allem Studierende, die durch ihre ungebrochene Nachfrage nach dieser Einführung mich letztlich dazu bewogen, mit Kollegen entlang der ursprünglichen Präsentation des Themas „Erwachsenenbildung" eine Neuauflage zu gestalten – ein Prozess, der u. a. viel von einer Bestandsaufnahme und Prüfung der einstmals tragenden theoretischen Positionen und Professionalitätsannahmen der Erwachsenenpädagogik mit sich brachte. Es war diese gründliche Prüfung der tragenden Substanz grundlegender Annahmen, Paradigmen und Lesarten des Erwachsenenlernens, der die in Kaiserslautern tätigen Erwachsenenbildungsforscher letztlich bewog, eine nahezu vollständige Überarbeitung der „Erwachsenenbildung" vorzulegen. Dabei wurden einzelne Kapitel vollständig neu erarbeitet, andere aktualisiert, ergänzt oder neu strukturiert. Geblieben ist der Fokus auf das Erwachsenenlernen als eines identitäts- und kompetenztransformierenden Prozesses vor dem Hintergrund lebensweltlicher Eingebundenheit im Kontext gesellschaftlicher Zumutungen und Möglichkeiten.

Dieser einführende Text versucht, die Konstituierung einer Wissenschaft von der Erwachsenenbildung für Studierende der Erwachsenenpädagogik unter Anknüpfung an die historischen, didaktischen, aber auch erkenntnistheoretischen und methodologischen Dimensionen der Erwachsenenpädagogik zu bewerkstelligen – ein Versuch, der auch nicht zu einer Doppelung mit den von den Autoren an anderer Stelle vorgelegten Positionierungen führt (u. a. Arnold 1996; Arnold / Pätzold 2008; Nuissl 2006; Rohs 2017). Das Spezielle der hier vorgelegten „Erwachsenenbildung" ist darin zu sehen, dass sie sich um einen ganzheitlichen Entwurf bemüht und dabei auch nicht sonderlich einen bestimmten theoretischen Ansatz zur Beobachtung, Erklärung und Veränderung des Lernens Erwachsener privilegiert.

Darin unterscheidet sich dieser Einführungstext von den anderen Texten der Kaiserslauterer Erwachsenenpädagogik, die sich in den letzten Jahren mehr und mehr einer konstruktivistischen Lesart des Erwachsenenlernens bzw. einer Systemischen Pädagogik (vgl. Arnold 2013b) auf einer auch emotionstheoretisch informierten Grundlage zugewendet haben und damit auch das Deutungsparadigma der Erwachsenenpädagogik in einen neuen und erweiterten Kontext rückten, dessen grundlegende Hypothese lautet: Erwachsene deuten sich ihre Welt nicht nur so, wie sie sie zu erkennen, sondern auch so, wie sie diese auszuhalten vermögen (vgl. Arnold 2012c).

Rolf Arnold

April 2017

EINLEITUNG

Der Begriff Erwachsenenbildung umschließt zwei Perspektiven. In einem engeren Sinne bezeichnet er die Bildung Erwachsener, d.h. die auf der interpersonalen Ebene stattfindenden organisierten Lernprozesse, durch die Erwachsenen Anleitung, Begleitung und Hilfen zur Bildung, Kompetenzentwicklung und Selbstverwirklichung, aber auch zur fachlichen Fortbildung und Umschulung gegeben werden. Erwachsenenbildung findet aber auch in informellen Lernprozessen statt – eine Dimension, die lange Zeit in den Beschreibungen und Theorien zum Lernen Erwachsener wenig beachtet, wenn nicht gar übersehen und erst in den letzten beiden Jahrzehnten substanziell ausgelotet wurde (vgl. Dohmen 2001; Rohs 2016b). In einem weiteren Sinne ist Erwachsenenbildung allerdings auch eine gesellschaftliche Ausdrucksform sozial- und geistesgeschichtlicher Bewegungen und Konstellationen. Als solche ist sie eingebunden in den jeweiligen gesellschafts- und bildungspolitischen Bedingungsrahmen, dessen Funktionserfordernisse und Handlungsspielräume den Stellenwert sowie die Ziele und die Lernprozesse der Erwachsenenbildung bestimmen.

Erwachsenenbildung ist somit *Subjektgeschehen* ebenso wie auch *Gesellschaftsgeschehen*, sie ist Selbstbildung (Arnold 2013a) ebenso wie Anpassung an gesellschaftlich Zugemutetes und dessen Transformation. In den reflexiven Lernprozessen der Weiterbildungsgesellschaft lösen sich beide Geschehen mehr und mehr vom ausschließlich Funktionalen (Maßgaben, Erwartungen und Ziele) und beginnen dieses selbst durch Lernen zu verändern und neu zu bestimmen. Auch die Erwachsenenbildung durchlebt somit seit vielen Jahren eine „reflexive Modernisierung" (vgl. Beck/Giddens/Lash 1996), in der nicht „etwas" (z.B. Technik, Medizin) von „jemandem" (z.B. Wissenschaftlern, Ingenieuren) „modernisiert" wird, sondern sich vielmehr eine Modernisierung zuträgt, in der sich durch die erreichten Formen des Erkennens, Denkens, Kooperierens sowie Lernens und Gestaltens die innere Substanz dieser äußeren Ausdrucksformen der menschlichen Praxis selbst verändert. Das Lernen Erwachsener ist heute nicht mehr das Lernen „von etwas", sondern eine Transformationsbewegung, deren eigentliche Substanz die Hervorbringung eigener Potenziale und Kompetenzen sowie die Übung und Stärkung eigener Kräfte ist, durch die die Subjekte auch in die Lage versetzt werden, ihre Lebenswelt und ihre biographische Bewegung selbst aktiv zu gestalten.

Eine Darstellung der Grundlagen der Erwachsenenbildung, wie sie im Titel dieses Buches angekündigt ist, muss diesen beiden Perspektiven des Erwachsenenbildungsbegriffs (dem Subjekt- und dem Gesellschaftsgeschehen) sowie den sich in der Erwachsenenbildung selbst vollziehenden Wandlungen Rechnung tragen.

Es genügt nicht, das Augenmerk ausschließlich auf die didaktischen, lern- und sozialpsychologischen sowie – neuerdings: hirnphysiologischen (vgl. Roth 2011) – Aspekte des Lernens Erwachsener zu begrenzen und dabei die Frage außer Acht zu lassen, durch welche gesellschafts- und z. B. arbeitsmarktpolitischen Gegebenheiten Art, Inhalte und Relevanz dieses Lernens bestimmt sind. Umgekehrt bleiben die Grundlagen der Erwachsenenbildung unzureichend bestimmt, wenn man lediglich historische, bildungs-, gesellschafts- und wissenschaftstheoretische Fragen erörtert und dabei das Lernen der Teilnehmer und die Gestaltungsanforderungen der Erwachsenenbildungspraxis vergisst. Das Bemühen um eine Verbesserung und Weiterentwicklung der Erwachsenenbildung und Weiterbildung bleibt wirkungslos, wenn es nicht gelingt, aus ihr auch eine den Menschen unmittelbar berührende, ihn ermutigende und stärkende Bewegung zu gestalten.

Erwachsenenbildung ist demnach – um es prägnant zu formulieren – sowohl Bildungsgeschehen als auch Bestandteil unseres Bildungssystems und damit in seiner heutigen Gestalt – seinen Institutionen und alltäglichen Praktiken – Ausdruck eines gesellschaftlichen Entwicklungsprozesses. Dieser ist in seinen historischen Wurzeln ein Prozess politischer Auseinandersetzungen um die Befreiung derer, die von Bildung und Aufstieg ausgeschlossen waren: *Erwachsenenbildung ist somit in ihrem Kern Ausdruck einer Selbstbildungsbewegung.* Eine Darstellung der Grundlagen der Erwachsenenbildung muss daher neben der didaktischen Ebene des personalen Bildungsgeschehens auch die gesellschaftlichen bzw. historischen Aspekte institutionalisierten sowie informellen Lernens Erwachsener in den Blick nehmen.

Deshalb wird in dem vorliegenden Buch zunächst ein Überblick über die geschichtlichen und gesellschaftlichen Voraussetzungen der Erwachsenenbildung erarbeitet. Dabei wird davon ausgegangen, dass ein produktives Verhältnis der Erwachsenenbildung zu ihrer eigenen Geschichte eine Voraussetzung für die heutige Wirkung von Erwachsenenbildung darstellt. Dieser Überblick erstreckt sich von den Anfängen der Arbeiterbildung über die Volksbildung der Weimarer Zeit bis zur Weiterbildung in unseren Tagen, wobei eine Konzentration auf die Grundlinien und zentralen Akzentverschiebungen der Entwicklung erfolgt. Im Einzelnen sollen u. a. folgende Fragen beantwortet werden: Welches sind die historischen und gesellschaftlichen Voraussetzungen der Erwachsenenbildung? Welche gesellschaftlichen Entwicklungsprozesse führten zur Herausbildung einer organisierten Bildung Erwachsener? Wie stellt sich die historische Entwicklung der Erwachsenenbildung von ihren Anfängen bis in unsere Gegenwart hinein dar? Welcher Stellenwert und welche vertretend genannt seien: Markus Lermen (heute DISC), Hans-Joachim Müller, Henning Pätzold (heute Koblenz), Ingeborg Schüssler (heute Ludwigsburg), Markus Lermen und Anita Pachner (heute Tübingen) sowie Thomas Prescher (heute Fürth). Ihnen allen sei an dieser Stelle für die vielfältigen Impulse zur Weiterentwicklung eines systemisch-konstruktivistischen Konzeptes vom Lernen und der (Selbst-)Bildung Erwachsener ausdrücklich gedankt.

1. Geschichtliche und gesellschaftliche Voraussetzungen der Erwachsenenbildung

Die Fülle der Erfahrungen und Erkenntnisse derer, die in der Vergangenheit auf dem Gebiet der Erwachsenenbildung praktisch oder theoretisch tätig waren, darf nicht in Vergessenheit geraten. Die Erwachsenenbildung ist nur als Produkt historischer Entwicklungslinien einerseits und der aktuellen Konstellation ihrer Praxis andererseits angemessen zu verstehen, denn sie ist Anspruch und Empirie gleichermaßen. Ohne die Frage nach den historischen Voraussetzungen der Erwachsenenbildung würde eine Darstellung ihrer aktuellen Lage nicht zu verstehen sein. Ein historisches Selbstbewusstsein der Erwachsenenbildung, dessen Herausbildung der eigentliche Sinn einer Beschäftigung mit ihrer Geschichte ist, führt gleichzeitig auch zu einer größeren Gelassenheit gegenüber dem heute rasanten Wechsel erwachsenenpädagogischer Prinzipien und Paradigmen, da sie die jeweiligen historischen Vorläufer und Parallelen deutlich werden lässt und erkennt, dass nicht alles ›neu‹ ist, was sich als ›neu‹ präsentiert (vgl. Tietgens 1981, S. 143).

Die Frage nach dem eigentlichen Beginn einer organisierten Erwachsenenbildung ist strittig. Ausgehend von einem weiten Begriffsverständnis ist es möglich, den Beginn der Erwachsenenbildung ideengeschichtlich bereits im antiken Bildungsdenken festzumachen. Andere lassen Erwachsenenbildung bereits mit Moses und den Propheten des Alten Testamentes beginnen oder knüpfen an die Erfindung des Buchdrucks im 15. Jahrhundert an, da erst durch diesen die Distribution und Nutzung von Ideen und Gedanken und somit Bildungsteilhabe in einem breiteren Sinne zumindest prinzipiell möglich wurde, obgleich nach wie vor ein Großteil der Menschen weder lesen noch schreiben konnte. Hans Tietgens plädiert in seiner erwachsenenpädagogischen Historiographie für eine pragmatische Bezugnahme auf den „üblichen Anfangszeitpunkt" (Tietgens 2010, S. 25) in der zweiten Hälfte des 18. Jahrhunderts:

> *„Zwar bleibt damit Bedeutendes aus der Bildungsgeschichte ausgespart, aber mit dem Aufkommen einer bürgerlichen Kultur war eine sozialgeschichtliche Konstellation gegeben, mit der ein in die Breite wirkendes Anregungspotenzial für die Bildung Erwachsener entstand. Für sie sind die dreifach gerichteten und miteinander verflochtenen Intentionen der Aufklärung – qualifizierte Arbeitsbewältigung, kulturelle Selbstfindung, gesellschaftliche Mitgestaltung – bis auf den heutigen Tag maßgebend geblieben. Daran haben veränderte Lebensbedingungen und kontroverse Diskussionen über Aufgabenverständnisse nichts geändert" (ebd., S. 25).*

Biographisierung

„Der Erwachsene (eignet sich) in der subjektbezogenen Sicht seiner eigenen Biographie selbständig und autonom – und z. T. entgegen den programmatischen Intentionen der Veranstalter – Bildungsangebote an".

Internationalisierung

„Erwachsenenbildung (hat sich) in all ihren formativen Perioden stark mit ausländischen Vorbildern und Modellen beschäftigt und diese Beschäftigung durch persönliche und wissenschaftliche Kontakte z. T. systematisch gefördert".

Verwissenschaftlichung

„Die wissenschaftliche Bearbeitung der Erwachsenenbildung (wandelt) sich von einer reflektierenden Bezugnahme in praxisdienlicher Absicht zunehmend zu einer disziplinär-orientierten Institutionalisierungsform".

Temporalisierung

„Mit der begrifflich-inhaltlichen Verschiebung von Volksbildung über Erwachsenenbildung und Weiterbildung zum Lebenslangen Lernen (wird) ›Erwachsenenbildung‹ zum Medium der Temporalisierung des Lebenslaufes".

Abb. 1 Multiperspektivischer Blick auf die Geschichte der Erwachsenenbildung (nach: Seitter 2000, S. 12 f.)

Dieser multiperspektivische Blick von Seitter erlaubt schließlich auch eine Beschreibung und Charakterisierung der Vielfalt der aktuellen Erwachsenenbildungs-Ansätze, wie sie sich einer gründlichen Analyse des Ist-Standes darstellen. Erwachsenenbildungseinrichtungen repräsentieren demnach heute sehr unterschiedliche historische Reifegrade. So finden sich z. B. neben entgrenzten Formen einer Didaktisierung des Erwachsenenlernens als berufsbegleitende oder aufsuchende Anregung und Begleitung von Identitäts- und Kompetenzentwicklung auch noch Formen eines stärker „verschulten" Lernens in Bildungshäusern, während andernorts die Erwachsenenbildung als ein – notwendig – biographie- und lebensweltbezogenes Geschehen verstanden und entsprechend gestaltet wird. Auch die Verwissenschaftlichung der Erwachsenenbildung wird sehr ungleichzeitig aufgegriffen. So lösen sich zahlreiche Träger der Erwachsenenbildung in ihren Ansätzen mehr und mehr von schlichten Vermittlungskonzepten, indem sie sich darum bemühen, das Selbstlernen ihrer Teilnehmenden „ernst" zu nehmen und zu stärken, während man sich andernorts (noch) nicht wirklich von der Vorstellung lösen kann, dass es notwendig und auch sinnvoll ist, alles zu lehren, was gelernt werden „soll". Diese Ungleichzeitigkeit des Entwicklungsstandes der Erwachsenenbildung ist es, welche eine deutliche Phaseneinteilung problematisch erscheinen lässt, obgleich diese möglich ist und deutliche Entwicklungsschritte hervortreten lässt.

Die Entwicklung der Erwachsenenbildung ist einerseits durch deutliche Entwicklungsschritte und alles überwölbende Entwicklungsschübe gekennzeichnet, andererseits verdeutlicht ein „multiperspektivischer Blick“ (ebd.) aber auch die Ungleichzeitigkeit und deshalb auch bisweilen Antiquiertheit der aktuellen Vorstellungen und Formen des Erwachsenenlernens in unserer Gesellschaft.

1.1 Von der Volksbildung zur Erwachsenenbildung: Auf dem Weg zur Institutionalisierung

Im Folgenden soll versucht werden, beide Betrachtungsweisen – die historiographische Phaseneinteilung einerseits und die multiperspektivische Betrachtung andererseits – miteinander zu verschränken, indem die Perspektiven besonders betont werden, welche in den neun Phasen der Entwicklung jeweils in den Vordergrund rückten. So sind die frühen Entwicklungsphasen deutlicher durch Institutionalisierungsaspekte gekennzeichnet, während in der fortgeschrittenen Erwachsenenbildungsentwicklung Biographisierungs- und Didaktisierungsperspektiven eine stärkere Wirkung entfalten.

a) Aufklärung und Vormärz (Phase I: 1800–1870)

Das Lernen Erwachsener war für die Aufklärung ein substanzieller Bestandteil der durch Volkserziehung zu verfolgenden Mündigkeit des Menschen. Erst durch die Aufklärung trat der Mensch wirklich als Möglichkeitswesen in das breitere Bewusstsein – als eine Persönlichkeit, die durch ihre gesellschaftliche Umgebung zwar bestimmt, aber in ihren Möglichkeiten nicht unüberwindbar festgelegt ist. Die Aufklärung lebt von dem Versprechen, durch Lernen das eigene Leben zu verändern – eine Vorstellung, welche bis heute als tragender Gedanke mit den Konzeptionen des – lebenslangen – Lernens Erwachsener verbunden ist und in der Postmoderne u. a. als Verpflichtung eines „Du musst dein Leben ändern“ (Sloterdijk 2009) auflebt und dadurch die Idee der Selbstbildung (vgl. Arnold 2013a) nicht nur als Möglichkeit und Recht, sondern gar auch als gesellschaftliche Anforderung in den Raum stellt.

Blickt man zurück, so waren es die Texte der Aufklärung, die am Beginn dieser Vorstellung eines persönliche *und* gesellschaftliche Perspektiven erschließenden Lernens standen. Diese Texte rückten die Vernunft und die Frage nach dem Gebrauch der Vernunft in den Mittelpunkt und gaben dadurch den Menschen einen Referenzpunkt für ihr Denken und ihre Lebenspraxis, über den sie selbst verfügen *eigene Bücherei. Sie konnten vielfach noch auf die durch die liberale Wirtschaftspolitik absterbenden Zunfteinrichtungen und ihre überregionalen Verbindungen zurückgreifen. Aus der Initiative der Handwerkerschaft oder der Gewerbevereine sind in der Regel auch die Sonntagsschulen entstanden, welche von den 20er Jahren ab sich besonders um die Hebung des Bildungsstandes der Bevölkerung bemühten, die infolge ihrer mangelnden Schulbildung nicht die für die Ausübung von handwerklichen und gewerblichen Tätigkeiten erforderlichen Grundkenntnisse besaßen" (Meyer 1975, S. 48).*

Zu diesen Tendenzen schreibt Hans Tietgens:

„Wenn in der ersten Hälfte des 19. Jahrhunderts neue Impulse zur Bildung Erwachsener bemerkbar wurden, so sind dafür zwei Antriebsmomente zu nennen. Zum einen war es die ökonomische, technische Entwicklung, die mit dem Aufkommen der Maschinenwelt neue Anforderungen stellte, und zum anderen regten sich gegen die mit der Zeit immer mehr verengende Restauration doch Widerstände, mit denen die Erweiterung der Bildung angesprochen war. Dabei hatte der Bildungsbegriff auch in der Breite den der Erziehung abgelöst, und alsbald wurde mit ihm auch die ›soziale Frage‹ verbunden. (...)
Auf der einen Seite waren es eben die ›Sonntags-Gewerbeschulen‹, auf der anderen blieben Zensur und polizeiliche Eingriffe ständige Gefahr und Beeinträchtigung. Darin kam die konservative, teilweise kirchlich gestützte Präferenz für ›Ständebildung‹ zum Ausdruck und das heißt Beschränkung auf die Vermittlung notwendiger Kenntnisse für die im jeweiligen Stand zu leistende nützliche Arbeit und Abwehr dessen, was man ›überspannten Bildungsdrang‹ nannte" (Tietgens 2010, S. 30f.).

Die Zielsetzungen der entstehenden Institutionen der Erwachsenenbildung trugen somit zum einen dem Spruch der Aufklärung Rechnung, zum anderen standen Ziele einer beruflichen Aus- und Fortbildung sowie Geselligkeitsansprüche und vor allem auch politische Anliegen im Vordergrund. Kennzeichnend für diese ersten Ansätze einer institutionalisierten Erwachsenenbildung war ihr Selbsthilfecharakter: Es handelte sich fast ausschließlich um Zusammenschlüsse und Vereinigungen, die – teils auf Initiative einzelner Persönlichkeiten – ein öffentliches Vortragswesen zur Wissenserweiterung und Aufklärung ihrer Mitglieder oder Standesgenossen organisierten.

Ein Beispiel dieser frühen Phase institutionalisierter Erwachsenenbildung war der von Adolf Kolping geleitete „Katholische Gesellenverein", der zum Ausgangspunkt des heutigen Kolpingswerkes wurde. Auf der Basis der gemeinsamen Religion wurde in der praktischen Bildungsarbeit dieser Vereinigung – neben der beruflichen und allgemeinen Fortbildung – großer Wert auf das Zusammenleben Gleichgesinnter (Kolpingsfamilien!) und die musische Bildung gelegt (vgl. Satzvey 1978, S. 428). Ähnliche Wurzeln lassen sich auch für fast alle Träger der Erwachsenenbildung nachzeichnen: Es war ein Selbsthilfegedanke, der sie entstehen ließ – eine Begründung, die in der Arbeiterbewegung politisch in dem Anspruch von Francis Bacon „Wissen ist Macht" ihre Zuspitzung erlebte und den „Beginn einer Arbeiterbildung im Dienst der politischen Emanzipation der Arbeiterklasse markiert(e)" (Nuissl 2010d, S. 330f.).

Die Ausgeschlossenheit des wirtschaftlich erstarkten Bürgertums von der politischen Macht und auch das vorläufige Scheitern der deutschen Freiheits- und Einigungsbewegung sind sozialhistorisch gesehen bedeutsame Parallelen zu der sogenannten Klassik, die sich in den letzten Jahren des 18. Jahrhunderts und den ersten Jahrzehnten des 19. Jahrhunderts als geistige Bewegung verbreitete und den Bildungsgedanken in den Vordergrund stellte. Sie war nicht nur eine literarische und philosophische, sondern auch eine pädagogische Bewegung. Ihr Ziel war das klassische Bildungsideal einer ganzheitlichen Ausbildung aller Kräfte der individuellen Persönlichkeit, einer Bildung zur Humanität und allgemeinen Menschlichkeit. Soziologisch gesehen war diese Bildungsbewegung eine Kompensationsleistung des Bürgertums, das „aus der Not der politischen Ausgeschlossenheit die Tugend der menschlichen Selbstvervollkommnung" (Litt 1977, S. 13) schuf. Übersehen werden darf deshalb auch nicht die interessenbedingte Begrenzung der bürgerlichen Erwachsenenbildung, die mit dem Erstarken der kapitalistischen Produktionsweise und dem Entstehen eines Besitzbürgertums immer deutlicher zutage trat. Die aufklärerische Forderung nach gleicher Freiheit und Bildung für alle begann sich dabei in ihr Gegenteil zu verkehren, da im Zuge der sich etablierenden bürgerlichen Besitz- und Machtstrukturen Freiheit, Bildung und Wohlstand zunehmend zum Privileg einer Gesellschaftsklasse, des industriellen Bürgertums, wurden, während die Handwerksgesellen und die entstehende Arbeiterschicht davon ausgeschlossen waren.

Waren Bürgertum und Arbeiterschaft in der Anfangsphase im Kampf gegen Adel und feudalen Obrigkeitsstaat durch eine „zeitweilige Interessengemeinschaft" (Feidel-Mertz 1972, S. 103) vereint, so änderte sich dies nach der erfolglosen 48er Revolution und der Verschärfung der sozialen Frage. Volksbildung und Arbeiterbildung, die bis dahin noch eine Bewegung waren, fielen auseinander. Während sich das Bürgertum mit dem wilhelminischen Staat als dem Garanten ihrer wirtschaftlichen Interessen arrangierte, begann sich die Arbeiterschaft in den 50er und 60er Jahren zu organisieren und wurde sich ihres klassenspezifischen Bildungsbedürfnisses bewusst. Die Arbeiterbildung profilierte sich mit der Arbeiterbewegung als einer politischen Form der Bewusstseinsbildung und grenzte sich scharf gegenüber der bürgerlich-liberalen Erwachsenenbildung ab, wie sie sich ab 1871 in der „Gesellschaft für die Verbreitung von Volksbildung" darstellte. Die im Pathos der Aufklärung entstandene Erwachsenenbildung spaltete sich.

b) Soziale Frage, Arbeiterbewegung und Erster Weltkrieg (Phase II: 1871–1918)

Werner Markert skizziert diese zweite Phase der Erwachsenenbildungsentwicklung mit den Worten:

„Nach Jahren der innenpolitischen Agonie in Deutschland, bedingt durch den völligen Sieg der Reaktion über die revolutionären Bewegungen des Jahres 1848, brachten die 70er Jahre die lange erstrebte, verspätete politische Einheit des Landes, die, da nicht Produkt bürger-

licher Emanzipationsbestrebungen, zur Integration des Bürgertums in den autoritären preußischen Staat führte und seinen ursprünglich „revolutionären Patriotismus" in nationalistisches Machtdenken umschlagen ließ" (Markert 1973, S. 81).

Vor diesem historischen Hintergrund entwickelte sich im ausgehenden 19. Jahrhundert als Neuansatz einer breiten öffentlichen Erwachsenenbildung die „Volksbildungsbewegung", aus der die Volkshochschulen heutiger Prägung hervorgegangen sind. Im Jahre 1871 wurde die „Gesellschaft für die Verbreitung von Volksbildung" gegründet, die die verstreuten Volksbildungsaktivitäten koordinieren und anregen sollte und das Ziel verfolgte,

„der Bevölkerung, welcher durch die Elementarschulen im Kindesalter nur die Grundlagen der Bildung zugänglich gemacht werden, dauernd Bildungsstoff und Bildungsmittel zuzuführen, um sie in höherem Grade zu befähigen, ihre Aufgaben im Staat, in Gemeinde und Gesellschaft zu verstehen und zu erfüllen" (zit. nach Groothoff u. Wirth 1976, S. 80).

Es ist kein Zufall gewesen, dass die Volksbildungsbestrebungen gerade im Jahre der Reichsgründung und Verleihung formaldemokratischer Rechte an das Volk einen Höhepunkt in der Gründung der Gesellschaft für die Verbreitung von Volksbildung fanden. Mit der Reichsgründung verbreitete sich die Einsicht, dass nun auch die Schaffung einer geistigen und sittlichen Gemeinschaft durch eine Bildung des Volkes erforderlich sei. Die Volksbildung verstand sich somit auch als ein Beitrag zur nationalen Einigung. In den folgenden Jahren entfaltete die Gesellschaft für die Verbreitung von Volksbildung reichhaltige und extensive Aktivitäten, um die Gründung neuer Volksbildungsvereine und neuer Volksbibliotheken (Selbstbildung!) anzuregen und das öffentliche Vortragswesen auszuweiten. Diese Aktivitäten stießen auf staatliche Anerkennung und eine ausgeprägte Kooperationsbereitschaft der Kommunen; die Zahl der kooperierende Volksbildungsvereine ging am Vorabend des Ersten Weltkrieges in die Tausende. Nach der Jahrhundertwende entstanden die ersten städtischen Volkshäuser und – nach dänischem Vorbild – die ersten Heimvolkshochschulen. Gleichwohl blieb die Volksbildung eine bürgerlich-liberale Bewegung. Hinter den aufklärerischen, humanistischen und sozialpolitischen Motiven dieser Bewegung stand deshalb auch vielfach das deutliche Verlangen, das angesichts der sozialen Frage wachsende politische Potential der Arbeiterbewegung zu neutralisieren. Die Volksbildung war somit gleichzeitig eine Antwort auf die Soziale Frage, wie eine Reaktion auf das Freiheitsstreben der Einzelnen. Ihr Anspruch war der einer Volksbildung im doppelten Sinne des Wortes, aber auch im Sinne von „Teilhabe und Zähmung", wie es Tietgens ausdrückt (Tietgens 2010, S. 33), der unter dieser Überschrift aber eine historische Schilderung liefert, die das belegt:

„Der Anspruch einer Teilhabe war hier also mit Integrationsbereitschaft verknüpft, und die Gedanken liefen noch keineswegs auf ›Funktionärsbildung‹ oder ›Bildung zum Klassenkampf‹ hinaus. Dennoch setzten sich in den gesellschaftsbestimmenden Kreisen Ängste fest,

die an Zähmungsmöglichkeiten denken ließen. Wenn daher nach der Reichsgründung 1871 die Frage anstand, wie die formalstaatlich hergestellte Einheit Gemeinsamkeiten im Leben bewirken könnte, wurde nicht die Einheitlichkeit der Lebensverhältnisse angezielt, sondern eine Geschlossenheit der Stimmungen. Nationale Integration sollte dabei zwar die Teilhabe des ganzen Volkes an den traditionellen Kulturgütern einschließen, aber doch in einer dosierten Form, die eine Beruhigung der Gemüter bewirkt" (ebd.).

Wichtige Impulse erhielt der Ansatz einer breiten öffentlichen – extensiven – Erwachsenenbildung in den letzten Jahren des 19. Jahrhunderts auch durch die Universitätsausdehnungsbewegung, die, ausgehend von England und angeregt durch österreichische Entwicklungen, das Anliegen einer Popularisierung von wissenschaftlichem Wissen verfolgte. Die vereinzelten Ansätze in Jena, Leipzig, München, Berlin, Kiel, Freiburg und Breslau, wo von engagierten Hochschullehrern volkstümliche Hochschulkurse durchgeführt wurden, führten 1899 zu der Gründung des „Verbandes für volkstümliche Kurse von Hochschullehrern des Deutschen Reiches". Von 1904 bis 1912 fand sich der Verband in Wien, Berlin, Dresden und Frankfurt zu „Volkshochschultagen" zusammen. „Volkshochschule meinte hier eine Hochschule für das Volk", die darum bemüht war, sich auch von der „wissenschaftlichen" Hochschule mit ihrer als fremd empfundenen Form, ihren selektiven Zugangsregelungen und ihrer Distanz zum Alltagswissen und zu den alltäglichen Problemlagen der Menschen deutlich abzugrenzen. Ihr erklärtes Ziel waren „Aufklärung und Kenntnisvermittlung als Beitrag für die neue demokratische Gesellschaftsordnung" (Bastian/Frieling 2010, S. 297).

Anders als die bürgerlich-liberalistischen Volksbildungsansätze mit ihrer offensichtlich integrativen Funktion war die Arbeiterbildung in direkter Weise eine Bildung für die Erfordernisse der politischen und wirtschaftlichen Auseinandersetzungen.

„Soll nämlich der Klassenkampf nicht Bewegung auf der Stelle, sondern Fortschritt sein, muss die Klasse, die diesen Fortschritt einzuleiten und zu tragen hat, sich ihrer selbst als Klasse erst bewusst und auf Grund solchen revolutionären Klassenbewusstseins zur revolutionären Aktion, zum Klassenkampf fähig werden. „Bildung" kann in dem Zusammenhang nur Bildung zu Klassenbewusstsein und Klassenkampf, d. h. eminent politische und (...) auch „existentielle" und „gestaltende", weil in die Bewegung eingeordnete Bildung sein" (Feidel-Mertz 1972, S. 84).

c) Weimarer Republik (Phase III: 1918–1933)

Für die Erwachsenenbildung der Weimarer Zeit waren das Kriegserlebnis und das Erlebnis der gescheiterten Revolution von 1918 grundlegend. Getragen vom Geist der Jugendbewegung und der Kulturkritik wurde eine bewusste Abkehr vom 19. Jahrhundert und seiner „Alten Richtung" der Volksbildungsbewegung mit ihrem unterschwelligen Fortschrittsglauben angestrebt. In der sogenannten Jugendbewegung artikulierte sich ein neues Lebensgefühl, das A. Reble in seiner „Geschichte der Pädagogik" mit den Worten beschreibt:

„Man ist nun deprimiert von jenem Fortschrittsglauben und dem bürgerlichen Sicherheitsgefühl der absinkenden Zeit, von den Mietskasernen und der Asphaltkultur der Großstadt, von dem Qualm und Lärm der Fabriken, dem Gekünstelten und Unechten in den Beziehungen der Menschen untereinander, von der Veräußerlichung und Zerspaltung des Menschseins und erst recht von dem satten Spießertum und bornierten Philistertum, das sich im Glanze dieser Erfolge sonnt und den tönernen Koloss selbstgefällig als Kunstwerk rühmt. Man sehnt sich damals nach der freien, unbefleckten Natur mit ihrer Körper und Seele stärkenden Kraft (…), nach ursprünglichem Leben und gewachsenen Formen, nach Innerlichkeit, nach ganz individueller Lebensgestaltung, nach persönlichem Wagnis, urwüchsiger, eigenwilliger Kraftentfaltung und lebendiger Ganzheit" (Reble 1975, S. 267).

In der Erwachsenenbildung schlägt sich dieses „Interesse am inneren Menschen" (ebd., S. 269) in dem Kampf der „Neuen Richtung" der Volksbildung gegen die alte, auf Popularisierung von Wissenschaft und Breitenwirkung bezogene Volksbildung nieder. Als erwachsenenpädagogische Erneuerungsbewegung war die Neue Richtung die erste Erwachsenenbildungsbewegung, die sich einem spezifisch erwachsenenpädagogischen Fokus verpflichtet wusste, indem die Lernenden in ihrer Alltagswelt und mit ihrem Alltagswissen selbst stärker zum Ausgangspunkt einer „auf Eigenständigkeit, Autonomie und Freiwilligkeit der Teilnehmenden beruhenden Bildungsarbeit" (Seitter 2011, S. 82) genommen wurden – wodurch auch bereits früh eine kritische Abkehr von dem Bildungsdenken und dem überlieferten Bildungskanon des Bürgertums markiert wurde. Im sogenannten Hohenrodter Bund fanden sich ab 1923 alljährlich die führenden Vertreter der Neuen Richtung zu Tagungen zusammen, in denen grundlegende Perspektiven des Erwachsenenlernens diskutiert und entwickelt wurden. Zu nennen sind in diesem Zusammenhang vor allem die Namen Eugen Rosenstock-Huessy (1888–1973), Eduard Weitsch (1883–1955), Werner Picht (1887–1965), Theodor Bäuerle (1882–1956) und Wilhelm Flitner (1889–1990). Elisabeth Meilhammer schreibt über diese Zeit:

„Einen wichtigen Einschnitt in der Entwicklung der deutschen EB stellt das Jahr 1919 dar. Das Desaster des Ersten Weltkrieges und die Gründung der Weimarer Republik machten die Notwendigkeit einer geistigen Neuorientierung und der politischen Bildung für die Demokratie sichtbar; erstmals wurde die Förderung der EB als öffentliche Aufgabe in der Verfassung niedergelegt (Art. 148). Hervorzuheben ist die ab 1919 einsetzende Gründung von Volkshochschulen im ganzen Reich als Stätten einer selbstorganisierten, lebensbedeutsamen und weltanschaulich ›freien‹ (neutralen) Bildung. Daneben entwickelte sich eine differenzierte Landschaft sog. ›gebundener‹ Bildungsträger (konfessionelle, sozialistische, völkische), so dass sich die EB in den 1920er Jahren zu einem plural organisierten, eigenständigen Bildungsbereich mit deutlichen Professionalisierungstendenzen emanzipierte und mehr und mehr auch wissenschaftlich reflektiert wurde" (Meilhammer 2010, S. 127).

Die Vertreter der Neuen Richtung wollten eine intensive, nicht eine extensive, eine gestaltende, nicht eine verbreitende Volksbildung begründen. Ihr Motto „Volk-Bildung durch Volksbildung" verweist auf den pädagogischen Optimismus, der in einer intensiven Bildung im kleinen Kreis der gemeinsam Lernenden die Volksordnung glaubte vorwegnehmen zu können. Man war bemüht, in kleinen Gruppen der Volksgemeinschaften den Keim dafür zu legen, dass schließlich das ganze Volk davon durchdrungen und so erneuert würde. Das Gespräch bzw. die Arbeitsgemeinschaft waren deshalb sowohl pädagogisches Programm als auch zentrale Methode der neuen Volksbildungsarbeit in der Volkshochschule. Nicht zufällig hieß das Organ der Neuen Richtung „Die Arbeitsgemeinschaft". Entschieden wurde auch der „blutleere" Stil des Vortragswesens der Alten Richtung abgelehnt. Eduard Weitsch, einer der Wortführer der Neuen Richtung, stellte 1919 die provozierende Frage: „Was kann ein Fachgelehrter in einer Reihe von 6 Vorträgen einer ihm völlig fremden Menge von Laien (...) wirklich geben?" und forderte Volkshochschulen „im nordischen Sinne", die keine „Auchuniversitäten" für „Halbgebildete" und „Autodidakten", sondern volks- und kulturverbundene freie Hochschulen sein sollten (zit. nach: Groothoff u. Wirth 1976, S. 87f.).

Das Vorbild der Heimvolkshochschulen des dänischen Theologen Grundvig (1783–1872) erlangte für die Volksbildungskonzeption der Neuen Richtung eine grundlegende Bedeutung, da sie die idealen Voraussetzungen für intensive Volksbildungsarbeit in sich vereinigte (Zusammenleben, Arbeitsgemeinschaft, Selbstverwaltung etc.). Die grundlegenden Positionen der Neuen Richtung in der Volksbildungsbewegung der Weimarer Zeit lassen sich nach Werner Lenz (Lenz 1979, S. 23) wie folgt zusammenfassend definieren:

- Volksbildung soll als individualisierende Bildungsarbeit vom Menschen ausgehen und nicht seine Integration in Kultur und Staat als einziges Ziel vorsehen;
- nicht allein die Verstandesbildung sollte im Vordergrund stehen, sondern die Entwicklung aller im Menschen angelegten Kräfte, d. h. auch der Phantasie, des Gefühls etc.;
- eigentliches Anliegen sei eine Menschenbildung und nicht die Vermittlung beruflich-utilitaristischer Kenntnisse;
- die Inhalte der Volksbildung sollten sich aus der Lebenssituation der Teilnehmer, nicht aus wissenschaftlichen o.a. Problemstellungen herleiten (Lebensnähe, Laienbildung, Lebenshilfe);
- Volksbildungsarbeit muss intensiv gestaltet werden und darf nicht methodischem Dilettantismus und zufälliger Improvisation überlassen bleiben;
- Volksbildung soll Gemeinschaftsbildung sein,
- Bildung ist geistige Form, nicht geistiger Besitz;
- Volksbildung soll nicht der Aufgabe dienen, Gelehrte hervorzubringen, sondern der inneren Verarbeitung von Kenntnissen.

Die Neue Richtung trachtete danach, die geistige Volksgemeinschaft als Voraussetzung der politischen zu verwirklichen. Mit dieser Intention verfolgte sie auch sozial-integrative Ziele und unterschied sich in diesem Punkt nicht grundlegend von der Loyalitätspädagogik der „alten" Volksbildung. Die Neue Richtung der Weimarer

Volksbildung kann deshalb auch kritisch als eine integrative Pädagogik angesehen werden, deren Rückzug auf das Individuum und seine Lebenswelt von subtilerer Funktionalität in einer Zeit sich verschärfender gesellschaftlicher Gegensätze war. Nicht zuletzt wurde durch das Vokabular „Volksgemeinschaft" und „Führertum" ein Boden bereitet, auf dem sich der Nationalsozialismus entfalten konnte. Falsch wäre es allerdings, die Weimarer Erwachsenenbildung mit der Neuen Richtung identifizieren zu wollen, wie dies häufig geschieht. Vielmehr war die Neue Richtung eine Gegenbewegung gegen das Vortragswesen der extensiven Volksbildung, die gleichwohl weiterhin wirksam war und die Entwicklung der Volksbildung mitbestimmte. Daneben verfolgten die konfessionellen Volksbildungsbewegungen und nicht zuletzt die Arbeiterbewegung eine relativ eigenständige konzeptionelle und institutionelle Entwicklung.

Im Bereich der Volkshochschulen ergaben sich zwei Typen, die Heimvolkshochschule und die städtische Abendvolkshochschule. Beide kamen seit 1927 in einem Reichsverband zusammen. Die 1931 auf einer Tagung in Prerow erarbeitete „Prerower Formel" ist als Kompromiss zwischen den verschiedenen Volksbildungsrichtungen anzusehen und beinhaltet gleichzeitig Elemente einer realistischen Orientierung der Erwachsenenbildung. In dieser Formel heißt es zum Selbstverständnis der Volksbildungsarbeit:

„Die erzieherische Wirkung der Abend- und Volkshochschule liegt in der Klärung und Vertiefung der Erfahrung der Vermittlung gesicherter Tatsachen, der Anleitung zum selbständigen Denken und der Übung gestaltender Kräfte. Dabei kommt es nicht auf rein fachliche Ausbildung und wissenschaftlich-systematische Vollständigkeit an" (zit. n. Wirth 1978, S. 549).

Insgesamt gesehen kann die Weimarer Zeit als die Phase der Herausbildung des erwachsenenpädagogischen Motivs in nahezu all seinen Bezügen angesehen werden. Insbesondere die Bezugnahme auf die Lebenssituation und die Selbsttätigkeit der Teilnehmenden sowie die Absage an eine materiale Bildungstheorie stattete die Praxis und die Theoriebildung zum Erwachsenenlernen bereits früh mit einem Subjektfokus aus, wie er sich in den anderen Sektoren des Bildungswesens erst im 21. Jahrhundert als tragendes Moment der Bildungsdebatte durchzusetzen begann.

Vertiefungsblock

Der Erwachsenenpädagogische Grundgedankengang in der Neuen Richtung

Das Bildungsideal der Neuen Richtung wird u.a. von Robert von Erdberg in seinen Schriften *„Die Grundbegriffe der Volksbildung" (1911) und „Betrachtungen zur alten und neuen Richtung im freien Volksbildungswesen" (1921) deutlich. Dort schreibt er: „Das Bildungsideal ist der höchste über aller Kritik stehende Maßstab für alle*

Bildung" es ist der Punkt in der Unendlichkeit, der unserem Streben in der Endlichkeit die Richtung weist" (1911). Zehn Jahre später stellt er fest: „Diese Arbeit kann sich nicht in der Vermittlung von Wissen erschöpfen, sondern sie muss darauf gerichtet sein, dass die erworbenen Kenntnisse innerlich verarbeitet werden. (...) Nicht so sehr wird es darauf ankommen, dass der einzelne möglichst viele Kenntnisse sammle, sondern dass alles, was er lernt, zum Ausbau und zur Vertiefung seines Weltbildes führe".

In den Leitsätzen zur Reichsschulkonferenz (1920) fanden diese Gedanken Robert von Erdbergs (1866–1929) in folgenden Passagen ihren Niederschlag:

„Das letzte Ziel der Volksbildungsarbeit liegt darin, die Vorbereitung für das Entstehen einer wirklichen Volksgemeinschaft zu sein. Soweit die Pflege des Verstandeslebens in Betracht kommt, kann es sich nicht bloß um Weitergabe von Kenntnissen handeln, sondern in erster Linie darum, eine Hilfe zur geistigen Selbständigkeit darzureichen. (...)

Zum Volksbildner ist nur geeignet, wer selber ein tiefes Verständnis zu den Bildungsgütern besitzt, in innerer Beziehung zum Volkstum steht und die Fähigkeit der Einfühlung in den Einzelmenschen hat. Außerdem ist die Gewinnung einer durch die Eigenart der Aufgabe geforderten Methode und Technik notwendig. Alle diese Erfordernisse sind nicht von vornherein mit der Zugehörigkeit zu einem der vorhandenen Lehrer- und Erzieherberufe gegeben. (...)

Die Volkshochschule ist einmal die Stätte, wo die aktiven Menschen aus allen Kreisen und Schichten in engste Arbeitsgemeinschaft mit geistig geschulten Menschen treten, um an der Vertiefung und Durchbildung ihres geistigen Wesens, ihrer eigenen Welt- und Lebensanschauung zu arbeiten, und um schließlich, als letztes Ziel, zur Gestaltung des neuen Kulturgehalts der Zukunft zu gelangen" (zit. n. Tietgens 2001, S. 187).

d) Nationalsozialismus und Zweiter Weltkrieg (IV. Phase: 1933–1945)

Nach der Machtergreifung durch die Nationalsozialisten wurden die Volksbildungsansätze der Weimarer Republik gleichgeschaltet, Sozialdemokratie und Arbeiterbewegung zerschlagen. Zum größten Teil wurden die geschaffenen Einrichtungen (Volkshochschulen etc.) als Einrichtungen der Deutschen Arbeitsfront oder der nationalsozialistischen Organisation „Kraft durch Freude" (KdF), die ein eigenes „Deutsches Volksbildungswerk" (DVW) unterhielt, weitergeführt. Ziel war die Zentralisierung und ideologische Überwachung der Erwachsenenbildung, wobei die Maxime „Alles für das Volk" als propagandistische Richtlinie galt.

Folgende wichtigen Aktivitäten kennzeichnen diese Phase:

- Ab 1938 Erstellung von Musterarbeitsplänen zur inhaltlichen Gleichschaltung der Volksbildungsstätten,
- Betonung der außerberuflichen Weiterbildung und Nachholbildung für Funktionsträger der Deutschen Arbeitsfront,

- Einrichtung einer Hauptstelle für Volkshochschulen am Zentralinstitut für Erziehung und Unterricht in Berlin,
- Definition der Volksbildung als Schulung zur Ausrichtung der Volksgenossen auf den nationalsozialistischen Staat,
- Einbeziehung der Betriebe in die Volksbildungsarbeit („Volksbildungswart"),
- Einschränkung der konfessionellen Erwachsenenbildung.

In einem Erlass des Reichsministers werden bereits 1933 die grundlegenden Entwicklungen nationalsozialistischer Erwachsenenbildung deutlich. Dort heißt es:

„Der neue Staat betrachtet das Volkshochschulwesen unter anderen Gesichtspunkten als der alte. Während im liberalen Staat die VHS als Einrichtung angesehen wurde, die das Wissen um des Wissens willen möglichst breiten Volksschichten in aufklärender Weise nahe bringen sollte, muss die Aufgabe des nationalsozialistischen Staates sein, seine Ideenwelt durch die Volkshochschule den breitesten Schichten des deutschen Volkes zugänglich zu machen. Dabei besteht die Hauptaufgabe nicht darin, das nationalsozialistische Gedankengut verstandesmäßig zu übermitteln, sondern die Willenshaltung des deutschen Volkes zu fördern. Dies geschieht dadurch, dass der Wille zur Wehrhaftigkeit, zur völkischen Selbstbehauptung, zum Bekenntnis von Blut und Boden und zur Einordnung in die Volksgemeinschaft verstärkt wird" (zit. nach Urbach 1975, S. 81).

Die Ära des Nationalsozialismus beinhaltet für die Entwicklung der Erwachsenenbildung somit in vielfacher Hinsicht grundlegende Rückschläge. Einerseits wird das ursprüngliche, für das Entstehen der Erwachsenenbildung konstitutive aufklärerische Anliegen einer „Bildung zur Mündigkeit" durch die mythologisch-kollektivistisch sowie rassistisch motivierten Zielsetzungen der Volksgemeinschaftsideologie verdrängt, andererseits werden der erreichte Stand der Institutionalisierung beeinträchtigt und das zentrale Merkmal des Trägerpluralismus geschwächt. Neben den Gegensatz von „verbreitender" und „gestaltender" Volksbildung war der Gegensatz von „freier" und weltanschaulich „gebundener" Volksbildung getreten, wobei letztere dominierte und die Formen einer freien Volksbildung fast völlig liquidierte.

Diese Gleichschaltung gelang nur zögernd. Erst ab 1939 konnten durch entsprechende reichseinheitliche Richtlinien die politischen Absichten vollständig durchgesetzt werden. Bis zu diesem Zeitpunkt genossen vor allem die kommunalen Trägerinstitutionen einen gewissen Freiraum und boten zeitweilig Zuflucht für diejenigen Lehrer, die aus rassischen oder politischen Gründen aus dem Staatsdienst entlassen worden waren. Viele dieser Erwachsenenbildner gingen ins Exil, von wo sie 1945 mit neuen und wegweisenden Vorstellungen zurückkehrten, wie z. B. Fritz Borinski (1903–1988), der nach seiner Rückkehr aus dem Exil in England in der Heimvolkshochschule Goehrde das Konzept der „Mitbürgerlichen Bildung" etablierte, mit welchem er eine demokratietheoretisch begründete Erwachsenendidaktik zu realisieren versuchte (vgl. Jelich/Haussmann 2000). Neben ihm leisteten viele Personen mit ähnlichen Biographien wesentliche Beiträge für den Wiederaufbau einer demokratischen Erwachsenenbildung nach 1945 und legten damit den

Grundstein für eine Erwachsenenbildungspraxis, die nicht nur an den funktionalen Qualifikationserfordernissen des modernen Erwachsenenlebens orientiert war, sondern sich auch als zentrale Strategie zur Schaffung und Förderung einer die politische Rolle des Bürgers in der Demokratie antizipierenden Bildung verstand.

1.2 Von der Erwachsenenbildung zur Weiterbildung: Auf dem Weg zu einer Weiterbildungspolitik

a) Rekonstruktionsphase (Phase V: 1945–1966)

Die Zeit nach der Niederlage Deutschlands und der Zerschlagung des Nationalsozialismus war im Hinblick auf die Erwachsenenbildung durch drei Tendenzen gekennzeichnet:

- ein Aufbau der Erwachsenenbildung auf der Ebene der Kommune,
- der Versuch, Erwachsenenbildung als politische Bildung (reeducation) für die Demokratie aufzubauen und
- das Bemühen, an die Erwachsenenbildung vor 1933 anzuknüpfen („Neue Richtung").

Die Zeit des Nationalsozialismus wird heute als Unterbrechung der Entwicklung von der Volksbildung zur Erwachsenenbildung angesehen, d. h. der Neuanfang nach 1945 wurde in gewisser Weise eine Fortführung der Entwicklung vor 1933. Der Aufbau der Einrichtungen verlief zunächst als eine Welle von Volkshochschul-Neugründungen, während gleichzeitig auch konfessionelle Gruppen rege Initiativen entfalteten. Bildungswerke der Kirchen, der Gewerkschaften und zahlreicher anderer Verbände und Institutionen entstanden in rascher Folge und trugen so zu dem Wiederentstehen der pluralistischen Trägerstruktur in der Erwachsenenbildung bei. In den folgenden Jahren stellten sich auch der überregionale Erfahrungsaustausch sowie die Zusammenschlüsse auf Bundesebene ein. Die Chance, Erwachsenenbildung als ein einheitliches Gesamtsystem neu zu konzipieren und den institutionellen Aufbau nach einem einheitlichen bildungspolitischen Entwurf zu organisieren, wurde allerdings versäumt. Die Politik der Alliierten trug – in den westlichen Zonen – zu einer Rekonstruktion der traditionellen inhaltlichen und organisatorischen Strukturen bei, d.h. zum Wiederentstehen der pluralen Verfasstheit der Erwachsenenbildung. Die Anfänge der Erwachsenenbildung sowie des Bildungssystems insgesamt nach 1945 (vgl. Friedenthal-Haase 2001) standen sehr stark im Zeichen der Reeducation-Bemühungen der Alliierten. Führende Erwachsenenbildner der Weimarer Zeit, die während ihrer Emigration die Demokratien Englands und Amerikas kennengelernt hatten, beteiligten sich in diesem Sinne an dem Wiederaufbau der institutionellen Erwachsenenbildung. Beispielhaft kommt dies – wie bereits erwähnt – in der Person von Fritz Borinski zum Ausdruck, der nach seiner Rückkehr aus der Emigration die Neue Richtung der Weimarer Republik wieder aufnahm und der freien Volksbildung eine politische Aufgabe zuschrieb. In seinem Buch „Der Weg zum Mitbürger" wies Borinski auf die Voraussetzungen aktiver demokratischer

Teilnahme hin und forderte eine „mitbürgerliche Erwachsenenbildung". Diese solle zur aktiven und aufbauenden Kraft der politischen und sozialen Demokratie werden (zit. nach Groothoff u. Wirth 1976, S. 96). Ein solcher Rückbezug auf die Weimarer Neue Richtung, allerdings im Sinne einer Demokratisierung der Nation, wurde durch die weitreichende personale Identität zwischen Weimarer und Nachkriegs-Erwachsenenbildung erleichtert.

In den fünfziger Jahren, der Zeit des Wirtschaftswunders und des ungehemmten Wirtschaftswachstums, verstärkte sich die Diskussion um den Stellenwert und den Sinn der Erwachsenenbildung.

Im Mittelpunkt dieser aufkommenden Legitimationsdebatte standen folgende Fragenkreise:

- Welcher Standort kommt der Erwachsenenbildung in einer hochindustrialisierten Gesellschaft zu? Wie stellt sich die Erwachsenenbildung zu den problematischen Tendenzen der Moderne?
- Ist die Erwachsenenbildung eine gesellschaftliche Aktivität, die von der öffentlichen Hand mitgeregelt und mitfinanziert werden soll, oder eine „plurale gegenseitige Selbsthilfe" (ebd., S. 100) von Erwachsenen? Soll Erwachsenenbildung Bestandteil des öffentlichen Bildungswesens werden?
- Was für Orte sollen die Erwachsenenbildungseinrichtungen sein? Sollen sie verschulte Lernorte sein oder „befreite"? (Spiess u. a. 1973). Soll Erwachsenenlernen Berechtigungen vermitteln bzw. deren Nachholen ermöglichen oder dient sie in erster Linie der lebensbegleitenden Reflexion und dem Gespräch?

Einen vorläufigen Höhepunkt erreichte diese Legitimationsdebatte, die vornehmlich in der wissenschaftlichen Erwachsenenbildung geführt wurde, mit dem 1960 publizierten Gutachten des Deutschen Ausschusses für das Erziehungs- und Bildungswesen „Zur Situation und Aufgabe der deutschen Erwachsenenbildung". In diesem Gutachten wurden zu den aufgeführten Legitimationsfragen konsensfähige Positionen vorgetragen, die den damaligen Stand der Diskussion wiedergeben. Zur Zielfrage in der Erwachsenenbildung stellt der Deutsche Ausschuss in einer bis heute immer wieder zitierten und in vielem unübertroffenen Definition fest:

„Gebildet im Sinne der Erwachsenenbildung wird jeder, der in der ständigen Bemühung lebt, sich selbst, die Gesellschaft und die Welt zu verstehen und diesem Verständnis gemäß zu handeln. Soweit es dabei um Einsicht und Verständnis, das heißt um eine Erhellung des Bewusstseins geht, knüpft diese Definition der Bildung an einen der umstrittensten Bildungsbegriffe der europäischen Geistesgeschichte an: denn Erhellung des Bewusstseins ist nur ein anderer Name für das, was man früher Aufklärung nannte" (Deutscher Ausschuss 1960, S. 20f.).

Im Rückblick kann man feststellen, dass das Erwachsenenbildungsgutachten des Deutschen Ausschusses bereits einige Grundpositionen formulierte, die für die weitere Entwicklung der Erwachsenenbildung wesentlich wurden. Zu nennen sind insbesondere:

- die Betonung der Orientierungs-, Selbstbildungs- und Selbstbehauptungsfunktion des lebenslangen Lernens („ständige Auseinandersetzung mit der Welt und sich selbst") in einer dynamischen modernen Gesellschaft, deren „entbildende Kräfte" (ebd., S. 16) den Menschen nicht in seiner physischen, wohl aber in seiner psychischen und personalen Existenz bedrohen;
- die Skizzierung einer Erwachsenenbildung, die der zivilisatorischen Tragweite von Wissenschaft und Technik gerecht wird und nicht in einem personalistischen Bildungsidealismus oder Kulturpessimismus verharrt;
- die Begründung von Anpassung und Widerstand als Pole der Bildung und Selbstbehauptung Erwachsener;
- die Aufhebung des Gegensatzes von Bildung und Ausbildung und die Betonung der Notwendigkeit, den einzelnen mit ausreichend flexiblen Qualifikationen auszustatten und so auf die anstehenden industriellen und gesellschaftlichen Umstrukturierungen vorzubereiten;
- eine profilierte Beschreibung der Erwachsenenbildung für die Bereiche Politik, Muße und Freizeit sowie „Lebenshilfe" (ebd., S. 44 ff.).

Das Erwachsenenbildungs-Gutachten des Deutschen Ausschusses, die erste weiterbildungspolitische Konzeption der Nachkriegszeit, war seinem Anspruch nach darauf bezogen, das Selbstverständnis der Erwachsenenbildung klären zu helfen. Seine zentrale Bedeutung liegt darin, dass in ihm erstmals explizit gefordert wurde, auch den Bereich der Erwachsenenbildung in das öffentliche Erziehungs- und Bildungswesen einzubeziehen. Die Erwachsenenbildung wurde als öffentliche Aufgabe begründet und festgestellt:

„Die freien und freiwilligen Veranstalter für Erwachsene, die dem Lebenswillen des Bürgers ebenso wie dem Lebensinteresse der Gesellschaft entsprechen, gehören wie die allgemeinbildenden Schulen zum öffentlichen Erziehungs- und Bildungswesen" (ebd., S. 48).

Hiermit trug dieses insgesamt noch traditionalistische Gutachten entscheidend dazu bei, dass die Erwachsenenbildung und das lebenslange Lernen in ihrer grundlegenden Bedeutung für das Schritthaltenkönnen des einzelnen mit den sich beständig wandelnden Anforderungen in Wirtschaft und Gesellschaft im öffentlichen Bewusstsein eine breitere Anerkennung erfuhren. Die „realistische Wende" der Erwachsenenbildung war vorbereitet und die Diskussion um ihr Selbstverständnis in der modernen Gesellschaft in Gang gesetzt. Gefordert wurde vom Deutschen Ausschuss auch eine Professionalisierung und Aufwertung des Berufs des Erwachsenenbildners, der „auch von der Gesellschaft so gewertet, so honoriert und auch so gesichert werden sollte, dass er nicht zum bloßen Übergangsberuf fähiger Menschen oder zum Ausweg gescheiterter Existenzen wird" (ebd., S. 72), eine Forderung, die erst nach der Einführung entsprechender Ausbildungsgänge ab den 70er Jahren realisiert wurde. Traditionalistisch ist das Erwachsenenbildungsgutachten des Deutschen Ausschusses insofern, als in ihm der einzelne Bürger im Mittelpunkt steht, dessen Bildung ihn für die Herausforderungen der Zeit wappnen soll. Zu den in diesem Gutachten herausgestellten Verhaltenskriterien ›Anpassung‹ und ›Widerstands‹ stellt H. Tietgens acht Jahre nach seinem Erscheinen fest:

„Frühzeitiges Erfassen neuer Aufgaben und Festhalten an bleibenden Werten gegenüber modischen Strömungen allzu vordergründiger Daseinsinterpretation, das waren die Orientierungspunkte, die der Deutsche Ausschuss mit seinem Gutachten gesetzt hat. Zweifellos waren damit formale Kriterien genannt, die einen großen Auslegungsspielraum eröffneten und strittig ließen, inwieweit als traditionsreich angebotene Werte nur eine Mode von vorgestern sind. Unabhängig davon kann aber nicht bezweifelt werden, dass das Gutachten des Deutschen Ausschusses einen Wendepunkt im Aufgabenverständnis der Erwachsenenbildung markiert. Ihre Verfasser haben den Blick auf die Zukunft gerichtet. Andererseits kommt in der Sichtweise und vor allem in der Sprache durchaus noch ein Denken zum Ausdruck, das für die Erwachsenenbildung der 20er Jahre charakteristisch war und mit dem das Spezifische der künftigen Probleme nicht mehr voll zu erfassen ist. So hat das Gutachten wesentlich zu einer Neuorientierung beigetragen, die schon in der Mitte der 50er Jahre begonnen hat, deren entscheidende Akzente aber erst in den letzten beiden Jahren ganz deutlich geworden sind“ (Tietgens 1968, S. 185f.).

Das Menschenbild des gebildeten Bürgers, das diesem Gutachten zugrunde liegt, ist inspiriert von der Erwachsenenbildung der Weimarer Zeit, deren Selbstverständnis von neuhumanistischen Bildungszielen nicht unberührt geblieben war. Trotz dieser traditionalistischen Orientierung werden die Anforderungen der objektiv gestaltenden Mächte (Wirtschaft, Staat, Gesellschaft) nicht völlig ausgeklammert, sondern als „entbildende“ Kräfte und „Herausforderung“ für die Erwachsenenbildung berücksichtigt.

Insgesamt signalisiert dieses Erwachsenenbildungs-Gutachten allerdings keinen Bruch mit dem überlieferten Selbstverständnis der Erwachsenenbildung, sondern lediglich eine leichte Modifizierung. Gleichwohl öffnete dieses Gutachten den Blick auf die gesellschaftlichen Gegebenheiten und Anforderungen, indem bequeme Polarisierungen, wie „Freiheit oder Bildung“ und „Ausbildung oder Bildung“ relativiert, wenn auch nicht überwunden werden konnten (vgl. Meilhammer 2010, S. 129)[1]. Durch diese gesellschaftstheoretische Öffnung wurde nicht nur eine stärker sozialwissenschaftliche Konzipierung der Erwachsenenbildung, wie sie in den 1960er Jahren begann, vorbereitet, sondern auch der „Strukturplan für das Bildungswesen“ (Deutscher Bildungsrat 1972) überhaupt erst möglich.

---

[1] Das polarisierende Denken hält sich bis in die 1990er Jahre in der Erwachsenenpädagogik, wie u.a. die zuspitzenden Diskussionsbeiträge von Klaus Alheim zeigen (vgl. u.a. Alheim/Bender 1996), die immer wieder die Unversöhnlichkeit von Bildung und Qualifikation anmahnen (vgl. Alheim 2016; Hufer 2009), dabei aber recht grob zu Werke gehen und gerade die überlappenden Bereiche, wo Bildung und Selbstreflexions- sowie Selbstführungsfähigkeit zur Kompetenzanforderung werden, nicht zu erkennen und erwachsenenpädagogisch zu würdigen vermögen (im einzelnen s. Vertiefungsblock unter 1.4).

b) Die große Bildungsreform (Phase VI: 1967–1975)

Die folgenden Jahre der Erwachsenenbildungsentwicklung waren gekennzeichnet durch weitere Veröffentlichungen und Empfehlungen. Gutachten und Denkschriften zur Erwachsenenbildung, wie z. B. die „Empfehlung der Kultusministerkonferenz zur Erwachsenenbildung und zum Büchereiwesen" von 1964 sowie zahlreiche Empfehlungen auf Landesebene. Allen diesen Verlautbarungen war gemeinsam, dass sie die vom Deutschen Ausschuss skizzierten Perspektiven aufgriffen, weiterentwickelten und präzisere Vorschläge entwickelten. Naturgemäß nahm man auch in diesen Dokumenten wiederum Stellung zu Fragen der Gewinnung hauptamtlicher, qualifizierter Mitarbeiter, der Erstellung geeigneter Häuser, der Einbeziehung der Erwachsenenbildung in die Lehr- und Forschungsarbeit der Universitäten und Hochschulen und nicht zuletzt auch der finanziellen Sicherstellung auf der Grundlage von Erwachsenenbildungsgesetzen. In diesem Zusammenhang sei der sogenannte Bochumer-Plan erwähnt, der 1967 von Joachim Knoll u. a. vorgelegt wurde (Knoll u. a. 1967). In diesem Plan eines „Dritten Bildungsweges" sollten Weiterbildungsmaßnahmen durchgeführt werden, die in sechs Trimestern auf mittlere Führungsaufgaben in Wirtschaft und Verwaltung vorbereiten und dabei das berufliche Erfahrungswissen der Teilnehmer zum Ausgangspunkt nehmen. Ziel sollte der Erwerb einer „Mittleren Reife für Erwachsene" sein, um weitere Aufstiegs- und Weiterbildungsmöglichkeiten zu eröffnen. Dieser Plan, der nicht realisiert wurde, stellte einen wichtigen Impuls für die stärkere Berufs- und Aufstiegsorientierung der Erwachsenenbildung dar. Erwachsenenbildung wurde zunehmend als eine für die Gesellschaft wichtige Maßnahme begriffen, die demzufolge nicht länger als qualifikatorisch und statusdistributiv folgenloses Bildungsgeschehen begründet werden sollte.

Eine weitere wichtige Zäsur auf dem Weg zu einer Weiterbildungspolitik war, zehn Jahre nach dem Erscheinen des Erwachsenenbildungsgutachten des Deutschen Ausschusses, mit dem „Strukturplan" des Deutschen Bildungsrates von 1970 gegeben (vgl. Deutscher Bildungsrat 1972), den die Bundesregierung zur Grundlage ihres Bildungsberichtes 70 (Bundesministerium für Bildung und Wissenschaft 1970) machte und der schließlich auch eine Entwicklung initiierte, die in fast allen Bundesländern zu Weiterbildungsgesetzen führte. Ging es dem Deutschen Ausschuss noch vornehmlich um das Selbstverständnis der Erwachsenenbildung, so ist der Strukturplan „deutlicher Ausdruck gewachsener bildungspolitischer Wertschätzung" (Faulstich 1980, S. 67). Die gesellschaftliche Relevanz der Bildung Erwachsener wird in folgenden Entwicklungs- bzw. Reformperspektiven, die der Bildungsrat entwirft, zum Ausdruck gebracht:

(1) Weiterbildung wurde als „notwendige und lebenslange Ergänzung aller Erstausbildung definiert, als Fortsetzung oder Wiederaufnahme organisierten Lernens nach Abschluss einer unterschiedlich ausgedehnten ersten Bildungsphase" (Deutscher Bildungsrat 1972, S. 197). Hierbei wurde Weiterbildung als ein ständiges Erfordernis der wirtschaftlichen Entwicklung angesehen und somit unmittelbar

zweckrational an den Arbeitsmarkterfordernissen orientiert. Diese „realistische Wende", die ihren Ausdruck u. a. in der Ablösung des Erwachsenenbildungsbegriffs durch den Oberbegriff „Weiterbildung" fand, erforderte auch eine stärkere staatliche Regelungskompetenz bei der Wahrnehmung dieser öffentlichen Aufgabe. Weiterbildung sollte nach den Vorstellungen des Bildungsrates zu einer vierten Stufe des Bildungssystems („quartärer Bereich") ausgebaut und durch entsprechende rechtliche Festlegungen konsolidiert werden. „Die erste Bildungsphase ist ohne ergänzende Weiterbildung unvollständig. Der Gesamtbereich Weiterbildung ist daher Teil des Bildungssystems; Fortbildung, Umschulung und Erwachsenenbildung gehören in den Rahmen dieses Bereiches" (ebd., S. 199 f.).

Der Begriff „Weiterbildung" bezeichnet eigentlich mehr ein Bildungsprinzip als einen Bildungsbereich (ebd. 1972, S. 51). Ähnliche Prinzipien finden sich in der internationalen Diskussion unter Begriffen wie „recurrent education" und „permanent education". Daneben beinhaltet dieser Begriff ein funktionales Element, an dem H. Tietgens nicht völlig zu unrecht „die Tendenz zu einer Verengung der Diskussion auf das Funktionsnotwendige und Zweckdienliche, auf das Planbare und Verrechenbare" (Tietgens 1981, S. 19 f.) kritisiert, während andere ihn als einen verständlicheren und treffenderen Begriff begrüßten. So schreibt Ekkehard Nuissl:

„Trotz zweier Weltkriege, Indienstnahme des gesamten Bildungssystems während der NS-Diktatur und vierzigjähriger Doppelstaatlichkeit mit unterschiedlichen politischen und ideologischen Ausrichtungen sind diese Wurzeln (gemeint: Aufklärung, Arbeiterbildung etc; R. A.) der EB/WB in Deutschland auch heute noch erkennbar. Mit der Verwendung des allgemeineren Begriffs ›Weiterbildung‹, im Zuge der gesellschaftlichen Wandlungsprozesse der 1970er Jahre, anstelle des früheren Begriffs ›Erwachsenenbildung‹ wird versucht, diese historisch disparaten Wurzeln in einen systematischen Zusammenhang zu bringen. Begriffe wie Kooperation und Koordination, flächendeckende Versorgung, Professionalität und Qualität stehen in einem solchen systemischen Kontext. Staatlicherseits wird versucht, EB/WB über ordnungspolitische (Gesetze, Verordnungen) und förderpolitische Maßnahmen zu strukturieren" (Nuissl 2010a, S. 81).

(2) Die Unverbindlichkeit der Weiterbildung sollte nach Auffassung des Bildungsrates überwunden werden und ein Baukasten- und Zertifikatssystem den Erwerb beruflich verwertbarer Qualifikationen ermöglichen. Dabei sollten auch „Qualifikationen und Abschlüsse der ersten Bildungsphase" (Deutscher Bildungsrat 1972, S. 203) erworben werden können, womit auch die Möglichkeit eines berufsbegleitenden Studiums angesprochen war (ebd., S. 205).

Der Bildungsrat betonte die kompensatorische Funktion von abschlussbezogener Weiterbildung und folgte somit auch für den Weiterbildungsbereich dem Grundsatz des Abbaus von Sackgassen, der aus dem allgemeinen Ziel der Chancengleichheit gefolgert wurde (ebd., S. 30):

„Die Qualifikationen der ersten Bildungsphase sind auch in der Weiterbildung erwerbbar; in dem Maße, wie die Bildungslaufbahn korrigierbar wird, verlieren die frühen Abschlüsse ihren lebensentscheidenden Charakter" (ebd., S. 202).

(3) Eine weitere wesentliche Reformperspektive ist auf die Verbesserung der Kooperation und Koordination zwischen öffentlichen und privaten Trägern bezogen, eine Perspektive, die als Voraussetzung für eine flächendeckende Versorgung mit einem ausreichenden Weiterbildungsangebot angesehen werden muss.

Hierbei unterschied der Bildungsrat die Kooperation auf lokalregionaler Ebene und die Kooperation auf überregionaler Ebene. Durch diese Kooperation sollten eine abgestimmtere Programmplanung, eine wirtschaftlichere Nutzung vorhandener Kapazitäten sowie eine qualitative Verbesserung der Weiterbildungsversorgung erreicht werden (ebd., S. 210ff.). Das einzige Bundesland, das diese Entwicklungsplanung wirksam umgesetzt hat, ist bis heute Nordrhein-Westfalen, wo die Weiterbildungsentwicklungsplanung als gesetzliche Aufgabe den Kommunen zugewiesen ist.

(4) Berufliche, allgemeine und politische Weiterbildung sollten gleichwertige Formen des Lernens Erwachsener sein (ebd., S. 53). Der Bildungsrat fordert einen gesetzlich garantierten Bildungsurlaub für Arbeitnehmer, d.h. eine bezahlte Freistellung von zwei bis drei Wochen im Jahr zur Teilnahme an Bildungsmaßnahmen (ebd., S. 207).

(5) Schließlich wird als wesentliche Voraussetzung einer Konsolidierung der Weiterbildung als viertem Bereich des Bildungswesens eine Professionalisierung der Lehrer für die Weiterbildung und eine Vergrößerung der Zahl des hauptamtlichen Personals gefordert (ebd., S. 208).

Um die konkrete Umsetzung dieser Reformperspektiven einzuleiten, wurde 1973 auf Initiative des Deutschen Volkshochschulverbandes eine Arbeitsgruppe von Wissenschaftlern tätig, die 1975 einen „Strukturplan Weiterbildung" vorlegten, in dem Planungsperspektiven zur Schaffung eines flächendeckenden öffentlichen Weiterbildungssystems entwickelt wurden (vgl. Strukturplan 1975). Um das Ziel einer „öffentlichen Gewährleistung der Weiterbildung" zu erreichen, sollten nach diesem Plan die öffentlichen Volkshochschulen nach einem Stufenplan zu kommunalen Weiterbildungszentren ausgebaut und so eine reale Verbesserung der Weiterbildungsversorgung der Bevölkerung erreicht werden. Für den Aufbau des öffentlichen Weiterbildungssystems mit flächendeckendem Weiterbildungsangebot wurden vier Stufen vorgeschlagen. Die beiden ersten Stufen A und B galten als Nachholstufen für alle Orte und Regionen, deren Angebot relativ unterentwickelt ist.

Mit der Nachholstufe A sollte in diesen Regionen eine gleichmäßige Anhebung auf ein Weiterbildungsangebot erzielt werden, das jedem Erwachsenen durchschnittlich alle 12 Jahre einen Platz in einem Weiterbildungskurs gewährleistet. Die Nachholstufe B sollte diese Gewährleistung für alle 8 Jahre absichern. Als mittelfristige Zielstufe wurde die Stufe C vorgeschlagen, in der jedem Erwachsenen durchschnittlich alle 5 Jahre die Möglichkeit gesichert wird, an einem qualifizierten Kurs teilzunehmen. Die langfristige Zielstufe D entsprach mit einem Angebot in durchschnittlicher Frist von 3 Jahren quantitativ etwa der Vorstellung vom lebenslangen Lernen.

In der Phase der großen Bildungsreform wurden die Grundlagen für eine Weiterbildungspolitik gelegt. Weiterbildung wurde als – vierter – Bereich des Bildungssystems konzeptualisiert, und der Staat sah sich auch für diesen Bildungsbereich in der Verpflichtung, Daseinsvorsorge zu gewährleisten. Aus diesem Grunde ist diese Phase auch die Phase der Verrechtlichung der Weiterbildung sowie die der Curricularisierung und einer deutlicheren Betonung einer „realistischen", auf die konkreten Anforderungen von Beruf und Arbeitsmarkt vorbereitenden Erwachsenenbildung. Gleichzeitig erhielten auch die Akademisierung der Erwachsenenbildung und die Entwicklung der Wissenschaft „Erwachsenenpädagogik" in den 1970er Jahren deutlichen Auftrieb.

In diesem Sinne wurden bis 1975 auch in den meisten westlichen Ländern Gesetze zur Förderung und Regelung der Weiterbildung verabschiedet (z.B. erstmalig 1969 in Niedersachen), und auch die berufliche Weiterbildungsförderung wurde 1969 durch das Arbeitsförderungsgesetz auf eine neue rechtliche Grundlage gestellt.

Diese Entwicklungen ließen in Westdeutschland ein Modell von Zuständigkeiten und Regelungen entstehen, das in folgender Strukturierung seinen Ausdruck findet:

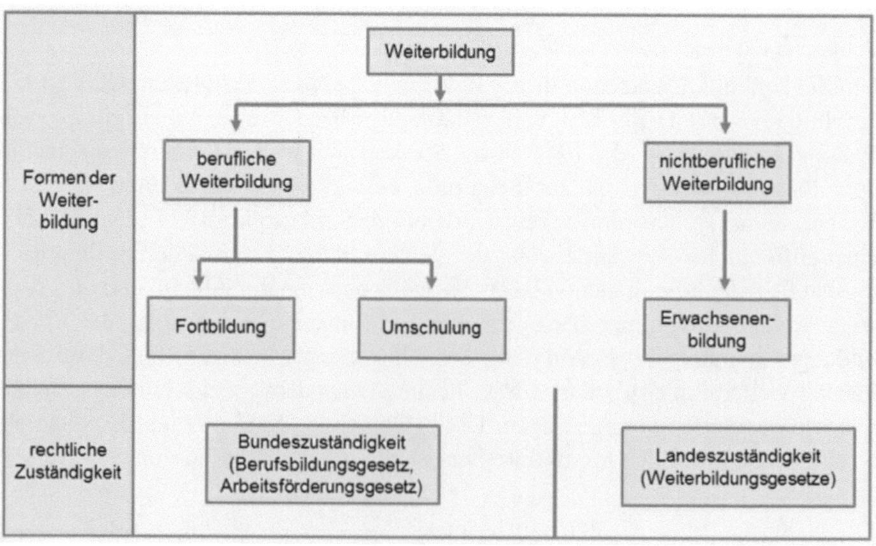

Abb. 2 Formen und Zuständigkeiten in der Weiterbildung

c) Bildungspolitischer Abschwung und pragmatisch-restriktive Wende (Phase VII: 1976–1985)

Die tatsächliche Realisierung der programmatischen Reformperspektiven zu Beginn der 70er Jahre kam nicht im projektierten Ausmaß zustande, vieles fiel dem

„Abschwung“ und der „Flaute der 80er Jahre“ (Arbeitsgruppe 1994, S. 217) zum Opfer. Der Ausbau der Weiterbildung hat zwar stattgefunden, jedoch wurden weder die finanziellen noch die institutionellen oder rechtlichen Erwartungen erfüllt. Der Anspruch, Weiterbildung zu einem integrierten, gleichberechtigten Teil des Bildungssystems in öffentlicher Verantwortung auszubauen, konnte nur sehr unvollständig erreicht werden. So stellte D. Kuhlenkamp in der damaligen Zeit folgende wichtige Unterschiede des Weiterbildungsbereiches im Vergleich zu den anderen Bildungsbereichen, denen er doch gleichberechtigt sein soll, fest:

- *„Nach der Mehrzahl der Weiterbildungsgesetze in der Bundesrepublik Deutschland erfolgt die Zuschussgewährung im Rahmen der im Haushalt bereitgestellten Finanzmittel, richtet sich also nach jährlichen politischen Willensentscheidungen des jeweiligen Parlaments.*
- *Die öffentliche Hand tritt größtenteils lediglich als Financier oder Mitfinancier von Weiterbildungsangeboten unterschiedlicher Veranstalter auf und unterhält größtenteils nur eigene Weiterbildungseinrichtungen durch die Kommunen, nämlich die Volkshochschulen.*
- *Die Pro-Kopf-Ausgaben der öffentlichen Hand für Weiterbildung sind nicht nur deutlich geringer als die für die anderen Bildungsbereiche, sondern auch als die für die anderen kulturellen Aufgaben.*
- *Die Prüfungsberechtigung für abschlussbezogene Lehrveranstaltungen liegt zumeist nicht beim Weiterbildungsbereich selbst, sondern entweder bei Institutionen anderer Bildungsbereiche oder bei den Kammern. Im Unterschied zu den anderen Bildungsbereichen steht der Weiterbildung sehr wenig eigenes, nur für sie tätiges und für sie ausgebildetes/qualifiziertes hauptberufliches Personal zur Verfügung – ebenso nur wenige, für das Lernen von Erwachsenen direkt geschaffene Lernräume und -mittel.*
- *Das Gesamtangebot der Weiterbildung wird von einer Vielzahl unterschiedlicher Veranstalter erbracht, die sich mit teilweise unterschiedlichen Begründungen, Absichten, Organisationsstrukturen und Ressourcen an die Adressaten ihrer Lernangebote wenden.*
- *Die Lerninhalte der Weiterbildung sind nicht nur durch den in der Bundesrepublik Deutschland generell herrschenden Kulturföderalismus unterschiedlich, sondern zusätzlich durch institutionelle, regionale, personelle und regional- oder verbandspolitische Besonderheiten, was deren Vergleichbarkeit und Überschaubarkeit sehr erschwert“ (Kuhlenkamp 1982, S. 18f.).*

Die Analyse der realen Politik im Weiterbildungsbereich zeigt somit, dass das Prinzip der öffentlichen Verantwortung nicht oder nur in Ansätzen durchgesetzt worden ist. So zeigen die vorliegenden Untersuchungen, dass die Bildungsbenachteiligungen über Weiterbildung kaum aufgehoben, sondern eher noch weiter verstärkt wurden. Auch das Prinzip des lebenslangen Lernens ist in den 1970er und frühen 80er Jahren kaum in nennenswertem Umfange verwirklicht worden. Die große Mehrheit der Bevölkerung verhält sich in den 80er Jahren noch weitgehend abstinent gegenüber dem life-long-learning, wie folgende Zahlen verdeutlichen:

- 34% der Befragten in einer repräsentativen Studie, die vom Bundesministerium für Bildung und Wissenschaft finanziert wurde, gaben 1973 an, irgendwann einmal Weiterbildungsveranstaltungen besucht zu haben.

- Insgesamt 22% der von infratest Sozialforschung 1978 Befragten haben im davorliegenden Jahr an einer oder mehreren Weiterbildungsveranstaltungen der verschiedensten Art teilgenommen.
- Die Ergebnisse des Mikrozensus belegen für die berufliche Weiterbildung eine Teilnehmerquote, d. h. einen Anteil von Teilnehmern an der Gesamtgruppe – hier der Erwerbspersonen – von 11,7% zwischen 1970 und 1976“ (Faulstich 1981, S. 69).

Obgleich zahlreiche gesetzliche Regelungen geschaffen wurden, um die Weiterbildung zu einem integrierten vierten Sektor des Bildungswesens auszubauen, sind die Aktivitäten von Bund und Ländern spätestens seit Mitte der siebziger Jahre wieder stärker restriktiv ausgerichtet. Dies wird im Bereich der beruflichen Weiterbildung z. B. deutlich bei den durch das Arbeitsförderungsgesetz geförderten Weiterbildungsmaßnahmen. War dieses Gesetz ursprünglich gedacht als Instrument einer aktiven Bildungs- und Arbeitsmarktpolitik zur Hebung des Qualifikationsniveaus, zur Verbesserung der Berufsstruktur sowie zur Förderung von Chancengleichheit, so veränderte sich seine Funktion im Gefolge von Wirtschaftskrise, Finanzknappheit und Arbeitslosigkeit erheblich. Der Bremer Erwachsenenbildungsforscher Voigt gelangte in den 1980er Jahren zu folgender Bewertung:

„Schon 1972 waren durch die äußerst starke Inanspruchnahme der Förderungsmöglichkeiten die finanziellen Ressourcen der Bundesanstalt für Arbeit erschöpft. Das hatte eine Verschärfung der Vergabekriterien zur Folge. Gefördert wurden nur noch Maßnahmen beruflicher Weiterbildung, die als arbeitsmarktpolitisch zweckmäßig galten, d. h. alle allgemeinbildenden Angebote wurden aus der Förderungsliste gestrichen. (...). Durch das Haushaltsstrukturgesetz von 1975 wurde das Unterhaltsgeld für den Zeitraum der Förderungsmaßnahme von 90% auf 80% des letzten Nettogehalts reduziert. Im Bereich der beruflichen Fortbildung wurde der Kreis der förderungsfähigen Personen auf Antragsteller mit abgeschlossener Berufsausbildung und mindestens dreijähriger Beschäftigungsdauer bei Fehlen einer abgeschlossenen Berufsausbildung eingeengt. Die persönliche Neigung als Förderungsargument wurde gestrichen. Das Arbeitsförderungskonsolidierungsgesetz (AFKG) vom 1.1.1982 machte dann endgültig Schluss mit der aktiven Arbeitsmarktpolitik. Nach dem AFKG werden Fortbildungsmaßnahmen nur noch gefördert, wenn sie nicht nur arbeitsmarktpolitisch zweckmäßig, sondern auch notwendig sind“ (Voigt 1986, S. 70).

Diese Veränderungen der Arbeitsförderungspolitik markieren sehr anschaulich den Funktionswandel beruflicher Weiterbildung von einer aktiv-präventiven, sozialstaatlich begründeten zu einer reaktiv-integrativen, krisenverarbeitenden Ausrichtung des beruflichen Lernens Erwachsener. Gemessen an dem ursprünglichen Präventivkonzept der beruflichen Weiterbildung nach dem Arbeitsförderungsgesetz wurde die Förderungspolitik mehr und mehr „prozyklisch“ und nicht „antizyklisch“ eingesetzt. Darüber hinaus schwankten die Regelungen über die Zuschussgewährung ständig; ein rechtlicher Anspruch auf Förderung bestand in keinem Fall (vgl. Dobischat u. a. 2006).

Das „gesamtstaatliche Interesse an einer allseitigen ständigen Weiterbildung einer möglichst großen Zahl von Menschen“, das der Deutsche Bildungsrat in seinem Strukturplan für das Bildungswesen 1970 konstatierte (Deutscher Bildungsrat 1972, S. 199) und das noch im Bildungsgesamtplan von 1973 seinen Niederschlag gefunden hat, hatte mit dem bildungspolitischen Abschwung und der Wende ab ca. 1976 einer eher pragmatisch-restriktiven Weiterbildungspolitik Platz gemacht.

Zwar hat sich die Weiterbildung in den siebziger Jahren auf einem relativ hohen Niveau konsolidiert, doch konnten die bestehenden regionalen und sozialen Ungleichgewichte nicht abgebaut werden. Als deutlicher Ausdruck dieser pragmatisch-restriktiven Wende der Weiterbildungspolitik kann der Bericht des Landes Baden-Württemberg „Weiterbildung – Herausforderung und Chance“ (Weiterbildung 1984) angesehen werden, dessen zentrale Zielrichtung der Frage gewidmet ist, wie die Gesellschaft die technologischen Innovationsschübe mit ihren individuellen und sozialen Auswirkungen so bewältigen könne, dass eine krisenhafte Entwicklung vermieden und zugleich der durch sie ausgelöste Qualifikationsbedarf bereitgestellt werden könne. Zentrale Argumentationslinien dieser „konservativen Neubelebung der Weiterbildungsdiskussion“ (Nuissl 1985, S. 17) sind u. a. bis heute im weiterbildungspolitischen Diskurs nachweisbar. Insbesondere handelt es sich um die Thesen:

– *Sachzwang versus gesellschaftliche Interessen*

Weiterbildung wird als Innovationspotential beim Übergang in die Informationsgesellschaft dargestellt; ihr kommt eine wichtige Funktion beim Abbau von Misstrauen gegenüber neuen Technologien zu. Nur Anpassung, nicht Widerstand soll Weiterbildung leisten, d. h. kritische Rückfragen an die technologische Entwicklung werden ausgeblendet. Diese Sachzwangfixiertheit ist Ausdruck eines problematischen Bildungsverständnisses. Die Möglichkeiten des einzelnen, die technologischen Innovationsschübe human zu bestehen, werden zu einer abhängigen Größe der immanenten wirtschaftlichen und technologischen Veränderungen einer modernen Industriegesellschaft. Hierdurch wird der Bildungsbegriff total instrumentalisiert und seiner emanzipatorischen Elemente beraubt, die darauf bezogen sind, den einzelnen zur Mitgestaltung seiner Lebensverhältnisse zu befähigen.

– *Subsidiarität versus öffentliche Verantwortung*

Gefordert wird eine weitgehende Enthaltsamkeit des Staates im Weiterbildungsbereich und seine Beschränkung auf die Schaffung von Rahmenbedingungen (finanzielle Förderung) für den gesellschaftlich pluralistisch organisierten Weiterbildungsbereich (vgl. Weiterbildung 1984, S. 50). Dadurch begünstigt diese Forderung auch die Absicherung eines dominierenden Einflusses der wirtschaftlichen Interessen auf die Weiterbildung.

– *Harmonie der Interessen und Staatsloyalität*

Betont wird die Legitimationsfunktion der Weiterbildung, die mit der Forderung nach Aufbau von „Vertrauen und innerer Sicherheit" im Bewusstsein der Bürger (ebd., S. 17) umschrieben wird. Ausgegangen wird dabei von einer Kongruenz der Interessen der gesellschaftlichen Gruppen, d. h. die prinzipielle Konflikthaftigkeit von Gruppeninteressen und die dadurch notwendigen Bemühungen um Interessenauseinandersetzung und Interessenausgleich bleiben ausgeklammert.
Die pragmatisch-restriktive Wende der Weiterbildungspolitik seit Mitte der siebziger Jahre geht einher mit strukturellen Verschiebungen zwischen der beruflichen Aus- und Weiterbildung. Der Bereich der beruflichen Weiterbildung gewann in dieser Phase zu Lasten der beruflichen Erstausbildung immer stärker an Bedeutung. So stiegen z. B. die Ausgaben der privaten Wirtschaft bereits von 1971 bis 1980 um das Vierfache und betrugen 1982 8 Milliarden DM (Falk 1982, S. 63 f.). Zum Vergleich: Die Ausgaben der öffentlichen Hand betrugen demgegenüber 1980 etwa 5,1 Milliarden DM, davon entfielen allein 3 Milliarden DM auf die von der Bundesanstalt für Arbeit nach dem Arbeitsförderungsgesetz geförderten Maßnahmen, während Bund, Länder und Gemeinden zusammen 2,1 Milliarden DM aufgewendet haben (Görs 1983b, S. 25 f.). „Die Weiterbildungsausgaben der privaten Wirtschaft sind damit für 1980 etwa viermal so hoch wie die von Bund, Ländern und Gemeinden" (Görs 1983a, S. 126 f.). Nach eigenen Angaben beliefen sich die Weiterbildungsausgaben der Wirtschaft in dieser Zeit 1994 auf 26,7 Mrd. DM (vgl. Schlaffke 1994, S. 431).
Diese Expansion des überwiegend nicht-öffentlichen Bereiches „berufliche Weiterbildung" begünstigte die Tendenzen zu einer „Privatisierung des Lernens Erwachsener" und führte auch zu einer Verschlechterung der Weiterbildungschance derjenigen, die nicht zu den bereits durch ihre Erstausbildung Begünstigten zählen. Erwachsenenbildung wurde durch diese Tendenz vieler ihrer traditionellen Ansprüche im Hinblick auf die Emanzipation und Stärkung der Subjekte – auch und gerade in kompensatorischer Hinsicht – beraubt und mehr und mehr als betriebliche oder betriebsnahe Personalentwicklungsstrategie entwickelt. Mit der wachsenden statussichernden Bedeutung beruflicher Weiterbildung verloren gleichzeitig die Erstausbildung und der Beruf mehr und mehr ihre Schutzfunktion, während die Weiterbildung bzw. das lebenslange Lernen den Charakter der Freiwilligkeit verloren und zu einer Pflicht im Bemühen um die Sicherung der eigenen Berufsbiographie wurden.
Es ist diese Phase der deutschen Weiterbildungspolitik, die Karlheinz Geißler – den Mahner und Wahrer des Anspruches der subjektiven Ansprüche an die Gestalt und die Ansprüche der Modernisierung – zu seinen zugespitzten Einschätzungen vom „lebenslänglichen Lernen" führt (vgl. u. a. Geißler 1989), an denen er aber bis in die 1990er Jahre hinein festhält, obgleich seine Befunde eigentlich in der Phase des bildungspolitischen Abschwungs und der pragmatisch-restriktiven Wende der

Weiterbildung ihr Illustrationsmaterial finden (weniger in den 1990er Jahren). Mit seinen kritischen Anmerkungen fokussierte Geißler auf die Fragwürdigkeiten, Paradoxien und Ideologien der vorgetragenen Begründungen der Modernisierung der Erwachsenenbildung, und ohne Zweifel nimmt er dabei vorschnellen Begeisterungen, zu denen Pädagogik und Pädagogen ja so gerne neigen, den Wind aus den Segeln[2]. Insbesondere wurde von Geißler das lebenslange Lernen als „Immer-Weiterbildung" besonders kritisch betrachtet. Im Grunde genommen ist es dabei die Kritik von Ivan Illich an der „Verschulung", die Dauber / Verne bereits in den 70er Jahren im Hinblick auf die Erwachsenenbildung aufgriffen haben, die Geißler wieder aufleben lässt, wenn er von „Vervolkshochschulung" spricht. Was dabei herauskommt sind Hinweise auf die Illusionspotentiale und die gesellschaftlichen Funktionalisierungen von Erwachsenenbildung, wie sie bereits von Dieckmann u. a. 1973 mit dem Begriff der „ritualisierten Erwachsenenbildung" auf den Punkt gebracht worden sind (vgl. Dieckmann 1973) – eine Kritik, die – wie gesagt – viel Anschauungsmaterial und Belege gerade in der Phase der pragmatisch-restriktiven Wende der Weiterbildungspolitik in Deutschland zu finden vermag, die von Geißler aber etwas unzeitgemäß Ende der 1990er Jahre präsentiert wird.

Ein weiteres Kennzeichen der Weiterbildungsentwicklung in dieser Phase ist die zunehmend sozialpolitische bzw. sozialpädagogische Funktionalisierung der Weiterbildung als „ideologisch-psychologischer Reparaturbetrieb" (Lenhardt 1984). Diese Funktionszuschreibung kommt in der Neigung von Öffentlichkeit und Politik zum Ausdruck, ungelöste Fragen zu Bildungsproblemen zu erklären und deren Beantwortung oder Befriedigung bei der Weiterbildung in Auftrag zu geben: Folgen von Stadtzerstörung und Arbeitslosigkeit, Beschäftigungsunfähigkeit und multikulturelle Vielfalt etc. – aus allem werden Lernanforderungen, denen man hofft, durch Weiterbildung wirksam begegnen zu können. Durch diese Entwicklung wachsen der Erwachsenenbildung „sachfremde" Aufgaben zu, die mehr mit Integration und Loyalitätssicherung als mit Bildung und Aufklärung gemein haben. Erwachsenenbildung degeneriert hierbei zu einer Strategie reaktiver Politik, der es auf Krisenver-

---

[2] Doch dem informierten Leser geht es bei der Lektüre der erwähnten Geißlerschen Veröffentlichungen oft so, wie bei der Lektüre der Texte von Alheim, Pongratz oder Faulstich: „Man kennt die Absicht, und man ist verstimmt". Fragt man nach dem „Neuen" der Geißler / Orthey'schen Darstellung, so ist dies schwer zu erkennen. Es ist vielleicht das Witzige mancher Formulierungen (Geißler / Orthey 1998, S. 26: „Der Pädagogen – ein Schleiermacher"), die aber auch bisweilen zu Albernheiten (ebd., S. 159: „Qualität ist, wenn man trotzdem lacht") entgleiten. Nimmt man das Inhaltliche der Argumentationen in den Blick, so hat man den Eindruck, dass die Autoren doch einem recht traditionellen Erwachsenenbildungsverständnis folgen, hinter dem sich ein – im Übrigen im Widerspruch zu ihren sonstigen Ausführungen stehendes – nostalgisches Bild gesellschaftlichen Lebens verbirgt, wenn sie etwa bedauernd feststellen: „Immer weniger wird es möglich (...), eine biographische Heimat zu finden. Wir leben als Lern-Nomaden . (...) Das ganze Leben wird eine Vorbereitung aufs Leben, das aus einem Leben als Vorbereitung aufs Leben besteht" (ebd.). So what? – möchte man fragen. Welchen Sinn und Zweck hat diese Diagnose, wenn sich aus ihr nicht gangbare politische, organisatorische sowie didaktisch-methodische Konsequenzen für die Entwicklung einer kritischen, das Subjekt stärkenden Erwachsenenbildung ableiten lassen?

arbeitung statt auf Krisenvermeidung ankommt. Rolf Dobischat u. a. charakterisieren diese Phase deshalb – mit Blick auf die berufliche Weiterbildung – auch als „kurative Phase" und schreiben:

„Mit Einsetzen der Massenarbeitslosigkeit wurde die Weiterbildungsförderung (Anpassungsmaßnahmen) zunehmend auf Arbeitslose konzentriert" (Dobischat u. a. 2006, S. 539).

Nicht mehr die präventive Vorbereitung des Einzelnen auf die selbstbestimmte Gestaltung seiner Zukunft in sich wandelnden Gegebenheiten ist in der Phase des bildungspolitischen Abschwungs und der pragmatisch-restriktiven Wende der vorrangige Zweck der Weiterbildung, sondern die Anpassung und Einpassung individueller Biographien in – vorgegebene – gesellschaftliche Strukturen. Gesellschaftliche Strukturprobleme und ihre Folgen werden dadurch individuell zugeschrieben und therapiert (Motto: „Es liegt an ›Deiner‹ unzureichenden Qualifikation, dass Du keine Arbeit findest!") und somit gesellschaftliche Stabilität und Loyalität auch in ungesicherten Lagen „gesichert", und auch Weiterbildung sieht sich solchen Indienstnahmen wiederum ausgesetzt.

d) Qualifkationsoffensive, Privatisierung, Pluralisierung und Individualisierung (Phase VIII: 1986–1994)

Die zweite Hälfte der 80er Jahre steht unübersehbar unter dem Eindruck der beruflichen Weiterbildung sowie der Privatisierung, Pluralisierung und Individualisierung. Es ist insbesondere die betriebliche Weiterbildung, die in dieser Zeit in den Vordergrund rückt und auch öffentliche Aufmerksamkeit erfährt.

Dies findet u. a. seinen Niederschlag in einem vom Bonner Bildungsministerium „koordinierten" Doppelgutachten zu „Forschungsstand und Forschungsperspektiven" in der betrieblichen Weiterbildung „aus betrieblicher Sicht" einerseits und „aus Sicht der Arbeitnehmer" andererseits (vgl. Bundesministerium für Bildung und Wissenschaft 1990). Einen weiteren Schub erhält die Betonung der beruflichen Weiterbildung schließlich im Kontext der deutschen Vereinigung. Diese ist mit einem großen Bedarf im Bereich der Anpassungsweiterbildung und einem „Umbruch des Weiterbildungssystems in den neuen Bundesländern" (Dobischat/Lipsmeier/Drexel 1996) von einem bis dato nicht gekannten Ausmaß verbunden. Diese strukturelle Transformation der Weiterbildung thematisiert erneut die Frage nach der Funktion der Weiterbildung in Zeiten des Wandels und der Modernisierung. Ortfried Schäffter schreibt dazu:

„War Erwachsenenbildung in den vorangegangenen Entwicklungsprozessen primär eine gesellschaftliche ›Veränderungsinstanz‹, so kommt ihr in einer Epoche, in der strukturelle Transformation zum Selbstläufer wird und dabei möglicherweise sogar (global) außer Kontrolle zu geraten droht, immer mehr die Bedeutung der Entschleunigung zu. Sie hat nicht nur zur Veränderung, sondern auch zur psycho-sozialen Stabilisierung und zur Wiedergewinnung von gestaltungs- und erlebnisfähiger Gegenwärtigkeit beizutragen. Erwachsenenbildung wechselt damit von der bisherigen ›Reproduktionsfunktion‹ hinüber in eine ›Reflexionsfunktion‹. Sie besteht darin, gesellschaftliche Veränderungen selektiv aufzugreifen, in individualisierbare Lernanlässe zu übersetzen und pädagogisch zu bearbeiten" (Schäffter 2001, S. 2).

Ein Aspekt, der insbesondere mit dem Beginn der 90er Jahre gleichzeitig mit den erwähnten spezifischen Transformationsproblemen in den Neuen Bundesländern immer deutlicher wird, sind die Veränderungen in den Lebensstilen und Mentalitäten, die die gesellschaftliche Modernisierung hervorbringt. Man wähnte sich in einer „Risikogesellschaft" (Beck 1986), einer „Erlebnisgesellschaft" (Schulze 1993), einer „Multioptionsgesellschaft" (Gross 1994) oder gar einer „Weiterbildungsgesellschaft" (Arnold/Gieseke 1999) – alles Bezeichnungen, die die „neue Unübersichtlichkeit" und Individualisierung der gesellschaftlichen Lebenslagen definieren. Was die Milieu- und Lebensstilforschungen zu Tage zu fördern begannen (vgl. Barz/Tippelt 2004) erschien auch für die Weiterbildung und ihre Bemühungen um Zielgruppennähe und Marketingerfolg von Belang zu sein.

Biographische Verunsicherungen, ökologische Bedrohungen und Individualisierung sind mit Fragen verbunden, die auch lernend beantwortet werden wollen. Erwachsenenbildung kann sich deshalb weniger denn je auf die nüchterne Sachlichkeit eines beruflichen Qualifikationslernens reduzieren; sie ist Identitätslernen und Bildungshilfe i. S. einer permanenten Suchbewegung.

Ein solcher komplexer Lernprozess erfordert „ein Verlernen des Gewohnten, eine Umdeutung und einen Perspektivwechsel, ein Probedenken und Probehandeln" (Siebert 2010, S. 79) – bis hin zu einem Lernen „von der Zukunft her" (Scharmer 2009), welches als Irritationsimpuls wirken will:

„In diesem Sinne knüpft das Irritationslernen (...) an das menschliche Vermögen der Regelreflexion und Interpretation an. Dieses Vermögen lässt sich auch in einer pragmatischeren Weise für den Umgang mit Alternativen nutzen und ist nicht darauf festgelegt, den Dingen auf die Spur zu kommen und nach Letztbegründungen zu suchen, die die eigene Wahrnehmung mit dem Nimbus des Rechthabens kontaminieren: Indem man sich vielmehr von den hohen Ansprüchen und Verbindlichkeiten eines Letztbegründungsdenkens zu lösen vermag, gelangen auch die eigenen Denkstile sowie Eigenarten und Unarten der routinemäßigen Weltkonstruktion in den Blick, und es verbreitet sich mehr und mehr eine andere Einstellung gegenüber dem, was uns zu sein scheint, und dem, was auch sein könnte. Dies ist die systemische Anregung, prinzipiell in Unterschieden zu denken – eine Annäherung an eine kritische

Bildungstheorie, die ganz ohne realistische Anmaßungen auszukommen vermag. Für diese ist die permanente Negation des Gegebenen zugleich das Festhalten an dem, was das Menschsein als gesellschaftliche und individuelle Lebenspraxis eigentlich bedeutet bzw. bedeuten kann. (...)

Diese kritische Dimension des Bildungsbegriff verweist allerdings nicht allein auf eine andere gesellschaftliche Praxis, worauf die Rezeption sie oft beschränkt – mit in der Regel einer erwartungsgemäßen Durchsichtigkeit des Arguments – sondern auch auf eine individuelle Selbstreflexion, welche sich einer nüchternen Beobachtung der eigenen Wahrnehmungsmuster und der in ihnen sich wiederholenden Formen des Denkens, Fühlens und Handeln erschließen können – eine Bewegung, die angesichts des bereits einmal desavouierten Weges der Bildungstheorie in die Innerlichkeit nicht ganz unproblematisch ist. Doch kann sich das suchende Ich in gesellschaftlichen Alternativentwürfen ebenso verstricken, wie in einer zur Klassik überhöhten materialen Bildung, denn es ist das individuelle Motiv, welches der Suchbewegung des Menschen Kraft zu stiften und ihn zu den inneren Wurzeln seiner Lebendigkeit zu führen oder ihm diese zu verstellen vermag" (Arnold 2011, S. 168).

In diesem Zusammenhang wird die Suchbewegung des Erwachsenen zu Sinnsuche und Erschließung des Möglichen und durch ethische Bewertungen Vertretbaren – ein Aspekt, der immer wieder in die Debatte eingebracht wird. Weitere zentrale Triebkräfte und Bezugsgrößen der zukünftigen Erwachsenenbildung sind neben dem Wertewandel sicherlich in erster Linie die Bevölkerungsentwicklung, Umweltfragen, Technikprobleme, die Veränderungen in den Bereichen Arbeitsorganisation und Kompetenzanforderungen, die Frage nach den Partizipationschancen im kommunalen politischen Bereich sowie die Frage nach der kulturellen Beteiligung. Gleichzeitig werden sich die Grenzlinien der Erwachsenenbildung gegenüber dem Sekundarbereich einerseits und dem Hochschulbereich andererseits verwischen, und inhaltlich sowie didaktisch wird die Erwachsenenbildung sich zu einem differenzierten und facettenreichen Bereich des lebensbegleitenden Lernens entwickeln und andere Formen und Verankerungen herausbilden als die der bislang erreichten Institutionalisierung.

e) Europäisierung, Entgrenzung und Kompetenzorientierung (Phase IX: 1995–)

Die letzte Phase der Erwachsenenbildungsentwicklung in Deutschland ist durch eine breite Irritation aufgrund der von der EU-Kommission vorgelegten Berichte und die durch zahlreiche Konzeptionsvorschläge sowie Resolutionen und Entschließungen entfachten Debatten und Entwicklungen gekennzeichnet. Die Europäische Union wandte sich mit ihren am 1.11.1993 in Kraft getretenen Maastrichter Verträgen erstmalig substanziell der Bildungspolitik zu. Sie eröffnete damit ein europäisches Politikfeld, das für die berufliche Bildung bereits seit den Römischen Verträgen im Gestaltungsfokus der Europäischen Union lag. Insbesondere in dem 1993 von der Europäischen Kommission angenommenen Grünbuch sowie in den 1993–1996 von der Europäischen Kommission vorgelegten Weißbüchern „Wachstum, Wettbewerbsfähigkeit, Beschäftigung", „Lehren und Lernen" trugen die Schlussfolgerungen des Rates „zu einer Strategie für das lebensbegleitende Lernen" wesentlich zur Präzisierung der Grundlinien einer europäischen Bildungspolitik bei – eine Profilierung, die auch in der Proklamation des „Europäischen Jahres für das lebenslange Lernen“ (1996) Niederschlag fand. Sucht man in den erwähnten Dokumenten nach einer einheitlichen Leitlinie, so wird man rasch fündig. Hierzu stellen Bechtel, Lattke und Nuissl fest:

„Die Dokumente und Aktivitäten der Europäischen Union lassen – bei aller Unterschiedlichkeit in Zielen, Reichweiten und Formulierungen – einen Bezug zueinander und einen Aufbau der Argumentation erkennen, der gegen Ende der 1990er Jahre schlüssig zur Implementation des Konzeptes des lebenslangen Lernens führte. Bereits das Weißbuch 'Wachstum, Wettbewerbsfähigkeit, Beschäftigung' (Europäische Kommission 1993) legte die wesentlichen inhaltlichen Linien dieser Politik fest und zwar aus der Analyse der zu lösenden Probleme heraus. Als Probleme wurden definiert

- *ein Mangel an wissenschaftlich-technischen Qualifikationen,*
- *eine zu große Zahl junger Menschen ohne Grundbildung,*
- *ein unzureichender Ausbau der Weiterbildung und des Zugangs zur Weiterbildung,*
- *die fehlende Existenz eines echten europäischen Qualifikationsmarktes sowie mangelnde Angebote im Bereich des offenen Unterrichts und der Fernlehre.*

Das Weißbuch 'Lehren und Lernen' (Kommission der Europäischen Union 1995) knüpfte daran an und empfahl insbesondere, die Verbesserung der Beschäftigungsfähigkeit (employability) zum Schwerpunkt der Bildungs- und Berufsbildungspolitik zu machen. In diesem Kontext wurden flexiblere Ansätze befürwortet, Kenntnisse und Kompetenzen anzuerkennen, Schlüsselkompetenzen zu erwerben und die Mobilität im Bereich der Ausbildung zu erhöhen“ (Bechtel/Lattke/Nuissl 2005, S. 39f.).

Die rasant verfallende Wertschätzung institutionalisierter Formen der Aus- und Weiterbildung geht u. a. auf die Faure-Kommission der UNESCO Anfang der 70er-Jahre des letzten Jahrhunderts zurück, die bereits in ihrem damaligen Bericht festgestellt hatte, dass circa 70 % aller menschlichen Lernprozesse informell stattfinden (vgl. Faure/Herrera/Kaddoura 1972). Vor dem Hintergrund der *Entgrenzung von Leben und Arbeit* gewinnt dieser Sachverhalt an Bedeutung. Es wird zunehmend schwieriger, über formelles Lernen notwendige Spezialkenntnisse für Problemlösungen zu vermitteln und diese Kenntnisse „up to date“ zu halten. Formelles Lernen steht nämlich vor der schier unlösbaren Schwierigkeit, „die sich erweiternde Vielfalt von Lerngegenständen innerhalb der, 'Wissensgesellschaft' noch curricular zu fassen“ (Overwien 2004, S. 51). Dieser Tendenz kann – wie es die Selbstorganisationswende im Rahmen der Betriebspädagogik und Betriebswirtschaftslehre zeigt – durch Entwicklung von Selbstlernkompetenzen und die Förderung informeller Lernarrangements entgegengewirkt werden. Wesentlich ist auch die Begründung, dass informelles Lernen die „natürlichste/ursprünglichste“ Art des Lernens im Lebenslauf darstellt. Durch aufsuchend und entgrenzt gestaltete Lernformen fühlen sich auch Personengruppen angesprochen, denen formale Lernangebote verschlossen geblieben sind oder die Bildungswege ohne Erfolg durchlaufen haben. Betrachtet man nämlich die Beteiligungsstrukturen bei Weiterbildungen, so wird deutlich, dass „Personen mit einer hohen Allgemeinbildung und einer abgeschlossenen Berufsausbildung zu einem hohen Prozentsatz an Weiterbildung teilnehmen, während die Geringqualifizierten unterrepräsentiert sind" (Arnold/Schiersmann 2004, S. 36). Durch die Anerkennung informell erworbenen Wissens wird es möglich, diesen Personen neue Beschäftigungsfelder zu eröffnen bzw. mit aufbauenden formellen Weiterbildungsangeboten gezielt sinnvolle Unterstützungsleistungen anzubieten.

Bildungspolitisch wurde auf die neuen Anforderungen in der Lebens- und Arbeitswelt bereits reagiert. Eine zentrale Stellung nimmt das bereits erwähnte „Weißbuch zur allgemeinen und beruflichen Bildung. Lehren und Lernen. Auf dem Weg zur kognitiven Gesellschaft" ein (Europäische Kommission 1995). Hierin wird die Entwicklung der Befähigung zur Erwerbstätigkeit als Antwort auf die neuen Herausforderungen der Informationsgesellschaft, Globalisierung und der wissenschaftlich-technischen Zivilisation gesehen. Informelles Lernen wird in dem Weißbuch vor allem mit beruflicher Bildung verbunden (vgl. Bretschneider 2004, S. 1). Und auch die Empfehlungen des Innovationskreises Weiterbildung beim BMBF enthalten zahlreiche Anregungen, Forderungen sowie Förderperspektiven, die auf eine stärkere Einbeziehung des informellen Lernens im Prozess der Arbeit bezogen sind (vgl. Bundesministerium für Bildung und Forschung 2008; 2009).

Im „Memorandum über Lebenslanges Lernen" aus dem Jahr 2000 wird die Strategie zur Gestaltung des Prozesses lebenslangen Lernens konkretisiert:

„Lebenslanges Lernen ist nicht mehr bloß ein Aspekt von Bildung und Berufsbildung, vielmehr muss es zum Grundprinzip werden, an dem sich Angebot und Nachfrage in sämtlichen Lernkontexten ausrichten. Im kommenden Jahrzehnt müssen wir diese Vision verwirklichen" (Kommission der Europäischen Union 2000, S. 3).

Das Memorandum fokussiert bei der Umsetzung des Ziels auch auf non-formelle und informelle Lernprozesse: *„Das Kontinuum des lebenslangen Lernens rückt das nicht-formale und das informelle Lernen stärker ins Bild".* Und weiter heißt es:

„Der neue Begriff eines „lebensumspannenden Lernens" bringt eine neue Dimension in das Bild ein, indem er auf die „räumliche" Ausdehnung des Lernens abstellt, das in allen Lebensbereichen und -phasen stattfinden kann. Die „lebensumspannende" Dimension verdeutlicht die Komplementarität von formalem, nicht-formalem und informellem Lernen" (ebd. S. 10).

Aufbauend auf dem „Memorandum über Lebenslanges Lernen" folgt 2001 die Mitteilung der Europäischen Kommission „Einen europäischen Raum des lebenslangen Lernens schaffen", welche konkrete Strategien zur Umsetzung vorsieht. Bretschneider (2004) rückt folgende Aussagen dieser Mitteilung ins Zentrum:

„In Bezug auf informelles Lernen werden unterschiedliche Bausteine einer solchen Strategie benannt. Neben der Forderung nach einer angemessenen Mittelausstattung über das gesamte Spektrum formalen, nicht-formalen und informellen Lernens (...), der Einbeziehung nicht-formalen und informellen Lernens in die im formalen Sektor geltenden Vorschriften für Zugang, Bildungsweg und Anerkennung (...) wird auch darauf hingewiesen, dass Lernen, vor allem nicht-formales und informelles Lernen in allen Bereichen, anerkannt und belohnt

werden muss, so dass auch diejenigen zum Lernen ermutigt werden, denen Lernen völlig fremd geworden ist, also eine Lernkultur geschaffen werden muss" (Bretschneider 2004, S. 4).

Mit der Förderung lebenslangen Lernens zeichnet sich im Kontext der aktuellen Weiterbildungspolitik eine stärkere Anerkennung durch non-formelle und informelle Lernarrangements angeeigneter Inhalte, Fähigkeiten, Fertigkeiten und Kenntnisse ab. Gezielt wird auch die Zertifizierung solcher Leistungen in den Blick genommen.

Diese Tendenz existiert bereits im Bericht der Europäischen Kommission von 2001 und auch im 2002 vorgelegten „Aktionsplan der Kommission für Qualifikation und Mobilität" sowie dem „Vorschlag für eine Entscheidung des Europäischen Parlamentes und des Rates über ein einheitliches Rahmenkonzept zur Förderung der Transparenz von Qualifikationen und Kompetenzen (Europass)" von 2003 sichtbar (vgl. ebd., S. 4 ff.).

Es gibt jedoch noch mehr offene als geklärte Fragen. Diese betreffen die Gestaltung von Lernräumen und -angeboten oder die Auswahl von Lerngegenständen, die Organisation und Struktur von Gruppen oder den Grad möglicher und notwendiger Formalisierung des informellen betrieblichen Lernens. Dabei ist darauf zu achten, nicht „die vielerorts noch vorherrschende frontalunterrichtliche Wissensmast sozusagen virtuell zu verdoppeln" (Arnold/Schiersmann 2004, S. 44), sondern gezielt die Stärken der neuen Formen des Lernens zu fördern. Dieser Aspekt bleibt vor dem Hintergrund der Fortschreibung und Entwicklung internetbasierter Inhalte – Stichworte: Web 2.0, Social Software oder Mobile Learning – relevant.

Im Jahre 2008 legte der Innovationskreis Weiterbildung, ein Gremium, in dem neunzehn Vertreter der Erwachsenenbildungspraxis, der Industrie und der Wissenschaft unter dem Vorsitz der Bundesbildungsministerin Annette Schavan Grundlinien einer innovationsförderlichen Weiterbildungspolitik erarbeiteten, seine Empfehlungen vor (Bundesministerium 2008). Diese fokussierten vier Themenschwerpunkte, die in Arbeitskreisen bearbeitet, in denen Gutachten und Debatten zu grundlegenden Empfehlungen verdichtet wurden. In der folgenden Abbildung sind diese zusammenfassend dargestellt:

Verknüpfung formalen und informellen Lernens	**Lernen in der Stadt/Region**
➢ Kompetenzfeststellungsverfahren ➢ Rahmenbedingungen für die Anerkennung informell erworbener Kompetenzen in der beruflichen Bildung ➢ Kompetenzmanagement in Betrieben	➢ Regionales Bildungsmonitoring ➢ Initiative zur Stärkung regionaler (Weiter-)Bildungsstrukturen ➢ Weiterbildung und demografischer Wandel ➢ Professionalisierung des in der Weiterbildung beschäftigten Personals ➢ Bildung in KMU ➢ Interkulturelle Öffnung von Weiterbildungseinrichtungen

Wissenschaftliche Weiterbildung	**Bildungsberatung**
➢ Kompetenzentwicklung in Hochtechnologie-Feldern ➢ Qualitätsentwicklung und -sicherung in der wissenschaftlichen Weiterbildung ➢ Informationsportale ➢ Durchlässigkeit und Verzahnung der wissenschaftlichen Weiterbildung ➢ Bedarfsanalyse für die wissenschaftliche Weiterbildung	➢ Transparenz der Bildungsberatung ➢ Qualität der Bildungsberatung ➢ Qualifizierungsberatung ➢ Finanzierung der Bildungsberatung

Abb. 3 Die Themen des Innovationskreises Weiterbildung

Diese Schwerpunktthemen verdeutlichen sehr gut, welchen Fragen sich eine moderne und innovative Weiterbildungspolitik heute zu stellen hat: die Kompetenzentwicklung und die durchlässige Gestaltung eines „Lernens im Lebenslauf". Es geht also nicht lediglich um die Optimierung des institutionell Vorgegebenen, sondern der Blick wird ebenso auf das Ganze der biografischen Lernbewegung des Subjektes gelenkt. Insofern sprengte der Innovationskreis Weiterbildung in seinen Empfehlungen den üblichen Blick auf die Erwachsenenbildung.

Der Innovationskreis Weiterbildung widmete sich auch den regionalen Bezügen der individuellen Lernbiografie und deren Auswirkungen auf das System der tertiären Bildung, d. h. der Durchlässigkeit dieses Systems zu den Angeboten der wissenschaftlichen Bildung. Weiterbildung trat dadurch als ein gesellschaftliches Anliegen ins Bewusstsein. Dies geht quantitativ und qualitativ über das hinaus, was die für die Weiterbildung zuständigen Institutionen unserer Gesellschaft bereits vielerorts „vorsehen".

In diesem Sinne heißt es auch im Bildungsbericht 2010 im Kapitel „Weiterbildung und Lernen im Erwachsenenalter" (Autorengruppe 2010):

„Lernen im Erwachsenenalter hat durch die aktuellen Entwicklungen in Wirtschaft und Gesellschaft an Bedeutung gewonnen. Die tiefgreifende ökonomische Krise, die zunehmende Wissensbasierung aller Lebensbereiche und die voranschreitende Alterung von Bevölkerung und Arbeitskräftepotenzial sind europaweit wirkende Entwicklungstendenzen, die die Organisation von Lernprozessen im Erwachsenenalter vor immer neue Herausforderungen stellen. Zudem wird Weiterbildung – insbesondere die berufliche, die den Hauptteil des Gesamtvolumens ausmacht – zunehmend zum Faktor im internationalen Wettbewerb von Unternehmen und Volkswirtschaften und gewinnt auch für die individuelle berufliche Mobilität und Behauptung am Arbeitsplatz weiter an Bedeutung" (ebd., S. 135).

Nimmt man die Leitlinien deutscher Weiterbildungspolitik in den Blick, die in der dargelegten Vier-Felder-Fokussierung des Innovationskreises Weiterbildung ihren

Ausdruck erfahren haben, so kann man feststellen, dass sich alle Bemühungen darauf richten, die Zugänge zur Weiterbildung einerseits, aber auch ihre Anschlussfähigkeit (Motto: „Kein Abschluss ohne Anschluss") an die Bildungsentwicklung im Lebenslauf zu optimieren. Ziel ist die deutliche Erhöhung der Weiterbildungsquote, d.h. des Anteils der Menschen, die regelmäßig Bildungsangebote nutzen. Der Innovationskreis empfahl deshalb in seiner Präambel:

„Im Hinblick auf die wachsende Bedeutung der Weiterbildung ist als nationales Weiterbildungsziel für die Menschen im Alter zwischen 25 und 64 Jahren eine Beteiligung am lebenslangen Lernen bis 2015 auf 80% anzustreben. Dabei sollte die Beteiligung an formalisierter Weiterbildung von insgesamt 43% (2006) auf 50% bis 2015 steigen. Für Geringqualifizierte, von denen zuletzt lediglich 28% an Weiterbildung teilnahmen, wird eine Zielmarke von mindestens 40% vorgeschlagen" (Bundesministerium 2008, S. 8).

Was ist zu tun, um diese hoch gesteckten Ziele tatsächlich zu erreichen? Der Innovationskreis Weiterbildung formulierte insgesamt zehn Empfehlungen, die in der folgenden Abbildung im Überblick dargestellt sind:

Die 10 Empfehlungen des Innovationskreises Weiterbildung Für eine Strategie zur Gestaltung des Lernens im Lebenslauf	
1	Motivation und Verantwortung stärken
2	Anerkennung und Akzeptanz für das Lernen im Lebenslauf vertiefen
3	Durchlässigkeit und Verzahnung der Bildungsbereiche ermöglichen
4	Transparenz und Qualität sicherstellen; Bildungsberatung ausbauen
5	Integration durch Bildung verbessern
6	Lernen zwischen den Generationen: Potenziale ausschöpfen
7	Das Lernen in der Zivilgesellschaft fördern
8	Das Lernen im Lebenslauf für und mit Unternehmen ausbauen – Hightech und Weiterbildung verbinden
9	Lernen in der Region
10	Lernen ohne Grenzen

Abb. 4 Die Empfehlungen des Innovationskreises Weiterbildung (nach ebd., S. 11)

Diese Empfehlungen stellen eine profilierte Liste mit Ansatzpunkten für eine zukunftsfähige Weiterbildungspolitik zur Verfügung. Es geht darum, die Voraussetzungen der Ermöglichung einer Weiterbildungsgesellschaft zu entwickeln. Sicherlich: Ob Menschen daran glauben, dass Lernen sich für sie selbst lohnt, obgleich ihre bisherigen Bildungserfahrungen gerade diesen Eindruck nicht nahelegen, ist letztlich von individuellen Bedingungen abhängig. Welche Wahl hat die Weiterbildungspolitik? Soll sie abwarten, ob die vorhandenen Strukturen auch von bildungsferneren Gruppierungen „endlich" genutzt werden? Das hieße z.B. auf den

Erfolg zielgruppenorientierter Öffentlichkeitsarbeit zu warten. Oder soll sie selbst aktiv auf diese Zielgruppen zugehen und diese Menschen in ihrer eigenen Lebenswelt ansprechen? Das hieße dann, auf deren eigene Themen Bezug zu nehmen und diese aufzugreifen – mit Würdigung und unter Berücksichtigung der diesen zugrunde liegenden spezifischen Lebensläufe und Lebenslagen.

Zwar können in diesem Zusammenhang nicht sämtliche der genannten Empfehlungen detailliert dargestellt und begründet werden, doch sollen die wesentlichen Akzentsetzungen etwas ausführlicher diskutiert werden. Sie enthalten Anregungen für eine zukünftige Weiterbildungspolitik:

Erste Perspektive:

An die Stelle einer abschlussbezogenen Anpassungs- und Aufstiegsfortbildung tritt die Anerkennung der bereits erworbenen Kompetenzen.

Vielleicht ist dies etwas überzeichnet, da auch in Zukunft das Nachholen von Abschlüssen sowie der Bildungsaufstieg über zweite und dritte Bildungswege seine Bedeutung nicht verlieren werden. Gleichwohl werden die Wege selbst sich verändern. Dies beschreibt der Innovationskreis mit den Worten:

„Um auch außerhalb der formalen Bildung erworbene Kompetenzen und Potenziale der Menschen optimal zu nutzen und weiterzuentwickeln, zielt die Entwicklung eines europäischen/deutschen Qualifikationsrahmens mittel- und langfristig auf einen Paradigmenwechsel von der Orientierung an formalen, abschlussbezogenen Qualifikationen hin zu einer Orientierung an Kompetenzen. Dabei sollten auch Kompetenzen Anerkennung finden, die außerhalb des Bildungssystems erworben wurden" (ebd., S. 13).

Diese Öffnung der Weiterbildung gegenüber dem Kompetenzgedanken kann in ihrem Potenzial gar nicht hoch genug eingeschätzt werden, wie folgende Stellungnahmen aus einem Interview[3] zeigen:

Vertiefungsblock

Innovation Weiterbildung – eine Option auch für die Hochschulen

Warum „Innovation Weiterbildung"? Sind die anderen Bereiche unseres Bildungswesens, wie z. B. die Hochschulen und Universitäten oder unsere so häufig kritisierten Schulen, nicht innovativ oder benötigen sie weniger Innovationen?

Arnold: Sicherlich stehen wir heute in allen Bereichen unseres Bildungswesens vor tief greifenden Veränderungen – auch in denen, die der Landes- und nicht der Bundeskompetenz unterliegen. Das Bundesministerium hat sich im Rahmen seiner Zuständigkeiten dem „Lebenslangen Lernen" bzw. dem „Lernen im Lebenslauf" aber auch deshalb

[3] Dieses Interview ist 2009 in der Zeitschrift der TU Kaiserslautern (Unispektrum) erschienen.

zugewandt, weil die ständige Weiterbildung in alternden Wissensgesellschaften zugleich aus mehreren Gründen wichtig ist. Zum einen sind die Betriebe bereits heute in vielen Bereichen immer stärker darauf angewiesen, dass ihnen gerade die älteren Fachkräfte länger erhalten bleiben, da jüngere nicht mehr in dem Maße nachdrängen, in dem ältere gehen. Die rasante Entwicklung und Veralterung des Wissens tut ein Übriges: Man kann nicht mehr „auslernen", und dies ist auch gar nicht mehr der Sinn der Erstausbildung. Die Erstausbildung hat sich in den letzten Jahren und Jahrzehnten peu a peu zu einer Art Eintrittskarte in das Beschäftigungssystem entwickelt. Die eigentliche Qualifizierung geschieht im Lebenslauf, en passant oder – wie es bisweilen weniger schön heißt – „just in time". Diese Eintrittskartenfunktion der Erstausbildung ist von den Hochschulen noch nicht ausreichend aufgegriffen worden, die auch noch zu wenig und zu wenig kreativ in die Weiterbildung investieren. Die Weiterbildung, insbesondere die Weiterbildung der Unternehmen ist heute in vielfacher Hinsicht wegweisend.

Können Sie uns dies etwas genauer erklären? Was hat sie – die Weiterbildung – was die Hochschulen und Universitäten nicht (oder erst wenig) haben?

Arnold: Zu nennen sind da sicherlich die neuen Lehr-Lernformen sowie auch die mutigere Nutzung von eLearning sowie neuerer Formen eines „Lernens am Arbeitsplatz". Weiterbildung folgt in Europa heute einem kompetenzorientierten Ansatz, dem es immer stärker um die nüchterne Frage geht, ob ein Mensch über bestimmte Kompetenzen verfügt oder nicht – ganz unabhängig von der Frage, ob die notwendigen Abschlüsse erworben wurden oder nicht. Die Rede ist von „recognition of prior learning". Wer im Berufs- und Alltagsleben informell Kompetenzen erworben hat, kann sich seine Kompetenzen zertifizieren lassen und soll – z. B. bei Einstellungs- oder Zulassungsentscheidungen – genauso behandelt werden wie derjenige, der offiziell den qualifizierenden Ausbildungsgang durchlaufen hat. Dadurch wird – das spüren wir ja heute bereits – unser Bildungs- und Berechtigungswesen neu sortiert.

Was meint Kompetenzorientierung?

Arnold: Die Orientierung an Kompetenzen entspringt dem Bemühen, verstärkt darauf zu achten, welche Kompetenzen in einem Ausbildungsabschnitt erworben werden. Man löst sich dabei – wie dies ein Kollege einmal nannte – von der „intellektualistischen Illusion", Wissen bzw. bestimmte Inhalte hätten per se eine kompetenzstiftende Funktion. Sicherlich, man benötigt umfassendes Fachwissen, um etwas zu können, aber dies allein garantiert noch nicht, dass man tatsächlich auch kann, was man weiß. Zur beruflichen Performance gehören auch soziale, methodische sowie emotionale Kompetenzen. Bildungsinstitutionen wie Schulen und Universitäten sind aufgerufen, Konzepte zur Förderung dieser Kompetenzen zu entwickeln.

In den Berichten über die Arbeit des Innovationskreises Weiterbildung ist auch immer wieder von der „Bildungsberatung" die Rede, und man kann lesen, dass diese zukünftig an Bedeutung gewinnen wird. Wie ist das zu erklären?

Arnold: Lehren und Lernen pluralisieren sich. Man erkennt, dass Menschen schon immer auch unabhängig von Institutionen gelernt haben – Fachleute sprechen von 80 %

der Kompetenzen eines Erwachsenen, die so entstehen – und setzt viel stärker auf die Selbstlernfähigkeit der Menschen. Dabei erkennt man, dass unser Bildungswesen noch in zu vielen Bereichen „prägutenbergisch" strukturiert ist, d.h. die Lehrveranstaltung dient der Übermittlung eines Inhaltes – genau wie zu Zeiten, als es noch keine Bücher als Distribuierungsmittel gab. Heute gibt es zur Distribuierung notwendiger Inhalte zahlreiche andere Formen, die wir nutzen müssen. Nur so können wir die Zeit, in der Menschen mit einer Lehrperson zusammenkommen, wirklich für die kompetenzbezogene Verankerung des neuen Wissens nutzen. Wir stehen nicht nur vor einer Pluralisierung der Lehr-Lernformen, sondern auch vor einer Umstrukturierung der Lernzeiten im Lebenslauf. Hier ist unsere Universität übrigens bereits gut aufgestellt: Wir haben für Menschen, die berufstätig sind und überwiegend zu Hause lernen, postgraduale Masterprogramme entwickelt und wir haben in großem Stil begonnen, mit virtuellen Lehr-Lernformen zu arbeiten. An meinem Lehrstuhl entwickeln wir z.B. mit dem VCRP eine Online-Bildungswissenschaft, die den Studierenden erlaubt, bei allen rheinland-pfälzischen Hochschulen die Veranstaltungen der Bildungswissenschaftler virtuell zu besuchen. Wir vernetzen die Hochschule und schaffen so eine Art virtuelle bildungswissenschaftliche Hochschule.

Und je vielfältiger die Lerngelegenheiten werden, desto wichtiger wird die Bildungsberatung?

Arnold: Ja, genauso ist es: Weil die Menschen selbstgesteuert lernen und ihre Kompetenzen entwickeln, benötigen sie auch Beratung. Dies ist besonders wichtig, wenn es sich um bildungsferne Zielgruppen handelt. So besuchte ich z.B. kürzlich einen Lernladen in Berlin, der bestimmte Strategien entwickelt und nutzt, um türkische Frauen für die Weiterbildung anzusprechen, ihnen zu zeigen, was sie bereits können, d.h. welche Qualifikationen sie bereits besitzen, und ihnen vielfältige Beratung und Begleitung anzubieten. In den letzten Jahren ist in Deutschland ein Netzwerk lernender Regionen geschaffen worden, das oft gerade den Bildungsberatungsaspekt deutlich betonte: Wo Vielfalt, Vernetzung und Selbständigkeit der Weiterbildungsmöglichkeiten zunehmen, nimmt auch die Notwendigkeit der Beratung zu. Wir begleiten gerade mit meinem Lehrgebiet einige Dutzend solcher Lernenden Regionen in Deutschland und haben da viele Einblicke in das Entstehen einer Kultur des Selbstgesteuerten Lernens in Deutschland erhalten.

Eine weitere grundlegende Perspektive der Weiterbildungspolitik liegt in der Forderung des Innovationskreises, die „Durchlässigkeit und Verzahnung der Bildungsbereiche (zu) ermöglichen" (ebd., S. 15ff.). Damit sollen „Begabungs- und Leistungsreserven" ausgeschöpft und „Chancengerechtigkeit" hergestellt werden. Die Rede ist in diesem Zusammenhang davon, dass zukünftig „kein Abschluss ohne Anschluss" bleiben dürfe, wodurch die immer noch geringe Teilnahme von Geringqualifizierten an Maßnahmen der Weiterbildung deutlich als ein bildungspolitisches Ärgernis in den Blick rückt. Diesem möchte der Innovationskreis mit einem *„Ausbau von Zusatzqualifikationen an den Schnittstellen zwischen beruf-*

licher Aus- und Weiterbildung sowie der transparenteren und offeneren Gestaltung der Regelungen für den Hochschulzugang beruflich Qualifizierter" (ebd.) zukünftig wirksamer begegnen.

Die DIE-Trendanalyse sieht deshalb die „Sichtbarmachung, Beurteilung, Dokumentation, Bilanzierung und Zertifizierung von Kompetenzen" (Mania/Strauch 2010, S. 85) einen wesentlichen Trend. Durch die sich hier abzeichnenden Aufgaben im Zusammenhang mit den Anforderungen des Deutschen Qualifikationsrahmens wird sich das Tätigkeitsfeld zahlreicher Weiterbildnerinnen und Weiterbildner entsprechend wandeln.

Zweite Perspektive:

Kein Abschluss ohne Anschluss! Weiterbildung soll Zugänge zu weiterführenden Bildungswegen ermöglichen und dadurch auch neue Aufstiegswege für beruflich qualifizierte Menschen schaffen.

Thema ist hier die soziale Öffnung der Weiterbildung, d. h. die Frage, ob und inwieweit es gelingen kann, Weiterbildung als den Teil des Bildungswesens auszugestalten, in dem Menschen auch Gelegenheit erhalten, einmal Versäumtes nachzuholen und dadurch auch ihre beruflichen Möglichkeiten und gesellschaftlichen Chancen zu verbessern. Ein Blick in die Weiterbildungsstatistik zeigt jedoch, dass die bisherigen Bemühungen um eine Reduzierung der sozialen Disparitäten nicht sehr erfolgreich gewesen sind. So stellt bereits der Bildungsbericht 2008 fest:

„Nach Schulbildung gruppiert sind die Beteiligungsquoten seit 1997 stabil und ist die Teilnahme der Gruppe mit dem höchsten allgemeinbildenden Abschluss immer noch doppelt so hoch wie bei der Gruppe mit niedriger Schulbildung (mit und ohne Hauptschulabschluss) (…). Nach beruflichem Bildungsabschluss zeigt sich eine noch schärfere Polarisierung zwischen der höchsten und der niedrigsten Ausbildungsstufe. Bei der beruflichen Weiterbildung nehmen Personen mit Hochschulabschluss seit Jahren mindestens viermal so häufig an Weiterbildungen teil wie solche ohne Berufsausbildung" (Autorengruppe 2008, S. 138).

Ein genaueres Bild vermitteln die Daten der „Adult Education Surveys", die Nuissl und Brandt wie folgt zusammenfassen:

„Laut der aktuellen deutschen AES-Erhebung von 2007 lernen 49% der 19–64-Jährigen in Bildungsveranstaltungen; dabei ist die Quote derjenigen, die in formalen Bildungsgängen (FED) lernt, deutlich niedriger als die derer, die in nonformalen Weiterbildungsveranstaltungen (NFE) lernen. Dabei erfolgt die Teilnahme an formalen Bildungsgängen im Wesentlichen durch die jüngeren Erwachsenen, weil diese häufig Schulen, Ausbildungsstätten oder Hochschulen besuchen. Aus Weiterbildungssicht ist bedeutsam, dass trotz dieses Übergewichts immerhin 35 Prozent der Teilnahmefälle an FED durch Weiterbildungsveranstaltungen ver-

ursacht sind (zum Beispiel durch das Nachholen von Schulabschlüssen oder über berufsbegleitendes Studium).

Die 49 Prozent ›Bildungsaktiven‹ sind aber nur rund zwei Drittel aller erwachsenen Lernenden. Nimmt man all jene hinzu, die informell lernen (INF), kommt man auf eine Quote von 69 Prozent lernaktiver Erwachsener. Im Erhebungsdesign des AES gilt als bildungsaktiv, wer im Verlauf der letzten zwölf Monate vor der Erhebung an einer Veranstaltung teilgenommen hat; analog gilt als informell lernaktiv, wer in diesem Zeitraum eine der abgefragten Selbstlernaktivitäten ausgeübt hat" (Nuissl/Brandt 2010, S. 47).

Das Andauern der Disparitäten in der Bildungsbeteiligung hat viel Ernüchterung in die Erwachsenenbildungsdebatte gebracht. Zwar war man sich schon seit den 1960er Jahren der Tatsache bewusst, dass unterschiedliche Zielgruppen auch eine unterschiedliche Zielgruppenansprache bzw. -entwicklung nahelegen und dass angebotsorientierte Herangehensweisen in der Regel erfolglos bleiben, doch konnten erst im Zuge der Bildungsberatungsaktivitäten auch Strategien einer wirksamen aufsuchenden und begleitenden Bildungsarbeit entwickelt werden. Denn Bildungsberatung löste sich in der Weiterbildungspraxis der 1990er Jahre nahezu vollständig von dem Konzept des Rat-Gebens und profilierte sich mehr und mehr als „eine entscheidende Scharnierstelle, (…) um Bildungsentscheidungen im Lebenslauf zu treffen, um Lernberatung für eine Vielzahl an Anforderungen einzuholen (und) um Bedarfe und Bedürfnisse für eine flexible Programm- und Konzeptentwicklung zu erschließen, auf die wiederum Weiterbildungsdienstleister reagieren" (Gieseke 2009a, S. 93). Dadurch verschränken sich Beratungsaktivitäten sowie Formen der Zielgruppenansprache einerseits und Programmplanung und didaktische Ansprache andererseits. Gleichzeitig entstehen im Kontext vernetzter und bildungstechnologisch verknüpfter Angebotsformen neue Formen einer aufsuchenden Bildungsarbeit, welche die Erwachsenenbildung auch in einen Kontakt mit den bislang distanten Zielgruppen zu bringen vermag.

Vertiefungsblock

Bildung und/oder Qualifizierung – Die Alheim-Arnold-Nuissl Kontroverse

Die skizzierten Entwicklungen der Entgrenzung und Erweiterung der Erwachsenenbildung forderten auch die Erwachsenenbildungsdebatte um die Jahrhundertwende immer wieder heraus. Dabei geriet insbesondere die Frage nach dem Verhältnis des Aufklärungsanliegens, welches für die Erwachsenenbildungsentwicklung durch alle Phase hindurch wegweisend gewesen ist, einerseits und politischer und beruflicher sowie gar betrieblicher Weiterbildung andererseits in den Fokus. Während Klaus Alheim, Klaus-Peter Hufer und Ulrich Klemm bis in ihre neuesten Veröffentlichungen hinein nicht müde werden, auf den – nahezu ausschließlichen – Verzweckungsgehalt des beruflich-betrieblichen Lernens zu verweisen, und dieses Lernen in einen unversöhnlichen Gegensatz zum allgemeinpolitischen Lernen zu rücken (vgl. Alheim 2016; Alheim/Bender 1996), mahnten Arnold und Nuissl zu einer differenzierteren Ausdeutung der sich in

Beruf und Betrieb artikulierenden Bildungsansätze. In ihrem Briefwechsel fordern Arnold und Nuissl in Anbetracht der „heutige(n) Gleichzeitigkeit der Ungleichzeitigkeit eine andere Theoriearbeit“ (Arnold/Nuissl 2003, S. 30) und charakterisieren die von Alheim, Hufer und Klemm wiederbelebte Gegenüberstellung von zweckfreiem und zweckgebundenem Lernen als „unmodern, in dem Sinne, dass Kenntnisse und Probleme, die heute vorliegen, da keine Rolle spielen“ (ebd.). Ekkehard Nuissl bringt es in seinem Brief auf den Punkt, wenn er schreibt:

„Eine zweckfreie Wissensvermittlung ist so ziemlich die schlechteste Möglichkeit, Menschen in ihrem Kampf um den eigenen Einfluss in der Gestaltung von Welt zu unterstützen. Politische Bildung lebt nicht von und in moralischen Postulaten oder in Wissensvermittlung, sie lebt in der Auseinandersetzung mit dem politisch notwendigen Denken und Handeln der Menschen. Und für mich ist es ein Wert von Wissenschaft, zu diesem Gegenstand sich hier konkret, präzise, empirisch belegt und verbindlich zu äußern“ (ebd., S. 31).

Gleichzeitig wiesen Arnold und Nuissl auf den Sachverhalt hin, dass die Aufwärmung der Humboldtschen Ausschlussthese („Berufs- und Allgemeinbildung dürften nicht vermischt werden!“) nicht nur einem alten Deutungsmuster entstamme, dem sich nur das zeige, was es unterstelle, sie lenkten den Blick auch auf den Sachverhalt, dass auch und gerade die fortschrittlicheren Kompetenzentwicklungsansätze des betrieblichen Lernens viele von den Gestaltungs-Fähigkeiten zu entwickeln helfe, um die es gerade einer politischen Bildung zu gehen habe. Hinter der Klärung des Phänomens – so ihre These – stünde deshalb die beobachtungs- und erkenntnistheoretische Frage, mit welcher Haltung bzw. mit welchem Anfangsverdacht Erwachsenenbildungsforscher sich ihrem Gegenstand näherten: in einer Fortsetzung bisheriger Denk- und Interpretationsformen, in deren Sog man schon seit Jahren denkt und forscht und sich somit treu bleibt, oder im Bemühen um eine „selbsteinschließende Reflexion“ (sensu Varela) darum bemüht, die Erwachsenenbildungswissenschaft jenseits einer Vermengung normativer und kognitiver Positionen neu zu begründen und sich damit auch aus der langweiligen Berechenbarkeit der werktreuen Argumentationen zahlreicher Erwachsenenbildungsforscher zu befreien, wie sie Jochen Kade bereits 1999 in einem viel zu wenig beachteten Aufsatz forderte (Kade 1999). Einer an tatsächlichem Erkenntnisfortschritt interessierten Forschung muss es darum gehen, berechenbare Theorie-Positionen als fortgeschriebene Meinungen zu enttarnen, in angestrengter systemischer Dekonstruktion die Voraussetzungen dafür zu schaffen, dass Wirklichkeiten in Erscheinung treten können (und nicht durch überlieferte Denkschablonen ausgeblendet bleiben) und auch Theoriekonstruktionen als das in den Blick genommen werden, was sie sind: Konstruktionen einer möglichst nüchternen Beobachtung, aber eben Konstruktionen, die über denjenigen, der sie vertritt, oft mehr aussagen als über den Sachverhalt, den sie zu erklären vorgeben.

1.3 Weiterbildung und gesellschaftliche Zukunft

Die Weltprobleme wachsen in der heutigen Zeit zu krisenhaften Bedrohungen an, und die menschlichen Möglichkeiten zu ihrer Bewältigung können mit diesem Anwachsen kaum mehr Schritt halten. Peter Senge u. a. beschreiben in diesem Zusammenhang das Ende der alten Formen eines detailfixierten Forschens und Denkens und fordern dazu auf, das Ganze („the whole picture") der komplex ineinander verwobenen Entwicklungen in den Blick zu rücken (Senge u. a. 2009, S. 23 f.) und auch das Lernen im Sinne eines „new thinking and new reacting" (ebd., S. 55 ff.) neu zu begründen. Dabei ist auch eine Besinnung auf die anthropologischen Grundlagen, Grenzen sowie notwendigen Selbstbegrenzungen menschlichen Seins dringend erforderlich. Ohne eine solche Besinnung auf die Richtung und das Ziel individueller und gesellschaftlicher Entwicklung bleibt auch eine Funktionsbestimmung von Erwachsenenbildung eigenartig leer. Zwar vermag niemand zu antizipieren, was die Zukunft an individuellen und gesellschaftlichen Problemen bringt, die Lernanforderungen beinhalten, doch wissen wir heute sicher, dass die Fortschrittsmodelle unserer modernen Gesellschaften der Menschheit insgesamt kein Überleben sichern werden. In den letzten Jahre haben insbesondere die Veröffentlichungen von Al Gore (2006 und 2009) das Bild von den gefährlich sich verselbständigen Mustern unserer wirtschaftlichen, technologischen, gesellschaftlichen sowie politischen Modernisierung in grellen Farben entstehen lassen. In seinem vielbeachteten Bestseller „Eine unbequeme Wahrheit" schreibt Al Goore:

„Auch jetzt stehen wir moralisch an einem Scheideweg. Es geht darum, wer wir als Menschen eigentlich sind. Wir müssen unsere Grenzen überwinden und beweisen, dass wir den Herausforderungen gewachsen sind. Wir müssen mit offenen Augen und offenen Herzen erkennen, was zu tun ist. Dies ist eine moralische und ethische Herausforderung" (Goore 2006, S. 11).

Es sind somit nicht allein die Grenzen des wirtschaftlichen Wachstums und die durch diese ausgelösten Nachhaltigkeitsfragen, die immer deutlicher zutage treten und unser bisheriges Denken an seine Grenze führen, sondern auch die seelischen Grenzen, an die die Modernisierung unserer Lebenswelten stößt. In diesem Sinne schreibt bereits Erich Fromm:

„Dass sich die große Verheißung nicht erfüllt hat, liegt neben den systemimmanenten ökonomischen Widersprüchen innerhalb des Industrialismus an den beiden wichtigsten psychologischen Prämissen des Systems selbst, nämlich 1. dass das Ziel des Lebens Glück, das heißt ein Maximum an Lust sei, worunter man die Befriedigung aller Wünsche oder subjektiven Bedürfnisse, die ein Mensch haben kann, versteht (radikaler Hedonismus); 2. dass Egoismus, Selbstsucht und Habgier – Eigenschaften, die das System fördern muss, um existieren zu können – zu Harmonie und Frieden führen" (Fromm 1976, S. 15).

Wir haben in unserer augenblicklichen gesellschaftlichen Situation somit nicht nur die Grenzen der äußeren Modernisierung, sondern auch die der inneren Modernisierung erreicht. Beide „Grenzsituationen" hängen unmittelbar miteinander zusammen.

„Zum ersten Mal in der Geschichte hängt das physische Überleben der Menschheit von einer radikalen seelischen Veränderung des Menschen ab. Dieser Wandel im „Herzen" des Menschen ist jedoch nur in dem Maße möglich, in dem drastische ökonomische und soziale Veränderungen eintreten, die ihm die Chance geben, sich zu wandeln, und den Mut und die Vorstellungskraft, die er braucht, um diese Veränderung zu erreichen" (ebd., S. 21).

Die sich abzeichnenden gesellschaftlichen Krisen haben demnach nicht nur einen bedrohlichen Charakter; sie sind vielmehr auch individuelle und gesellschaftliche Lern- und Entwicklungschancen. Mit anderen Worten verweisen die gesellschaftlichen Zukunftsanforderungen auf die Notwendigkeit, eine neue, veränderte Existenzweise, ein neues Verhältnis zu Gesellschaft und Natur zu entwickeln. Hierbei kann, wie noch zu zeigen sein wird, die Erwachsenenbildung eine begleitende, zur Reflexion anregende und Kompetenzen entwickelnde Funktion erfüllen. Die Frage ist zunächst: Mit welchen Herausforderungen der Zukunft sieht sich die heutige Erwachsenenbildung konfrontiert?

Ohne den Anspruch auf eine vollständige Bilanzierung der augenblicklichen gesellschaftlichen Krisentendenzen möchten wir im Folgenden zwei zentrale Tendenzen herausgreifen und hinsichtlich ihres Bedrohungspotentials bzw. – euphorischer ausgedrückt – hinsichtlich ihrer gesellschaftlichen Herausforderungen sowie ihrer Bildungsfolgen kurz analysieren. Diese beiden Tendenzen sind

- die ökologische Krise und
- die Verbreitung der neuen Informationstechnologien.

1.3.1 Die ökologische Krise: Ansatzpunkte einer ökologischen Erwachsenenbildung

Bereits der damalige amerikanische Präsident Jimmy Carter beauftragte im Jahre 1977 einige Ministerien und Behörden seines Landes, einen detaillierten Bericht darüber auszuarbeiten, wie die Welt im Jahre 2000 aussehen werde (Global 2000, 1980). Drei Zukunftsperspektiven sollten erhellt werden: Wie wird sich die Bevölkerung bis zum Jahr 2000 entwickeln? Wie lange werden die natürlichen Rohstoffreserven reichen? Wie beeinflussen Bevölkerungs- und Industriewachstum die Umwelt? Die Ergebnisse des damaligen Berichts waren düster, und sie sind in der Folgezeit durch weiterführende Studien in eher noch düsteren Farben ausgemalt worden, von denen der bereits erwähnte Bericht von Al Gore wohl noch die größte Breitenwirkung erreichen konnte. In seinem Buch „Angriff auf die Vernunft" aus dem Jahre 2009 markiert Al Goore die Folgen, welche sich aus dem Zusammenwirken von Energiekrise und Klimakrise für das Leben und die Demokratie ergeben, und er fordert im Blick auf die Macht in den USA (und andernorts):

„Aber statt ihnen noch größere Spielräume für Machtmissbrauch und Fehler einzuräumen, müssen wir sie zur Rechenschaft ziehen und fordern, dass sie wissenschaftliche Erkenntnisse und das Vernunftprinzip respektiert. Vor einem Jahrhundert schrieb Upton Sinclair: ›Es ist schwierig, einen Menschen zu einer Einsicht zu bewegen, wenn sein Einkommen davon abhängt, dass er sich ihr verschließt‹" (Gore 2009, S. 282f.).

Damit hat Al Gore präzise die Herausforderungen, die sich für das Erwachsenenlernen aus den krisenhaften Entwicklungen in den Bereichen Energieverbrauch und Klimawandel ergeben, in den Blick gerückt. Es geht um die Frage, ob und in welcher Weise Erwachsenenbildung tief eingespurte Verhaltensweisen und Lebensstile aufweichen und verändern kann. Geht man dieser Frage nach, so gilt es zunächst, vor Selbstüberschätzung zu warnen. Zwar stimmt es, dass die Ökologiekrise nicht ohne einen tiefgreifenden Einstellungswandel in der Bevölkerung, d. h. ohne eine Überwindung von Konsum- und Verfügungseinstellungen gegenüber unserer Natur, gemeistert werden kann, doch sind auch politische Entscheidungen gefragt. Diese können durch eine sensibilisierte und aufgeklärte Öffentlichkeit angeregt oder gar ausgelöst werden, wie die erneut erstarkte Debatte um den Ausstieg aus der Kernenergie 2011 zeigt. Die ökologische Krise ist demnach auch – jedoch nicht nur – ein Bildungsproblem. Mit anderen Worten gehört Ökologie sicherlich als Thema in die Erwachsenenbildung, doch vor allem auch auf die politische Tagesordnung.

Welche Chancen hat die Erwachsenenbildung angesichts der drängenden ökologischen Probleme? Die ökologisch notwendigen gesellschaftlichen und politischen Umwälzungen müssen von einem charakterlichen und geistigen Wandel begleitet sein, wie bereits in den 1980er und 1990er Jahren deutlich erkannt wurde. Hier haben die Pädagogik und Erwachsenenbildung anzutreten. Es geht dabei um nichts Geringeres als um die Entwicklung der ökologischen Verantwortung. In diesem Sinne wurde in den 1980er Jahren von einer „ökologischen Wende" (Michelsen/Siebert 1985, S. 30) der Erwachsenenbildung gesprochen, womit zum Ausdruck gebracht werden sollte, dass die ökologische Krise als *die* zentrale gesellschaftliche Herausforderung angesehen wird, aus der heraus sich die Ziele und die Leistung von Erwachsenenbildung legitimieren. Im Handbuch „Erwachsenenbildung/Weiterbildung" heißt es dazu:

> *„Umweltbildung heißt Handeln lernen: Die Kluft zwischen Urteil und Realität, zwischen Einsicht und Handeln, zwischen Wissen und Verhaltenskonsequenzen ist gerade im Umweltbereich sehr groß. Umweltbildung ist in besonderer Weise auf kreative Projekte, die in den Alltag eingreifen, angewiesen. (...) Die Verknüpfung von Bildungsveranstaltungen und handlungsorientierter Bürgerinitiative fördert diesen Handlungsbezug" (Kandler/Tippelt 2010, S. 720).*

In der Theorie und Praxis der Erwachsenenbildung lassen sich in einer idealtypischen Betrachtung zwei teilweise gegensätzliche Ansätze einer ökologischen Bildungsarbeit unterscheiden:

- ökologische Erwachsenenbildung als Umwelterziehung
- ökologische Erwachsenenbildung als Antipädagogik

Beiden Ansätzen geht es letztlich um die Förderung einer systemischen Haltung sich selbst und der Welt gegenüber, wie sie u. a. dem „Kaiserslauterer Ansatz zum Lernen Erwachsener" zugrunde liegen. In einem Positionspapier der TU Kaiserslautern heißt es:

„Je mehr Menschen eine mehr und mehr spielerische Distanz zu ihren eingelebten Gewissheiten entwickeln können, desto stärker bilden sie Kompetenzen heraus, die auch und gerade für die Gestaltung von Ungewissheit grundlegend sind. Bildung ist so betrachtet eine Ausstattung zum selbstbestimmten Verhalten in der Welt, sie ist als solche jedoch mehr und mehr eine ›reflexive Kompetenz‹, da wir immer weniger inhaltlich zu bestimmen vermögen, was morgen gewusst und gekonnt werden muss. Insofern ist jede Pädagogik eine Erwachsenenpädagogik, d.h. eine Bildung zur Autonomie, Selbstbestimmung und Veränderung".[4]

a) Ökologische Erwachsenenbildung als Umwelterziehung

Dies ist die Position der vorherrschenden Erwachsenenbildungspraxis. Auf die Herausforderungen der ökologischen Krise wurde in vielen Volkshochschulen und anderen Einrichtungen durch die Etablierung eines neuen Lernfeldes „Ökologie" reagiert. Die ökologische Krise wurde sozusagen verschult. Hierbei standen vielfach durchaus aufklärerische Intentionen im Vordergrund mit Zielen wie:

- auf den bedrohlichen Raubbau am endlichen Naturhaushalt unseres Erdkreises hinzuweisen;
- über alltägliche Möglichkeiten eines umweltbewussten und umweltverträglichen Verhaltens des einzelnen hinzuweisen;
- über Verflechtung politischer und wirtschaftlicher Interessenlagen und Entscheidungsabläufe aufzuklären;
- grundsätzliche ethische, philosophische und religiöse Fragen des Verhältnisses von Mensch und Natur zu erörtern;
- gemeinsam – z.B. im Rahmen einer „ökologischen Denkwerkstatt" (Sellnow 1991) – nach Möglichkeiten der ökologischen Zukunftssicherung zu suchen und Mitwirkungsmöglichkeiten des einzelnen zu diskutieren.

Kennzeichnend für den Umwelterziehungsansatz der ökologischen Erwachsenenbildung ist, dass die vorhandene Infrastruktur und die Methoden der Erwachsenenbildung (Volkshochschule, Wochenendseminar, Abendkurs usw.) als durchaus geeignete Rahmenbedingungen für ökologisches Lernen mit Erwachsenen angesehen werden. Bisweilen wurde bewusst der handlungsferne Raum der Erwachsenenbildungsinstitutionen gesucht, um so etwas wie Suchbewegungen, Reflexion, Einsicht und Diskurs stattfinden zu lassen. Damit unterscheidet sich dieses institutionalisierte ökologische Lernen Erwachsener von den Formen unmittelbarer politisch-ökologischer Auseinandersetzung Erwachsener, in denen zwar auch gelernt wird, dies aber möglichst im Kontext konkreter gesellschaftlicher Auseinandersetzung (Startbahn West, Buschhaus, Stuttgart 21 etc.). Diese institutionalisierte Form ökologischer Erwachsenenbildung setzt sich der Kritik aus, lebensfern zu sein und nicht die Bedürfnisse und konkret-ökologischen Belastungen und Erfahrungen der Menschen zu berücksichtigen – eine Kritik, an der die antipädagogische Version einer ökologischen Erwachsenenbildung ansetzt.

---

[4] Dieses Positionspapier ist unter folgendem Link gespeichert: https://www.sowi.uni-kl.de/fileadmin/paed/Dokumente/pdf/KaiserslautererAnsatz.pdf (Aufruf am 20.1.2017).

b) Ökologische Erwachsenenbildung als Antipädagogik

Der Antipädagogik geht es bekanntlich um die Abschaffung des absichtsvollen, institutionalisierten Bildens und damit auch um die „Entschulung" des Erwachsenenlernens – wobei der zugrundeliegende Entschulungsvorwurf die Erwachsenenbildung nicht mit voller Härte trifft, verstand sie sich doch bereits selbst schon immer als Gegenentwurf zum verschulten und belehrten Lernen. Die antipädagogische Position der ökologischen Erwachsenenbildung hegt grundsätzliche Zweifel daran, dass der ökologisch bedrohten Welt mit pädagogischen Mitteln wirklich zu helfen sei. Die ökologische Krise wird als Ergebnis einer vollständig geplanten und verplanten Umwelt angesehen, deren Pendant im pädagogischen Bereich die intentionale, verschulte Erwachsenenbildung mit ihren Programmen und Curricula sei. Beide, die ökologische Krise einerseits und die Erwachsenenbildung andererseits, entstammen demnach – so die antipädagogische Kritik – dem gleichen Paradigma der planmäßigen Entwicklung von Gesellschaft und Individuen. Die Überwindung der ökologischen Krise erfordere demgegenüber ein anderes Paradigma, d. h. auch ein anderes Paradigma des Lernens, das die Logik des Protestes tatsächlich didaktisch abzubilden vermag. Ökologisches Lernen kann nicht – so der Gegenentwurf der Antipädagogen und Entschulungstheoretiker –, wie die industrielle Zerstörung unserer Umwelt, zentral geplant und organisiert werden, will sie nicht der zerstörerische Perspektive, die nicht nach den Bedürfnissen der Menschen selbst fragt, gewissermaßen pädagogisch verbunden bleiben. Diese Skepsis berührt die Grenzen einer institutionalisierten ökologischen Erwachsenenbildung. So stellten bereits H. Dauber u. a. fest:

„Die Begrenzung der technologischen und institutionellen Rahmenbedingungen unserer Gesellschaft – mehr lähmender Verkehr, Nein Danke! Mehr krankmachende Medizin, Nein Danke! Mehr entmündigende Erziehung, Nein Danke! – ist eine kulturrevolutionäre Aufgabe und kann nicht in Arbeitsmaterialien und Curriculumpaketen kodifiziert werden. Auch die Entwicklung von Eigeninitiative und Eigenkompetenz, sich selbst auszudrücken, und die eigenen Bedürfnisse mit selbstgewählten Mitteln zu befriedigen, kann nicht zentral geplant und vermittelt werden" (Dauber u. a., o. J., II).

Der „Teufel" ökologische Krise kann nach dieser Auffassung nicht mit dem „Beelzebub" institutionalisierte Erwachsenenbildung ausgetrieben werden – dies wohl die grundlegendste Infragestellung der etablierten didaktischen Inszenierungen durch eine Ökologiebewegung, die sich auch gegen die psychosozialen Folgen einer Kultur der Machbarkeit und Beherrschbarkeit wendet (vgl. Radkau 2011). Es entsteht das Paradigma eines nachhaltigen Lernens, das auch das Erwachsenenlernen mit der Frage nach seinen mittel- und langfristigen Risiken und Nebenwirkungen konfrontiert – ein Impuls, der erst durch systemisch argumentierende Erwachsenenbildungskonzepte aufgegriffen werden konnte. So etwa bei Ingeborg Schüßler, wenn sie schreibt:

„Nachhaltiges Lernen hat seinen Ursprung in der Tiefenstruktur eines lernenden Systems. Beim Lernsubjekt sind das die meist unbewussten Emotions- und Deutungsmuster, bei einer

lernenden Organisation sind es die unbewussten lernkulturellen Grundannahmen und Überzeugungen. Erst der Zugang zu dieser inneren Quelle (durch einen inneren Dialog, durch Achtsamkeit oder andere Formen der Introspektion) ermöglicht, das Potenzial für einen breiten und nachhaltigen Lernprozess zu entfalten, indem unzweckmäßige Muster transformiert und alternative Handlungsmöglichkeiten für die Zukunft aktualisiert und verinnerlicht werden" (Schüßler 2007, S. 175).

Im Kontext systemisch-konstruktivistischer Konzepte sowie auf der Basis denk- und bewusstseinsentwickelnder Bildung treten scheinbar wild wuchernde Lernprozesse an die Stelle oder zumindest an die Seite professioneller erwachsenenpädagogischer Makro- und Mikroplanungen und ergänzen diese um neuartige gesellschaftliche Formen eines lebenslangen Lernens. Diese didaktisch angewandte Ökologie zielt auch auf eine Begrenzung und Eindämmung institutionalisierten Erwachsenenlernens. Dabei wird gefordert, darüber nachzudenken,

„(...) wie die dem 'Entwicklungs'-Paradigma verhafteten Formen vergesellschafteter Erziehung und Unterrichtung begrenzt statt ausgedehnt werden können und wie historisch ältere Formen beiläufigen, unterhaltsamen Lernens in einer post-modernen Unterhaltungswirtschaft gestärkt werden können. Unterhaltsames Lernen wäre dann inhaltlich bezogen auf eine postmoderne Unterhaltungswirtschaft, in der Form weniger belehrend als dialogisch (Unterhaltung) und sicherlich auch unterhaltsamer als das, was die moderne Didaktik als 'organisierte Lernprozesse' beschreibt. Schließlich wird es, theoretisch und praktisch, darum gehen müssen, die Forderung nach 'globaler Entflechtung durch lokale Verwicklung' in Modellen ökumenisch-ökologischen Lernens z.B. durch 'grenzüberschreitende' Netzwerke vielfältig erfahrbar zu machen" (Dauber u.a., o.J., S. 18).

Informelles und selbstorganisiertes Lernen sind die „Formen" einer solch ökologische-systemischen Erwachsenenbildung. Darüber hinaus „leben" systemische Konzepte der Erwachsenendidaktik von entschlosseneren Formen eines angeleiteten Selbstlernens, wobei drei Komponenten zunehmende Bedeutung erlangen:

- Menschen verfügen bereits über eine Lernfähigkeit, die jedoch vielfach durch Kränkungserleben und Versagensfurcht verschüttet worden ist. Aus diesem Grunde muss moderne Erwachsenendidaktik diesen ursprünglichen „Besitz" wiederbeleben, stärken und weiter entwickeln.
- Erklärungen, Darlegungen, aber auch Analyse und Austausch können heute in anderer Weise als in bloßer Fortsetzung eines Versammlungslernens inszeniert werden: Die Kehrseite des angeleiteten Selbstlernens ist deshalb die Entwicklung, Bereitstellung und „Bestückung" von Lernarrangements.
- Schließlich wandeln sich die Rollen im Lehr-Lernprozess. Während die Lehrenden sich mehr und mehr zu Begleitern und Beratern des Lernens Erwachsener entwickeln, erlangt der Lernende sein „Ownership" im Lernprozess zurück und wird dadurch zu dem, was er ist: ein Selbstlernwesen.

Der kritische Blick auf die Nachhaltigkeit des Lernens in Zeiten eines rasanten Wandels in Wissenschaft, Technik und Gesellschaft hinterfragt auch den curricularen Vollständigkeitswahn, der uns nicht selten dazu verführt, Lehrpläne sowie Ausbildungs- oder Studienordnungen mit fachlichen Detailwissen zu überfrachten, von welchem wir nur in einem anmaßendem Gestus behaupten können, dieses sei auch – erwiesenermaßen – für die Zukunft von grundlegender Bedeutung! Diesem Gestus eines „protect the ways oft the past" (Senge u. a. 2009) folgt weiter dem Pfad eines Sicherheitslernens, auf dem Kompetenzen zum Umgang mit Unsicherheit aber nicht zu entwickeln sind. Aus diesem Grunde mahnen selbst Arbeitgebervertreter eine Neuorientierung an. Sie verweisen darauf, dass zeitgemäße Bildung „mehr als Fachlichkeit" (Vereinigung 2015) umfassen müsse. Und die moderne Erziehungswissenschaft ringt um Konzepte und Strategien einer wirksamen Persönlichkeitsbildung – und weiß sogar um deren notwendige kontemplative Verankerung. Die Rede ist von der Stärkung des selbstreflexiven Blickes, mit dem Menschen zukünftig in der Lage sind, sich die Welt auch in anderen als den vertrauten Bildern vorzustellen und diese entsprechend zu gestalten: „We live not only our original view, but the multiple views of others, synthesizing them" – schreibt Artur Zajonc, Direktor des „Center for Contemplative Mind" in Northampton (Zajonc 2014, S. 27).

Eine nachhaltigkeitsbezogene Erwachsenenbildung löst sich von mechanistischen Inputkonzepten, die letztlich vornehmlich der Illusion der Antizipierbarkeit zukünftiger Kompetenzanforderungen anhängen. Sie kümmert sich in ihren Entwürfen und Strategien vielmehr verstärkt um die Frage, wie Aneignung, die Transformation von Persönlichkeit sowie die Entwicklung von Kompetenzen gelingen können. Dabei ist Vielfalt das Gebot der Stunde: Wenn wir nicht sicher wissen können, was in einem Lernenden tatsächlich Resonanz auszulösen vermag, um seine „Anverwandlung" (Rosa 2016) neuer Sichtweisen und erweiterter Kompetenzen zu unterstützen, dann gilt es, die Zahl der Möglichkeiten und die Räume bzw. Frames der *Aneignung* – z. B. thematisch gestaltete Kontexte – spürbar zu erhöhen. Unterrichtsszenarien werden dabei von Lernlandschaften und Selbstlernmaterialien abgelöst, welche die Lernenden alleine oder in Begleitung durchwandern, erkunden und in ihnen verweilen. Sie bewegen sich dabei nicht auf einem vorgegebenen Weg zum Ziel, sondern sind aufgefordert, ihren eigenen Weg zu finden.

Eine solche Erwachsenenbildung bekennt sich damit dazu, dass gelungene Bildung letztlich aus hoher Expertise *und* wirksamer Verantwortlichkeit für die Gestaltung der *eigenen* Zukunft sowie für Gestaltung der Zukunft der Gesellschaft besteht. Bildung zeigt sich in dem ständigen Bemühen ihrer Absolventen, sich selbst und die Welt zu verstehen und diesem Verständnis gemäß besonnen und wirksam zu handeln. Sie ist *pro*faktisch, nicht *post*faktisch, um eine gefährliche Tendenz, mit der wir es immer wieder zu tun haben und die uns in Frage stellt, aufzugreifen. In diesem Sinne fragte der DFG-Präsident Peter Strohschneider in seiner Rede zur DFG-Jahresversammlung: „Was hat der grassierende Populismus mit der Wissenschaft zu tun?" Seine Antwort: „Geradezu alles. Weil er sie negiert!" (Strohschneider 2016) Denn Populismus und postfaktische Argumentationen kümmern sich nicht

- um den Erklärungswert,
- die innere und äußere Widerspruchsfreiheit sowie
- die Prüfbarkeit

ihrer Festlegungen. Wissenschaft schon! Und Sie weiß um die Begrenztheiten der Prüfbarkeit oder gar Prognostizierbarkeit! Eine wissenschaftlich begründete Erwachsenenbildung zielt auf die Stärkung des methodischen und sozialen sowie emotionalen und reflexiven Vermögens des Lernenden *durch die* und *in* der Auseinandersetzung mit inhaltlichen Fragen. Dieser lernt dabei nicht nur „etwas", sondern erweitert seine persönlichen Fähigkeiten in Lernräumen. Dadurch wird das lernende Individuum mehr und mehr zu dem, was es bereits immer schon gewesen ist – teils ohne dies zu wissen: Eigentümer oder Eigentümerin seines Lernens – ein für die demokratische Gesellschaft, den Arbeitsmarkt und die eigene Lebensgestaltung in den Life-long-learning-Gesellschaften nicht zu unterschätzender Vorgang der Rückübereignung.

Wissen wandelt sich dadurch gleichzeitig von einem bloßen Besitz zu einer komplexen Fähigkeit, das eigene Denken und Handeln nicht länger an persönlichen, sondern an geteilten Gütekriterien zu orientieren. Die Vollständigkeit oder Repräsentativität des zu Lernenden tritt in einer solchen Bildung hinter den Fähigkeiten zur selbständigen Erschließung, Aneignung sowie Konstruktion von Wissen deutlich zurück. Es geht dabei um die Ermöglichung von weiten Denkräumen, nicht um deren tendenzielle Vermessung oder gar Reglementierung.

So schreibt die Vereinigung der Bayerischen Wirtschaft in ihrem 2015er Gutachten „Bildung. Mehr als Fachlichkeit":

„In breiten Kreisen der Gesellschaft ist deutlich geworden, dass zur Sicherung eines zukunftsfähigen Beschäftigungssystems wie auch der Lebensqualität einer Gesellschaft mehr gewusst und gekonnt werden muss, als dies noch vor fünfzehn Jahren der Fall war. (...)

In einer solchen Gesellschaft können Menschen nur dann zu sich selbst und einem erfüllten Leben gelangen, wenn sie über Wissen und Kompetenz hinaus über eine Persönlichkeitsstruktur verfügen, die ihnen neben Verhaltenssicherheit auch die Bereitschaft und Fähigkeit zur Gestaltung ihres eigenen Lebens und zur Beteiligung an den gesellschaftlichen Herausforderungen – auch im globalen Maßstab – vermittelt" (Vereinigung 2015, S. 9).

Die Frage nach der Selbstorganisation der Kompetenzreifung rückt die Rolle des Lernenden selbst in das Zentrum der didaktischen Erwägungen. Indem der Lernende ein Bewusstsein seiner Urheberschaft in sich zu kultivieren vermag, bringt er eine ursprünglich menschliche Fähigkeit, sich selbst zu organisieren und „die Ungewissheit zu umarmen" (Ehmer u. a. 2016, S. 20), zum Ausdruck.

1.3.2 Digitalisierung als Herausforderung für die Erwachsenenbildung

„Digitalisierung" und „Weiterbildung" sind zwei Begriffe, deren Bedeutung für die Zukunft der Bildung schon seit Jahren unbestritten ist. Strukturelle Verschiebungen ergeben sich mit der Digitalisierung allerdings nicht nur für die Lernorte „Betrieb" und „Schule", sondern auch im Hinblick auf das Verhältnis von Erstausbildung und Weiterbildung, da alte biographische Muster sich ändern und die Bedarfe eines Lernens im Lebenslauf deutlich zunehmen. Zugleich erleichtern neue Bildungstechnologien das Aufsuchen der Lernenden am Arbeitsplatz, zu Hause und selbst unterwegs. Der Lernort büßt gewissermaßen seinen Ausschließlichkeitscharakter als Ort der Wissensvermittlung ein: Man kann, aber man muss nicht mehr zusammen kommen, um sich Wissen anzueignen und Kompetenzen zu entwickeln. Dies bedeutet aber zugleich: Wenn Lernende sich treffen, dann muss man diese face-to-face-Situation nicht mehr zur Informations- und Wissensverbreitung „vergeuden", sondern kann diese in didaktisch sinnvoller Weise zur Auseinandersetzung mit weiterführenden Perspektiven sowie zur Erprobung neuer Deutungen und Handlungsmöglichkeiten im Dialog mit anderen nutzen (vgl. Arnold/Faber 2011). Insgesamt können die Herausforderungen, die sich aus den neuen digitalen Vernetzungen für die Erwachsenenbildung ergeben folgendermaßen charakterisiert werden:

> Die Digitalisierung hat in doppelter Weise grundlegende Auswirkungen auf das Lernen im Erwachsenenalter: Zum einen dynamisiert sie die Wissens- und Inhaltsebene im Gegenständlichen des Erwachsenenlernens (insbesondere in der beruflichen Weiterbildung), zum anderen transformiert sie die bisherigen Raum- und Zeitmuster des institutionalisierten Erwachsenenlernens und weicht dessen Grenzen zum informellen lebenslangen Lernen spürbar auf. Erwachsene können weniger „vorbereitend" lernen, und die Lerngelegenheiten holen sie gewissermaßen in ihren Lebens- und Berufswelten ein, wodurch das Erwachsenenlernen sich einerseits renormalisiert („der Mensch als lebenslang lernfähiges und lernendes Wesen"), andererseits aber auch in den sich verdichtenden Anforderungen unausweichlicher wird.

Die folgenden Ausführungen widmen sich vornehmlich der Frage, welche Aufgaben und Problemstellungen sich aus der Verbreitung und dem Einsatz digitaler Lösungen im gesellschaftlichen Alltag für das lebenslange Lernen und die Weiterbildung Erwachsener ergeben werden. Mit der vielfach beschworenen „realistischen Wende" der Erwachsenenbildung und der Betonung des „lebenslangen Lernens" rückte (wie bereits erwähnt) für die Erwachsenenbildung seit den 1970er Jahren die berufliche Weiterbildung immer stärker in den Vordergrund. Der technische Fortschritt und soziale Wandel der Industriegesellschaft – so programmatisch der Deutsche Bildungsrat zu Beginn der 1970er Jahren – dulde kein Sich-Bescheiden mit dem einmal Gelernten, sondern fordere eine „ständige Weiterbildung“:

„Immer mehr Menschen müssen durch organisiertes Weiterlernen neue Kenntnisse, Fertigkeiten und Fähigkeiten erwerben können, um den wachsenden und wechselnden beruflichen und gesellschaftlichen Anforderungen gerecht zu werden“ (Deutscher Bildungsrat 1972, S. 51).

Durch die rasante Entwicklung der Computertechnik und der Softwareentwicklung in den zurückliegenden Jahrzehnten scheint sich die Prognose des Deutschen Bildungsrates in eindrucksvoller Weise zu bestätigen. Die stattfindenden und zu erwartenden technischen und beruflichen Veränderungen bedeuten für die Mehrheit der Beschäftigten, dass alte Kenntnisse und Gewohnheiten – aber auch Sicherheiten – gefährdet sind, viele Arbeitsplätze sich radikal ändern oder ganz wegfallen werden; neue Kompetenzprofile werden nachgefragt werden.

Die Informationstechnologien berühren allerdings nicht allein den Arbeitsbereich der Menschen. Sie haben vielmehr heute bereits alle Lebensbereiche (Heimcomputer, Bildschirmtext, Kabelfernsehen, eMail, Smartphone, Skype etc.) durchdrungen. Eine bloß arbeitsplatzbezogene berufliche Weiterbildung ist deshalb keine ausreichende Antwort auf die gesellschaftlichen und individuellen Herausforderungen der Digitalisierung. Vielmehr besteht die Gefahr einer arbeitsmarktpolitischen Instrumentalisierung der Weiterbildung, wenn sie lediglich als Reaktionsform von Bildungspolitik und betrieblicher Personalentwicklung benutzt wird, um aktuelle oder zu erwartende Qualifikationsengpässe zu beseitigen. Nicht nur Qualifikationslernen, sondern auch Identitätslernen ist in diesem Zusammenhang gefragt. Denn die Verbreitung der neuen Technologien geht einher mit Unsicherheiten, Orientierungsproblemen, Ängsten und Identitätskrisen, zumal ja die berufliche Qualifikation des einzelnen, ob sie nun aktuell, veraltet oder noch zu erwerben ist, seine Identität wesentlich bestimmt. Die Digitalisierung fordert von der Weiterbildung deshalb nicht nur „Anpassung von Qualifikationen“, sondern auch „Wiedergewinnung von Identität“.

a) Weiterbildung zur Anpassung von Qualifikationen (Qualifikationslernen)

Der Grundgedanke der ständigen Qualifikationsanpassung an die Entwicklung der Arbeitsplatzanforderungen ist für die Weiterbildung der realistischen Wende konstitutiv. Durch die Digitalisierung verändern sich die Anforderungen immer rasanter, wobei sich folgende tiefgreifenden – und z. T. auch widersprüchlichen – Wandlungen feststellen lassen:

- die allmähliche Auflösung des Facharbeiterberufes

Angesichts des rasanten Tempos der technologischen Entwicklung ist die berufliche Ausbildung immer weniger in der Lage, inhaltlich Schritt zu halten. Die Vermittlung fachspezifischer Qualifikationen „auf Vorrat“ erweist sich zunehmend als unmöglich und ist ausbildungsökonomisch nicht mehr vertretbar. Das früher in der beruflichen Ausbildung erworbene theoretische und praktische Wissen wird zunehmend Programmen übertragen und durch diese ersetzt. Handwerkliches Geschick wird z. B. immer mehr von entsprechenden Steuerungsprogrammen abgelöst.

- die gleichzeitige Beschränkung und Erweiterung von Handlungsspielräumen

Ursprünglich vorhandene Spielräume zur Planung, Ausführung und Selbstkontrolle des Arbeitsprozesses werden durch programmgesteuerte und – überwachte Arbeitsabläufe drastisch verringert, wobei die Arbeitenden durch Datenerfassungssysteme eine verschärfte Fremdkontrolle ihrer Arbeitsleistung erfahren können. Gleichzeitig erweitern sich im Kontext dezentraler und vernetzter Fertigungsstrukturen auch Entscheidungs¬ und Handlungsspielräume.

- die Produktivitätssteigerungen

Die Nutzung von Assistenzsystemen ist heute in nahezu allen Bereichen der Arbeitswelt verbreitet, und auch im Privatbereich gehören diese schon längst zum Alltag der meisten Menschen (z. B. Navigationshilfen). Der damit verbundene enorme Effekt, den solche Automatisierungen auf den Arbeitsmarkt haben können, wurde etwa in der Verwaltung bereits in den 1980er Jahren deutlich spürbar. So hat z. B. der Übergang von der zentralen Lochkartenverarbeitung zur dezentralen Dialogeingabe durch die Sachbearbeiter bei der Bundesversicherungsanstalt für Angestellte in Berlin dazu geführt, dass die Durchlaufzeiten zur Zusammenstellung aller Informationen für einen Vorgang von neun Tagen auf fünf Minuten verkürzt wurden (Zimmer 1985, S. 512). Auch die Büroarbeit von Fach- und Führungskräften wird heute erheblich produktiver gestaltet (Arbeitsplatzcomputer, Laptops, Smartphones, papierloses Büro etc.) – mit tiefgreifenden Wandlungen für die Stellen- und Anforderungsprofile von Sekretariats-, aber auch Führungskräften. Auch im technischen Segment sind die Veränderungen gravierend. So hat der Mechatroniker schon längst den Mechaniker in der Autowerkstatt abgelöst, weil er auch „den heutigen Computer auf vier Rädern warten kann“ (Dräger/Müller-Eiselt 2015, S. 94). Die gesteigerte Produktivität des digitalisierten Umgangs mit der Wirklichkeit zeigt sich auch in dem Einsickern digitaler Lösungen in Tätigkeitsbereiche, die bislang vor jeglicher Automatisierung sicher zu sein schienen (z. B. analysierende, überwachende, beratende Funktionen). Ist es vielleicht denkbar,

„(...) dass die Computer so gut werden, dass sie bald auch die Kreativen, Gebildeten, die Feinsinnigen und Freundlichen verdrängen – und die Menschheit das Rennen gegen die Technologie verliert?“ (Kucklick 2015, S. 84).

- die Veränderungen der Arbeitsteilung

Mit dem Einsatz von neuen Technologien am Arbeitsplatz schreitet einerseits die Teilung in ausführende und planende Tätigkeiten weiter fort, andererseits werden

Hierarchien abgebaut und neuartige Gruppenarbeitsstrukturen (z.B. virtuelle Teams) entwickelt. Auch im Bürobereich führt die Verfügbarkeit von Informationen an jedem Arbeitsplatz zu einer Veränderung bisheriger Arbeitsteilungen, wobei hierarchisch strukturierte Arbeitszuordnungen vielfach fragwürdig werden und sich ganzheitliche Arbeitsvollzüge und ein entsprechender Kompetenzzuwachs verbreiten können. Beobachtbar sind ambivalente Arbeitsmarkttendenzen. So ist z.B. gleichzeitig beobachtbar, dass die gesellschaftliche Arbeitsteilung infolge der Digitalisierung sowohl autonomere als auch substituierbare bzw. verlagerbare Arbeitsplätze hervorzubringen vermag.

- die Individualisierung des Arbeitens

In der teilautomatisierten bzw. voll automatisierten Fertigung verschwanden nicht nur zahlreiche Montagefunktionen, auch koordinierende und überwachende Arbeiten wurden von Computern übernommen. Die Menschen veränderten ihre Rolle. Sie waren nicht mehr in erster Linie die Bediener, sondern diejenigen, welche die Anlagen überwachen und warten. Ihre Tätigkeit hat etwas von einem „Hirten" an sich, wie dies W. Tröger bereits in den 1970er Jahren voraussah, wobei er insbesondere „die Einsamkeit, das Auf-sich-allein-Gestellt-sein im menschenleeren Fabrikgebäude" (Tröger 1977, S. 27f.) im Blick hatte. Michael Brater u.a. sehen „im künstlerischen Handeln (...) heute geradezu ein *Paradigma des Arbeitshandelns in der postmodernen Gesellschaft*" (Brater u.a. 2011, S. 9) und fordern die gezielte Förderung von „Fähigkeiten, die der Computer nicht besitzt, nämlich unbefangene Wahrnehmung, Offenheit für Neues und Überraschendes, Gefühl und Gespür, Fantasie, Ideenreichtum, die Kraft, etwas Neues zu tun, und die Fähigkeit zum dialogischen Handeln" (ebd., S. 18) – ein Schub in Richtung Bildung, dessen Kehrseite aber ebenfalls nicht übersehen werden darf. In seinem Buch „Der flexible Mensch" beschreibt Richard Sennett, was diese Individualisierung im Kontext unsicherer Arbeitsmarktentwicklung den einzelnen Fachkräften abverlangt:

„In der Arbeitswelt ist die traditionelle Laufbahn, die Schritt für Schritt die Korridore von ein oder zwei Institutionen durchläuft, im Niedergang begriffen. Dasselbe gilt für das Hinreichen einer einzigen Ausbildung für ein ganzes Berufsleben. Heute muss ein junger Amerikaner mit mindestens zweijährigem Studium damit rechnen, in vierzig Arbeitsjahren wenigstens elfmal die Stelle zu wechseln und dabei seine Kenntnisbasis wenigstens dreimal auszutauschen" (Sennett 1998, S. 25).

Die Arbeitsmarkt- und Berufsforschung ist bislang keineswegs in der Lage, die Auswirkungen der neuen Technologien auf den Arbeitsmarkt mittelfristig einigermaßen verlässlich beurteilen zu können. Dies ist nicht zuletzt darauf zurückzuführen, dass die Verbreitungsgeschwindigkeit der digitalen Lösungen in den einzelnen Branchen schwer einzuschätzen ist. Unbestritten ist allerdings, dass

– nahezu alle Berufe von dem Einsatz der Informationstechnologien mittelbar oder unmittelbar betroffen sind und in Zukunft durch Neu- und Weiterentwicklungen technologischer Lösungen beständig betroffen sein werden,

- eine große Zahl von Arbeitsplätzen obsolet werden, wird wobei z. Zt. noch nicht ersichtlich ist, in welchen Wirtschaftsbereichen die Betroffenen dauerhaft neue Tätigkeiten finden werden können.

Aus diesen beiden Sachverhalten lassen sich für die Weiterbildung nicht nur Aufgaben im Bereich der informationstechnologischen Anpassungsfortbildung definieren, zumal diese zunehmend auch durch die Lieferanten neuer Softwarelösungen selbst durchgeführt werden (am Arbeitsplatz, als Teil der Lösungsimplementierung). Von grundlegender Bedeutung bleibt jedoch die Vermittlung technologischer Schlüsselqualifikationen und ein antizipatorisches, auf den Wandel vorbereitendes und den Wandel vorwegnehmendes Lernen. Denn die berufliche Erstausbildung ist heute angesichts des rasanten technologischen Wandels immer weniger in der Lage, auf die sich verändernden Qualifikationsanforderungen zu „reagieren“. Von zunehmender Bedeutung ist es deshalb, „antizipatorische Qualifikationen“ zu erwerben, d. h. Grundfähigkeiten, mit denen sich der Einzelne leichter auf veränderte Situationen einstellen kann. Für ein solches antizipatorisches Lernen plädierte des Club of Rome bereits in seinem vielbeachteten Memorandum „Zukunftschance Lernen“ (Club of Rome 1979). Solche Qualifikationen sind unspezifische, prozessunabhängige, breit verwertbare technologische und soziale Kompetenzen, sog. „Schlüsselqualifikationen“, die mittelfristig nicht automatisierbar sind, wie z. B.

- Fähigkeit zu abstraktem logischem und planerischem Denken.
- Konzentrationsfähigkeit,
- Fähigkeit zu Sorgfalt und Genauigkeit,
- Kommunikationsfähigkeit,
- Fähigkeit zur Teamarbeit,
- Kreativität,
- Problemlösungsfähigkeit.

In diesem Zusammenhang ist auch die Rede von einer Verlagerung der Fachqualifizierung in die Weiterbildung. Dies bedeutet, dass man sich das jeweilige spezifische berufliche Wissen in Zukunft nicht während der beruflichen Erstqualifizierung, sondern während der beruflichen Weiterbildung bzw. in Prozessen des Lebenslangen Lernens erarbeiten wird – aus rein pragmatischen, aber auch rentabilitätskalkulierenden Erwägungen heraus. Denn es kommt einer Fehlqualifizierung gleich, wenn man Menschen Fähigkeiten und Fertigkeiten vermittelt, die bereits zu dem Zeitpunkt, zu welchem sie selbst in der Anwendungssituation angekommen sind, veraltet sind. Doch nicht nur der Gedanke der Vorbereitung verliert an Berechtigung, reduziert wird durch die Geschwindigkeit des technologischen Wandels auch die Bedeutung von Berufserfahrungen, für deren „Zukunftstauglichkeit“ ähnliches gilt wie für das Vorbereitungslernen. Was unstrittig ist, ist die Bedeutung der Bereitschaft des Einzelnen, immer wieder neu zu lernen, umzulernen und zu „verlernen“. Ein weiteres Ziel der Weiterbildung wird es deshalb sein, die lebenslange Lernbereitschaft des Einzelnen wirksam zu erhalten. Gleichzeitig ändert die Weiterbildung ihre Funktion: Sie dient nicht mehr nur in erster Linie der notwendigen

Aktualisierung veralteter Kenntnisse, sondern wird selbst zum Bestandteil einer vollwertigen Berufsqualifikation. Vieles deutet darauf hin, dass sich in Zukunft die Ausbildungszeiten verkürzen werden, um schneller in den Wechsel von breiter Persönlichkeits- und Grundausbildung, praktischer Berufserfahrung und Wiedereintritt in systematische Formen des Entlernens und Weiterlernens einzutauchen.

Der Einzelne wird in Zukunft erst über die Weiterbildung in seinen Beruf hineinwachsen – und auch das nur vorübergehend, bis ein neuer Bereich ihn vor neue Lernanforderungen stellt und in eine weitere Phase des Zyklus von Verlernen und Neulernen hineinführt.

Es gibt bei der Nutzung der Digitalisierung keinen technischen Determinismus in dem Sinne, dass diese Technologien nur eine ganz bestimmte – z. B. dequalifizierte und sinnentleerte – Arbeitsplatzorganisation zulassen. Es ist vielmehr nicht in erster Linie eine technische Frage, sondern eine Frage der betrieblichen und gesellschaftlichen Kräfteverhältnisse, wie die Arbeitsplätze beschaffen sein werden und welche Entfaltungsmöglichkeiten sie dem Einzelnen bieten werden. Diese Frage setzt deshalb Gestaltungskompetenzen auf Seiten derjenigen voraus, die sich im Zweifelsfall an den Arbeitsplätzen wiederfinden, welche im Interessenkampf entstehen. An dieser Stelle kann Weiterbildung eine wichtige gesellschaftspolitische Aufgabe erfüllen, indem sie hilft, die Beschäftigen zu befähigen, sich in entsprechenden Interessenauseinandersetzungen kompetent und wirkungsvoll zu Wort zu melden und einzumischen. Weiterbildung erfüllt somit im Kontext des technologischen Wandels auch die gesellschaftspolitisch wichtige Funktion der Befähigung der Betroffenen zur sozialen (Mit-)Gestaltung der neuen Technologien.

b) Weiterbildung zur Wiedergewinnung von Identität (Identitätslernen)

Als sozialpsychologische Pannenhilfe erfüllt die Weiterbildung auch vordergründig identitätsstabilisierende Funktionen; allerdings häufig mit der einseitigen Zielrichtung, den Menschen auch psychisch an die technologischen Erfordernisse anzupassen. Diese Tendenz ist dort, wo sie dominant wird, Ausdruck eines letztlich technologieorientierten Ansatzes der Erwachsenenbildung. Eine solche Sozialpädagogisierung der Erwachsenenbildung als „Pannenhilfe" liegt deutlich im Trend neoliberaler Wirtschaftskonzepte und entspricht vielerorts auch der Neigung von Politik und Öffentlichkeit, „ungelöste Frage zu Bildungsproblemen zu erklären und deren Beantwortung oder Befriedigung bei der Weiterbildung in Auftrag zu geben" (Schlutz 1983, S. 9). Eine solche ungelöste Frage ist auch die nach den sozialpsychologischen Folgen der Verbreitung neuer Technologien am Arbeitsplatz und in der Lebenswelt der Menschen. Für eine subjektorientierte Weiterbildung ist diese sozialpsychologische Problematik der Verbreitung neuer Technologien deshalb konstitutiv, weil es ihr Anliegen ist, den einzelnen bei der Überwindung von Identitätsproblemen durch geeignete Lernangebote bzw. besser „Bildungsangebote“ zu unterstützen (= Identitätslernen). Welches sind die Identitätsprobleme, die mit einer zunehmenden Digitalisierung von Arbeits- und Lebenswelt einhergehen können? Die wichtigsten sind:

- die Auflösung der beruflichen Identität

Parallel zu der oben beschriebenen Tendenz der Auflösung des Facharbeiterberufs stellt sich die Frage, wie denn der Einzelne die Tatsache der radikalen Entwertung seiner beruflichen Qualifikationen verarbeitet, über welche Möglichkeiten des Erhalts und der Weiterentwicklung bzw. Neudefinition seiner beruflichen Identität er verfügt. So wies H. Tietgens bereits in den 1980er Jahren auf die Notwendigkeit des Identitätslernens im Zusammenhang mit der Verbreitung neuer Technologien hin, da es der Erwachsenenbildung auch um die Frage gehen muss, „in welcher Relation das berufliche Fähigkeitspotential zu dem steht, was der einzelne von sich selbst hält und wie er dieses Selbstkonzept in den Lebenszusammenhang einbringen kann, in den er sich gestellt sieht“ (Tietgens 1984, S. 38) – eine grundlegende Blickweitung, die auch die überlieferten Trennungen zwischen allgemeiner und beruflicher Weiterbildung aufzuweichen vermag: Das Berufliche bzw. die beruflichen Erfahrungen sind von allgemeinbildender Relevanz für den Einzelnen, wie auch seine Allgemeinbildung im Sinne einer übergreifenden Lern- und Orientierungsfähigkeit ihm helfen kann, sich neuen Aufgaben zu stellen und sich Kompetenzen selbständig anzueignen.

- der Verlust biographischer Kontinuität

Angesichts der zu erwartenden Rationalisierungseffekte der Verbreitung neuer Technologien werden immer mehr Menschen gezwungen sein, ihren einmal erworbenen Beruf aufzugeben, neue Tätigkeiten zu erlernen und Zeiten der Arbeitslosigkeit zu durchlaufen. Aufgrund der kulturell zentralen Bedeutung des Berufs für die Persönlichkeit, den Lebenslauf und das Selbstverständnis der Menschen stellt sich das Problem, wie in solchen Situationen biographische Kontinuität vor sich selbst und anderen aufrechterhalten oder neu gestaltet werden kann.

- der Verlust lebensweltlicher Plausibilität

Der verbreitete informationstechnologische Analphabetismus führt dazu, dass der einzelne technologische Apparaturen nicht mehr durchschauen und verstehen kann; es fällt ihm zunehmend schwerer, sich eigene Erklärungen und (Alltags-)Theorien über die Funktionsweise der ihn umgebenden elektronischen Einrichtungen, von der Digitaluhr über das Internet bis zur Datenbank, zu entwickeln. Es ist nicht auszuschließen, dass auch dieser Analphabetismus zu einem Verlust an lebensweltlicher Plausibilität führen wird, dem der Einzelne dann dadurch zu begegnen sucht, dass er „informationstechnologische Situationen“ meidet – eine ähnliche Rückzugstendenz, wie sie bei Lese- und Schreibunkundigen festgestellt werden kann.

Doch auch der passive Umgang mit neuen Medien und neuen Technologien prägt die Denkweisen und das Realitätsbewusstsein der Menschen. Nicht ganz zu Unrecht sprach H. von Hentig bereits in den 1980er Jahren von einem „allmählichen Verschwinden der Wirklichkeit“ (von Hentig 1984) und markierte damit eine Virtualisierung des Realen, welche den Menschen zunehmen dichteren, aber nur über mediale Inszenierungen „erfahrbaren“ Wirklichkeiten aussetzt.

- Mechanisierung der Mentalität

Die neuen Technologien vervielfältigen die Optionen des einzelnen, sich zu vernetzen und Ferne zu überwinden, sie sind aber auch zugleich der aktuelle Ausdruck eines zweckrationalen und formalisierenden Denkens. Es ist dieses Paradigma, welches die gesellschaftliche Mentalität zunehmend durchwirkt und auch an der Verursachung der gesellschaftlichen und ökologischen Probleme, die unser Überleben bedrohen, teilhat. Hieraus soll keine undifferenzierte Zivilisationskritik für die Weiterbildung abgeleitet werden, doch ist nicht zu übersehen, dass lebensweltoriginäre, „ökologische“ Denk-, Lebens- und Informationsstile im Zuge der Verbreitung der neuen Technologien verschüttet werden – eine Tendenz, die nicht nur im „Verschwinden des Buches“ (vg. Müller 2004) ihren Ausdruck findet. Es ist durchaus zu fragen, ob durch diese Mechanisierung, technologische Kolonisierung oder gar Digitalisierung der Mentalität nicht gerade *die* Existenz- und Denkweisen vernichtet werden, von deren Förderung, Entwicklung und Verbreitung unser gesellschaftliches Überleben abhängt. Das Ideal der totalen Informatisierung (Stichwort: „Informationsgesellschaft“) entspricht nämlich durchaus der Existenzweise des „Habens“, in der „die Beziehung zur Welt die des Besitzergreifens und Besitzens (ist), eine Beziehung, in der ich jedermann und alles, mich selbst mit eingeschlossen, zu meinem Besitz machen will“ (Fromm 1976, S. 35).

c) Lernziel: der mündige Umgang mit der Digitalisierung

Die Weiterbildung in der Informationsgesellschaft darf nicht allein in der Frage „Wieviel Digitalisierung braucht der Mensch?“ ihren Orientierungsmaßstab sehen. Die Einheit von Qualifikations- und Identitätslernen verbietet eine solche einseitige Ausrichtung der Weiterbildung an den technologischen Erfordernissen. Oberstes Ziel der Weiterbildung in der Informationsgesellschaft der Zukunft ist vielmehr die Befähigung des Einzelnen zum „mündigen Umgang mit dem Computer“. Hierzu gehört neben den geschilderten antizipatorischen Schlüsselqualifikationen und einer lebenslangen Lernbereitschaft des Einzelnen sicherlich auch die Einsicht in die soziale Gestaltbarkeit der neuen Technologien. Hierbei ist es wichtig, den Spielraum für die Gestaltung subjektiv und sozial verträglicher Arbeitsplätze zu nutzen. Es gibt nämlich keinen technologischen Determinismus, der eine Einengung von Handlungsspielräumen, eine verstärkte Arbeitsteilung und Handlungskontrolle sowie Dequalifizierung zur Folge hat. Vielmehr sind auch Formen einer Kombination der Datenverarbeitungsleistungen mit den jeweiligen Fähigkeiten und Bedürfnissen des Einzelnen und seinem sozialen und kulturellen Umfeld, seiner Lebenswelt, möglich. Voraussetzung für die Entwicklung solcher Arbeitsstrukturen ist allerdings, dass der Einzelne soziale und politische Verantwortung tragen kann und darf, die ihn in die Lage versetzen, sich an der Entwicklung solcher Arbeitsstrukturen zu beteiligen. Eine wesentliche Voraussetzung für einen „mündigen Umgang mit dem Computer" ist deshalb die Vermittlung solcher Handlungsfähigkeiten. Auch für die digitale Gesellschaft der Zukunft ist deshalb eine Einheit von Qualifikationslernen und Identitätslernen, von Kompensation und Emanzipation zu fordern.

1.4 Forschungsfragen zu den gesellschaftlichen Voraussetzung und Bedingungen der Erwachsenenbildung

Die folgenden Anmerkungen zum Verhältnis von Erwachsenenbildung und Gesellschaft erheben nicht den Anspruch, einen empirisch abgesicherten Theorieentwurf zu präsentieren. Forschung und Theorie zur Erwachsenenbildung sind zwar immer noch vergleichsweise jung; sie haben aber mittlerweile das Stadium einer additiven Sammlung verschiedenster Forschungsergebnisse zu abgegrenzten Themenbereichen weitgehend hinter sich gelassen, ohne dass jedoch bereits von einer abgegrenzten Theorie der Erwachsenenbildung gesprochen werden könnte, weshalb es – nebenbei bemerkt – auch angemessener sein dürfte, von Paradigmen der Erwachsenenbildung zu sprechen, die noch nicht die Konkretion und Gültigkeit wissenschaftlicher Theorien erreicht haben. In diesem Sinne heißt es im „Forschungsmemorandum für die Erwachsenen- und Weiterbildung":

„Die wachsende Bedeutung des lebenslangen Lernens und der Erwachsenenbildung erscheint in Wissenschaft und Öffentlichkeit als unstrittig. Als weniger bekannt oder sogar ungewiss erscheinen dagegen Ursachen, Bedingungen, Erscheinungsformen der Entwicklung in ihrer Vielfalt sowie Veränderungstendenzen und Lösungsoptionen auf unterschiedlichen Ebenen. Diese offene Situation verlangt eine breite, intensive und nachhaltige empirische Forschung zur Erwachsenen- und Weiterbildung" (Arnold/Faulstich/Mader/Nuissl/Schlutz 2000, S. 4).

Die folgenden Ausführungen können diese – noch – „offene" Situation nur dokumentieren, nicht überwinden. Ob und inwieweit es in den nächsten Jahren gelingen wird, die Erwachsenenbildungswissenschaft tatsächlich zu einer „anwendungsorientierten Integrationswissenschaft" (Friedenthal-Haase/Meilhammer 2011, S. 89) fortzuentwickeln, kann derzeit noch nicht abschließend beurteilt werden (vgl. Nuissl 2016). Feststellbar sind deutliche Fortschritte im Bereich einer evidenzbasierten Erwachsenenbildungsforschung, deren Repräsentanten sich allerdings zuweilen in einem monopolisierenden Gestus bewegen und kaum tragfähige Beiträge zu einer integrativen Profilbildung leisten (vgl. Arnold 2012b).

Die folgenden Strukturierungen sind deshalb lediglich als Versuch zu werten,

- einen Überblick über die Forschungsperspektiven (Fragestellungen) zu den relevanten Aspekten des Erwachsenenlernens zu vermitteln sowie
- vorliegende Untersuchungen und verschiedene theoretische Ansätze im Blick auf die gesellschaftlichen Voraussetzungen und die didaktischen Möglichkeiten der Erwachsenenbildung zu integrieren.

Die gesellschaftlichen Voraussetzungen der Erwachsenenbildung sind – systematisch betrachtet – ursprünglicher Gegenstand soziologischer Forschung und Theorie; erst ab den 1990er Jahren bildete sich eine erwachsenenpädagogische Konzeptualisierung deutlicher heraus (vgl. Mader 1990). Die in den 1970er und 80er Jahren begonnene *Soziologie der Erwachsenenbildung* (vgl. Eggers u. Steinbacher 1977; Weymann 1980) untersucht die gesellschaftlichen Dimensionen auf vier Ebenen:

- der makrosoziologischen Ebene: Gegenstand sind die ökonomischen, technologischen, politischen, sozialen und kulturellen Strukturen und Wandlungen in ihrer Bedeutung für die Erwachsenenbildung;
- der Institutionsebene: Gegenstand sind die öffentlichen und privaten Organisationen institutionalisierten Erwachsenenlernens sowie die Bereiche des das Institutionelle „meidenden" (informellen) oder diese transzendierenden (entgrenzenden) Lernens;
- der Interaktionsebene: Gegenstand sind die Interaktionsstrukturen im Erwachsenenunterricht (Erwachsenenbildung als gesellschaftliche Mikrosituation);
- der Individualebene: Gegenstand sind die Sozialisation und Identitätsentwicklung Erwachsener als Anknüpfungsebene von Erwachsenenbildung.

1.4.1 Die Makroebene

Die Untersuchung der ökonomischen, technologischen, politischen und sozialen Strukturen und Wandlungen der Gesellschaft standen in der Folge der sogenannten „realistischen Wendung" der Erwachsenenbildung im Vordergrund. Vor dem Hintergrund einer ersten wirtschaftlichen Rezession und eines steigenden Bedarfs an qualifizierten Arbeitskräften (Stichworte: Sputnik-Schock, Bildungskatastrophe) vollzog die Erwachsenenbildung Mitte der sechziger Jahre diese viel proklamierte Wende von einer kulturphilosophischen, zivilisationskritischen, idealistischen Begründung des Erwachsenenlernens, wie sie noch in dem 1960 publizierten Gutachten des Deutschen Ausschusses für das Erziehungs- und Bildungswesen „Zur Situation und Aufgabe der Deutschen Erwachsenenbildung" (Deutscher Ausschuss 1960) lebendig war, hin zu einer pragmatischen, bildungsökonomischen und arbeitsmarktpolitischen Legitimation. Die Erwachsenenbildung wurde in zunehmendem Maße vergesellschaftet, d. h. einbezogen in die Planungsüberlegungen für ein Gesamtbildungssystem (Deutscher Bildungsrat 1972; Bundesministerium 1970). Erwachsenenbildung sollte – wie bereits ausgeführt – ein „lebenslanges Lernen", eine „ständige Weiterbildung" (vgl. recurrent education) aller organisieren und damit zur Deckung des wachsenden Qualifikationsbedarfs der Gesellschaft beitragen. Ziel war dabei auch die öffentliche Gewährleistung eines flächendeckenden Weiterbildungsangebotes, ein Anspruch, der in dem Ansatz einer „Weiterbildungsentwicklungsplanung“ und in dem Versuch der Bestimmung eines „Grundangebotes“ seinen Ausdruck fand. Als Versuch einer weiteren Konkretisierung und Umsetzung dieser Vergesellschaftung der Erwachsenenbildung ist der „Strukturplan Weiterbildung“ (1975) zu nennen; aber auch bereits der Bochumer Plan mit der Konzeption eines Dritten Bildungsweges für Erwachsene (Knoll 1967) geht in diese Richtung (vgl. Pkt. 1.2).

Zu erwähnen ist in diesem Zusammenhang auch die traditionsreiche industriesoziologische Qualifikationsforschung, die Aufschlüsse zu der Frage suchte, „welche Bedingungen für die Entfaltung des menschlichen Arbeitsvermögens und darüber hinaus der kulturellen Persönlichkeit durch die historischen Formen der gesellschaftlichen Arbeit für die Mehrheit der Beschäftigten entstanden sind und ständig neu entstehen“ (Baethge 1979, S. 459). Im Anschluss an die bekannte Untersuchung von Kern und Schumann (1970) wurde vor allem die Frage nach der Richtung der Qualifikationsstrukturentwicklung in der Kontroverse über Dequalifizierung, Höherqualifizierung oder Polarisierung breit diskutiert. Festgestellt wurde einerseits ein „Prozess zunehmender Entberuflichung von Industriearbeit“ (heute spricht man von der „Auflösung des Facharbeiterberufs“), der in vielen Bereichen eine Verminderung der Lernchancen im Arbeitsprozess zur Folge hat, wodurch die Arbeit viel von ihrer ursprünglichen identitätsbildenden Funktion zu verlieren droht. Andererseits drückt sich die Ambivalenz und Uneindeutigkeit der technologischen Entwicklung auch in einer wachsenden Breite von Qualifikationsanforderungen und Zuständigkeiten aus, die für die Beschäftigten mit Lern- und Entwicklungspotentialen einhergehen. Martin Baethge und Volker Baethge-Kinsky wiesen später darauf hin, dass „heute eine einfache Prognose der Entwicklung der Qualifikationsstruktur nicht mehr möglich (ist)“. Sie interpretieren vielmehr die Computerisierungs- und Rationalisierungsprozesse als „Tendenz zu einem Paradigmenwechsel in der Arbeitsorganisation“ (Baethge/Baethge-Kinsky 1995, S. 146) für zentrale Felder der Arbeit und beziehen sich dabei auf die „Klassiker“ der einschlägigen industriesoziologischen Studien:

„Zunächst fassen Kern und Schumann (1984) mit Blick auf eine zunehmende Globalisierung des Wettbewerbs unter Gesichtspunkten von Kosten und Qualität, später Schumann u.a. (1994) wegen der zusätzlich wachsenden Bedeutung beschleunigter Innovationsprozesse in der Formel „Neue Produktionskonzepte“ die veränderte Rationalisierungsperspektive im Produktionsbereich zusammen. Die Management-Konzepte suchen Produktivitätssteigerung nicht mehr in der technischen Autonomisierung des Produktionsprozesses und der restriktiven Gestaltung der Arbeitsorganisation. In den Vordergrund rückt vielmehr ein dezidiert veränderter Blick auf Arbeitskraft, sowohl in automatisierten, als auch in nicht-technisierten Bereichen. Dieses Konzept erkennt Qualifikation und fachliche Souveränität auch der Arbeiter als entscheidende Produktivkraft an, die es zu fördern, zu nutzen und gezielt zu stärken gilt. Im Endeffekt zielt es auf eine ganzheitlich-integrative Betrachtung und Entwicklung von Technik und Organisation. Bei aller noch bestehenden Ungleichzeitigkeit in dem skizzierten

Umbruch von Rationalisierungskonzepten gibt es zumindest für die hier betrachteten Branchen hinreichend Belege, dass sich der Trend einer ganzheitlichen Nutzung menschlicher Arbeitskraft bis heute fortsetzt und im Anwendungszusammenhang rechnergestützter Technologien Facharbeitkonturiert (Schumann u. a. 1994). Auch im Dienstleistungssektor verknüpft sich ein verschärfter nationaler und internationaler Konkurrenzkampf um die Aufteilung bestehender und um die Erschließung neuer Märkte seit der zweiten Hälfte der 70er Jahre mit einem neuen Stadium der Rationalisierung. Lag in den 60er und 70er Jahren das Schwergewicht der Büro-Rationalisierung auf „punktueller Rationalisierung", so verbindet sich die Computertechnologie seitdem mit einem Rationalisierungszugriff auf die zentralen kaufmännischen und verwaltenden Fachabteilungen, wie er lange Zeit nicht vorstellbar war. Indem sie die schnellere Verfügbarkeit, Verarbeitung und Kommunizierung von Information, die datentechnische Vernetzung unterschiedlicher betrieblicher und überbetrieblicher Funktionsprozesse sicherstellt, lässt sich höhere Transparenz gewinnen und eine verbesserte strategische Steuerung gewährleisten. Dieser Typ von Rationalisierungszugriff, der die Zukunft der Dienstleistungsbereiche bestimmen wird und den wir „systemische Rationalisierung" genannt haben, zielt auf Systemoptimierung durch Erhöhung von externer (Markt-) und interner (Ablauf-)Transparenz im Rahmen reversibler Geschäftspolitiken, elastischer Gestaltbarkeit und flexibler Nutzung der Technologie sowie des verfügbaren Arbeitskräftepotentials und nicht mehr in erster Linie auf Effizienzsteigerung am Arbeitsplatz; nur soweit dies sich mit den Zielen der Systemoptimierung verträgt, ist sie interessant. Die Besonderheit der Computertechnologie als in ihrer Auslegung tendenziell reversible Organisationstechnik lässt im Rahmen veränderter „Systembetrachtung" (Geschäftspolitik, Arbeitskraftpotential, Arbeitsorganisation) zwar auch weiterhin Technikoptionen zu, die nicht auf die ganzheitliche Nutzung qualifizierter Arbeitskraft abzielen. Doch wird den Dienstleistungsunternehmen derzeit die möglichst fugenlose Ausleuchtung der Kundenbedürfnisse und eine Politik der Verbesserung der Dienstleistungsqualität durch bessere Beratung, bedürfnisgerechtere Angebote und unkompliziertere Abwicklung von Vorgängen als Erfolgsrezept im Konkurrenzkampf nahegelegt. Dies begünstigt Technikkonzepte, die der Unterstützung qualifizierter Kundenbetreuung und -beratung dienen (Baethge/Oberbeck 1986)" (Baethge/Baethge-Kinsky 1995, S. 146f.).

Diese Tendenzen der Qualifikationsstrukturentwicklung führen auch immer mehr zu der Einsicht, dass die technologische Entwicklung nicht nur „Qualifikationslernen", d.h. „Weiterbildung zur Anpassung von Qualifikationen, sondern auch „Identitätslernen", d.h. „Weiterbildung zur Wiedergewinnung von Identität" und zum Umgang mit Wandel und Unsicherheit erfordern. Nur am Rande sei darauf hingewiesen, dass immer wieder im Zuge der Weiterbildungspolitik eine euphorische Beurteilung des Verhältnisses von Qualifikationsstrukturentwicklung und Weiterbildung Platz greift. Zu kurz kommt bei diesen konservativen Positionen neben der Bildungsfrage auch die nach wie vor aktuelle Frage nach der Rolle der Weiterbildung in einer durch Arbeitslosigkeit und Transformationsprozesse gekennzeichneten gesellschaftlichen Situation. Nicht vergessen werden sollten darüber hinaus die ideologiekritischen Analysen der 70er Jahre, die bereits nachhaltig einen unkritischen Fortschrittsoptimismus in Frage stellten, indem sie aufzeigten, dass die qualifikationsorientierte Expansion beruflicher Weiterbildung und Umschulung sich meist weniger aus veränderten Qualifikationserfordernissen, als vielmehr aus

Statuslegitimationsgründen und aus der Notwendigkeit der gesellschaftlichen Integration und Motivation von dequalifizierten Beschäftigungsgruppen ergibt – ideologische Funktionen bzw. sachfremde gesellschaftliche In-Dienst-Nahmen der Erwachsenenbildung, für die B. Dieckmann u. a. bereits früh den Begriff „ritualisierte Weiterbildung" geprägt haben (Dieckmann u. a. 1973, S. 88) – man würde heute vielleicht eher von einer symbolischen Weiterbildungsgestaltung und Nutzung sprechen und damit zum Ausdruck bringen, dass Weiterbildung und Erwachsenenlernen stets multidimensional eingebettet und bestimmt sind.

Ebene	Definition	ausgewählte Untersuchungsfragestellungen
1) Makro-soziologische Ebene	die ökonomischen, technologischen, politischen, sozialen und kulturellen Strukturen und Wandlungen der Gesellschaft in ihrer Bedeutung für die Erwachsenenbildung	• Ökonomische und ges. Interessen, Voraussetzungen und Funktion der EB? • Qualifikationsstrukturentwicklung und EB-Bedarf? • Möglichkeiten einer emanzipatorischen EB? • Soziale Defizite der EB? • Bildungsmotivationen? • Latente (ideologische) Funktionen der EB? • Funktionen der EB in der gesellschaftlichen Krise (z.B. Arbeitslosigkeit)?
2) Institutionsebene	Die öffentlichen und privaten Organisationen institutionalisierten Erwachsenenlernens	• Organisationsziele und -strukturen der EB? • Definition/Restriktion von Rollen, Handlungen und Gestaltungsspielräumen durch institutionelle Rahmen? • Verhältnis von pädagogischer Rationalität und bürokratischer Rationalität? • Welchen latenten Organisationsbedürfnissen dient EB? • Verhältnis von Professionalität und Bürokratie?
3) Interaktionsebene	Die Interaktionsstrukturen im Erwachsenenunterricht; Erwachsenenbildung als gesellschaftliche Mikrosituation	• Analyse organisierter Lernprozesse i. d. EB? • Verhältnis von kognitiven und affektiven Lernprozessen? • Gruppeninteraktion und Lernverhalten? • Passung von Lehrstil und Lernverhalten i. d. EB? • Voraussetzungen reflexiven Lernens i. d. EB?
4) Individualebene	Die Sozialisation und Identitätsentwicklung Erwachsener als Anknüpfungsebene des Lernens Erwachsener	• Sozialisationserfahrungen und Deutungsmuster der Teilnehmer? • Lebenswelt und Lebenslauf von Erwachsenen? • Krisen und Krisenbewältigung? • Möglichkeiten der Deutungsmuster-Anknüpfung und der Identitätsförderung?

Abb. 5 Die gesellschaftlichen Dimensionen der Erwachsenenbildung

Doch kehren wir zurück zu der makrosoziologischen Beurteilung der „realistischen Wende" in der Erwachsenenbildung und den frühen Forschungen zur makrosoziologischen Ebene[5]. Durch diese von der Kritik als funktionalistisch, einseitig qualifikationsorientiert empfundene Wende drohte die Erwachsenenbildung „in einem Extrem zu enden, das am Maßstab des Humanen nicht mehr realistisch ist" (Tietgens 1981, S. 216). Zahlreiche theoretische Ansätze waren deshalb um eine Rehabilitierung des Bildungsbegriffs gegenüber dem Qualifikationsbegriff bemüht (Siebert 1983; Kade 1983) oder hinterfragten gar grundsätzlich die Trennung zwischen Bildung und Qualifikation (vgl. Arnold 1995). Die Gegenbewegung aus gesellschaftskritischer Sicht ließ deshalb auch in den siebziger Jahren nicht auf sich warten. Die historiographischen Arbeiten von Markert (1973) und Axmacher (1974), die auf eine politökonomisch und soziologisch angelegte Rekonstruktion

[5] Im Folgenden werden insbesondere die frühen erwachsenenpädagogischen Forschungen („Leitstudien") zu den gesellschaftlichen Dimensionen der Erwachsenenbildung referiert. Auf die neueren Arbeiten zu diesen Ebenen wird in den folgenden Kapiteln stärker Bezug genommen.

des Entwicklungsverhältnisses von Erwachsenenbildung und Gesellschaft ausgerichtet sind, wiesen nachdrücklich darauf hin, dass die gesellschaftlichen Veränderungen nicht zu einer grundlegenden Veränderung der gesellschaftlichen Herrschaftsstrukturen geführt haben und dass die realistische Wende der institutionalisierten Erwachsenenbildung diese als Instrument zur „Begründung und Verstärkung eines gesellschaftlichen Wohlverhaltens“ missbrauche (ebd., S. 81). Gefragt wurde auch nach den Bedingungen und Möglichkeiten einer systemkritischen – emanzipatorischen – Arbeiterbildung (Feidel-Mertz 1975) bzw. nach dem Verhältnis der Funktionen Qualifikation und Emanzipation in der vergesellschafteten, für die ökonomische Entwicklung funktionalisierten Erwachsenenbildung. Damit trat auch die Frage nach der Teilnehmerstruktur der Erwachsenenbildung und ihrer sozialen Selektivität in das Zentrum des Interesses. Es ging im Kern um den Grad der Realisierbarkeit des Chancengleichheitspostulates in der Erwachsenenbildung, ein Untersuchungsinteresse, das Tietgens bereits 1964 in einem historischen Beitrag in die Frage fasste „Warum kommen wenig Industriearbeiter in die Volkshochschule?“ (Tietgens 1978). Dieser Untersuchungsschwerpunkt der sozialen Defizite der Erwachsenenbildung stand in der Tradition der bereits in den 20er Jahren mit Hilfe empirisch-statistischer Methoden (Analyse von Teilnehmerstatistiken an den VHSen Leipzig und Dresden) begonnenen Erforschung der „Affinität verschiedener Hörergruppen zu bestimmten Sachbereichen, um etwas über die Motivation der Bildungsbemühungen, über Wissensinteressen und Bildungsinteressen zu erfahren“ (Strzelewicz 1968, S. 19). Zu nennen sind in diesem Zusammenhang auch bereits die beiden klassischen bildungssoziologischen Untersuchungen, die Hildesheimstudie (Schulenberg 1957) und die Göttinger Untersuchung (Strzelewicz u. a. 1966) zu dem Verhältnis von Bildungsvorstellungen und Gesellschaftsbewusstsein der westdeutschen Bevölkerung im Vergleich zu dem tatsächlichen Bildungsverhalten. Diese Untersuchungen verstärkten und bestätigten den Trend zur Betonung zweckbezogener und berufsbezogener Erwachsenenbildung und ergaben, dass die relativ besser ausgebildeten Personengruppen in relativ höherem Maße an der Weiterbildung teilnehmen als andere Sozialgruppen. Auf die Gründe für diese soziale Selektivität der öffentlichen Weiterbildung kann hier nicht eingegangen werden, doch lässt sich mit der rhetorischen Gegenfrage „Warum sollen die Arbeiter eigentlich in die Volkshochschule?“ immerhin darauf hinweisen, dass die öffentliche Weiterbildung nicht per se über den adäquaten, d. h. lebensweltbezogenen und erfahrungsorientierten didaktischen Zugang zu den weniger privilegierten sozialen Gruppen verfügt.

1.4.2 Die Institutionsebene der Erwachsenenbildung

Noch in den 1980er Jahren wurde u. a. von Hans Tietgens moniert, dass sich „in der Literatur zur Erwachsenenbildung sehr viel nachlesen (lässt) über Intentionen und Motive, aber nur sehr wenig über Organisationsformen. Institutionelle Strukturen sind ein seltenes Thema“ (Tietgens 1983a, S. 98). Vermisst wurde dabei weniger eine Institutionenkunde (Typologie, Institutional- und Rechtsträgerformen), sondern eine empirische und theoriegeleitete Bearbeitung u. a. folgender Fragestellungen:

- Wer beteiligt sich unter welchen (biographischen) Bedingungen an welchen Unterstützungsangeboten zur Weiterbildung? Warum und mit welchen Folgen werden bestimmte Angebote angenommen und andere abgelehnt?
- Welche besonderen Leistungen bringen Träger der Weiterbildung gegenüber anderen sozialen Institutionen? Wie wirken dabei die Teilnehmer auf die Zielbestimmung und die Leistung?
- Welche Ressourcen stehen den Trägern der Weiterbildung dabei zur Verfügung? Wie werden diese genutzt und in welchem Ausmaß sind dabei betriebswirtschaftliche Konzepte erfolgreich?
- Wie lassen sich Weiterbildungsorganisationen zu lernenden Organisationen weiterentwickeln?
- Welche Kooperationen und Konkurrenzen lassen sich auf regionaler, aber auch auf überregionaler Ebene feststellen? Wie wirken sich diese auf das Management einerseits, die Zielerreichung oder etwa die Transparenz des Angebotes andererseits aus?

Für eine zukünftige organisationssoziologische Strukturanalyse der Erwachsenenbildung scheint auch der in den 1980er Jahren diskutierte Aspekt der Verselbständigung der gesellschaftlichen Verhältnisse immer noch wesentlich zu sein, der bedeutet, „dass es primär nicht darauf ankommt, was die handelnden Subjekte in ihrem Bewusstsein wollen und bezwecken, sondern darauf, was die objektive Struktur eines Handlungszusammenhanges tatsächlich bewirkt“ (Lenhardt 1984, S. 8). Diese auch für das intentionale erwachsenenpädagogische Handeln folgenreiche Frage ist für den Bereich der betrieblichen Weiterbildung breit untersucht worden. So haben zahlreiche Studien die Vordergründigkeit der vorgetragenen Bildungsphilosophie der Unternehmen entlarvt und deren eigentliche – latente – Funktionalität als personalpolitisches Instrument zur Loyalitätssicherung aufgezeigt. Insbesondere die Untersuchung von Enno Schmitz ist dieser „politischen Rationalität“ der beruflichen Weiterbildung gewidmet und kommt zu dem Ergebnis, „dass Funktionen beruflicher Weiterbildung sich nicht darin erschöpfen, die Leistungsfähigkeit von Arbeitskraft laufend aufrechtzuerhalten, sondern dass sie auch dazu dient, die Loyalität und die Bereitschaft der Beschäftigten, den vorgegebenen Leistungsansprüchen zu folgen, stabil zu halten“ (Schmitz 1978, S. 11). Eine zunehmend dominante Funktion von Weiterbildung sei, so die Ergebnisse seiner Untersuchung, zu erklären aus den Bedürfnissen der Organisation, die betriebliche Arbeitsteilung zu legitimieren und die Arbeitsmotivation aufrechtzuerhalten.

Ein weiterer wesentlicher Aspekt einer organisationssoziologischen Strukturanalyse der Erwachsenenbildung ist auch die Analyse des Verhältnisses von Profession und Bürokratie. Ziel ist die Auslotung der prinzipiell reziproken Beziehung zwischen professionaler Verpflichtung und Loyalität zur Organisation. Mit zunehmendem Professionalisierungsgrad nimmt nämlich, wie wir aus der Berufssoziologie wissen, die loyalitätsmäßige Festlegbarkeit des Professionals ab. Denn die stark durch universalistische Standards in ihrem Handeln orientierten Professionals fühlen sich in der Regel in stärkerem Maße an externe Bezugsgrößen (Fachdisziplin, Berufsverband, Berufsethos) gebunden und neigen demzufolge zur Distanz gegenüber partikularen Zielen des organisatorischen Bezugsrahmens. Sie stellen deshalb auch einen Risikofaktor für die Integration aus der Sicht der Organisation dar. H. Siebert hat die paradoxe Wirkung dieses Verhältnisses von bürokratischen und pädagogischen Erfordernissen am Beispiel der Akzeptanz von Diplompädagogen beschrieben:

„Die Diplompädagogen verfügen über eine 'Theorie' der Erwachsenenbildung, die oft mit dem Selbstverständnis der Einrichtung kollidiert; sie identifizieren sich nur widerwillig mit dieser Bildungspraxis, kritisieren die bisherige Arbeit und verhalten sich aus der Sicht einer Einrichtung, die funktionieren muss, 'dysfunktional'. Absolventen anderer Studiengänge werden oft deshalb gegenüber Diplompädagogen bevorzugt, nicht weil sie über brauchbarere arbeitsplatzspezifische Qualifikationen verfügen, sondern – so paradox das klingen mag – weil sie weniger von Erwachsenenbildung verstehen und weniger 'festgelegt' sind. Denn diese neuen Mitarbeiter lassen sich leichter durch die Einrichtung und durch die tägliche Arbeit sozialisieren, sie haben weniger Vor-Urteile als Diplompädagogen und übernehmen reibungsloser das Selbstverständnis der jeweiligen Einrichtung" (Siebert 1979, S. 48).

1.4.3 Die Interaktionsebene

Spätestens seit dem psychoanalytisch orientierten gruppendynamischen Konzept von Tobias Brocher (1976) werden Lernprozesse auch in der Erwachsenenbildungspraxis als gesellschaftliche Mikroprozesse, d. h. als Interaktion aller Beteiligten verstanden, womit der Bezug zur soziologischen Kleingruppenforschung gegeben ist. Erwachsenenlernen wird als lebensgeschichtlich vorgeprägte und sozial bedingte Verständigungs- und Selbstvergewisserungssituation begriffen und als sachlich-emotional doppelgleisiges Geschehen analysiert. Zum dominierenden lerntheoretischen Paradigma der Erwachsenenbildung entwickelte sich seit den 1980er Jahren ein soziologisiertes Lernverständnis, das gewissermaßen von einer prinzipiellen Strukturparallelität von alltagsweltlicher, gesellschaftlicher Interaktion und Erwachsenenlernen ausging. Die Lernsituation Erwachsener wurde als symbolische Interaktion beschrieben und als „Leben und Lernen im Modus der Auslegung" verstanden (Tietgens 1981, S. 104), für W. Mader war die dem Lernen Erwachsener und der gesellschaftlichen Erfahrung gemeinsame Frage „Wie geschieht Reproduktion durch Vermittlung?" Rechtfertigung genug, beides gleichzusetzen und „Didaktik als Sozialisationstheorie" zu konzipieren (Mader 1975, S. 11, S. 59 und S. 71) und damit Interaktionsanalyse und Gesellschaftstheorie ins Verhältnis zu setzen. Schließlich knüpfte H. Tietgens an die Rezeption des „interpretativen Paradigmas" die Hoffnung auf die wissenschaftliche Selbstbestimmung der Erwachsenenbildung, „indem sie ein Paradigma für sich in Anspruch nimmt, dessen theoretische Fundierung den Strukturen von Erwachsenenbildung adäquat ist". Er stellt fest:

„Es sind also nicht anthropologische Prämissen allein, die für ein interpretatives Paradigma der Erwachsenenbildungsforschung plädieren lassen. Es ist ihre Realitätsstruktur selbst. Situationsabhängigkeit, Teilnehmerabhängigkeit und Institutionsabhängigkeit führen in je eigener Weise auf den Weg des interpretativen Zugangs. Wo immer Erwachsenenbildung zustande kommt, ist sie ein Stück Interpretationsverarbeitung" (Tietgens 1981, S. 133f).

Es verwundert deshalb auch nicht, dass in der erwachsenenpädagogischen Unterrichtsforschung qualitative, weiche bzw. verstehende Verfahren (z.B. didaktische Protokolle, Unterrichtsbeobachtung, hermeneutische Interpretationen bis hin zu didaktischen Lebensweltanalysen) verbreitet sind. Zu nennen sind in diesem Zusammenhang die Ergebnisse aus der Bildungsurlaubsforschung (z.B. Nuissl u. Schenk 1980) sowie auch die lebensweltanalytischen Forschungsansätze. Die Einsicht in die lernprozessprägende Bedeutung von Sozialisationserfahrungen führte zu bildungspraktischen Konkretisierungen dessen, was die didaktischen Prinzipien wie Teilnehmerorientierung, Erfahrungsorientierung und Lebensweltbezug als Anspruch beinhalten. Über die Interaktionsanalysen und die sozialisationstheoretischen und wissenssoziologischen Versuche, das Erwachsenenbildungsgeschehen auch unter didaktischen Gesichtspunkten als „lebensweltbezogenen Erkenntnisprozess" zu beschreiben (Schmitz 1984) und eine Alltagsstrukturdidaktik zu folgern, darf aber nicht vergessen werden, „auch Transformationsprozesse zum Gegenstand von Untersuchungen zu machen, aus denen Begründungen für didaktische Dispositionen zu gewinnen sind" (Tietgens 1977, S. 19). Solche konkreten Aussagen zu erwachsenenpädagogisch-praktischen Fragen sind bereits in den siebziger Jahren am Lehrstuhl für Erwachsenenbildung in Hannover entstanden. Hier wurde Unterricht beobachtet, Lehrende und Lernende in der Erwachsenenbildung befragt und eine Umsetzung der Forschungsergebnisse in der Mitarbeiterfortbildung erprobt (Siebert/Gerl 1975). Aus diesen Untersuchungen zum Lern- und Interaktionsprozess der Erwachsenenbildung liegen empirische Ergebnisse bzw. Trendbeschreibungen vor, wobei u.a. folgende Fragen untersucht wurden:

- Wie kommt die Passung von Lehrstil und Lernverhalten in der Erwachsenenbildung zustande?
- Welche Voraussetzungen begünstigen reflexive Prozesse und didaktisch-methodische Teilnehmerpartizipation, welche stofforientiertes Vorgehen?
- Wie wirken sich Teilnahmemotive im Lernprozess aus? Welche Zusammenhänge bestehen zwischen Themen- und Teilnahmemotivation?
- Wie kommen Strukturierungswünsche, Überforderungsängste und Teilnehmerzurückhaltung zustande?
- Hängen didaktisch-methodische und sozial-emotionale Faktoren von der existentiellen Bedeutung und Betroffenheit durch die Thematik ab?
- Welchen alltagstheoretischen Lernkonzepten folgen Pädagogen und Teilnehmer?

1.4.4 Die Individualebene der Erwachsenenbildung

Stellte in der realistischen Wende die Bezugnahme auf die Qualifikationsanforderungen der gesellschaftlichen Entwicklung das zentrale Legitimationsmuster für Erwachsenenbildung dar, so steht die Erwachsenenbildungsdidaktik seit den 1980er Jahren im Zeichen einer verstärkten „Hinwendung zum Teilnehmer“ sowie einer starken „Subjekt- und Erfahrungsorientierung“ (vgl. PAS 1991) bzw. Teilnehmerorientierung – ein Paradigmenwechsel, der auch als „reflexive Wende“ proklamiert wurde. Feststellbar war in der Tat eine Wende „und zwar von der makrosoziologischen Betrachtung und den großen gesellschaftlichen Themen hin zum Alltag des einzelnen, zum überschaubaren Stadtteil, zur subjektiv gedeuteten Lebenswelt“ (Siebert 1985c, S. 579). Der Aspekt des Schritthaltens mit der wirtschaftlichen Entwicklung, den noch der Bildungsrat in seinem Strukturplan betonte (Deutscher Bildungsrat 1972, S. 52), steht in der heutigen Begründungsdiskussion der Erwachsenenbildung nicht mehr im Vordergrund – sicherlich auch ein Ausdruck der Ernüchterung der Weiterbildungseuphorie angesichts der Arbeitslosigkeit.

Demgegenüber haben sozialpsychologische Überlegungen sowie erwachsenensozialisationstheoretische Fragen deutlich an Gewicht gewonnen, versprechen diese Ansätze doch eine Konzeptualisierung sowie Untersuchung des Individuums in seinen alltäglichen gesellschaftlichen Bezügen. Es geht dabei um die Rezeption einer „soziologischen Persönlichkeitstheorie“ die berücksichtigt, „dass sich die menschliche Persönlichkeit in keiner Phase ihrer Entwicklung gesellschaftsfrei herausbildet, sondern stets in einer konkreten Lebenswelt, die gesellschaftlich-historisch bestimmt ist“ (Hurrelmann 1976, S. 12). Für die Erwachsenenbildung verspricht eine solche Sichtweise einen Zugang zur Identifizierung der prägenden Einflüsse der gesellschaftlichen Umgebung auf die Identität und die Identitätsentwicklung der Teilnehmer. Diese Identitätsentwicklung geschieht in lebenslanger Auseinandersetzung des Einzelnen mit seiner lebensweltlichen und gesellschaftlichen Umwelt. Für eine didaktisch-methodische Konkretisierung teilnehmerorientierter Erwachsenenbildung stellt die sozialisationstheoretische und empirische Analyse der Lebensbedingungen ihrer Adressaten eine wesentliche Voraussetzung dar, muss man doch davon ausgehen, dass Lernen nicht mehr ohne Berücksichtigung des im Alltagswissens oder der sogenannten Deutungsmuster der Lernenden möglich ist. Erforderlich sind umfangreiche exemplarische Forschungsarbeiten zur Rekonstruktion des Alltagsbewusstseins von Zielgruppen sowie „didaktische Deutungsmusterexplorationen zur planerischen Antizipation von Teilnehmerbewusstsein“ (Arnold 1985, S. 92 ff.), um daran anknüpfend zielgruppenadäquate didaktische Konzeptionen entwickeln zu können. Gelingt es nicht, solche sozialpsychologischen und didaktischen Zielgruppenanalysen bereitzustellen, wird unklar bleiben, wie die Erwachsenenbildung die emphatischen Forderungen wird einlösen können wie:

- an den Deutungsmustern ihrer Teilnehmer anzuknüpfen, diese zu differenzieren und weiterzuentwickeln;

- die lebensgeschichtlichen Erfahrungen (und Deformierungen) ihrer Teilnehmer zu berücksichtigen;
- mitzuhelfen, damit subjektiv-biographische Krisen durch eine „Transformation subjektiver Wirklichkeit“ (Schmitz 1984, S. 107) bewältigt werden können;
- subjektorientiert und lebenslaufbegleitend zu sein
- und den Lebenszusammenhang des Einzelnen zu berücksichtigen.

Eine Erwachsenenbildung, die solchermaßen auf die Identitätsentwicklung bzw. Identitätsförderung ihrer Teilnehmer bezogen ist, ist lebenslauforientiert. Sie leistet Mithilfe bei der Bewältigung unvorhersehbarer Krisen und vorhersagbarer Lebenslaufpassagen und begleitet, unterstützt, fördert die Suche nach neuen – tragenden – Deutungsmustern bei ihren Teilnehmern. Ungeklärt sind in diesem Zusammenhang die methodischen Fragen sowie die Normfragen. „Was soll nach welchen Kriterien aus der unendlichen Vielzahl möglicher alltagsweltlicher Deutungen aufgegriffen und wie sollen die Äußerungen des Alltagsbewusstseins bearbeitet werden? (...) Was (soll) aus der unendlichen Fülle möglicher (...) Erfahrungen wie aufgearbeitet werden?“ (Forneck 1984, S. 9). Unklar ist demnach: „Wie macht man das: an den Deutungsmustern der Teilnehmer anknüpfen?“ Oder kritischer formuliert: „Der Erwachsenenpädagoge geht von den Deutungsmustern der Teilnehmer aus – aber wo geht er mit ihnen hin?“.

2. Recht, Institutionen und Finanzierung

Die Entwicklung von der Volksbildung zur Erwachsenenbildung mündete zu Beginn der siebziger Jahre des letzten Jahrhunderts in eine festere, institutionalisierte und vor allem rechtlich geregelte Struktur. Der Ausgangspunkt war der „Strukturplan" des Jahres 1970 (Deutscher Bildungsrat 1970), föderal umgesetzt im „Bildungsgesamtplan" der Bund-Länder-Kommission für Bildungsplanung und Forschungsförderung (BLK 1973). In diesen Dokumenten wird Erwachsenenbildung als „vierte Säule" des Bildungswesens definiert, als eigenständiger und auch politisch relevanter Bildungsbereich, und konsequent in den Blick der staatlichen Bildungspolitik genommen. Zugleich wird die Umbenennung des Bereichs angestrebt, um seine Funktion im staatlich verantworteten und gestalteten Bildungssystem stärker zu betonen. Mit dem Begriff „Weiterbildung" soll weniger auf die Lernenden, sondern mehr auf deren Lernweg im Aufbau des Bildungssystems rekurriert werden. Im Kontext dieser Entwicklung wurden Bund und Länder aktiv, die Strukturen der „vierten Säule" rechtlich (2.1), institutionell (2.2, 2.3) und finanziell (2.4) zu konsolidieren.

Paradoxerweise wird der Begriff der „Weiterbildung" erst zum dominierenden Terminus, als dieser Entwicklungsschub in Richtung „öffentliche Verantwortung" bereits wieder abgelöst wird: in den frühen 80er Jahren findet ein „Paradigmenwechsel" statt: In den Vordergrund rückt das Paradigma des „Weiterbildungsmarktes" (Sauter 1995, S. 26). Vor allem aus zwei Gründen: Zum einen zeigten sich die Grenzen der staatlichen Gestalt- und Regulierbarkeit der Weiterbildung in finanzieller und ordnungspolitischer Hinsicht, zum zweiten wurde Weiterbildung mehr und mehr im privaten, beruflichen und betrieblichen Sektor realisiert – dort wurde auch der Begriff der Weiterbildung (mit Blick auf berufliche Kompetenzen) deutlich dem der Erwachsenenbildung vorgezogen. Auch heute noch gelten die Hintergründe dieser Begriffsgeschichte:

> Erwachsenenbildung wird eher mit allgemeiner, Weiterbildung eher mit beruflicher Bildung assoziiert. In der Regel werden aber beide Begriffe praktisch synonym verwendet (s. insbesondere das Handbuch von Rudolf Tippelt und Aiga von Hippel, das nach zwei Jahrzehnten jetzt in der sechsten Auflage vorliegt) (Tippelt/von Hippel 2016).

Seit den 90er Jahren scheint sich eine pragmatische Weiterbildungspolitik durchzusetzen, die durch das Zusammenwirken beider Prinzipien geprägt ist:

„Von den Marktmechanismen wird eine bedarfsgerechte Versorgung mit qualitativ anspruchsvollen Angeboten erwartet. Staatliches Handeln folgt in diesem Konzept dem Subsidiaritätsprinzip" (Sauter 1995, S. 26).

„Subsidiarität" bedeutet in diesem Zusammenhang: Der Staat greift nur dann und dort ein, wo die vereinbarten Leistungsziele des Bildungsbereichs (etwa in der Weiterbildung von Analphabeten und Migranten) sich nicht über den „Markt" regeln.
Der Staat als weiterbildungspolitische Steuerungsinstanz bzw. als Garant des Zugangs zu Weiterbildungsangeboten ist in seinen Gestaltungsmöglichkeiten allerdings gebunden, einerseits an die rechtlichen Grundlagen für Staatspflichten auf dem Gebiet der Weiterbildung (Bubenzer 1983), andererseits sind seine Durchsetzungschancen auch entscheidend abhängig von der geschichtlich entwickelten institutionellen Struktur des Weiterbildungsbereiches, die unbestreitbar auch zahlreiche Merkmale einer strukturellen Irrationalität aufweist.

2.1 Recht, Gesetz und Ordnung

Oberster Grundsatz der Weiterbildung hinsichtlich ihrer rechtlichen Grundlagen ist zunächst, dass sie nicht staatlich geordnet oder gesetzlich verankert sein *muss*. Anders als etwa der Schul- und der Hochschulbereich unterliegt Weiterbildung keinem generellen staatlichen Anerkennungszwang. Erwachsenenbildung kann auf der Grundlage allgemeiner marktwirtschaftlicher Bestimmungen als unternehmerische Aktivität wie viele andere auch durchgeführt werden – mit einer entsprechenden gewerberechtlichen Genehmigung kann jede Person Weiterbildung betreiben. Allerdings gibt es hier Ausnahmen. Eine Ausnahme ist vor allem das Fernunterrichtsgesetz aus dem Jahre 1974, das inhaltlich und strukturell einem Verbraucherschutzgesetz entspricht. Darüber hinaus gibt es zahlreiche rechtliche Regelungen auf den unterschiedlichsten Ebenen, die diesen allgemeinen Grundsatz relativieren (Nagel/Tiedtke 2015).

Recht, Gesetz und Ordnung werden – nicht nur in der Weiterbildung – auf verschiedenen Ebenen und in verschiedenen Sektoren hergestellt. Die für Deutschland traditionellen „Ebenen" sind dabei das Grundgesetz, bundesweit gültige Gesetze zu Sachverhalten einschließlich deren einschlägigen Verordnungen sowie die Länder, in deren Hoheit (mit Ausnahme der betrieblichen Bildung) die Bildung ressortiert. Auch die Regionen und Kommunen bilden eine Ebene – sie liegt unterhalb der Länderebene. Die in Deutschland wichtigsten „Sektoren" sind die allgemeine Bildung und die berufliche Bildung mit ihren Gesetzen und Verordnungen sowie bereichsspezifische Gesetze wie solche für den Fernunterricht, für Migranten oder im Bereich der Betriebsverfassung (vgl. Nuissl 2010d). Hinzu kommt seit den Maastrichter Verträgen zur Europäischen Union eine europäische Ebene, auf der auch Regelungen in sektoraler Hinsicht bestehen (vgl. Lattke 2014), alles in allem darstellbar in einer Matrix mit vier Ebenen und etwa sechs Sektoren. Die rechtliche und ordnungspolitische Situation der Weiterbildung in Deutschland ist demnach sehr komplex und nur begrenzt übersichtlich. Die einzelnen Regelungen greifen häufig ineinander und wirken zusammen, nicht selten aber stehen sie auch im Widerspruch, zumindest was die Intentionen und die Verordnungen betrifft.

Beginnen wir mit der europäischen Ebene, deren rechtliche Setzungen in mancher Hinsicht auch die nationale Rechtsprechung tangieren. Dort ist das Recht auf Bildung in der Charta der Grundrechte verankert, die im Dezember 2000 in Nizza verabschiedet wurde. In Art. 14 dieser Charta heißt es:

„Jede Person hat das Recht auf Bildung sowie auf Zugang zur beruflichen Ausbildung und Weiterbildung. Dieses Recht umfasst die Möglichkeit, unentgeltlich am Pflichtschulunterricht teilzunehmen" (Europäische Union 2000, S. 11).

Die in der Charta formulierten Rechte können zwar nicht auf dem Klageweg durchgesetzt werden, halten aber einen Grundrechtsstandard fest, der für die Rechtsprechung des Europäischen Gerichtshofes maßgeblich ist. Dieser Sachverhalt könnte über die sich summierende Entscheidung in Einzelfällen Standards zur europäischen rechtlichen Klammer im Bildungsbereich implementieren.

Deutschland ist dabei eines der mehr als zwanzig Mitgliedstaaten der EU, auf das Entsprechendes zutreffen wird. Es ist aber auch, verglichen mit anderen Ländern der EU, gerade im Bildungsbereich ein sehr kompliziertes Land. In Deutschland sind 17 Akteure (Bund, 16 Länder) an der rechtlichen Verfassung beteiligt, hinzukommen für den Bildungsbereich noch die Kommunen als Akteure. In der Folge spricht Deutschland nicht nur innerhalb Europas mit vielen Stimmen, sondern hat auch im Lande selbst mit vielen Überschneidungen, Widersprüchen, unterschiedlichen Zielen und Zeitverschiebungen zu kämpfen.

Unterschiedliche Ziele verfolgen etwa das für das Bundesgebiet gültige SGB III mit arbeitsmarkt- und strukturpolitisch begründeten Maßnahmen- und Teilnahmeförderungen einerseits und die Weiterbildungsgesetze der Länder andererseits, die fast ausschließlich Weiterbildungseinrichtungen und das dort beschäftigte Personal fördern. Weitgehend unberührt von öffentlich diskutierten und implementierten Ordnungssystemen ist die kommerziell betriebene Erwachsenenbildung, die keinerlei staatliche Zuschüsse erhält, und die Erwachsenenbildung in den Betrieben, die im Rahmen der Tarifautonomie zwischen den Unternehmensleitungen und den Tarifpartnern ausgehandelt wird. Darüber hinaus gibt es eigenständige gesetzliche Bestimmungen für einzelne Personengruppen: auf Bundesebene etwa für Betriebsräte im Rahmen des Betriebsverfassungsgesetzes oder für Migranten und Migrantinnen im Rahmen des „Aufenthaltsgesetzes" (AufenthG). Auf Landesebene etwa für die Fortbildung von Beschäftigten im Landesdienst, für einzelne Institutionengruppen (wie etwa die Hochschulen im Rahmen des Hochschulrahmengesetzes) sowie für einzelne Fachressorts (etwa für Landwirtschaft oder Handel und Industrie). Hinzu kommen Ländergesetze zur bezahlten Freistellung von der Arbeit zu Bildungszwecken in einem sog. „Bildungsurlaub" (vgl. Schmidt-Lauff 2005) oder länderspezifische Regelungen zum Nachholen von Schulabschlüssen („zweiter Bildungsweg").

Doch gehen wir etwas systematischer vor und beginnen mit der obersten gesetzlichen Ebene in Deutschland. Das ist, wie in allen Ländern, die Verfassung, die „Konstitution"; in Deutschland heißt sie – historisch bedingt durch die Teilung nach dem zweiten Weltkrieg – „Grundgesetz".

Das Grundgesetz der Bundesrepublik Deutschland ist im Hinblick auf den Weiterbildungsbereich ohne konkrete Aussagen (anders als dies etwa in der Weimarer Verfassung der Fall war). Diese gesetzgeberische Zurückhaltung hängt mit der Geschichte des Wiederaufbaus einer institutionalisierten Erwachsenenbildung zusammen. Dieser geschah „organisatorisch uneinheitlich und zufällig, was durch die von den westlichen Besatzungsmächten auferlegte föderative Eigenständigkeit der Länder mitbedingt wurde" (Groothoff/Wirth 1976, S. 252). Das Grundgesetz enthält dennoch einige Bestimmungen, die mittelbar für die Legitimation der bestehenden institutionellen Trägerstruktur wesentlich sind: Das Sozialstaatsprinzip (Art. 20), die Glaubens-, Gewissens- und Bekenntnisfreiheit (Art. 4), Meinungsfreiheit (Art. 5), die Versammlungsfreiheit (Art. 8), die Vereinigungsfreiheit (Art. 9), die Sozialstaatsklausel (Art. 10.1) und die Bundesgarantie für die Länderverfassungen sowie die Gewährleistung der kommunalen Selbstverwaltung (vgl. Faulstich 1981, S. 72).

Diese „mittelbaren" Bestimmungen legen nahe, dass aus den Prinzipien der Berufs- und Ausbildungsfreiheit und dem Gleichheitsgrundsatz (Art. 3.1) ein Teilhaberecht auf Bildung erwächst. So untersuchte etwa (mit bestätigendem Ergebnis) Rainer Bubenzer (1983), ob Staatspflichten, Staatsaufgaben und Individualpflichten in der Weiterbildung auf der Grundlage des Grundgesetzes möglich seien – eine heute, unter dem Postulat des Lebenslangen Lernens, hoch aktuelle Reflexion. Dennoch, wie Richter (1993) feststellte, gibt es nach dem Grundgesetz kein Recht auf Weiterbildung im Sinne eines einklagbaren Anspruchs.

Eine andere Situation existiert hinsichtlich der Verfassungen auf Länderebene. Hier haben teilweise Regelungen zur Weiterbildung Verfassungsrang: in Baden-Württemberg (Art. 22), Bayern (Art. 139), Rheinland-Pfalz (Art. 37), dem Saarland (Art. 32), Sachsen (Art. 108) und Sachsen-Anhalt (Art. 30) ist dies der Fall. Brandenburg formuliert die Pflicht zur Förderung der Weiterbildung in der Verfassung (Art. 33), Bremen räumt jedem Bürger und jeder Bürgerin die Möglichkeit zur Weiterbildung ein (Art. 35) und führt (in Art. 2) aus, dass Ungleichheiten zu beseitigen und besondere biografische Umbruchsituationen zu bewältigen sind; allerdings, so Nagel und Tiedtke (2015, S. 13), ergeben sich daraus „keine subjektiven Rechte. Mehr Weiterbildung ist nicht einklagbar".

Verlässt man die verfassungsrechtliche Dimension, so kommt man zu den Gesetzen – auch hier wieder beginnend mit der Bundesrepublik. Es gibt in Deutschland – trotz vielfältiger Bemühungen verschiedener Gruppierungen – kein übergreifendes Weiterbildungsgesetz. Einige bundesweite Gesetze enthalten jedoch Regelungen zur Weiterbildung, so etwa das Berufsbildungsgesetz (BBiG), das Aufstiegsfortbildungsförderungsgesetz (AFBG) und das Betriebsverfassungsgesetz (BetrVG). Insbesondere das Fernunterrichtsschutzgesetz betrifft Weiterbildung im ganzen Bundesgebiet, allerdings eher im Sinne eines Verbraucherschutzgesetzes. Starke Impulse enthält auch das Sozialgesetzbuch (SGB III), dessen Weiterbildungsbestimmungen auch mit Förderungsregelungen verbunden sind. Daneben beinhaltet das Hochschulrahmengesetz von 1976, das vor seiner Neufassung von 1998 einer heftigen Kontroverse ausgesetzt war, grundlegende Regelungen im Hinblick auf die Aufgaben der Hochschulen und Universitäten in der Weiterbildung.

Deutlich differenzierter und geregelter sieht dies auf der Ebene der Länder aus, die ja auch – mit Ausnahme der beruflichen Bildung – Bildungshoheit haben. In den siebziger Jahren, nachdem die Bedeutung der Erwachsenenbildung durch zahlreiche Gutachten und Empfehlungen nachdrücklich in das öffentliche Bewusstsein gerückt worden war, wurden auf Landesebene explizite Weiterbildungsgesetze verabschiedet. Bis in die siebziger Jahre fehlte, abgesehen von dem nordrhein-westfälischen „Gesetz über die Zuschussgewährung an Volkshochschulen und entsprechenden Volksbildungseinrichtungen" (1953), eine verlässliche Regelung zur Förderung der Weiterbildungseinrichtungen. In dem Zeitraum von 1970 bis 1976 traten in acht (westlichen) Bundesländern Gesetze zur Erwachsenenbildung in Kraft, die bestehende gewohnheitsrechtliche Praktiken ablösten. In einem zeitgenössischen Kommentar zu den Gesetzen heißt es:

„Einmal sollen die Organisationsstrukturen im Sinne vermehrter Kooperation verbessert werden, wobei freilich vielfach übersehen wird, dass Kooperationsbereitschaft nicht ausschließlich durch institutionelle Vorkehrungen hergestellt werden kann; sodann wird die Zuschussgewährung auf das Prinzip des Leistungsnachweises gegründet, allerdings sind die dabei zugrunde gelegten Bewertungskriterien nicht eindeutig, können es wohl auch nicht sein, da die Zielprojektionen der einzelnen Träger recht unterschiedlich sind. Schließlich wird in der Mehrzahl der Gesetze respektive Gesetzentwürfe von der Pluralität institutioneller Erwachsenenbildung ausgegangen" (Knoll 1973, S. 142).

Die gestiegene gesamtgesellschaftliche Bedeutung der Erwachsenenbildung bzw. Weiterbildung fand somit ihren Ausdruck in einer gesetzlichen Kodifizierung, die den bis dahin kennzeichnenden gesetzlosen Zustand beendete und gleichzeitig die Weiterbildung in den Rang eines eigenständigen Politikfeldes hob – als „vierte Säule" des Bildungsbereichs. Mittlerweile haben 14 der 16 Bundesländer Weiterbildungsgesetze, die sich in ihrer Regelungs- und Förderungslogik allerdings stark unterscheiden (vgl. Kuhlenkamp 2002; Nagel/Tiedke 2015).

Betrachtet man die Landesgesetze zur Erwachsenenbildung bzw. Weiterbildung im Einzelnen, so fällt auf, dass diesen recht unterschiedliche Ordnungsmodelle zugrunde liegen. Einerseits wird eine Zurückhaltung des Staates gegenüber der institutionellen Selbständigkeit der Weiterbildungsträger garantiert, andererseits werden dem Staat als finanziellem Förderer und ordnendem Gestalter weitreichende Eingriffsrechte in die institutionellen Belange der Erwachsenenbildung zugestanden.

Anfang der 1980er Jahre hat Detlef Kuhlenkamp (1982, S. 89 ff.) eine klärende Charakterisierung der damals gültigen Ländergesetze vorgenommen, der die unterschiedlichen Förderungsprinzipien zugrunde liegen. Er unterschied zwischen:

- kooperativ – subsidiär (Baden-Württemberg, Rheinland-Pfalz, Bayern Saarland),
- strukturiert – kooperativ (Niedersachsen),
- koordiniert – subsidiär (Bremen),
- subsidiär – gewährleistend (Hessen),
- investiv – gewährleistend und koordiniert subsidiär (Nordrhein-Westfalen).

Die vorliegenden Landesgesetze lassen sich unbeschadet der erwähnten Gemeinsamkeiten – auf einem Kontinuum zwischen den geschilderten Extrempositionen einordnen, wie die folgende Abbildung 6 verdeutlicht.

Ordnungsmodelle Merkmale	Zurückhaltung des Staates	Ordnendes Eingreifen des Staates
Charakterisierung	Zurückhaltung des Staates und Delegation wichtiger Entscheidungen auf Selbstverwaltungsorgane	Stärkere staatliche Intervention bei Ordnung und Planung (Struktur- u. Ordnungspolitik)
Teilaspekte	• Der Staat beschränkt seine Aufgabe im wesentlichen auf die finanzielle Förderung (eingeschränkte finanzielle Förderung); • ordnungs- u. strukturpolitische Gestaltungsaufgaben werden, soweit möglich, auf Organe der Selbstverwaltung übertragen; • Eine Integration der Erwachsenenbildung in das Gesamtbildungssystem wird nicht oder nur zurückhaltend befürwortet.	• Der Staat greift nicht nur als finanzieller Förderer (bis 100%), sondern auch als planender Gestalter in die Struktur der Erwachsenenbildung ein; • Entsprechend geringer sind die Kompetenzen der Selbstverwaltungsorgane, soweit solche überhaupt vorgesehen sind (z.B. in NRW nachgeordnete Behörde des Ministeriums); • Eine Integration der Erwachsenenbildung in das Gesamtbildungssystems wir befürwortet, ja gefordert.
Bezüge	Tradition der „freien" Erwachsenenbildung: Betonung der Eigenständigkeit und Selbstverwaltung	Einbeziehung der Erwachsenenbildung in den gesamtstaatlichen Prozess der Bildungsplanung
Schwerpunktmäßige Zuordnung der Landesgesetze	Baden-Württemberg, Bayern, Rheinland-Pfalz, Niedersachsen, Saarland	Bremen, Nordrhein-Westfalen, Hessen

Abb. 6 Ordnungsmodelle im Weiterbildungsrecht (nach Bockemühl 1978)

Die Analyse und ordnungspolitische Zuordnung der Weiterbildungsgesetze der einzelnen Bundesländer ergibt u. a.:

- die generelle Zurückhaltung des Staates korrespondiert mit einer Zurückhaltung auch im Umfang der finanziellen Förderung;
- dort, wo der Staat sich zurückhält, erhalten neue Organe der Selbstverwaltung wichtige Entscheidungsbefugnisse (z. B. Landesausschuss für Weiterbildung);
- in den Gesetzen, die dem Ordnungsmodell I entsprechen, wird stärker die Eigenständigkeit der Erwachsenenbildungsträger betont, während sich die Forderung nach Integration der Erwachsenenbildung in das Gesamtbildungswesen nicht findet;
- die meisten Gesetze des Modells I wurden in den Jahren der beginnenden finanziell schwierigen Phase der öffentlichen Haushalte (1974/75) verabschiedet;

- starke staatliche Intervention im Weiterbildungsbereich geht einher mit höherem finanziellen Förderungsaufwand, wobei an die Zuwendungen Bedingungen geknüpft und dadurch ordnungspolitische Einflüsse wirksam werden;
- die Gesetze des Modells 2 wollen die Träger in ein umfassendes, flächen- und bedarfsdeckendes Weiterbildungsangebot im ganzen Land einbeziehen, wozu z. B. die öffentlichen Träger verpflichtet werden (z. B. Weiterbildungsentwicklungsplanung) (vgl. Bockemühl 1978, S. 19 ff.).

Die Erwachsenenbildungsgesetze, die ab 1974 verabschiedet wurden, sind sehr stark durch die Intentionen geprägt, die dem Strukturplan für das Bildungswesen zugrunde lagen, und verwenden deshalb auch zumeist den Begriff „Weiterbildung". Hinsichtlich der geforderten Integration der Weiterbildung in das Gesamtbildungssystem sind allerdings z. B. die Landesgesetze von Bayern, Baden-Württemberg und Niedersachsen deutlich zurückhaltend; das Saarland hat demgegenüber eine Novellierung seines 1970 erlassenen Gesetzes vorgenommen und das Ergebnis 1990 als Weiterbildungs- und Bildungsfreistellungsgesetz veröffentlicht. Ähnliches gilt für Schleswig-Holstein und Rheinland-Pfalz. Dabei wurde der Tatsache Rechnung getragen, dass der Ausbau einer flächen- und bedarfsdeckenden Weiterbildungsversorgung durch eine Integration der Weiterbildung in das Bildungssystem eher als durch eine bloße finanzielle Förderung sichergestellt werden kann, verbunden mit einer weitgehenden Selbstverantwortung und Selbständigkeit der Weiterbildungseinrichtungen.

Was die Entwicklung der Gesetzgebung zur Weiterbildung in den ostdeutschen Ländern seit dem 3. Oktober 1990 anbelangt, so haben die Länder Brandenburg, Mecklenburg-Vorpommern, Sachsen-Anhalt, Sachsen und Thüringen zügig Weiterbildungs- und Erwachsenenbildungsgesetze verabschiedet. Teilweise wurden auch Regelungen zur Bildungsfreistellung in Kraft gesetzt, z. B. in Brandenburg (Nagel/Tiedtke 2015, S. 38 ff.), das sich insgesamt in Bildungsfragen stark an Nordrhein-Westfalen anlehnte.

Eine für die Weiterbildung richtungweisende Rechtsgrundlage besteht in den Regelungen der Länder zum „Bildungsurlaub". Bildungsurlaub bezeichnet die „bezahlte" Freistellung von der Arbeit zwecks Weiterbildung (Nuissl/Schenk 1980, S. 86; Schmidt-Lauff 2005), bezahlt bedeutet in diesem Kontext die Lohnfortzahlung. In der Bundesrepublik wurde eine Einführung des Bildungsurlaubes vor allem von der Seite der Gewerkschaften gefordert. Während die Arbeitnehmervertretungen darauf Wert legten (und legen), dass Bildungsurlaubsveranstaltungen in erster Linie Einsichten in gesellschaftliche, wirtschaftliche und politische Sachverhalte vermitteln müssten, bestanden die Arbeitgeber darauf, dass – wenn überhaupt eine gesetzlich garantierte Freistellung von der Arbeit mit Lohnfortzahlung (= Bildungsurlaub) bestehen soll – diese der beruflichen Fortbildung zu dienen haben. Eine bundesgesetzliche Regelung des Bildungsurlaubes wurde in der Bundesrepublik nicht erreicht. Neben tarifvertraglichen Anspruchsberechtigungen wurden in einigen Bundesländern landesgesetzliche Regelungen geschaffen, z. B. in den Ländern Berlin (1970), Hessen (1974), Hamburg (1974), Bremen (1974), Niedersachsen (1974) und Rheinland-Pfalz (1993).

Eine Darstellung der bestehenden Gesetze zur Weiterbildung sowohl auf den Ebenen Europa, Bund und Länder sowie hinsichtlich der meisten erfassten Sektoren findet sich bei Grotlüschen u. a.:

Europa / International	**Bund**	**Länder**
Subsidäres Recht der Bildung und Beschäftigung (internationale Bildungszusammenarbeit und Dienstleistungsabkommen)	Arbeits- und Wirtschaftsrecht (außerschulische berufliche Weiterbildung)	Recht des Bildungswesens (Weiterbildung in Weiterbildungseinrichtungen, Hochschulen, Schulen und Fachschulen)
– Vertrag von Lissabon zur Änderung der zwei nachfolgend notierten Verträge (EU-Reformvertrag) – Vertrag zur Gründung der Europäischen Gemeinschaft (EGV) – Vertrag über die Europäische Union (Vertrag von Nizza) – „Soft Law"-Methode der offenen Koordinierung (MOK) – Europäische Dienstleistungsrichtlinie – General Agreement on Trade in Services (GATS)	– Sozialgesetzbuch (SGB) III u. II – Berufsbildungsgesetz (BBiG)/Handwerksordnung (HwO) – Fernunterrichtsschutzgesetz (FernUSG) – Hochschulrahmengesetz (HRG) – Aufstiegsfortbildungsförderungsgesetz (AFBG) – Zuwanderungsgesetz – Bundesausbildungsförderungsgesetz (BAföG) – Betriebsverfassungsgesetz (BetrVG) – Allgemeines Gleichbehandlungsgesetz (AGG) – Bundespersonalvertretungsgesetz (BPersVG) Weitere Rechtsgrundlagen – Gewerbeordnung – erwaltungsrecht – Beamtenrecht – Soldatengesetz – Tarifrecht	– Weiterbildungs-/Erwachsenenbildungsgesetze – Bildungsurlaubsgesetze – Fachhochschul-/Hochschulgesetze – Schul-/Fachschulgesetze – Landespersonalvertretungsgesetze

Abb. 7 Gesetzliche Grundlagen der Weiterbildung (Grotlüschen u. a. 2010, S. 247)

Anke Grotlüschen u. a. visualisieren auch die den Weiterbildungsregelungen auf internationalem bzw. europäischen sowie im nationalen Kontext jeweils zugrundeliegenden geregelten Rechtverhältnisse in der folgenden Abbildung:

Rechtliche Regelung	Rechtsverhältnis zwischen Akteuren (mit Beispielen für Regelungsbereiche bzw. -aspekte
International/Europa	Inländische vs. Ausländische Marktteilnehmende vs. Nationalstaat – Marktzutritt, Inländerbehandlung, Meistbegünstigung (GATS) – Schlichtungsverfahren (GATS) Nationales vs. Europäisches Recht – Subsidiaritätsprinzip, Harmonisierungsgrenzen (EU-Verträge) – Ziele gemeinsamer Bildungspolitik (EU-Verträge) – Förderung europäischer Bildungspolitik (EU-Verträge) – Koordinierung (MOK)
Bundesgestze	Bildungsanbieter – Staat: – Zulassung, Qualitätssicherung, Berichtspflicht (SGB III, FernUSG) Staat vs. Anspruchsberechtigter oder Versicherungsgeber/innen vs. Versicherungsnehmer/in – Kreis der Berechtigten (ZuwG, SGB II/III, AFBG) – Unterhalt, Rückzahlungsanteile (AFBG, BAFög) – WB-Kostenübernahme (AFBG, SGB II/III, ZuwG)
Weiterbildungesetze	Bildungsanbieter/innen (Einrichtungen/Träger) – Staat: – Programmatik, – Organisation, – Finanzierung, – Qualität;
Bildungsurlaubsgesetze	Arbeitgeber/in – Arbeitnehmer/in: – Anspruchsberechtigte und -berechtigung, – Dauer, Übertragbarkeit und Ansparen, – Gewährung durch Arbeitgeber/in etc.; Bildungsanbieter – Staat: – Anerkennungsvorschriften und -verfahren für Bildungsveranstalten; – Berichtspflicht;

Abb. 8 Regelungen und Rechtsverhältnisse (Grotlüschen u.a. 2010, S. 249)

Insgesamt kann man, was die rechtliche Situation der Weiterbildung in Deutschland angeht, von einer „Zersplitterung" sprechen, in der vielfältige Regelungen mit regionalen und sektoralen Unterschieden bestehen. Die Weiterbildungsgesetze der Länder werden zwar gemeinhin als wesentliche rechtliche Grundlage des Weiterbildungsbereichs genannt, sie decken die Realität der Weiterbildung aber nur zu einem kleineren Teil ab – große Bereiche wie berufliche Weiterbildung, betriebliche Weiterbildung, Weiterbildung in privater Trägerschaft, Familienbildung etc. sind nur mittelbar von diesen Gesetzen erfasst.

Seit dem Entstehen von rechtlichen Strukturen für die Weiterbildung in den 1970er Jahren haben sich zudem Ziel und Reichweite der Regelungen geändert. Wurden Gesetze und Verordnungen zu Beginn noch im Sinne intervenierender Planung und als Regulative des „Wildwuchses" in der Erwachsenenbildung verstanden und formuliert, so veränderten sich zunehmend die Ziele, Kriterien – und die damit verbundenen Ressourcen. Immer mehr traten selbstregulative Elemente des institutionellen Bereichs (auch in Form von Netzwerken) in den Vordergrund, die staatliche Gestaltung konzentrierte sich zunehmend auf Aspekte der Qualitätssicherung und des Supports (Informations- und Beratungsaktivitäten). In der Bewertung der Gesetze ist aber zu konstatieren, dass sie einen starken Einfluss auf die kontinuierliche und qualitätsvolle Arbeit der Weiterbildungseinrichtungen hatten, die in wichtigen Fragen wie Personal, Didaktik, Öffnung und Finanzierung auch auf die betrieblichen und privaten Einrichtungen der Weiterbildung, die nicht direkt von dem Gesetz betroffen sind, ausstrahlten (vgl. Nuissl 2016).

Gezielt steuernde Rechtsinstrumente wie die Bildungsfreistellungsgesetze haben in der Realität eine geringe Wirkung entfaltet, sie werden nur von etwa einem Prozent der Anspruchsberechtigten wahrgenommen (vgl. DIE 2014, S. 144). Letztlich zeigt sich, dass die Wirkung gesetzlicher Regelungen zur Weiterbildung im Wesentlichen von zwei Faktoren abhängt: der genauen Operationalisierung des Zieles und der Quantität und Qualität der damit verbundenen Fördermittel.

2.2 Institutionelle Strukturen

Die Forderung des Deutschen Bildungsrates von 1970, „die institutionalisierte Weiterbildung als einen ergänzenden nach-schulischen, umfassenden Bildungsbereich einzurichten" (Deutscher Bildungsrat 1972, S. 51), kann durch rechtliche und ordnungspolitische Festlegungen allein nicht zufriedenstellend erreicht werden. Berücksichtigt werden müssen vielmehr auch, worauf Franz Pöggeler bereits in den 1970er Jahren hinwies, die gegebenen institutionellen Voraussetzungen, d. h. das Organisationsgefüge der Erwachsenenbildung, die besondere Rolle der einzelnen Träger sowie ihre jeweilige Angebotsstruktur.

„Als Organisationsgefüge gesehen, bietet die moderne Erwachsenenbildung ein Bild der Vielförmigkeit, das auf den Außenstehenden verwirrend wirkt. Es gibt hier nicht das dichte Regelwerk von Gesetzen und Verordnungen wie beim Schul- und Hochschulwesen. Da der Gründungsinitiative keine Grenzen gesetzt sind, entstehen immer wieder neue Einrichtungen und Träger der Bildungsarbeit" (Pöggeler 1974, S. 218).

Kennzeichnende Organisationsstruktur ist die „institutionelle Staffelung" (Angebot – Einrichtung – Träger), durch die sich die Erwachsenenbildung von Schule und Hochschule unterscheidet:

„Aus der Sicht der Adressaten der Erwachsenenbildung existiert sie in Form von Veranstaltungen. Damit diese stattfinden können, müssen sie organisiert werden. Dafür gibt es Erwachsenenbildungseinrichtungen mit ihrem mehr oder meist weniger ausgebauten Mit-

arbeiterstab, der für die disponierenden Aufgaben zuständig ist. Diese Arbeiten und die Veranstaltungen selbst bedürfen aber der Finanzierung und der formalen Absicherung. Dafür muss ein Rechts- und Unterhaltsträger eintreten. Dieser wird für den Adressaten des Angebots häufig kaum sichtbar. Er ist aber der Adressat des Gesetzgebers und der Administration, die mit den Ausführungsbestimmungen befasst ist. Denn allein der Träger kann rechtliche Verpflichtungen übernehmen. Er fungiert formal als Entscheidungsinstanz, nicht zuletzt deshalb, weil bzw. dann, wenn es um die Verantwortung öffentlicher Mittel geht" (Tietgens 1983a, S. 102).

Die institutionelle Struktur der Erwachsenenbildung ist nach dem zweiten Weltkrieg „gewachsen". Drei wesentliche Merkmale bestimmten den Wiederaufbau der Erwachsenenbildung:

(1) Die Tradition der Weimarer Republik, in der Erwachsenenbildung zwar als öffentliche Aufgabe anerkannt wurde, ihre Realisierung aber den verschiedensten Gruppen ohne planerische Einflussnahme seitens des Staates überlassen blieb, führte zu einem Zustand der „planlosen Vielfalt".

(2) Das Trauma der inhaltlichen und organisatorischen Diktatur, die der faschistischen Partei während der Zeit des Nationalsozialismus auch in diesem Bereich ihren Machtanspruch sicherte.

(3) Die zerstörte Infrastruktur, die materielle Notsituation und die restriktiven Verordnungen der Besatzungsmächte in den vier Besatzungszonen (als Ergebnis des Zweiten Weltkrieges).

Unter diesen Bedingungen entwickelten sich die Institutionen der EB wie traditionelle Volksbildungseinrichtungen, Volksbildungswerke, Volkshochschulen, Heimvolkshochschulen in unterschiedlicher Trägerschaft unsystematisch, ungeplant und unkoordiniert. Sie standen häufig in Konkurrenz zu den von den Besatzungsmächten geschaffenen kulturpolitischen Einrichtungen, z. B. den „Amerika-Häusern" in der amerikanischen Zone, den „Brücken" in der britischen Zone und den „Kulturhäusern" in der sowjetischen Zone. Die Notwendigkeit der Interessenvertretung der Einrichtungen der Erwachsenenbildung gegenüber den Militärbehörden der Besatzungsmächte und den diesen nachgeordneten deutschen Kultusbehörden, aber auch das Interesse der gegenseitigen Verständigung und des Erfahrungsaustauschs führte allerdings bereits in den Jahren 1946 und 1947 zur Gründung von Arbeitsgemeinschaften und Verbänden in den westlichen Ländern des Bundes. Plurale Verbände als Zusammenschlüsse der verschiedensten Einrichtungen blieben auf Bayern, Hessen und Südwürttemberg-Hohenzollern beschränkt. In den Stadtstaaten (Berlin, Hamburg und Bremen) wurde die Zuständigkeit für Erwachsenenbildung vom Staat übernommen und der Schulbehörde zugewiesen.

Parallel zur Entwicklung der drei westlichen Besatzungszonen in Deutschland zu einem eigenen staatlichen Gebilde erfolgte der Zusammenschluss der Volkshochschulverbände und der entsprechenden Vereine in den Stadtstaaten zur „Arbeitsgemeinschaft der Landesverbände deutscher Volkshochschulen", die 1953 in den Deutschen Volkshochschul-Verband umgewandelt wurde. Da in der Arbeiterbildung bereits früh ein wesentlicher Aufgabenschwerpunkt gesehen wurde, kam es schon 1949 mit der Gründung der „Niedersächsischen Arbeitsgemeinschaft Arbeit und Leben" zu einer institutionell abgesicherten Kooperation zwischen den VHS-Verbänden und dem Deutschen Gewerkschaftsbund. 1951 wurde die „Deutsche Arbeitsgemeinschaft Arbeit und Leben" auf Bundesebene, bestehend aus den Vorsitzenden der Landesverbände der VHS und den Bildungssekretären der Landesbezirke des DGB gegründet.

Erst im Jahre 1957 erfolgte der Zusammenschluss der katholischen EB-Einrichtungen zur „Arbeitsgemeinschaft Katholischer Erwachsenenbildung" (später umbenannt in „Katholische Bundesarbeitsgemeinschaft für Erwachsenenbildung" (KBE), woraus aktuell die „Katholische Erwachsenenbildung (KEB) geworden ist, und der evangelischen EB-Einrichtungen zur „Evangelischen Arbeitsgemeinschaft für Erwachsenenbildung" (heute „Deutsche Evangelische Arbeitsgemeinschaft für Erwachsenenbildung" [DEAE]) sowie einem Leiterkreis evangelischer Akademien. Die Heimvolkshochschulen schlossen sich auf Bundesebene zum „Verband der ländlichen Heimvolkshochschulen Deutschlands e. V." (1953) und zum „Arbeitskreis deutscher Bildungsstätten (AdB)" (1959 bzw. 1962) zusammen.

Andere Träger der Weiterbildung wie etwa Gewerkschaften, Arbeitgeberverbände oder Rundfunkanstalten schufen keine eigenen Einrichtungen der Weiterbildung, sondern hier wurde – vor allem in der beruflichen Bildung – die Erwachsenenbildung zusammen mit der Ausbildung in Berufsförderungswerken oder Bildungswerken institutionalisiert. „Die Bildungspolitische Interessenvertretung wurde von den jeweiligen Bildungsabteilungen wahrgenommen" (Gerhard 1980, S. 188f.).

Es gibt zahlreiche Möglichkeiten, die gewachsene und breit gefächerte Institutionenvielfalt der Weiterbildung zu kategorisieren. Eine davon ist die Unterscheidung zwischen „geschlossener Weiterbildung" und „offener Weiterbildung", die Paul Hamacher bereits 1976 in die Diskussion eingeführt hat. Die Institutionen der Erwachsenenbildung lassen sich nach dieser begrifflichen Trennung danach unterscheiden,

„(...) ob sie ihre Angebote nur für ihre Bediensteten, Betriebsangehörigen oder Verbandsmitglieder betreiben (Geschlossene Weiterbildung) oder ob sie Angebote für jedermann bereithalten (Offene Weiterbildung). Einrichtungen geschlossener Weiterbildung sind der Öffentliche Dienst, Betriebe, Verbände sowie sonstige Organisationen. Bei der ›offenen‹ Weiterbildung kann zwischen öffentlichen und nicht-öffentlichen Trägern unterschieden werden. Die öffentlichen Träger veranstalten einerseits Weiterbildung, die unmittelbar durch Parlamente (Bund, Länder, Kommune) kontrolliert wird (etwa Volkshochschulen), andererseits Weiterbildung, die nur mittelbar von den Parlamenten kontrolliert wird (etwa Rundfunk- und Fernsehanstalten und Hochschulen). Bei den nicht -öffentlichen Trägern lassen sich wiederum zwei Gruppen unterscheiden: gemeinnützige Träger und kommerzielle Träger. Gemeinnützige Träger nennen sich in der Regel ›Freie Träger‹. Alle genannten Träger können sowohl Distanz- als auch Direktunterricht planen und durchführen, sie können auf regionaler oder überregionaler Basis arbeiten" (Hamacher 1976, S. 50).

Als „geschlossene Weiterbildung" werden alle diejenigen Erwachsenenbildungsangebote bezeichnet, die sich ausschließlich an bestimmte Zielgruppen wenden. Hierzu zählen neben den Weiterbildungsaktivitäten der Betriebe (vgl. Kap. 5) und u. a. die Fortbildungseinrichtungen des Bundes zur Weiterbildung der öffentlich Bediensteten (z. B. Akademien von Bundeswehr, Bundesbahn, Richterakademie), die fast ausschließlich der beruflichen, arbeitsplatzspezifischen und führungsqualifizierenden Anpassungs- und Aufstiegsfortbildungen dienen. Auch die Angebote der Kammern sowie die betriebliche Weiterbildung zählen überwiegend zur geschlossenen Weiterbildung, insofern sie sich an exklusive Teilnehmer-Gruppen der Mitgliederfirmen wenden. Demgegenüber sind alle Weiterbildungsträger, deren Angebote jedem Interessenten zugänglich sind, zur „offenen Weiterbildung" zu zählen.

Klare Grenzziehungen sind allerdings nicht immer möglich. So stehen die Weiterbildungsangebote der Gewerkschaften in der Regel allen Interessenten „offen". Allerdings gibt es im Bereich der gewerkschaftlichen Bildungsarbeit auch Angebote, die sich ausschließlich an Funktionäre wenden und für andere „geschlossen" sind. Neben dem Deutschen Gewerkschaftsbund (DGB), der zahlreiche Weiterbildungseinrichtungen unterhält (z. B. Berufsfortbildungswerk, DGB-Bundesschulen, Arbeit und Leben) und der Deutschen Angestellten Gewerkschaft (DAG) sind vor allem die konfessionellen Erwachsenenbildungsträger sowie die Volkshochschulen als die wesentlichen Träger der „offenen Weiterbildung" zu nennen.

Gemeinsame Merkmale der „offen" oder „geschlossen" institutionalisierten Formen von Weiterbildung sind:

- ihre räumliche und zeitliche Ausgliederung aus den lebensweltlichen Bezügen der Teilnehmer,
- ihre in der Regel angebotsorientierte Themenkonstitution, d. h. Teilnehmer „kommen" zu Themen, die angeboten werden, sie finden demzufolge auch in der Regel nur das, was der Anbieter für sie vorgesehen hat,
- ihre zumeist dozentenorientierte Seminardidaktik, die auch bei teilnehmerorientiertem Ansatz zumindest ihren Ausdruck in der Anwesenheit eines für Inhalt, Ablauf und Erfolg des Lernens letztverantwortlichen Experten (Professional) findet.

Eine weitere gängige Differenzierung der institutionellen Strukturen des Weiterbildungsbereiches ist die zwischen „öffentlicher" und „freier" Weiterbildung. Diese Differenzierung geht von der gesellschaftlichen Stellung der Trägerorganisation aus: Unter „öffentlicher Weiterbildung" werden diejenigen Weiterbildungsaktivitäten verstanden, die von staatlichen oder kommunalen Institutionen gefördert oder organisiert werden. Die von gesellschaftlichen Großorganisationen oder privaten Institutionen ausgehenden Weiterbildungsaktivitäten werden häufig unter dem Begriff „freie Weiterbildung" subsumiert.

Eine dritte Differenzierung folgt den mit der Bereitstellung eines Weiterbildungsangebots verbundenen Interessen und unterscheidet (Berichtssystem Weiterbildung 1993, S. 226):

a) Verfolgung erwerbswirtschaftlicher Interessen (z. B. Fernlehrinstitute),
b) Verfolgung partikularer gesellschaftlicher Interessen (z. B. Kirchen, Gewerkschaften)
c) Verfolgung öffentlicher Interessen (z. B. Volkshochschule),
d) Verfolgung organisatorischer Interessen (z. B. Betriebe) (ebd., S. 67 f.).

Andere Möglichkeiten der Kategorisierung von Einrichtungen der Weiterbildung sind die nach Inhaltsbereichen, insbesondere nach beruflicher und allgemeiner Bildung, die nach Rechtsformen (in den Rubriken der öffentlichen Einrichtungen von Bund / Ländern bzw. Kommunen, der öffentlich-rechtlichen Einrichtungen wie Stiftungen, der Einrichtungen in privater Trägerschaft und der kommerziellen Einrichtungen), nach Zielgruppenorientierung (etwa Frauenbildung, Migrantenbildung) oder nach Einzugsbereich (kommunal, regional, national, übernational). Auch Kategorisierungen nach Betriebsgröße und nach Trägerorientierung (z. B. konfessionell, betrieblich) werden vorgenommen. Die Art der Kategorisierung hängt hauptsächlich von dem zugrundeliegenden Erkenntnisinteresse ab.

Aus einer pragmatischen Sicht werden gewöhnlich die Einrichtungen der Weiterbildung folgendermaßen gruppiert (vgl. Nuissl 2016):

- die Einrichtungen der beruflichen Bildung (etwa im Kammerbereich), deren Bedeutung seit den 1980er Jahren enorm zunahm, durch die Mikroelektronik, die Veränderung der Arbeitswelt, die Internationalisierung und die erhöhte Flexilität,
- die Volkshochschulen als kommunale Einrichtungen mit einem breiten Angebot, die in Aufgabenverständnis und Arbeitsweise an die bürgerlich-liberalen Wurzeln des Volksbildungswesens anknüpfen, auf Landes- und auf Bundesebene („Deutscher Volkshochschulverband") zusammengefasst,
- die Einrichtungen der gewerkschaftlichen Erwachsenenbildung, die sich in weiten Bereichen auf die Tradition der Arbeiterbildung berufen können,
- die Einrichtungen der konfessionellen Erwachsenenbildung, insbesondere der katholischen und evangelischen Kirche, die ihren Anfang nahmen in der sozialengagierten liberalen Bildungsbewegung der Kirchen im vorletzten Jahrhundert, in KEB und DEAE vereinigt,
- die Einrichtungen innerhalb der Betriebe, insbesondere großer Unternehmen, die ihren Beitrag zur betrieblichen Human-Ressources-Entwicklung leisten,
- die kommerziellen Einrichtungen wie etwa Sprachschulen, die seit den 1970er Jahren vermehrt gegründet wurden,
- die Fernlehrinstitute, die mittlerweile breite Angebote bis hin zu regulären und anerkannten Studiengängen haben und in einem Verband zusammenarbeiten,
- die Einrichtungen der „alternativen" Erwachsenenbildung, die eng verbunden sind mit sozialen und regionalen Bewegungen,
- die Heimvolkshochschulen bzw. Bildungsstätten in Internatform (Akademien etc.), die sich zum Arbeitskreis Deutscher Bildungsstätten zusammengeschlossen haben,

- die Medienanstalten, die einen Bildungsauftrag haben und ihn – zumindest im öffentlich-rechtlichen Bereich – auch teilweise erfüllen, sowie
- die Einrichtungen mit Bildungsauftrag (auch) in der Erwachsenenbildung wie Hochschulen (hier gibt es die DGWF als Zusammenschluss), Museen, Bibliotheken und anderen Bildungs- und Kulturinstitutionen.

Wie auch immer man die Einrichtungen und Träger der Weiterbildung gruppiert – ihr Anteil ist inhaltlich und quantitativ different.

Eine Darstellung der Anteile im Weiterbildungsbereich differenziert nach „Weiterbildungssegmenten" illustriert folgende die jeweiligen Schwerpunkte:

Anbietergruppe / Weiterbildungssegment	**Anteilswerte in Prozent**			
	Weiterbildung insgesamt	**betriebliche WB**	**individuelle berufs-bezogene Weiterbildung**	**nicht-berufs-bezogene Weiterbildung**
Arbeitgeber	27	39	3	0
andere Firma	17	21	14	4
WB-Einrichtung	31	26	40	41
Kammern, Berufsverband	1	1	0	0
Gewerkschaften, Genossenschaften	1	1	1	0
Gemeinnützige Verbände etc.	2	2	2	4
sonstige Verbände, Vereine	2	1	3	5
Einzelperson	9	4	11	25
Hochschule	3	1	11	5
Schule	0	0	1	0
andere öffentliche Einrichtung	2	2	4	4
Sonstige	3	2	5	4
weiß nicht/k. A.	3	1	4	7
Gesamt	100	100	100	100
Absolut	5.216	3.550	706	960

Abb. 9 Anbietergruppen nach Weiterbildungssegmenten (Gnahs/Bilger 2013, S. 117)

Dieser Tabelle sind die institutionellen Schwerpunkte in der Realisierung von Weiterbildungsangeboten zu entnehmen. So zeigt sich, dass die Weiterbildungseinrichtungen (z.B. Volkshochschulen) mit knapp einem Drittel den größten Anteil haben (31 %), dicht gefolgt von den Betrieben (27 %); erwartungsgemäß liegen die Schwerpunkte der Betriebe bei der betrieblichen Weiterbildung, während die Weiterbildungseinrichtungen ihre Stärken bei der individuellen berufsbezogenen und der „nicht – berufsbezogenen" (= allgemeinen) Weiterbildung haben. Die Kategorisierung nach betrieblicher, individueller berufsbezogener und nicht berufsbezogener Weiterbildung wurde über den europaweiten AES („Adult Education Survey") eingeführt, der vor knapp zehn Jahren das deutsche „Berichtssystem Weiterbildung" ablöste und nun einen europaweiten Vergleich ermöglicht (vgl. ebd.).

In der institutionellen Vielfalt des Weiterbildungsbereiches kommt die ordnungspolitische Vorstellung der Pluralität sowie die Konzeption der Subsidiarität zum Ausdruck. Beide Prinzipien tragen der Tatsache Rechnung, dass nach dem zweiten Weltkrieg in einem „institutionellen Wildwuchs" Einrichtungen entstanden, die letztlich das System der Weiterbildung „tragen" (daher auch der Begriff „Träger"). Pluralität bedeutet die Akzeptanz der Vielfalt von Institutionen der Weiterbildung, Subsidiarität das nur ergänzende Eingreifen des Staates zur Realisierung bildungspolitischer Ziele. Schon bei Erlass der Ländergesetze zur Weiterbildung Anfang er siebziger Jahre, die allesamt solche Ziele formulieren, kommentierte ein Hochschulexperte:

„Wer sollte ihn in einer Demokratie auch verbieten können, wenn sich sozusagen jedermann zum Unternehmer von Erwachsenenbildung aufschwingen kann. Ein staatlich nicht wie das Schulwesen installiertes Gefüge der Weiterbildung lässt sich nicht durch Zwang oder Anordnung in einem demokratischen Staat systematisieren, es sei denn durch Selbstordnung der Institutionen untereinander" (Pöggeler 1974, S. 227).

Diese Selbstordnung führt für die Weiterbildungspraxis zu Problemen der Koordination und Kooperation, die im konkreten Fall nicht immer leicht zu lösen sind. Dies wurde u. a. im Zusammenhang mit der Diskussion um die Entwicklungsmöglichkeiten eines „Grundangebotes" der Weiterbildung, d.h. eines regional gleichartigen abgestimmten Mindestangebotes aller Träger und Einrichtungen deutlich, um für alle Menschen ein bedarfsgerechtes Mindestangebot in zumutbarer Entfernung sicherstellen zu können (vgl. Siebert 1981; Nuissl / Schlutz 2002).

In der jüngeren Vergangenheit der letzten zehn Jahre werden weitere Problemfelder der institutionellen Entwicklung in der Weiterbildung sichtbar (vgl. Tippelt 2010), die zum Teil aber auch innovative Übergänge in neue Zuständigkeiten und Strukturen der institutionellen Vielfalt sind. So nimmt die Kooperation von Weiterbildungseinrichtungen (häufig auch in Form von Netzwerken) stetig zu, Angebote werden gemeinsam entwickelt und realisiert, Lernende gemeinsam angesprochen. Die Institutionen der Weiterbildung, vor allem auch die öffentlich geförderten, arbeiten stärker betriebswirtschaftlich und betonen Profil und Qualität. Das Tätigkeitsspektrum für die Mitarbeitenden an diesen Institutionen verschiebt sich entsprechend, Kooperations- und Netzwerkkompetenzen und -aktivitäten sind immer stärker gefragt.

Aber auch die Lehre akzentuiert sich neu. Das selbstgesteuerte Lernen und die zunehmend nötigen Verbindungen mit dem informellen Lernen erfordern ein höheres Maß an Beratungstätigkeit und Flexibilität. Sowohl Bildungsberatung als auch Lernberatung sind heute aus dem Angebotsspektrum von Weiterbildungsinstitutionen nicht mehr wegzudenken (Schiersmann 2010; Huntemann/Ambos 2014, S. 98).

Verglichen mit anderen Ländern in der Europäischen Union ist der Institutionalisierungsgrad der Weiterbildung in Deutschland relativ hoch. In den Ländern Nord- und Westeuropas existieren viele Einrichtungen der Weiterbildung, die in der Regel auch öffentlich gefördert werden – hier liegt Deutschland (hinter Dänemark, Schweden und Finnland) im Mittelfeld. In den Ländern Südeuropas ist der Institutionalisierungsgrad relativ niedrig, Einrichtungen sind häufig mit anderen Strukturen des Schul-, Hochschul- und Kulturbereichs verbunden. In den Ländern Osteuropas wurden zahlreiche Einrichtungen nach der Wende Anfang der 1990er Jahre „abgewickelt", neue institutionelle Strukturen sind nur sehr langsam im Aufbau begriffen und vor allem im kommerziellen Bereich angesiedelt.

2.3 Selbstorganisiertes und informelles Lernen

Im Rahmen der dargestellten institutionalisierten Struktur verläuft das Lernen Erwachsener im Sinne kanalisierter Gegenseitigkeit, und oft (z. B. in der beruflichen Weiterbildung) hatte (und hat) der einzelne Erwachsene nur begrenzte Möglichkeiten, seine eigenen Erwartungen und Möglichkeiten in den Angeboten der offenen und geschlossenen Weiterbildung „unterzubringen". Neben diesen Formen eines „institutionalisierten Zugriffs aufs Lernen" Erwachsener werden daher seit Anfang der 1980er Jahre vermehrt die Praktiken einer selbstorganisierten Erwachsenenbildung thematisiert, die sich in vielem auch als Gegenthese und Negation der Formen institutionalisierter Erwachsenenbildung versteht. Diese „selbstorganisierte" Erwachsenenbildung begegnet uns in Lerngruppen, die ganz unterschiedlichen Zwecken, Zielen, Themen dienen – z. B. als autonome Bildungsvereine, Zentren themenbezogener Bildungsarbeit bzw. zeitweise Zusammenschlüsse interessierter Bürgerinnen und Bürger im Kontext regionaler Anliegen.

Ein wesentlicher Ansatz für das selbstorganisierte Lernen ist es, Rahmenbedingungen zu schaffen und zu erproben, die ein kommunikatives Lernen, ein Lernen an und durch Erfahrung ermöglichen. Ein *anderes Lernen* in der Erwachsenenbildung soll Gegenerfahrung ermöglichen, um im gemeinsamen Lernen Handlungsperspektiven, aber auch neuartige Formen zivilgesellschaftlichen Engagements zu unterstützen und zu orientieren. Lernen wird hier zu einer Verständigung zu autonomen und möglichen Formen der Beteiligung – auch um Vereinzelung, Vereinsamung und konsumgesellschaftlichen Verirrungen entgegenzuarbeiten. Solche alternativen Konzepte des Erwachsenenlernens sind somit eingebunden in die umfassende Erfahrung alternativer gesellschaftlicher Praxis. Es ist mitnichten nur als ein institutionalisiertes Lernen in dem oben beschriebenen Sinne denkbar. Lernen an Erfahrungen dient vielmehr einer „Wiedergewinnung von Wirklichkeit" (vgl. Meueler 1984) kann nicht losgelöst sowie räumlich und zeitlich aus der Lebenswelt der Erwachsenen ausgegliedert stattfinden. Auch entsprechen vorgehaltene Themenangebote sowie eine dozentenorientierte Seminardidaktik kaum dem Anliegen dieses Gegenentwurfes zur institutionalisierten Erwachsenenbildungspraxis. Vielmehr versteht sich dieses Lernen Erwachsener als Erlebnis eines alternativen sozialen Handelns im Sinne der befreienden Erfahrung von Solidarität, Partizipation und Selbstverwirklichung.

Das Lernen von Erwachsenen innerhalb sozialer Bewegungen unterscheidet sich in mehrfacher Hinsicht von den institutionalisierten Lernprozessen in den Veranstaltungen der institutionalisierten, „fremdorganisierten" Erwachsenenbildung. Es knüpft an die lebensweltlichen Themen der Lernenden an, stärkt sie in ihren kognitiv-emotionalen Suchbewegungen und eröffnet ihnen einen Raum für Suche, Erprobung und biographische Vergewisserung – weitgehend losgelöst und unabhängig von curricularen Vorgaben, Zertifizierungsanliegen und Anpassungserwartungen. Diese alternative Lernkonzeption ermöglicht demgegenüber vielfach ein Lernen, das

- entprofessionalisiert, d. h. professionelle Distanz vermeidend,
- lebensnah, d. h. weniger von curricularer Systematik oder Domänenwissen geprägt, sowie
- praktisch, d. h. unmittelbar handlungsorientiert,

daher kommt oder in den Worten von Erhard Meueler:

„Die Aneignung von Lebenswirklichkeit geschieht als selbständige Auseinandersetzung mit der eigenen Lebenssituation und deren gesellschaftlichen Bedingungen, als Austausch von Erfahrungen, als Erarbeitung weiterführender Einsichten, als politische Interessenartikulation und Organisation von Gegenmacht gegenüber der Kumpanei der Mächtigen, als individuelle und gemeinsame Handlungsorientierung unter dem Prinzip der Solidarität, als soziale und politische Aktion, als Selbstorganisation von Veränderung und Abhilfe, als radikale Umgestaltung der sozialen und kulturellen Lebensweise, als Entwicklung immer neuer Mobilisierungs- und Darstellungsformen des Protests und Widerstands. Die Verbindung von Alltag, Arbeit, Leben und Lernen wird hier wieder ansatzweise hergestellt" (ebd., S. 3).

Thematisiert ist damit ein neuralgischer Punkt des alternativen selbstorganisierten Erwachsenenlernens, nämlich die Frage, mit welcher professionellen Anleitung bzw. mit welchem institutionellen „Mindestinventar" die notwendige „Transformation lebensweltlichen Wissens" (Schmitz 1984) bzw. die „Subjektentwicklung (…) in der Spannung von gesellschaftlichen Zwängen und eigenen Freiheits-Interessen" (Meueler 2010, S. 982) gerahmt werden sollte, damit von Bildung im Sinne eines Fortschritts an Reflexionsfähigkeit und nicht lediglich von „Erlebnis" gesprochen werden kann. Eine theoretische und didaktische Weiterentwicklung der selbstorganisierten Erwachsenenbildung wird sich letztlich nicht an der Frage ihres institutionellen Mindestinventars vorbeimogeln können. Die auch in der Geschichte der Erwachsenenbildung vorliegenden Ansätze einer didaktischen Begründung erfahrungsorientierten Lernens klären die Frage dieser notwendigen Mindestinstitutio-

nalisierung offener Lerngelegenheiten vielfach noch zu wenig und durchsetzen ihre alternative Konzeption vom Lernen Erwachsener vielfach noch zu stark mit idealisierenden Momenten eines freien Lernens. Erwähnt werden muss jedoch der frühe Ansatz einer „Alltäglichen Erwachsenenbildung" von Lutz von Werder, dessen „Stützpunktkonzept" als ein interessanter Institutionalisierungsvorschlag angesehen werden kann (Werder 1980, S. 106 ff.). Als eigenständiger Beitrag zu einer Theorie informeller Erwachsenenbildung kann auch bereits der Ansatz von Dirk Axmacher gewertet werden, der mit seiner These vom „Widerstand gegen Bildung" einen Beitrag zur – wie der Untertitel seines Buches anzeigt – „Rekonstruktion einer verdrängten Welt des Wissens" liefert (Axmacher 1990). Dabei geht es ihm darum, die Nichtteilnahme an einer institutionalisierten Weiterbildung nicht als „Defizit", sondern als Ausdruck eines lebensweltlich begründeten Widerstandes gegen eine historisch bedingte „bestimmte" Art von Weiterbildung zu begreifen, womit er sich gegen die vorherrschende Gleichsetzung von Bildung und Teilhabe an gesellschaftlich eingeräumten Bildungswegen wendet – ein gerade im Hinblick auf das Postulat des lebenslangen Lernens wichtiger Gedanke. Die Frage, auf die diese kritische Perspektive verweist, ist die nach den das Berechtigungswesen jeweils tragenden Standards von Wissenszugang und Wissensnachweis, deren Legitimation u. a. durch die vielfältigen Ansätze der Öffnung sowie der Anerkennung beruflich erbrachter Leistungen seit 2010 erneut deutlich aufgebrochen ist (vgl. Arnold/Lermen 2013).
Weitere Beiträge zur Entwicklung einer Theorie informeller Erwachsenenbildung sind seit den 1990er Jahren im Umkreis der Betriebspädagogik zu erkennen. Zu erwähnen sind insbesondere die Ansätze einer „arbeitsplatznahen Weiterbildung" (vgl. Dehnbostel 2010; Dörner 2006). Ziel entsprechender Weiterbildungskonzepte ist es, explizit die Institutionalisierung betrieblicher Bildungsarbeit zurückzunehmen, da diese Institutionalisierung zu einer heute sich eher nachteilig auswirkenden Trennung des betrieblichen Lern- und Arbeitsprozesses geführt hat (ebd.). Ziel ist es stattdessen, die Lernrelevanz und Lernpotentiale betrieblicher Ernstsituationen wieder gezielt zu fördern, weil man erkannt hat, dass Selbständigkeit, Kreativität, Verantwortlichkeit und Problemlösungsfähigkeit in der Ernsthaftigkeit betrieblicher Abläufe und Zwänge nachhaltiger entwickelt werden können als in den künstlichen Formen von Lehrwerkstatt oder Weiterbildungsseminar. Und man hat dabei auch erkannt, dass solche arbeitsplatzbezogenen Schlüsselqualifikationen *dann* erhalten bleiben, d. h. eine Nachhaltigkeit i. S. eines „Organisationslernens" entfallen können, wenn die Arbeitsplätze mit permanenten Lernanreizen und Lernanforderungen verbunden sind (vgl. Heidsiek/Petersen 2010).
Dennoch wissen wir über die Institutionalisierungsprozesse alternativer Erwachsenenbildung nach wie vor recht wenig (vgl. Alheit 2016), zumal Institutionalisierung nicht automatisch gleichbedeutend ist mit einem geführten Lernen im Curriculum. Vielmehr können Institutionen auch anerkannte Räume für Suchprozesse und Begleitung bereitstellen, in denen Erwachsene sich im Dialog neue Perspektiven erschließen und diese selbständig zu neuen Orientierungen für Lebenswelt und Gesellschaft verknüpfen können. Die Didaktik solcher zwar institutionalisierten,

aber gleichzeitig die Selbstorganisation im Lernen anregender Formen des Erwachsenenlernens ermöglichen letztlich absichtsvoll das, was erwachsenen Lernenden einzig möglich erscheint: die selbstorganisierte Aneignung neuer Möglichkeiten in Eigenaktivität, Erprobung und Übung.

Selbstorganisiertes Lernen findet jedoch nicht nur in institutionalisierten Kontexten statt, es kennzeichnet auch die alltägliche – informelle – Lernbewegung Erwachsener. Gemeint ist damit die Tatsache, dass Erwachsene auch ohne Fremd- oder gar explizite Selbstorganisation lernen – im Alltag, im Beruf, in den Medien, in unterschiedlichsten „Events". In der Abgrenzung zur „Sozialisation" ist dieses Lernen *intentional*, d. h. als Lernprozess zielgerichtet beabsichtigt. Zwar wird im informellen Lernen auch vielfach das „Lernen en passant" (vgl. Reischmann 2010) oder das „inzidentielle Lernen" (vgl. Röhr-Sendlmeier/Käser 2016) impliziert – Begriffe, die eher ein beiläufiges, zufälliges, nicht intendiertes Lernen bezeichnen. In der erwachsenenpädagogischen Betrachtungsweise wird allerdings meist überwiegend auf das intendierte Lernen rekurriert.

Das informelle Lernen gewann Mitte der neunziger Jahre des letzten Jahrhunderts aus verschiedenen Gründen an Bedeutung:

- Das notwendige Ausmaß des Lernens Erwachsener wurde ebenso erkannt wie die Unfähigkeit der Institutionen, ein vergleichbar umfangreiches Angebot bereitzustellen.
- Die Tatsache, dass der größte Teil des Gelernten nicht in (fremd-)organisierten Lernprozessen angeeignet wird, wurde empirisch zunehmend erhärtet.
- Der Gedanke des „selbstgesteuerten Lernens" der Erwachsenen, in den Vereinigten Staaten bereits in den 1970er Jahren formuliert (vgl. Knowles 1975), hielt Einzug in die deutsche und europäische Diskussion – er schien u. a. auch staatliche Verantwortlichkeiten zu entlasten.
- Die erwachsenen Lernenden wurden immer stärker auch in die Finanzierung der Weiterbildung einbezogen – gerade auch in öffentlich geförderten institutionellen Bereichen.
- Die Theorie des Konstruktivismus, für die Erwachsenenbildung plausibel adaptiert durch Arnold und Siebert (2004; 2006), gewann immer mehr an Bedeutung.
- Die Lernwege der Erwachsenen wurden immer individueller und profilierter – Arbeitsmarktanforderungen und differenziertere Lebensplanungen waren im Wandel.

Im informellen Lernen sind Institutionen des fremd- oder selbstorganisierten Lernens nur mögliche Stationen, die je nach individuellen Interessen angesteuert werden bzw. werden können. Das informelle Lernen ist letztlich eine Bezeichnung für einen Prozess des individuellen Kompetenzerwerbs, der möglicherweise punktuell, aber nicht notwendig auf eine Zertifizierung angewiesen ist. Das Konzept des informellen Lernens verbindet Grundelemente des selbstgesteuerten Lernens mit der theoretischen Unterfütterung konstruktivistischer Paradigmen.

Es ist daher nicht verwunderlich, dass das informelle Lernen seit fast zwanzig Jahren zu einem Hauptsegment des Lernens Erwachsener geworden ist. In der europäischen Union gilt seit Beginn des 21. Jahrhunderts die Regel, zwischen formalem, non-formalem und informellem Lernen zu unterscheiden (vgl. Bechtel/Lattke/Nuissl 2005). Unter formalem Lernen wird gewöhnlich die curricular geregelte und zertifizierte Ausbildung (an Hoch- und Berufsschulen sowie in der Lehre) verstanden, unter non – formalem Lernen letztlich die Weiterbildung subsummiert (mit zertifizierten und nicht zertifizierten Teilen) sowie unter informellem Lernen die nicht zertifizierten Lernprozesse in den unterschiedlichsten Lebens- und Lernkontexten gefasst.

In dieser Kategorisierung haben die drei „Lerntypen" auch Eingang in Erhebungen und Dokumente der Europäischen Union und ihrer Mitgliedsstaaten gefunden. So erfassen etwa die nationalen Qualifikationsrahmen (ebenso wie der „European Qualification Framework" EQF) Kompetenzen danach, auf welchem der drei Wege sie erworben wurden, und der „Adult Education Survey" (AES) erfasst in seiner Repräsentativ-Befragung (anders als früher das Berichtssystem Weiterbildung in Deutschland) systematisch die informellen Lernprozesse. Nach der letzten Erhebung 2014 sind die Lernprozesse Erwachsener in Deutschland – auf der Grundlage einer weiter gestiegenen Teilnahme -folgendermaßen auf die drei Bereiche verteilt:

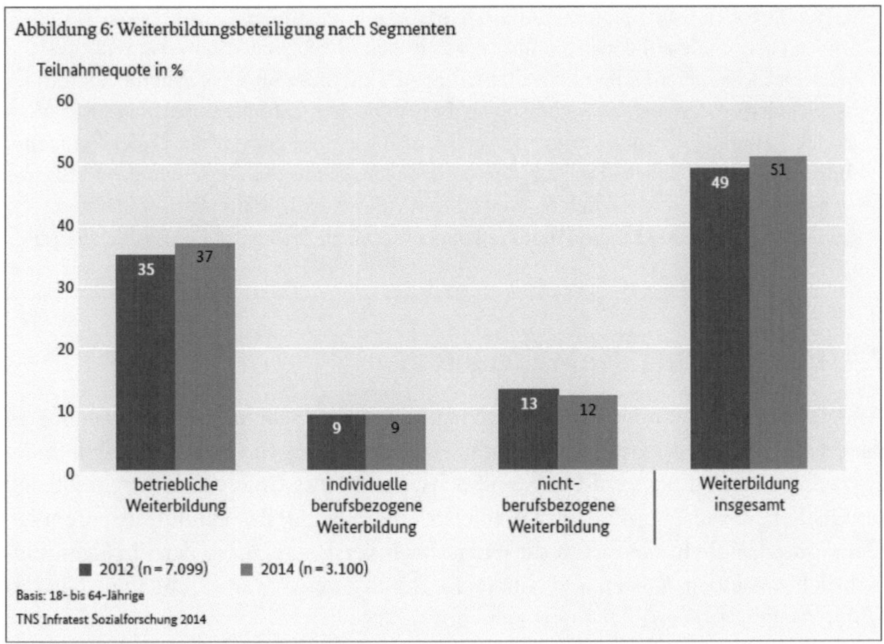

Abb. 10 Weiterbildungsverhalten in Deutschland in unterschiedlichen Bereichen (Bundesministerium 2014, S. 23)

Vertiefungsblock

In dem Buch „Systemische Erwachsenenbildung“ mit dem programmatischen Untertitel „Die transformierende Kraft des begleiteten Selbstlernens“ (Arnold 2013b) heißt es:

„Konzepte der Kompetenzentwicklung und des Selbstlernens stellen neue Anforderungen an eine wirksame Verschränkung von Lehren und Lernen. Lehre wird nicht länger als per se notwendige und sinnvolle didaktische ›Vorkehrung‹ angesehen, vielmehr muss sie sich zu einer Lernbegleitung entwickeln, die den Lernenden auf seinem Weg der Selbsterschließung und Kompetenzentwicklung begleitet. (...)
Didaktik wandelt sich durch die Einsicht, dass Menschen nur zu ihren eigenen Bedingungen lernen, von einer im Kern immer schon fachdidaktisch orientierten Disziplin zu einer >Subjektwissenschaft< (Holzkamp 1993) – ein Trend, der in der Erwachsenenbildungswissenschaft schon lange den theoretischen Hauptfokus bestimmt hat. Demzufolge sind es keine internen fachlichen Aufbauprinzipien oder Strukturlogiken, welchen die Aneignungsbewegungen der Lernenden zu folgen haben, um zu kompetenzbildender Wirksamkeit zu gelangen – dies der ›Kurzschluss‹ der meisten Fachdidaktiken –, sondern die Entwicklungslogik des Subjektes einerseits und die Transdiziplinarität der lebensweltlichen Anforderungen andererseits. (...)
Diese Transformation ist eine im Kern subjektive Bewegung des Lernenden, die vom Lernenden selbst her zu gestalten ist. Sie kann auch nicht allein stellvertretend durch einen Lehrenden wahrgenommen werden, sondern folgt auf der konzeptionell-begründenden ebenso wie auf der methodisch-praktischen Ebene einer nicht-interventionistischen Didaktik, einer Didaktik zweiter Ordnung. (...) Sie weiß, dass man die kognitiv-emotionalen Aneignungsbewegungen der Lernsubjekte nicht intentional steuern kann, aber als Lehrender genau daran zu messen ist, ob diese Bewegungen stattfinden konnten und stattgefunden haben. Deshalb bemüht sie sich, durch die Gestaltung vielfältiger Lernarrangements sowie durch eine intensive Professionalisierung der Lernberatung – gewissermaßen indirekt – die Voraussetzungen für einen Erfolg der Lernenden zu optimieren“ (ebd., S. 52f).

2.4 Finanzierung der Weiterbildung

Anders als in anderen Bildungsbereichen (vor allem Schule und Hochschule), in denen die Finanzierung über öffentliche Haushalte geregelt wird, findet sich in der Erwachsenen- und Weiterbildung ein höchst komplexes Geflecht unterschiedlichster Quellen, Wege, Empfänger, Nutznießer und Objekte, das kaum transparent ist. Ganz grundsätzlich wirft auch die Frage nach der Berechnung der Finanzen hinsichtlich Ausgaben, Kosten und Nutzen im Bereich der Weiterbildung viele Unklarheiten (und kontroverse Diskussionen) auf.

Die wichtigste Frage zur Finanzierung der Weiterbildung ist politisch gesehen die Herkunft der erforderlichen Mittel. Dabei wird zunächst eine Unterscheidung gemacht zwischen staatlicher und privater Finanzierung. Die Expertenkommission zur Finanzierung des Lebenslangen Lernens vertritt hier (Expertenkommission

2004, S. 206) die Position, dass dort, wo grundlegende und transferierbare Kompetenzen und allgemeinbildende Abschlüsse erworben werden, und dort, wo es sich um soziale (z. B. benachteiligte Zielgruppen) oder spezifische Inhalte mit Sozialisationsfunktion (z. B. politische Bildung) handelt, der Staat bzw. die öffentliche Hand zur (Mit)Finanzierung aufgerufen ist. Immer dann, wenn eine direkt beruflich verwertbare Kompetenz erworben wird oder individuelle Freizeitinteressen im Vordergrund stehen ist hingegen eine private Finanzierung (seitens der Teilnehmer oder der beschäftigenden Betriebe) angesagt (vgl. Weiß 2016). Letztlich entspricht dies auch der Realität der Weiterbildungsfinanzierung in Deutschland.

Betrachten wir zunächst die Struktur und die Quantität der staatlichen Finanzierung. Im Grundsatz lassen sich vier Formen staatlicher Finanzierung unterscheiden:

- Eine staatliche Vollfinanzierung, also ohne finanzielle Beteiligung Dritter. Dies erfolgt in der Regel bei staatlichen Kernaufgaben, als die man im Bildungsbereich vor allem die Schulen bezeichnen kann.
- Eine staatliche Finanzierung von Institutionen mit Beteiligung der Nachfrager, die auf Dauer angelegt ist und bei der entsprechend ihres Nutzens die Nachfragenden einen Teil der Kosten tragen. Eine solche Finanzierung liegt etwa im Falle der Volkshochschulen vor.
- Eine staatliche Finanzierung von gezielten Angeboten, die meist befristet und projektförmig erfolgt und Dinge fördert, die in besonderem staatlichen Interesse liegen – etwa politische Bildung oder Analphabeten- und Migrantenkurse.
- Neben diesen drei angebotsorientierten Finanzierungstypen ist eine staatliche nachfrageorientierte Finanzierung möglich, die vor allem den Zugang bestimmter Personengruppen zur Weiterbildung unterstützen soll; hier erfolgt die Finanzierung über Steuererleichterungen, Bildungssparen, Bildungskredite oder Gutscheine. Hierzu sind Gutscheinsysteme (zuletzt in Nordrhein-Westfalen) oder das Meister-Bafög zu rechnen.

Strukturell sind somit drei verschiedene Wege möglich: die Förderung von Bildungsinstitutionen (ganz oder teilweise) nach bestimmten Verfahren und mit einer regelmäßigen Überprüfung, die Förderung gezielter Maßnahmen oder aber die Förderung der Lernenden, die dann ihrerseits die entsprechenden Angebote aussuchen und „belegen“. In Deutschland sind vor allem die ersten beiden „angebotsorientierten“ Verfahren vorherrschend, eine Förderung von Institutionen oder Projekten und Programmen. Zwar gibt es auch Bildungsgutscheine (und günstige Kredite) für bestimmte Zielgruppen, Möglichkeiten des Bildungssparens sowie Steuererleichterungen für eine Weiterbildungsteilnahme, dies spielt jedoch eine nachgeordnete Rolle (vgl. Käpplinger 2013).

Die Förderung der Weiterbildungsinstitutionen erfolgt in den einzelnen Bundesländern – im Rahmen der jeweiligen Gesetze – in unterschiedlicher Höhe und nach unterschiedlichen Kriterien. Grundlage dafür sind hauptsächlich die Weiterbildungsgesetze und die diese konkretisierenden Verordnungen. Zur Berechnung wichtig sind jeweils die Beschäftigten sowie der Angebotsumfang (Stunden, Maßnahmen, Teilnehmer), teilweise werden auch qualitative Kriterien (teurere Alphabetisierungskurse etc.) zugrunde gelegt. Die Förderung auf Länderebene erfolgt im Prinzip „institutionell", bietet danach auch eine Planungssicherheit und Längerfristigkeit. Staatliche Mittel für die Weiterbildung, die auf Bundesebene oder von der Europäischen Union investiert werden, sind fast ausschließlich projektförmig, also für klar definierte und eingegrenzte Aufgaben und – mit der Erledigung der Aufgabe – auch befristet.

In den letzten gut zwanzig Jahren hat sich, was die staatliche Finanzierung der Weiterbildung angeht, in Deutschland immer stärker der zweite und dritte Typ der angebotsorientierten Finanzierung herausgebildet, also eine immer höhere Beteiligung der Lernenden an den Bildungskosten und ein immer größerer Anteil von Projekt- und Programmförderung. Die Vorteile für den Staat liegen auf der Hand: eine Kostensenkung durch die Lernenden im zweiten Typ, eine zeitlich befristete Mittelbindung bei gleichzeitiger genauerer Mittelallokation im dritten Typ.

An der staatlichen Finanzierung von Weiterbildung sind unterschiedliche „öffentliche Hände" beteiligt. Dazu gehören zunächst, entsprechend der unterschiedlichen Rechtsebenen, die Europäische Union, die Bundesregierung, die Länder und Kommunen sowie die Bundesanstalt für Arbeit. Hinzukommen Einzelhaushalte von Ministerien auf Bundes- und Landesebene, in denen bereichsspezifische Weiterbildungsmittel ausgewiesen sind – etwa für die Familienbildung im Familienministerium des Bundes, für die politische Bildung in der Bundeszentrale und den Landeszentralen für politische Bildung (nachgeordnete Institutionen der Innenministerien) oder für Landwirtschaft, Justiz, Verteidigung usw. in den jeweiligen Ministerien. Von besonderer Bedeutung sind auch Mittel des Arbeitsministeriums sowie Fördermittel im Rahmen der Wirtschafts-, Mittelstands- und Innovationsinitiativen von Bund und Ländern.

Quantitativ gesehen spielen die öffentlichen Hände nur eine untergeordnete Rolle in der Weiterbildungsfinanzierung. Nimmt man die direkt investierten Finanzen, umfasst dieser Teil der Finanzierung nur 13 Prozent der gesamten Finanzen, der größte Teil davon (12 Prozent) wird von der Bundesagentur für Arbeit aufgewandt. Bei einer Rechnung der Vollfinanzierung ändert sich das Bild:

„Erst wenn zusätzlich die staatlichen Mindereinnahmen in Form von weiterbildungsbedingten Steuerausfällen dagegen gerechnet werden und bei den indirekten Kosten der Unternehmen produktive Leistungen dagegen gerechnet werden, steigt der Anteil der öffentlichen Hand nennenswert an. Insgesamt entfiele nach dieser Rechnung, die nur Größenordnungen identifizieren kann, ein Drittel des gesamten Weiterbildungsbudgets auf den Staat" (Weiß 2016, S. 373).

Betrachtet man die nicht – staatliche Finanzierung, so kommen vor allem zwei Akteursgruppen in den Blick: die Lernenden selbst, die „Teilnehmer", sowie die Betriebe und Unternehmen. Zwar gibt es auch eine Bildungsförderung noch von anderer Seite, etwa Sponsoren, oder über den Verkauf von Produkten, diese sind jedoch in ihren Größenordnungen zu vernachlässigen.

Die Lernenden oder „Teilnehmer" sind in den vergangenen dreißig Jahren immer stärker zur Finanzierung der Weiterbildung in die Pflicht genommen worden. Dies korrespondiert zu dem absoluten und relativen Rückgang der öffentlichen Aufwendungen für die Weiterbildung.

Die finanzielle Belastung der Lernenden besteht zunächst in den direkten Kosten des Seminars, Lehrgangs oder Kurses. Seit einigen Jahren hat sich eingebürgert, hier von „Entgelten" und nicht mehr von „Gebühren" zu sprechen, da letzterer Begriff zu stark öffentliche Dienstleistungen assoziiert. Diese Entgelte variieren von Weiterbildungs-Maßnahme zu Weiterbildungs-Maßnahme sehr stark – abhängig von Inhalt, Dauer und angesprochenem Personenkreis. Ein Kurs für ein Semester an einer Volkshochschule etwa kostet 2015 durchschnittlich achtzig Euro Entgelt (in etwa das Achtfache des Mindest-Stundenlohns), ein Wochenendseminar der Managerschulung kann mehrere hundert Euro kosten. Die Aufwendungen für einen Meister-Lehrgang oder eine psychotherapeutische Fortbildung können vier- oder gar fünfstellig im Eurobereich liegen.

Aber die Entgelte für die Weiterbildungsmaßnahme sind nicht die einzigen direkten Kosten, die der Lernende zu tragen hat. Hinzu kommen meist Ausgaben für Lernmittel, Bücher etwa oder Materialien. Auch Fahrt- und Reisekosten sind als direkte Kosten zu berücksichtigen. Ebenfalls direkt zu berücksichtigen sind mögliche Kinderbetreuungskosten oder solche der Verpflegung vor Ort. Die direkten Kosten machen durchschnittlich zwei Drittel des Betrages aus, den Lernende in ihre Weiterbildung investieren.

Das dritte Drittel sind sogenannte indirekte Kosten, Einbußen aufgrund der Weiterbildungsteilnahme. Am stärksten ins Gewicht fallen hier ein möglicher Lohnausfall, ein Freizeitverzicht oder Einbußen im nebenberuflichen Leben. Gerade die weiterbildungsaktiven Lernenden sind besser gebildet, in qualifizierteren Positionen und haben nicht selten Zusatzeinkünfte. Allerdings muss man diesen indirekten Kosten auch die Ersparnisse gegenrechnen, die bei einer anerkannten Weiterbildung über die steuerliche Entlastung möglich ist.

Trotz der durchaus nennenswerten finanziellen Belastung sind die Kosten der Weiterbildung nicht der Haupt- oder gar der alleinige Grund, nicht an Weiterbildung teilzunehmen. Finanzielle Gründe werden nur von einem Drittel der Bevölkerung als Weiterbildungsbarriere genannt – ein höheres Einkommen ergibt daher nicht automatisch eine erhöhte Beteiligungsquote. Wichtiger ist es, die richtigen Lernangebote zu erstellen, die Zeitorganisation (etwa über Freistellungen von der Arbeit) zu verbessern und zusätzliche Leistungen (wie Kinderbetreuung) bereitzustellen.

Der dritte große Investor in Weiterbildung sind die Betriebe, Unternehmen und Organisationen, in denen Menschen beschäftigt sind. Weiterbildung ist hier ein Instrument des HRM, des „Human Resources Management". Die Funktionen der Weiterbildung sind dabei mehrfach:

- Weiterbildung dient dem Anlernen an Arbeitsplätzen und Funktionsstellen, bei Änderung derselben dem entsprechenden Umlernen;

- Weiterbildung dient der Aktualisierung betrieblichen und fachlichen Wissens und entsprechender Fähigkeiten und Fertigkeiten;
- Weiterbildung dient der Weiterqualifizierung von Beschäftigten im betrieblichen Interesse, etwa bei Erschließen neuer Märkte (Sprache bei einem neuen ausländischen Markt) und bei der Bewältigung neuer Technologien;
- Weiterbildung dient der Rekrutierung von Führungsnachwuchs und der fortlaufenden Schulung des Managements auf unterschiedlichen Ebenen;
- Weiterbildung dient der Motivation der Beschäftigung und der Entwicklung ihrer sozialen und personalen Kompetenzen;
- Weiterbildung dient der Gewinnung qualifizierter Mitarbeiter und ihrer Bindung an den Betrieb.

Angesichts der Multifunktionalität von Weiterbildung in betrieblichen Kontexten ist es nicht verwunderlich, dass Unternehmen in Weiterbildung investieren. Dies erfolgte in den vergangenen dreißig Jahren zunehmend, bedingt durch die Veränderungen der Arbeitswelt, die Erfordernisse des Arbeitsmarktes und die Globalisierung der Märkte. Zunehmend auch aufgrund der wachsenden Geschwindigkeit, in der diese Veränderungen stattfinden. Allerdings sind die betrieblichen Weiterbildungsinvestitionen in Deutschland geringer als etwa in anderen europäischen Ländern – so die vierte europäische Erhebung zur beruflichen Weiterbildung in Unternehmen für das Jahr 2010 (Statistisches Bundesamt 2013), seit längerem stagnieren sie auch. Dies liegt einerseits an der spezifischen Struktur der (eher kleinen und mittleren) Betriebe in Deutschland, andererseits an einer langsamen Umdefinition von Verantwortlichkeiten.

Traditionell war der Betrieb verantwortlich für die Finanzierung betriebsnotwendiger Weiterbildung. Er galt als der alleinige Nutznießer der entsprechenden Weiterbildung.

„Tatsächlich jedoch profitieren Mitarbeiter vielfach von betrieblichen Weiterbildungsinvestitionen. Dadurch werden ihre Arbeitsplätze gesichert, es eröffnen sich unter Umständen neue Karrierewege und es bieten sich zusätzliche Chancen auf externen Arbeitsmärkten“ (Weiß 2016, S. 377).

Auch ergeben sich aus der betrieblichen Fort- und Weiterbildung weitere Probleme: die Arbeiten müssen (bei Freistellungen) umorganisiert werden, Arbeits- und Produktionsausfall sind einzurechnen. Daher wurden stärker auch die Arbeitnehmer in die Pflicht genommen bei der Finanzierung der Weiterbildung: Lohnverzicht, Investition von Freizeit und Produktivitäts-Steigerungen werden vielfältig erwartet. Auch werden häufig – bei größeren betrieblichen Investitionen in die Qualifikation von Arbeitnehmern – mit diesen „Bleibeverträge“ abgeschlossen, denen zu Folge die Kosten der Weiterbildung an den Betrieb zurückzuzahlen sind, wenn der Arbeitnehmer den Betrieb vorzeitig verlässt.

In der Kalkulation der betrieblichen Weiterbildungsinvestitionen werden sowohl direkte (Lehrgangsentgelte etc.) als auch indirekte (Lohnausfälle etc.) Kosten berücksichtigt. Danach ergibt sich – in den nicht unumstrittenen Berechnungen des

Instituts der deutschen Wirtschaft – seit 2001 eine Verdoppelung der Ausgaben, die zu großen Teilen auf die Betriebe entfällt. Die Betriebe sind somit neben den Lernenden selbst der stärkste Finanzier der Weiterbildung in Deutschland – bei aller nötigen Sorgfalt einer solchen Berechnung und allen denkbaren Fehlerquellen.

In einem komplizierten Versuch, eine Gesamtsicht der Weiterbildungsfinanzierung in Deutschland zu erstellen, ergab sich folgendes Bild:

Gesamtfinanzierungsvolumen für Weiterbildung: direkte Ausgaben für ausgewählte Eckjahre (in Mrd. Euro und Prozent)

Jahr	1996		1998		2000		2002		2004		2006	
Finanzier	Mrd. Euro	in %	Mrd. Euro	in %	Mrd. Euro	in %	Mrd. Euro	in %	Mrd. Euro	in %	Mrd. Euro	in %
Öffentliche Hände [a]	1,5	5,4	1,5	5,2	1,6	5,6	1,4	5,1	1,5	6,0	1,4 [b]	6,0
Betriebe [b]	9,6 [d]	34,6	11,6	40,2	10,3 [d]	35,9	9,4 [d]	33,9	9,1	36,2	10,0 [e]	41,3
Individuen [c]	8,7 [f]	31,2	9,4 [f]	32,4	9,9 [f]	34,6	10,3	37,0	10,9 [f]	43,5	11,4 [f]	47,4
BA [g]	8,0	28,8	6,4	22,1	6,8	23,8	6,7	24,1	3,6	14,3	1,3	5,4
Gesamt	27,8	100	28,9	100	28,6	100	27,8	100	25,1	100	24,1	100

Quelle: eigene Berechnungen auf der Basis von Beicht u. a. 2006; Grund- und Strukturdaten (BMBF), verschiedene Jahrgänge; BLK-Bildungsfinanzberichte, verschiedene Jahrgänge; IW-Kostenstudien, verschiedene Jahrgänge; Geschäftsberichte der BA, verschiedene Jahrgänge; gerundete Werte

a: ab 2001 sonstiges Bildungswesen abzüglich der Ausgaben für Einrichtungen der Lehrerausbildung
b: Extrapolation der Daten mit dem BIP-Deflator
c: Angaben des IW für die Gesamtwirtschaft
d: geschätzte Werte durch lineare Interpolation
e: geschätzte Werte durch Extrapolation der Daten mit dem Index für Erzeugerpreise gewerblicher Produkte
f: geschätzte Werte durch Extrapolation der Daten mit dem Verbraucherpreisindex nach Abteilung 10 – Bildungswesen
g: Förderung der beruflichen Weiterbildung als Summe aus Weiterbildungskosten und Unterhaltsgeld; ab Januar 2005 entfallen Leistungen zum Unterhaltsgeld, stattdessen wird Arbeitslosengeld bei Weiterbildung gezahlt.

Abb. 11 Gesamtfinanzierungsvolumen für Weiterbildung: direkte und indirekte Ausgaben (Hummelsheim 2010, S. 101 ff.)

Und in der Umrechnung auf Pro-Kopf-Ausgaben zeigten sich die folgenden Trends:

Gesamtfinanzierungsvolumen für Weiterbildung (in Euro pro Kopf) (1996–2006)

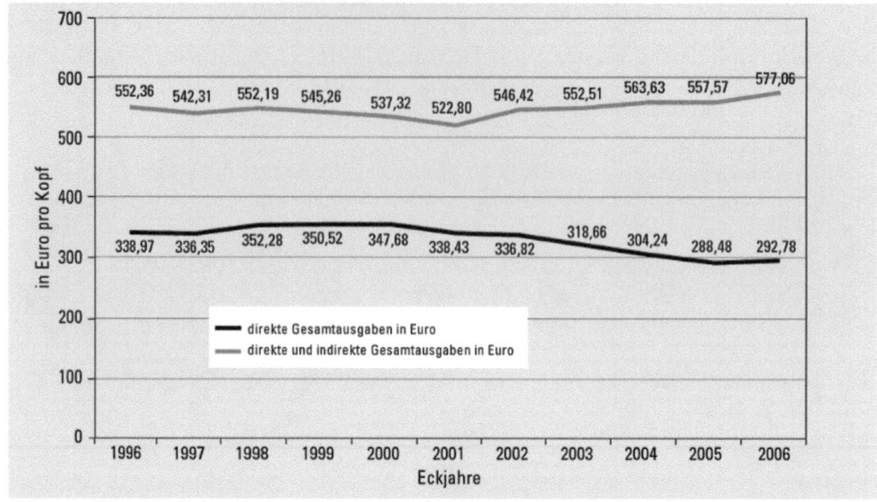

Quelle: eigene Berechnungen auf der Basis von Beicht u. a. 2006; Grund- und Strukturdaten (BMBF), verschiedene Jahrgänge; BLK-Bildungsfinanzberichte, verschiedene Jahrgänge; IW-Kostenstudien, verschiedene Jahrgänge; Geschäftsberichte der BA, verschiedene Jahrgänge; Statistisches Bundesamt a, b; gerundete Werte; vgl. die methodischen Hinweise zur Kalkulation des Gesamtfinanzierungsvolumens

Abb. 12 Gesamtfinanzierungsvolumen für Weiterbildung (in Euro pro Kopf) (DIE 2008, S. 114)

Die Gesamtsicht zeigt, dass Weiterbildung zwar der auch finanziell (nicht nur von den Teilnehmerzahlen her) größte Bildungsbereich in Deutschland ist, aber nicht aufgrund der staatlichen, sondern aufgrund der privaten Aufwendungen für Weiterbildung. Die hohe öffentliche und bildungspolitische Wertschätzung dieses Bildungsbereichs im Konzept des lebenslangen Lernens stützt sich, materiell gesehen, daher hauptsächlich auf private Veranlassung und private Verantwortung. Auch zeigt sich, dass trotz anderslautender Proklamationen der Bildungspolitik die Aufwendungen für Weiterbildung im ersten Jahrzehnt dieses Jahrhunderts insgesamt zurückgingen, nicht nur die der öffentlichen Hände.

3. Didaktik der Erwachsenenbildung

Didaktik ist der Begriff für die Lehre des Unterrichts bzw. der pädagogischen Interaktion – er kommt aus dem Griechischen („didaskein") und findet seit dem 19. Jahrhundert vermehrt in den Erziehungswissenschaften Anwendung. Alltagssprachlich wird Didaktik für eine geplante Lehre verwendet, wissenschaftlich hat sie Analogien zu einer zielgerichteten Sozialisation. Die Sozialisationstheorie und die Didaktik haben eines gemeinsam: Beide untersuchen die Frage, wie der einzelne Mensch Erfahrungen mit seiner gesellschaftlichen Umwelt verarbeitet und in sein schon vorhandenes Denk- und Handlungspotential eingliedert. Die Kernfrage von Didaktik ist dabei mehr auf die Handlung des Vermittelns gerichtet – und damit in unmittelbarer Nähe oder sogar Bestandteil von Sozialisationstheorien.

Trotz ihrer sachlichen Nähe ist jedoch wichtig, den Unterschied von Sozialisation und Didaktik im Auge zu behalten: Mit dem Begriff der Sozialisation wird zum Ausdruck gebracht, wie Menschen in ihrer Entwicklung durch Erfahrungen geprägt sind, mit denen sie sich in Gesellschaft, Milieu und Lebenswelt auseinandersetzen, der Begriff der Didaktik dagegen bezieht sich auf die Lern- und Bildungsprozesse, in denen eine – mehr oder weniger – absichtsvolle und bewusste Auseinandersetzung mit den Anforderungen von Lebenswelt und Gesellschaft stattfindet. Sozialisation bezeichnet demnach die alltäglichen Prozesse der Auseinandersetzung des Individuums mit seiner gesellschaftlichen Umwelt, während Didaktik um eine Theorie des willkürlichen, nicht alltäglichen Lernens des Individuums bemüht ist. Eine definitorische Eingrenzung findet sich bei Hans Tietgens und Johannes Weinberg schon 1969 in dem Klassiker „Erwachsene im Feld des Lehrens und Lernens" (Tietgens / Weinberg 1969), von Tietgens viele Jahre später in seinem Buch „Reflexionen zur Erwachsenendidaktik" zugespitzt:

„Insofern die Adressaten der Erwachsenenbildung keine unbeschriebenen Blätter sind, wollen die jeweils lebensgeschichtlichen Ablagerungen berücksichtigt sein. Zugespitzt formuliert kann man sagen: Die Reflexion der anthropogenen Voraussetzungen der Erwachsenenbildung erfordert die Reflexion der lebensgeschichtlichen Entfaltungen und Einengungen ihrer Adressaten. Besondere Aufmerksamkeit muss sich also darauf richten, in welcher Weise Lebenserfahrung und Lernvergangenheit im gegenwärtigen Verhalten einen Niederschlag finden. Aus ihnen haben sich hoffnungsträchtige oder vorbehaltsbeladene Erwartungen entwickelt. Bemerkbar machen sie sich spätestens dann, wenn wieder einmal im Laufe des Lebens neue Aufgaben übernommen, Lernanforderungen bewältigt werden sollen" (Tietgens 1992, S. 48).

In diesem Sinne verweisen das Lernen und die Bildung Erwachsener auf einen Prozess der Verschränkung, welcher nur in der Wechselwirkung zwischen „subjektiven

Faktoren" einerseits und „objektiven Faktoren" andererseits verstanden und rekonstruiert werden kann.

	Subjektive Faktoren der Erwachsenenbildung		Objektive Faktoren der Erwachsenenbildung
Ansatzpunkte Analyseebenen	Individuum, Subjekt	Lernen, Bildung	Gesellschaft, Kultur
Theoretische Makrokonzepte	*Sozialisation*	*Didaktik*	*Gesellschafts-Theorie*
Gegenstand	Die unwillkürlichen alltäglichen und lebenslangen Auseinandersetzungsprozesse des einzelnen mit den sozialen und gesellschaftlichen Umweltanforderungen	Die willkürlichen nichtalltäglichen Auseinandersetzungsprozesse des einzelnen mit den Lernanforderungen von Gesellschaft, Kultur und Lebenswelt in den Lernsituationen der Erwachsenenbildung	Tendenzen der gegenwärtigen und zukünftigen gesellschaftlichen und ökologischen Entwicklung; Lernanforderungen im Hinblick auf Qualifikation, Lebensbewältigung und Überleben
Zentrale Begriffe Kategorien	Identität Subjektivität Deutungsmuster Lebenslauf Lebenswelt Identitätsentwicklung Identitätskrise	Lernen Bildung Passung	Rolle Produktionsfaktor Bildung (manpower) Qualifikationsstruktur reccurrent education Handlungskompetenzen Gesellschaftskrise
Verknüpfungskategorien	„reflexive Wende" Identitätsarbeit Identitätslernen		„realistische Wende" Realitätsarbeit Qualifikationslernen
Schwerpunkte, Bezugspunkte der Weiterbildungsforschung	Didaktik Lebensweltanalysen Adressaten-, Teilnehmerforschung	Curriculum- u. Unterrichtsforschung	Adressaten-, Teilnehmerforschung Arbeitsmarkt- u. Berufsforschung Umweltforschung Soziologie der Erwachsenenbildung
Theoretische Mikrokonzepte der Erwachsenenbildungsdiskussion	Erwachsenenbildung als Transformation subjektiver Wirklichkeit; EB als Hilfe bei der Identitätsentwicklung	Erfahrungsorientierung Lebensweltbezug Deutungsmusteranknüpfung Teilnehmerorientierung Alltagsweltorientierung	Lebenslanges Lernen curriculare Orientierung (i.S. von Lebenslauf) EB als vierter Bereich des (verrechtlichten) Bildungssystems Prüfungsfixiertheit

Abb. 13 Sozialisationstheorie und Didaktik als Ansatzpunkte einer sozialpsychologischen Begründung von Erwachsenenbildung

Folgt man der erwähnten Abgrenzung zwischen Sozialisation und Didaktik – eine Abgrenzung, die (wie wir noch zeigen werden) keineswegs von allen Erwachsenenbildungstheoretikern akzeptiert wird –, so lassen sich die zentralen Begriffe und Kategorien der Weiterbildungsdiskussion relativ eindeutig zuordnen. Im Vordergrund dieser aktuellen Diskussion steht der *Identitätsbegriff* zusammen mit Begriffen, die das Individuum in seiner einmaligen lebensweltlichen und lebensgeschichtlichen Vorprägung zu kategorisieren helfen. Der Deutungsmusterbegriff erweist sich hierbei als tragfähige sozialpsychologische Kategorie, die in der Lage ist, Entstehen und Gestalt des Lernens Erwachsener zu beschreiben (vgl. Arnold 2010; Nuissl 2012).

„Deutungsmuster sind kognitive Perspektiven, die durch alltägliches Handeln erworben, verändert und gefestigt werden und selbst wieder Handeln anleiten. Sie sind lebensgeschichtlich verankert und eng mit der eigenen Identität verwoben und insofern auch affektiv. bzw. emotional besetzt. Durch ihre handlungsorientierende und identitätsstabilisierende Funktion bieten sie dem Einzelnen Sicherheit, Sinnhaftigkeit und Kontinuität in seinem Verhalten, wobei sie ihrem Träger nur eingeschränkt reflexiv verfügbar sind. Um Verunsicherungen zu vermeiden, ist das Individuum in der Regel bestrebt, an bestehenden Deutungsmustern festzuhalten und die Umwelt so zu deuten, dass möglichst keine Widersprüchlichkeiten zu bisherigen vertrauten Ansichten entstehen. Die Nachhaltigkeit, auch >Persistenz<, und Veränderungsresistenz ist bei solchen Deutungsmustern am größten, die bereits früh im Lebenslauf erworben wurden und grundlegend die Basispersönlichkeit prägen" (Arnold 2010, S. 63; ausführlicher unten Abschnitt 3.5).

Eine Erwachsenenbildung, die an den Deutungsmustern ihrer Teilnehmer anknüpft und deren Identitätsbildung unterstützt, versteht das Lernen und die Bildung Erwachsener als „Aneignung und Korrektur von Deutungen der Lebenswelt" (Weinberg 1985, S. 37), als Variante der Identitätssuche und als verdeckte Selbstthematisierung (Siebert 1985a, S. 41 ff.) und Selbsttransformation (vgl. Arnold 2011), kurz: als *Identitätslernen*. Ein solches Identitätslernen ist nur ganzheitlich möglich; es wird ohne Berücksichtigung der emotionalen Seite der Individuen unweigerlich scheitern (vgl. Gieseke 2007; Arnold 2005; Arnold/Holzapfel 2008). Der dänische Erziehungswissenschaftler Knud Illeris hat diese Interdependenz an einem „Lerndreieck" veranschaulicht (Illeris 2010, S. 37), wobei er vom „Antrieb" und der „Interaktion" als eigenständigen, die Substanz des Lernens prägende Dimensionen des Erwachsenenlernens redet. „Antrieb" umfasst dabei mehr und anderes als die Rede von der „Motivation"; angetrieben wird der Lernende von seinen lebensweltlichen Gewissheiten, die es wiederherzustellen und zu transformieren gilt. Damit ihm dies gelingen kann, ist die Begegnung mit Inhalten eine, wenn auch nicht die alleinige und oftmals auch nicht die vorherrschende Dimension des Lehr-Lernprozesses. Auch und gerade die Interaktion mit den Lebenserfahrungen, Perspektiven und Einschätzungen anderer Erwachsene entfalten oft eine tragende Relevanz in Prozessen der Transformation von Identität und Kompetenz.

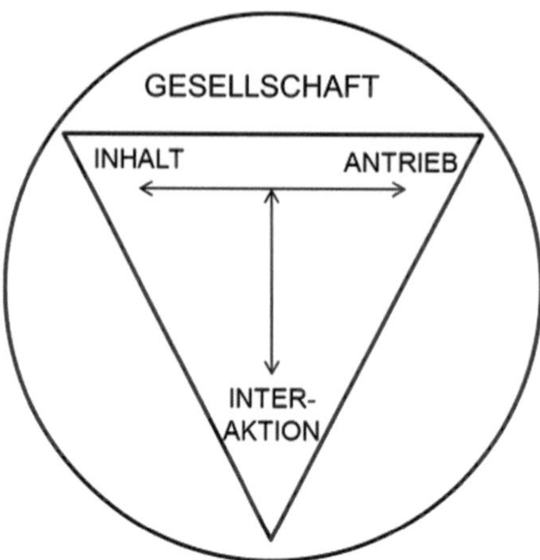

Abb. 14 Die drei Dimensionen des Lernens (Illeris 2010, S. 37)

Die sozialwissenschaftliche Fundierung der Erwachsenenbildungsdidaktik ist als eine Art soziologische Persönlichkeitstheorie zu verstehen, die dem Erwachsenenbildner oder der Erwachsenenbildnerin hilft, die „Vorstruktur" der Teilnehmer und Teilnehmerinnen als Ergebnis von Sozialisationsprozessen zu erkennen, die lebensweltliche Situation, die Deutungsmuster sowie die soziallagentypischen Erfahrungen der Teilnehmer als Ausdruck spezifischer gesellschaftlich-biographischer Bedingungen zu antizipieren. Bei der Planung konkreter Veranstaltungen und Programme wird sich ein sozialwissenschaftlich orientierter Erwachsenenbildner bemühen, möglichst authentische Eindrücke und Informationen über die Lebenswelt, die Lebensgeschichte und den Alltag seiner potentiellen Teilnehmer zu erhalten – sich dabei jedoch stets der Tatsache bewusst bleiben, dass auch seine Antizipation bloß die Konstruktion eines Beobachters ist, welche der Validierung durch die Akteure harrt. Die Analyse der sozialpsychologischen Voraussetzungen der Teilnehmer stellt deshalb auch bloß *eine* Seite der sozialwissenschaftlichen Fundierung der Erwachsenendidaktik dar.

Als soziologische Gesellschaftstheorie kann eine sozialwissenschaftliche Fundierung der Erwachsenenbildung dem Erwachsenenbildner nämlich auch helfen, ein möglichst adäquates Bild von den gesellschaftlichen Entwicklungsprozessen, mit denen sich Erwachsene in ihren Berufs- und Alltagssituationen auseinanderzusetzen haben, zu gewinnen. Einer solchen soziologischen Gesellschaftstheorie geht es somit um die Lebenswelten *und* die Systemstrukturen der modernen Gesellschaft, die J. Habermas oder andere soziologische Zeitdiagnosen eingehend analysiert und dargestellt haben. Diese Zeitdiagnostiker stiften der Erwachsenenbildungsdebatte immer wieder einen Referenzrahmen. Die wesentlichen Bezugspunkte solcher zeitdiagnostischen Entwürfe sind dabei die Gesellschaft, die Institution bzw. Organisation und das Individuum und die Interaktion, wobei diese Bezugspunkte „nicht in allen Fällen trennscharf" (Wittpoth 2003, S. 40), aber durchaus als nützlich und Orientierung stiftend angesehen werden können.

Ein grundlegendes Motiv aller theoretischen Einordnungen, auch derjenigen der Erwachsenenbildung, ist das Anliegen, Hinweise und Anregungen für eine angemessene Interpretation und die praktische Gestaltung des Gegenstandes zu entwickeln. In der Erwachsenenbildung spielen dabei Interpretationen und Annahmen der Gegenwarts- und Zukunftsbedrohungen in ihrer Bedeutung für die Lebensbewältigung und das Überleben eine wesentliche Rolle. Diese Gestaltungsabsicht ist nachvollziehbar, bestimmen doch die gesellschaftlichen Zukunftsperspektiven in entscheidendem Maße darüber, welche biographischen Entwurfsmöglichkeiten der Einzelne zur Verfügung hat und wie er oder sie glaubt, diese durch Lernen bewältigen bzw. optimieren zu können. Es ist für das Erwachsenenbildungsmotiv von grundlegender Bedeutung, ob die Menschen zukunftsfroh und vertrauensvoll eine Lebensplanung verfolgen und realisieren können oder ob ihr Lebenslauf durch Irritation und Perspektivlosigkeit gekennzeichnet ist, da die gesellschaftlichen, ökonomischen und ökologischen Probleme schneller wachsen als die menschlichen Möglichkeiten zu ihrer Lösung. Eine solch skeptische Beurteilung der Zukunft ist nicht allein durch den Zukunftsbericht von Al Gore (2006) nahegelegt, sie spricht auch aus den Analyse des MIT bei dessen Suche nach Wegen zu einer nachhaltigen Zukunftssicherung (vgl. Senge u. a. 2009).

Die heutigen gesellschaftlichen Probleme und Zukunftsbedrohungen erfordern eine Form gesellschaftlichen Lernens, die mit unseren herkömmlichen Vorstellungen von Bildung und Erwachsenensein kaum noch vereinbar sein dürfte. Eine sozialwissenschaftliche Fundierung der Erwachsenenbildungsdidaktik verweist somit auch auf ein neuartiges Verständnis von Erwachsenenbildung, in dem die beobachtertheoretische Selbstreflexion und gesellschaftstheoretische Analyse der Moderne sowohl im Hinblick auf den Bildungs- als auch im Hinblick auf den Erwachsenenbegriff neu durchdacht sind. Insbesondere die neueren Beobachtertheorien haben den Sozialwissenschaften, zu denen auch die Erwachsenenbildungswissenschaft zählt, ein neues Verhältnis zu ihrem Gegenstand gestiftet (vgl. Baecker 2013). Zentrales Ergebnis dieser beobachtertheoretischen Reflexion ist die Aussage: Auch die theoretischen Konzepte sowie empirischen Zugänge und Ergebnisse der Erwachsenenbildungsforschung wurden von Forscherinnen und Forschern erarbeitet, die selbst erwachsen sind und als Erwachsene auf der Basis eines inneren Bildes von Erwachsensein denken, suchen und schlussfolgern. Ihre Einblicke in die objektiven Faktoren der Erwachsenenbildung können diese Subjektivität niemals vollständig abstreifen, weshalb es naheliegt, das „Objektive" bloß in Anführungszeichen zu beschreiben.

3.1 „Objektive" Faktoren der Erwachsenenbildung

Was sollen Erwachsene lernen? Diese Frage setzt zunächst eine Antwort auf die Frage voraus, *warum* Erwachsene lernen sollen. Auch in einer Zeit, in der das Lernen Erwachsener scheinbar selbstverständlich ist, in der sich alles dem Mantra des Lebenslangen Lernens zu unterwerfen scheint, hat diese Frage ihre Berechtigung. Vor allem in der Betonung: Warum sollen *Erwachsene* lernen?

Die Begründungsmuster sind geläufig. Das in der Jugend „auf Vorrat" Gelernte reicht für das ganze Leben nicht aus. Das war schon früher so, seit dem 18. Jahrhundert treiben die kapitalistischen Produktivkräfte die Dinge so schnell voran, dass gelernte Arbeits- und Kulturtechniken noch vor dem Ende des „aktiven" Arbeitslebens veralten. Damals machte man nicht Aufhebens davon, das war gewissermaßen „normal" und fand auch nicht in institutionalisierten Bildungskontexten statt, in Bildungseinrichtungen, sondern am Arbeitsplatz.

Demgegenüber sind heute mehrere Faktoren anders:

- Die Geschwindigkeiten sind beschleunigt, Kenntnisse veralten noch schneller als früher. Die „Halbwertzeit" des Wissens, die oft zitiert wird, gilt allerdings nur für einige Bereiche, insbesondere die technologie- und wissenschaftsinduzierten Bereiche, weniger etwa für Philosophie, Kunst und Religion.
- Der Kanon der notwendigen Güter von Wissen und Fertigkeiten hat sich erweitert, nicht mehr nur Lesen, Schreiben und Rechnen sowie fachspezifische Kenntnisse sind angesagt, sondern auch Sprachen, personale und soziale Fähigkeiten und Medienkompetenzen. Insbesondere letztere veralten rasant, der technologischen Entwicklung folgend.
- Das Wissen insgesamt ist geradezu explodiert, und dieser Prozess ist noch nicht zu Ende. Jeden Tag werden hunderte wissenschaftlicher Aufsätze irgendwo auf der Welt publiziert – das Tückische daran: sie sind verfügbar und können und sollen abgerufen werden, „open access" in der virtuellen Welt.
- Der globale Wettbewerb lässt keine einzelne Gesellschaft, keinen Kulturkreis, keine Ökonomie aus, das lebenslange Lernen der Individuen ist eingebettet in einen weltweiten Wettlauf.

Es gibt eine Unzahl bildungspolitischer Dokumente, welche die Notwendigkeit des Erwachsenenlernens begründen, gerade auch in der Europäischen Union, in der aus Mangel an Rohstoffen insbesondere die humanen Ressourcen zählen. Der gesellschaftlichen Bildungsmotive gibt es viele, ihr Zusammenhang zu den individuellen Motiven ist nicht immer leicht herzustellen.

Wenn – auch subjektiv – einsichtig ist, warum auch im Erwachsenenalter gelernt werden soll, dann stellt sich die Frage, um was es geht. Vieles hängt dabei von der Antwort auf die Eingangsfrage ab: *Was* soll gelernt werden? Die Frage nach dem „Was" des zu Lernenden ist im Kern eine didaktische Frage. Sie unterscheidet sich von der methodischen Frage danach, „wie" gelehrt und gelernt werden soll.

Die didaktische Fragestellung lässt sich nicht davon trennen, welchen objektiven gesellschaftlichen Anforderungen sich Erwachsene heute und in der Zukunft ausgesetzt sehen bzw. tatsächlich ausgesetzt sind. Eine Identifizierung der augenblicklichen Rollenanforderungen an den Erwachsenen und ihre Projektion in die Zukunft ist keine aus reichende Basis für die Begründung sowie didaktische Planung und

Gestaltung einer zukunftsbedeutsamen Bildung Erwachsener. Es müssen vielmehr Grundmuster der gesellschaftlichen Entwicklung identifiziert werden, die neuartige Probleme konstituieren und ein Bedürfnis nach Weiterbildung, nach lernender Auseinandersetzung mit den neuen Entwicklungen herausfordern. Hier geht es also nicht um den Nachvollzug von realem Geschehen im vorauseilendem Gehorsam der curricularen Technologie, sondern um eine reflexive, auf die Interessen der Menschen bezogene Gestaltung der Weiterbildung – und mit ihr der Gesellschaft. Wo sich Umweltzerstörung und neokonservative Engstirnigkeit quasi ungehindert auszubreiten vermögen, wo sich auch die Arbeitsmarktsituation häufig fast ausschließlich nach wirtschaftlichen Gesichtspunkten ungehindert zu entwickeln vermag, während die Frage nach Art und Zahl der zu Verfügung stehenden Qualifikationen und Mitarbeiterpotentiale übergangen zu werden droht, ist die Wirksamkeit einer aufklärerischen Erwachsenenbildung erneut zu begründen.

Worin bestehen denn die Kernprobleme der augenblicklichen und zukünftigen gesellschaftlichen Entwicklung? – Der Club of Rome, der vor Jahrzehnten erstmals die „Grenzen des Wachstums“ deutlich aufgezeigt hat, betonte – wie bereits dargelegt (vgl. Pkt. 1.3) –, dass die „Zukunftschance“ der Welt im Lernen liege. Das „menschliche Dilemma“, d.h. „die Diskrepanz zwischen der zunehmenden Komplexität aller Verhältnisse und unserer Fähigkeit, ihr wirksam zu begegnen“ (Club of Rome 1979, S. 25), könne nur durch ein „innovatives Lernen“ behoben werden, das „Individuum und Gesellschaft auf gemeinsames Handeln in neuen Situationen vorbereiten kann, besonders in Situationen, die durch die Menschheit selbst herbeigeführt werden“ (ebd.). Besonders gravierende Probleme werden – wie weiter oben dargestellt – weltweit die Überbevölkerung und Armut, die Nord-Süd-Spaltung, die Umweltverschmutzung, die Rohstoffverknappung, die Verknappung von Agrarland, Energie und Wasservorräten darstellen. Die Vernichtung der tropischen Regenwälder, die unbeherrschbaren Risiken der Kernenergie bedrohen unsere Lebensqualität, Gesundheit und Überlebensfähigkeit ebenso wie die nukleare Aufrüstung einer wachsenden Zahl von Staaten in dieser Welt – so der Club of Rome vor vierzig Jahren. Die Probleme sind nicht behoben bzw. eingetreten, heute ergänzt vor allem um Klimaveränderungen und immer mehr Kriege.

Zu klären ist, was Erwachsenenbildung angesichts dieser Zukunftsperspektive zu leisten vermag und wie ein Lernen Erwachsener auszusehen hat, das den Herausforderungen der Zukunft gerecht zu werden entspricht (vgl. 1.3.1). Der Club of Rome forderte ein Lernen Erwachsener, das „antizipatorisch“ und „partizipatorisch“ ist. Während antizipatorisches Lernen auf die Vorwegnahme der Zukunft und auf die langfristige Vorbereitung von Alternativen bezogen ist, betont das Prinzip der Partizipation die kooperative und gleichberechtigte Beteiligung aller Betroffenen bei der Suche nach Entscheidungen und Alternativen. „Partizipation ist mehr als die formale Beteiligung an Entscheidungen, sie ist eine Haltung, die durch Kooperation, Dialoge und Empathie gekennzeichnet ist“ (ebd. 1979, S. 36).

Noch ein weiteres ist wichtig: Nicht nur Partizipation und Antizipation haben das Lernen von heute zu bestimmen, sondern auch die – mit einem alten Begriff benannt: Ganzheitlichkeit.

„Der Bildungsdiskurs der Pädagogik ist zu einseitig auf die Kognitionsentwicklung und die Inhalte in der Aus- und Weiterbildung konzentriert. Zwar lassen sich immer wieder – und auch schon früh – Hinweise auf die Notwendigkeit einer „Herzensbildung" (Pestalozzi) feststellen, doch verblieben diese Hinweise zumeist im Deklamatorischen. Das „Eigentliche", worum es in der Bildungstheorie und der Didaktik geht, ist – dieser Lesart zufolge – die Aneignung von Wissen und – aber auch erst verstärkt seit der berufspädagogischen Schlüsselqualifikationsdebatte der 80er und 90er Jahre des letzten Jahrhunderts – die Entwicklung der methodischen und sozialen Kompetenzen der Lernenden. Durch diese Debatte öffneten sich die pädagogische Theorie und Praxis gegenüber anderen Dimensionen des Inhaltlichen, welche man als reflexiv bezeichnen könnte: Wissen geriet dadurch nicht mehr ausschließlich als materialisierter Kulturbesitz, in welchen die nachwachsende Generation gewissermaßen einzufädeln sei, in den Blick, man begann vielmehr auch deutlicher zu sehen, dass es auch ein „Wissen über das Wissen" bzw. ein „Wissen über den Umgang mit Wissen" gibt, welches Lernende nicht automatisch en passant und ohne didaktische Absicht erwerben" (Arnold 2005, S. 68).

a) Bedeutungszunahme der Weiterbildung

An Ansätzen, eine Lehre Erwachsener didaktisch zu konzipieren, die in der Lage ist, Fähigkeit und Bereitschaft zum Weiter- und zum Umlernen zu vermitteln, mangelt es nicht. Vielfach treten solche Ansätze in der Form einer Neubegründung des Prinzips des lebenslangen Lernens auf. Hierbei erfährt die institutionalisierte Form der Weiterbildung eine Bedeutungsaufwertung zu Lasten der Erstausbildung, wobei von den oben genannten Gründen insbesondere die Rasanz des technologischen Wandels betont wird (vgl. 1.3.2): ein Erwerb von Spezialkenntnissen „auf Vorrat" sei bedenklich und ausbildungsökonomisch nicht sinnvoll.

Während in der Erstausbildung nur noch die breit verwertbaren Schlüsselqualifikationen grundgelegt werden sollen, fällt der Erwachsenenbildung die Aufgabe der kontinuierlichen Anpassung der Qualifikationen an die aktuellen Erfordernisse der wirtschaftlichen und technologischen Entwicklung zu. Schon 1986 hat K. A. Geißler diese – sich damals abzeichnende – strukturelle Verschiebung zwischen Erstausbildung und Weiterbildung im Hinblick auf ihre „Bildungsfolgen" für die Erwachsenen untersucht. Im Anschluss an die bildungssoziologischen Thesen von Bourdieu beschrieb er die Konsequenzen wie folgt:

„Die weitgehend durch staatliche Verordnungen geregelte Grundausbildung wird zunehmend mehr zur Startvoraussetzung für unübersehbare Entscheidungsrennen hinsichtlich bestimmter späterer Tätigkeiten. (...) Das als Folge dieses Prozesses propagierte lebenslange Lernen heißt aus dieser Sichtweise lebenslange Bemühungen um den individuellen Marktwert. (...) Lebenslanges Lernen ist mit aller Doppeldeutigkeit lebenslängliches Lernen, ist die lebenslange Angst um Kompetenz; da es die ständige Erfahrung vermittelt, nichts bzw. immer zu wenig zu können und zu wissen. Diese infantilisierende Erfahrung macht das Subjekt auf dem Markt noch inferiorer, da sein ganzes Bestreben darauf gerichtet sein muss, dort wenigstens kurzfristig als vollwertige Arbeitskraft anerkannt zu werden. Anerkennung aber gibt, wenn die öffentlichen Institutionen diese nicht mehr über langfristig gültige Titel

gewährleisten können, nur der Abnehmer von Qualifikationen, der Unternehmer also. Dies schlägt auf die Form der Weiterbildung in sichtbarer Weise durch. Bildung geschieht, auch von der Subjektseite her, nur nach kalkulatorischen Prinzipien des kurzfristigen Marktgewinns (die bildungsrelevante Seite der Job-Mentalität). Im Extrem: Die Qualifikation hat keinen Marktwert mehr, das Subjekt läuft ihm daher ununterbrochen nach. Nur noch ein kleiner Schritt ist es, von der zunehmend leichteren Verderblichkeit von Bildung (wie Bildungsmanager ihre innerbetrieblichen und außerbetrieblichen Expansionstendenzen legitimieren) zur leichten Verderblichkeit derer, die gebildet werden" (Geißler 1986, S. 79f.).

Diese bildungssoziologische Prognose war insofern weiterführend, als sie darauf hinwies, dass mit der Erosion der Funktion der Erstausbildung auch eine Erosion des traditionellen Regelungsmechanismus zur Reproduktion und Legitimation sozialer Ungleichheit einhergeht. Eine weitergehende Frage stellte Geißler nicht: Inwieweit ist eine Indienstnahme von Erstausbildung und Weiterbildung für das gesellschaftliche Erfordernis, soziale Ungleichheit zu reproduzieren, überhaupt gerechtfertigt?

Auf diese Zusammenhänge wurde und wird besonders in der Diskussion um die soziale Öffnung der Hochschule immer wieder intensiv hingewiesen, wobei es auch um die bildungssoziologisch folgenreiche Frage geht, ob und inwieweit Berufstätigkeit zur Studierfähigkeit und damit auch zur Berechtigung zum Erwerb akademischer Titel führen kann (vgl. Arnold / Lermen 2013). Eine Beurteilung dieser Frage kann losgelöst von der gegebenen sachfremden Indienstnahme des Bildungssystems getroffen werden, ausschließlich auf der Basis einer inhaltlichen Prüfung des Verhältnisses von wissenschaftlicher Rationalität und berufspraktischer Erfahrung – ein Thema, welches schon seit Jahrzehntenden den erwachsenenpädagogischen Diskurs bewegt (vgl. u. a. Tietgens 1987; Wittpoth 1987). Heute, dreißig Jahre später, sind die Weichen entsprechend gestellt: ein Studium ist – unter bestimmten Bedingungen – auch ohne Abitur möglich (in Deutschland, aber in vielen anderen europäischen Ländern vor allem im Süden und Osten nicht). Und die Annahme, dass die Äquivalenz berufspraktischer Erfahrung für wissenschaftliche Qualifizierung begründbar, ja teilweise vergleichbar ist, hat mit dem Deutschen Qualifikationsrahmen von 2011 seine Antwort gefunden: ein Bachelor-Abschluss befindet sich wie auch der Meister-Abschluss auf der gleichen Stufe 6 des Qualifikationsrahmens (vgl. Nuissl 2015).

b) Reflexives Lernen Erwachsener

Im Zusammenhang mit der gewachsenen Bedeutung der Weiterbildung finden sich Ansätze, die eine qualitative Neukonzeption des zukunftsorientierten Lernens in der Erwachsenenbildung anstreben. Ihnen geht es mehr oder weniger explizit um ein *anderes* Lernen in der Erwachsenenbildung. Hierauf wurde bereits im Zusammenhang mit dem informellen Lernen hingewiesen (vgl. oben Pkt. 2.3). Die Forderung nach einem anderen Lernen in der Erwachsenenbildung wird zumeist aus den anthropologischen Voraussetzungen der Erwachsenenbildung begründet und ist historisch betrachtet nicht originell.

In diesem Zusammenhang erweist sich die Bildung Erwachsener als ein tendenziell anderes Lernen als das schulisch veranstaltete. Erwachsene bilden sich in der Regel freiwillig fort, und sie tun dies selbständig (vgl. Siebert 2014). Dieses Kriterium der Eigenständigkeit gilt sowohl für die auf Auswahl angelegte Angebotsstruktur als auch für die didaktisch- methodische Durchführung einzelner Kurse, die Partizipation und eigenständige Suchbewegungen ihrer Teilnehmer nicht nur zulassen, sondern auch fördern sollen.

Während es Versuche gibt, die erwachsenenpädagogische Programmplanung in ersten Ansätzen als „didaktisches Handeln" und stärker lebensweltorientiert (vgl. Höffer-Mehlmer 2011) zu konzipieren, hat die didaktisch-methodische Diskussion zur Frage der pädagogischen Realisierbarkeit selbstgesteuerten, partizipativen Lernens bislang insgesamt wenig konkrete Neuerungen gebracht – sieht man einmal von den noch wenig verbreiteten systemischen Methoden des Erwachsenenlernens ab, welche mit Strukturbildern bzw. Aufstellungselementen darum bemüht sind, Perspektiven nicht bloß verstehbar, sondern auch erlebbar zu inszenieren und dadurch emotionale Dimensionen des Denkens, Fühlens und Handelns gleichermaßen der Reflexion zugänglich zu machen und so eine tiefer verwurzelte Autonomie der Erwachsenen zu ermöglichen (vgl. Arnold 2013b).

Im Zusammenhang mit der Frage, welche Funktionen die Bildung Erwachsener angesichts der ökologischen Krise erfüllen kann (s. oben Pkt. 1.3.1), wurden bereits erste Hinweise auf die Notwendigkeit eines alternativen Lernens in der Erwachsenenbildung skizziert, wobei vor allem die tendenziell „antipädagogische" Zielrichtung eines solchen Lernkonzepts herausgehoben wurde. Auch bei den Ausführungen zum informellen Lernen Erwachsener (s. Pkt. 2.3) ging es um weitere Elemente eines alternativen Lernkonzeptes in der Erwachsenenbildung, als dessen Leitgesichtspunkt die Aneignung von Wirklichkeit angesehen wurde.

Wenn wir im Folgenden diese Überlegungen nochmals aufgreifen, so geschieht dies mit dem Ziel, die gesellschaftliche Einbindung eines solchen anderen Lernens, d. h. seine Beziehungen zur gesellschaftlichen und lebensweltlichen Situation heutigen Erwachsenenseins, stärker zu beleuchten. In diesem Sinne geht es auch um die Frage der Berechtigung sowie der Folgen eines einseitig an den Funktionserfordernissen gesellschaftlicher Zweckrationalität ausgerichteten Lernkonzeptes in der Erwachsenenbildung

Es ist sicherlich keine Überinterpretation, den auch in der Erwachsenenbildung verbreiteten instrumentellen Umgang mit der Lernzeit als Ausdruck einer Überformung von Lebenswelt und Lernen des Erwachsenen durch Imperative zu sehen. Verkürzt formuliert: Die zeitbezogenen Lernmuster ähneln dem tayloristischen Produktionsdenken. Die in der Erwachsenenbildung verbreiteten Formen des Lernens tendieren demnach stärker zum Begriff des „zweckrationalen Handelns" als zu dem des „kommunikativen Handelns" (Habermas 1981). Eine stärkere Subjektorientierung und auch inhaltliche und zeitliche Offenheit sind Voraussetzungen dafür, dass die Bildung Erwachsener nicht zu einer gefälligen Anpassung an die vom Gesellschaftssystem herangetragenen Erfordernisse verkümmert. Häufig wird dabei vom

Identitätslernen als besonderer Notwendigkeit zukunftsorientierter Erwachsenenbildung gesprochen (vgl. Meueler 2010).

Diese Bestimmung des Bildungsbegriffs enthält Aspekte der Reflexivität und ist weiterführend, insofern sie es ermöglicht, die Bereiche einer reflexionsfördernden Erwachsenenbildung auch inhaltlich zu beschreiben. Dabei steht die „Selbstreflexion" im Zentrum:

„Selbstreflexion beinhaltet die Fähigkeit, sich auf seine eigenen, vernünftigen Interessen und Lernziele zu besinnen, seine Lernstile und Lernschwierigkeiten zu erkennen, seine Blockierungen, Verdrängungen und Vorurteile zu durchschauen" (Siebert o. J., S. 77).

Dass dies nur schrittweise möglich ist, ist bereits angedeutet worden. Auf die Hindernisse einer solchen Selbstbefreiung hat vor allem die Psychoanalyse aufmerksam gemacht. Die Selbstreflexion ist aber nur *ein* Moment der Reflexivität. Eine Verabsolutierung der Selbstreflexion kann leicht zu einem anthropozentrischen Bildungsideal neuhumanistischer Prägung entgleiten, dem die soziale und natürliche Umwelt nur Mittel zum Zweck der individuellen Selbstverwirklichung ist.

> Selbstreflexion muss Selbstkritik einschließen, um Selbsttransformation zu ermöglichen.

Gruppenreflexion meint eine Metakommunikation über Lernprozesse in einer Gruppe unter Berücksichtigung der sozialen Beziehungen und der Inhalte. Um befriedigende Lernfortschritte zu ermöglichen, müssen Dominanzen, Unterstellungen, Ängste und Positionsbehauptungen zur Sprache gebracht werden, aber auch Missverständnisse aufgrund unterschiedlicher Erwartungen, Sprachmuster, Problemsichten und Relevanzkriterien. Außerdem müssen die Wirkungen des Lehrverhaltens und der Methoden erörtert werden. Ziel solcher Reflexionen ist eine Verständigung über ein sozialemotional optimales Lernklima, über gemeinsame Lernziele und über erfolgreiche Lernstrategien. Dies dient nicht nur dazu, Blockaden im Lehr-Lern-Prozess zu erkennen und zu benennen, sondern verfolgt im weiteren Sinn das Ziel einer erhöhten Diskursfähigkeit der erwachsenen Lerner.

Problemreflexion ermöglicht schließlich Entscheidungen zu individuell und gesellschaftlich relevanten Lernthemen und sie schließt die Problematisierung manifester Bildungsinteressen und gesellschaftlicher Qualifikationsanforderungen ein. Angesichts der Fülle des Wissensmöglichen müssen mehr denn je Prioritäten für das Wissensnotwendige gesetzt werden.

Diese Verschränkung der Lernbewegungen in Selbst-, Gruppen- und Problemreflexion ist prinzipiell dazu angetan, die verbreitete Trennung von Inhalt und Interaktion in der Erwachsenenbildung zu überwinden. Bildung erweist sich so als integraler Prozess sozial- und selbstgebundener Problemreflexion, wodurch letztlich die Frage der Inhaltskonstitution in den Lernprozess selbst hineinverlagert wird.

3.2 „Subjektive“ Faktoren der Erwachsenenbildung

Der Erwachsenenstatus galt ursprünglich als Abgrenzungskriterium der Wissenschaft von der Erwachsenenbildung gegenüber anderen pädagogischen Spezialdisziplinen wie Kinder- und Jugendbildung. Erwachsensein stellte gleichzeitig das Leitbild der pädagogischen Bemühungen dar, indem man dem Erwachsenen den Zustand des „Fertigseins“ zuschrieb. Übersehen wurde dabei nur allzu leichtfertig, dass das Erwachsenwerden keineswegs ein Prozess ist, der mit dem Erreichen eines bestimmten Alters zum Abschluss kommt. Erwachsene – so unterstellte man – seien bereits so weitgehend entwickelt, dass sie sich nicht mehr ändern können, stabil und mit sich identisch blieben, bis Verfallsprozesse des späteren Alters einsetzen. Die allgemeine Annahme war, dass es bei einem einmal „erwachsenen“ Individuum nicht mehr viel zu entwickeln gäbe. Dieses finalistische Verständnis von Erwachsenwerden und Erwachsensein musste angesichts der im Erwachsenenalter beobachtbaren Veränderungs-, Diskontinuitäts- und Entwicklungsprozesse aufgegeben werden und einem prozessualen Modell lebenslanger Entwicklung weichen (vgl. Arnold/Pachner 2011).

Der Erwachsenenbegriff kann demnach nicht im Sinne einer Zustandsbeschreibung definiert werden. *Den* oder *die* Erwachsenen gibt es nicht, vielmehr wird das ‘Erwachsen-Sein’ durch die Gesellschaft konstruiert. Dabei gibt es wesentliche Ereignisse und Merkmale, die – neben dem Alter – für den Beginn des Erwachsen-Seins als konstitutiv angesehen werden können. Eine grobe Grenze zwischen der Phase der Jugend und dem Erwachsenenalter ließe sich etwa durch folgende sechs soziale Ereignisse ziehen:

- Abgang von der Schule,
- Rechtliche Selbständigkeit
- Eintritt in das Berufsleben
- Verlassen der Herkunftsfamilie
- Eingehen einer festen Partnerschaft
- Gründung eines eigenen Haushalts

Diese Auflistung macht die ‘soziale Konstruiertheit’ des Erwachsenseins deutlich, die zu verschiedenen Zeiten und in verschiedenen Kulturen unterschiedlich aussehen kann.

a) Erwachsenenlernen

Lernen Erwachsene anders als Kinder oder Heranwachsende? Das ist eine klassische Frage der Erwachsenenbildung. Die Antwort ist eindeutig: Jein. Betrachtet man das Gehirn neurophysiologisch, so verändern sich die neuronalen Strukturen und die biochemischen Prozesse nur unwesentlich. Neuropsychologisch, also das Bewusstsein betreffend, sind die Unterschiede gleichwohl erheblich. Vor allem die Motivationen, aber auch die Relevanzkriterien des Wissens wandeln sich im Lauf des Lebens. Vereinfacht gesagt: Kinder sind stets neugierig, fragen ständig „warum“, nehmen ihre Umwelt aufmerksam wahr. Erwachsene lernen ökonomisch das, was ihnen wichtig und nützlich erscheint, was sie mit ihrem Erfahrungswissen verknüpfen können. Ihre Wahrnehmung ist selektiver und zielgerichteter als die der Kinder. Aber: Erwachsene sind auch vergesslicher. Und sie haben meist den Kopf voll mit Sorgen, Aufgaben, Problemen, so dass sie mit ihrer Zeit und ihrer Konzentration haushalten müssen. Ihr Gedächtnis „spezialisiert" sich, z. B. als Berufsgedächtnis oder als ein Hobbygedächtnis.

Die Gehirnforschung bestätigt qualitative Unterschiede des Lernens im Kindes- und Erwachsenenalter: Kinder lernen neue Inhalte und erzeugen so neue neuronale Spuren und Strukturen. „Der Erwachsene hingegen lernt, indem er bereits vorhandene Inhalte neu verknüpft" (Spitzer 2010, S. 119). Was genutzt wird, verfestigt sich; was nicht verwendet wird, wird abgebaut. Der ständige Gebrauch neuronaler Netzwerke verhindert also das Vergessen und Verlernen. Dies ist der wichtigste Grund dafür, dass und wie sich das Erwachsenenlernen vom Lernen in Kindheit und Jugend unterscheidet: Die biografischen Stationen sind auf das Engste mit dem Lernen, der Lernmotivation und dem Lernverhalten verbunden. Erwachsene sind mehr oder weniger in der Lage, sich neues Wissen, neue Fähigkeiten und Techniken anzueignen. Dies aber gelingt ihnen nur im Rahmen ihrer Persönlichkeitsstruktur, ihrer Lernstile und -profile.

In den ersten Lebensjahrzehnten werden neuronale Strukturen entwickelt, welche die physiologische Grundlage unserer Deutungs- und Emotionsmuster bilden. Zu diesen Mustern gehören moralische Werte, religiöse Haltungen, politische Einstellungen, ästhetische Vorlieben. „Affektlogiken" nennen wir das und meinen damit das, was uns erfreut und was uns verärgert (vgl. Ciompi 2005). Diese Muster sind relativ stabil und lassen sich durch Argumente kaum verändern; auch pädagogische Versuche, eine Änderung durch Postulate („Du solltest das oder jenes tun oder unterlassen") sind hier nicht erfolgreich, sie bewirken häufig das Gegenteil des Intendierten.

Die meisten Erfahrungen, die wir über unsere eigene Lernfähigkeit gemacht haben und aus der pädagogischen Literatur kennen, werden von der neueren Gehirnforschung bestätigt. Hier einige Thesen:

- Zwar gibt es in der Kindheit zahlreiche lernsensible Phasen, aber die Plastizität des Gehirns Erwachsener ist größer als bisher angenommen.
- Im Erwachsenenalter können neue Hirnregionen aktiviert werden (z. B. für Fremdsprachen).
- Das Gehirn ist ein sich selbst organisierendes System, das gleichsam „mit sich selber kommuniziert".
- Wissen wird nicht vom Sender in die Köpfe der Empfänger transportiert, sondern wird im Gehirn „erzeugt".
- Im frühen Kindesalter werden „innere Bilder" – z. B. Vertrauen, Ängste, Selbstsicherheit – erworben, die sich bis ins Erwachsenenalter auswirken.

- Das Gehirn ist trotz seiner Einmaligkeit ein „soziales Organ“. Ohne Sozialkontakte wären wir nicht überlebensfähig.
- Wir erlernen weniger isoliertes Wissen als vielmehr ganzheitliche „Fühl-Denk-Verhaltens-Programme“ (vgl. Ciompi 2005).
- Das Gehirn verfügt – metaphorisch gesprochen – über drei „Detektoren“:
  - Neuigkeitsdetektor: Ist das Wissen bekannt oder neu?
  - Anschlussdetektor: Ist es anschlussfähig an vorhandene Erfahrungen?
  - Relevanzdetektor: Ist es bedeutungsvoll und sinnvoll?

Nachhaltiges Lernen ist „nutzungsabhängig“: „Use it or lose it!“

Abb. 15 Lernen – neurophysiologisch gesehen (vgl. Hüther 2011, S. 96 f.)

Bei jedem Lernprozess spielt die Emotionalität eine größere Rolle als in den vergangenen Dekaden angenommen wurde (vgl. Arnold 2005; Arnold/Holzapfel 2008; Gieseke 2007). Emotionalität umfasst weit mehr als kognitives Wissen – es umfasst Betroffenheit, Angst und Freude, Selbstvertrauen und Enttäuschung und vieles mehr, was lernrelevant ist. Besonders wichtig für Lehr-Lern-Prozesse ist die Tatsache, dass Emotionalität auch die soziale Ebene erfasst. Sie ist das Bindeglied zwischen den Lehrenden und den Lernenden. Auch wenn Lehrende nicht ohne weiteres Wissen *vermitteln* können, so sind ihre Glaubwürdigkeit und ihre Begeisterungsfähigkeit ebenso wie ihr eigenes Lernverhalten maßgebende Kontextbedingungen für den Lernerfolg. Allerdings ist Lehre immer „wirkungsunsicher“, d. h. die Effekte der Lehre beim Lernenden können letztlich nicht kalkuliert und berechnet werden.

Neben dem reinen „Lernen“ ist in Bildungsprozessen das „Lernvermögen“ von Bedeutung, das in der Umsetzung zu einem konkreten „Lernverhalten“ wird. Das Lernvermögen ist die Voraussetzung für ein entsprechendes Lernverhalten – einer der wichtigsten Gründe dafür, dass die Notwendigkeit des „Lernen-Lernens“ seit mehr als zwei Jahrzehnten in allen Bereichen des Bildungssystems, vor allem aber auch in der Primar- und Sekundarstufe, betont wird. Sicherlich hat sich in diesem Zeitraum das Lernvermögen der Menschen, gerade auch in Deutschland und den anderen europäischen Ländern, verbessert. Indikatoren dafür sind die Abgangszahlen von höheren Schulen und Hochschulen, aber auch die steigenden Teilnahmequoten in der Weiterbildung. Hat sich aber auch das Lernverhalten Erwachsener in diesen Jahrzehnten verändert? Einiges spricht dafür:

- Die Anforderungen in der Arbeitswelt, aber auch im privaten Alltag, sind in den letzten Jahrzehnten gestiegen – schon allein wegen des Siegeszuges der Informationstechnologie und der Omnipräsenz des Internets, und sie erhöhen sich, wie es scheint, fortlaufend weiter.
- Die Bildungsangebote – von der Volkshochschule bis zum Internet – sind differenzierter, anspruchsvoller und umfassender geworden.

- Das Schulbildungsniveau ist insgesamt stark gestiegen, das verweist auf erweiterte Lernerfahrungen, Lernkompetenzen und Lernerwartungen.
- Immer mehr Erwachsene verfügen über Erfahrungen mit der Weiterbildung – Ende der siebziger Jahre lag sie bei gut einem Viertel, heute liegt sie bei etwa der Hälfte der Bevölkerung (DIE 2014).

Dieter Kirchhöfer stellte bereits vor mehr als zehn Jahren (Kirchhöfer 2005, S. 4 ff.) eine zunehmend wahrgenommene Eigenverantwortung der Erwachsenen fest: Das Individuum konstruiert mehr und mehr seinen Bildungsweg selbst, bestimmt die Inhalte, die es erlernen will, sucht die Felder, in denen es lernt, organisiert sich die Gemeinschaft, in der und mit der es lernt, und bestimmt die Mittel, mit denen es lernt. Die Stellung des Subjekts zu seinem Lernen ändert sich. Es unterwirft sich nicht mehr einer leidigen Pflicht (wie es vielfach der Schulbesuch war und für viele auch noch ist) und wartet auch nicht darauf, was man ihm anbietet, sondern es sucht die Inhalte seines Lernens und bestimmt die Umstände, in denen es lernt. Einen „Königsweg" des Lernens gibt es angesichts dieser Individualisierung nicht – vielleicht hat es ihn auch nie gegeben. Der seit Mitte der 90er Jahre des letzten Jahrhunderts proklamierte Wechsel vom Paradigma der Lehre hin zum Paradigma des Lernens und damit der Eigenverantwortlichkeit der Lernenden (vgl. Dohmen 1996) ist immer häufiger feststellbar und wird in vielen Bereichen der Erwachsenenbildung Realität.

Mit dem Stichwort der Individualisierung des Lernens bekommt die Frage, ob Menschen unterschiedlich lernen, eine zunehmende Bedeutung. Die Forschungen zum Lernen im Erwachsenenalter haben in den einschlägigen Disziplinen (Erziehungswissenschaft, pädagogische Psychologie, Soziologie und neuerdings Neurowissenschaften) zahlreiche Ergebnisse erbracht. Es überrascht nicht, dass sie in einer Art Synthese zu Typologien zusammengeführt wurden, welche auch für die Praxis des Lehrens relevant sind. In diesen Typologien werden Kategorien wie „Lerntypen", „Lernarten", „Lernstile" und „Lernstrategien" verwendet. Das Gemeinsame ist das Bündeln individueller Lernweisen, der Unterschied liegt jeweils im betonten Akzent des Lernens. Von orientierendem Nutzen können diese Typen in der konkreten Lehrpraxis durchaus sein, obgleich sie auch bisweilen zur Stereotypisierung von Teilnehmenden missbraucht werden können.

Die Kernthese lautet bei aller Verschiedenheit der Typologien:

Trotz großer individueller Varianzen im Lernen Erwachsener sind gemeinsame typische Muster des Denkens und Lernens festzustellen, die meist auch deckungsgleich mit „Zielgruppen" sind – oder zur Definition von Zielgruppen verwendet werden können. Die Sprache, das Medium, in dem organisierte Lehr-Lern-Prozesse überwiegend stattfinden, spielt dabei naturgemäß eine große Rolle.

In den 60er Jahren des letzten Jahrhunderts fragte man danach, wie sich das Lernen der Industriearbeiter von dem der Angestellten unterscheidet. Als erster hat 1964 Hans Tietgens zur Definition von Lerntypen der Unter- und der Mittelschicht Erkenntnisse linguistischer Forschungen herangezogen, die bei diesen beiden Bevölkerungsgruppen zwischen restringiertem und elaboriertem Code unterschieden (Tietgens 1978). Insbesondere die Arbeiten von Basil Bernstein erlebten eine breite Rezeption in den Erziehungswissenschaften. Dieser hatte in der Zeit von 1958 bis 1970 Zusammenhänge zwischen dem Sprachverhalten und der sozialen Schichtzugehörigkeit untersucht. Er unterscheidet einen restringierten Code, der in der Unterschicht weit verbreitet ist, und einen elaborierten Code der Mittelschicht. Dieser elaborierte Code, der auch als Formalsprache bezeichnet wird, enthält komplexe Satzkonstruktionen, zahlreiche Nebensätze, Konjunktionen, Präpositionen und Abstraktionen. Der restringierte Code beinhaltet einfache, unfertige Sätze, kurze Befehle und Fragen, stereotype Adjektive und Adverbien, sozialemotionale Rituale. Diese Sprache wird als "öffentlich" definiert. Bernsteins Untersuchungen sind kontrovers diskutiert worden, insbesondere die häufig geäußerte pädagogische Konsequenz, den Arbeiterkindern die Formalsprache der Mittelschicht zu vermitteln, um deren Bildungschancen zu verbessern (Nuissl / Siebert 2013, S. 56).

Bekannt geworden ist eine Lerntypologie, die Frederic Vester 1975 veröffentlicht hat. Vester unterscheidet vier Lerntypen:

- Auditiver Typ: Gelernt wird hier hauptsächlich über das Zuhören, hier empfehlen sich Vorträge, Diskussionen, mündliche Einlassungen
- Visueller Typ: Gelernt wird hier durch Betrachten und Beobachten, zu bevorzugen sind Visualisierungen und Schematisierungen,
- Haptischer Typ: Hier erfolgt das Lernen hauptsächlich über die Berührung und das Tun, empfohlen werden Experimente und ganzheitliche Methoden,
- Intellektueller Typ: Hier steht beim Lernen die Abstraktion im Vordergrund, empfohlen werden Logik und Plausibilität in diskursiven Prozessen (vgl. Vester 1975).

Nur wenig später wurde von dem Amerikaner David Kolb (Kolb 1976) eine Typologie vorgestellt, mit der er Lernstile bei College-Studierenden zusammenfasst. Er stellt in einem „learning style inventory“ die vier Lernstile Erfahrungslernen, Begriffsbildung, Beobachtungslernen und Experimentieren vor. Nach Kolb schließen sich diese Stile nicht gegenseitig aus, sondern ergänzen sich im günstigsten Fall und bauen je nach Lernaufgabe aufeinander auf (z. B. zunächst beobachten, dann mit Erfahrung verknüpfen, dann begrifflich erklären, dann Neues erproben). Kolb hat diese Stile kombiniert und typische Persönlichkeitsmuster unterschieden (z. B. Divergierer vs. Konvergierer).

Noch jüngeren Datums ist die Lerntypen-Systematisierung von Josef Schrader (1994), die im Kontext beruflicher Weiterbildung erarbeitet wurde. Schrader unterscheidet fünf unterschiedliche Typen, in denen jeweils auch Persönlichkeitsmerkmale enthalten sind:

- Der *Theoretiker*: Er hat Freude am Lernen und konkrete Vorstellungen davon, was er lernen will. Er ist nicht nur an praktischer Anwendung, sondern auch an theoretischen Grundlagen interessiert. Wenn er sich etwas Neues aneignet, bemüht er sich zugleich darum, die entsprechenden Zusammenhänge zu verstehen.
- Der *Musterschüler*: Er ist ehrgeizig, strebsam und fleißig, er lernt für gute Noten bzw. Zeugnisse und Zertifikate. Er lernt lieber angeleitet als selbständig, lässt sich Inhalte lieber erklären als sie selbst herauszufinden.
- Der *Anwendungsorientierte*: Die Anwendung des zu Lernenden sind für ihn Ziel und Methode des Lernens zugleich. Er lernt umso besser und lieber, je näher er an den Gegenständen ist, und am besten dann, wenn er etwas ausprobiert.
- Der *Gleichgültige*: Er lernt nicht mehr, als er unbedingt braucht. Er hat weder ausgeprägte Vorlieben noch besondere Abneigungen. Wenn er etwas lernt, achtet er darauf, dass er gerade so viel mitbekommt, wie erforderlich ist um nicht zu scheitern.
- Der *Unsichere*: Unsicherheit und Angst begleiten diesen Typ, wenn er etwas lernen muss. Er braucht einen gewissen Druck, aber auch die Einsicht, warum etwas Bestimmtes gelernt werden soll. Er geht davon aus, dass er beim Lernen einige Schwierigkeiten haben und vieles nicht verstehen wird.

In gewisser Weise sind die hier genannten und andere Typologien des Lernens durchaus plausibel – zumindest für die jeweilige Zielgruppe, anhand derer sie gewonnen wurde. Dennoch sind sie forschungsmethodisch nicht unproblematisch. So sind etwa „Mischtypen“ die Regel. Auch verfügen die meisten Erwachsenen über unterschiedliche Lernstile und Lernweisen, die sie jeweils kontext- und gegenstandsbezogen aufrufen (können). Lerntypen und Lernstile sind Konstrukte, mit denen versucht wird, die Komplexität des Lernens einzufangen und übersichtlich zu machen, sie betonen jeweils nur eine unter vielen verschiedenen Perspektiven des Lernens. Dabei sagen diese Typologien auch nicht nur etwas über das Lernen Erwachsener aus, sondern auch über den Beobachter, der diese Unterscheidungen erarbeitet hat. Insbesondere die systemischen Ansätze der Erwachsenenbildung sind deshalb darum bemüht, Lerntypologien zu meiden:

„Es spricht viel dafür, dass Lerntypen ihre ohnehin fragwürdige didaktische Relevanz vollständig verlieren, wenn die didaktische Inszenierung stärker auf Aneignung, Beteiligung und Selbststeuerung der Lernenden setzt. Dann werden die Lernvorlieben und Lernwiderstände unmittelbar erlebbar, die Lernenden haben aber zugleich Möglichkeiten, aus Unterschiedlichem auszuwählen, sich behutsam auszuprobieren oder sich auf die Haltungen und Verfahrensweisen zu verlassen, die ihnen vertraut sind und ein Gefühl der Sicherheit vermitteln“ (Arnold 2015c, S. 132).

Betrachtet man die Elemente des Lernens Erwachsener in den jeweiligen Typen, ohne sie direkt einem „Typ“ zuzuordnen, so fallen vor allem vier Elemente auf: die Erfahrungen, die (reflektierten) Beobachtungen, die Abstraktionen und die Handlung (vgl. auch Siebert 2009). Das verbreitetste Element des Erwachsenenlernens sind die *Erfahrungen.* Erwachsene sammeln, je älter sie werden, immer mehr Erfahrungen, die sie ordnen und „behalten", abspeichern und immer wieder abrufen können. Lerninhalte, die nicht mit erlebten Erfahrungen verknüpft werden können, bleiben „äußerlich", während Inhalte, die im eigenen Leben verankert werden können, „nachhaltig" angeeignet werden. Erfahrungslernen ist in besonderer Weise „erwachsenengemäß", allerdings können Erfahrungen (zum Beispiel mit Politik, Massenmedien, Wissenschaft, Ausländern) auch lernhemmend wirken (ebd.).

Gleich wichtig ist für das Lernen Erwachsener die *reflektierte Beobachtung.* Erwachsene beobachten Situationen und Sachverhalte sorgfältig und erfahrungsbasiert, sie vergleichen, ordnen ein und bewerten. Gerade die Bewertung von Sachverhalten und Kenntnissen ist nicht nur von den Interessen abhängig, sondern auch vom Resonanzboden der jeweiligen Erfahrungen. Auch ohne eigenes Zutun, ohne eigenes Handeln ergibt sich so ein selbst konstruiertes Bild der Welt, in der eine eigene Identität möglich ist und eigene Bewegungen sinnvoll sind.

Das dritte wesentliche Element des Erwachsenenlernens ist die Abstraktion. Sie ermöglicht einen Transfer aus Beobachtungen und Erfahrungen und erzeugt eigenes Wissen, eigene Kompetenzen. Die Abstraktion ist verbunden mit einer Begriffsbildung, einer kategorialen Leistung. In die Kategorien lassen sich weitere Beobachtungen und Erfahrungen einordnen, sie ermöglichen auch das Feststellen von Widersprüchen neuer Eindrücke mit vorhanden Erfahrungen. Schließlich ist das Handeln als viertes Element von grundlegender Bedeutung beim Erwachsenenlernen. Genau genommen kann man nur dann davon sprechen, dass etwas gelernt wurde, wenn es auch in entsprechendes Handeln umgesetzt wird. Im Lernprozess selbst ist daher das Tun, das Erleben und Experimentieren die Grundlage für Nachhaltigkeit und Lernerfolg.

b) Der Kontext des Lernens

In der Erwachsenendidaktik sind diese Erkenntnisse zur Lernstrategie und zum Lernverhalten oft nicht wirklich verbunden mit dem, was die Erwachsenen beschäftigt und ausmacht. Dies sind vor allem die bereits oben genannten biografischen Stationen, soziale Ereignisse, die nicht nur das Leben strukturieren, sondern auch eng verbunden sind mit Lernanlässen und Lernzielen – auf der individuellen Ebene. Hier liegen aber auch Grenzen der Realisierbarkeit in der pädagogischen Arbeit mit Erwachsenen, obwohl dort weit mehr als in der Schule (wo über das Instrument der Jahrgangsstufen eine Homogenität der Interessen, des Wissens und der Lernfähigkeiten hergestellt werden soll) die Individualität der Lernenden eine Rolle spielt. Es sind die sozialen Ereignisse, die wesentlich die Merkmale des zeitabhängigen sozialen Konstrukts des 'Erwachsenseins' und der Identität der Erwachsenen erzeugen.

Dies gilt vor allem für zwei soziale Faktoren des Erwachsenenlebens: Partnerschaft und Beruf. Beide legen in hohem Maße die Art und Qualität von Interaktionsbeziehungen im Erwachsenenalter fest, geben Zukunftsperspektiven, verleihen Selbstbewusstsein und determinieren den Alltag. In diesem Sinne erhalten Partnerschaft und

Beruf den Charakter von Identitätsparametern. Sie tangieren alle Lebensbereiche und betreffen die Person mehrdimensional, sie bestimmen die Identität des Erwachsenen und beeinflussen seine weiteren Entwicklungsmöglichkeiten.

Partnerschaft und Beruf umfassen soziale und ökonomische Verpflichtungen, die gesellschaftliche Basis und zugleich gesellschaftliche Grenzen für den Erwachsenen definieren. Durch sie wird der Erwachsene in seinem sozialen Verhalten berechenbarer als der Jugendliche, der in der Regel um eine Stabilisierung seiner biographischen Identität noch ringt. Arbeit und Beruf alleine können den Erwachsenenbegriff jedoch nicht zufriedenstellend bestimmen, die soziale Dimension von Familie und Partnerschaft ist von gleicher Wichtigkeit. Gleichzeitig muss daraufhin gewiesen werden, dass in den Erwachsenen-Kriterien „Bindung durch den Beruf“ und „Bindung durch die Familie“ eine Wohlverhaltensideologie impliziert ist, die nicht ohne weiteres verallgemeinert werden darf.

„Hinter dem inhaltlich scheinbar so wertfreien, für den Erwachsenen konstitutiven Begriff „Verpflichtetsein“, schaut die alte bürgerlich-asketische Verzichtsideologie hervor, welche die Selbstdisziplinierung auf eine vage Zukunft hin predigt, eine Zukunft, mit der man in der Realität immer wieder nicht rechnen kann“ (Kade 1982, S. 25).

Mögliche Formen einer selbstbestimmten, subjekthaften, spielerischen und unkonventionellen Lebensgestaltung werden durch diesen verpflichtungsorientierten Erwachsenenbegriff desavouiert. Wer sich nicht in die gesellschaftlich erwarteten Rollen des Erwerbstätigen und Familienvaters oder der Familienmutter fügt, ist in Gefahr, mit dem Odium des Nicht-Erwachsenseins, des Unvollständigen und Unvollkommenen versehen zu werden. Dass mit den gesellschaftsüblichen Rollen des Erwachsenseins auch ein Verlust von Fähigkeiten, Kenntnissen, Erfahrungen, Gefühlen, kurz: von Lebensintensität und Lebensweite verbunden sein kann, ist Ausgangspunkt zahlreicher alternativer und innovativer Erwachsenenbildungsmaßnahmen seit gut dreißig Jahren.

Es ist der gleiche Zeitraum, in dem sich auch tiefgreifende demografische und soziale Veränderungen ergeben haben, welche die Konstituanten von Partnerschaft, Familie und Beruf relativieren. Am auffälligsten sind die zunehmenden Scheidungsraten, die Zunahme von sogenannten „Singlehaushalten“, das steigende Durchschnittsalter, der wachsende Anteil von Personen mit Migrationshintergrund und die Schrumpfung der Bevölkerungszahl. Erhöhte Mobilität in sozialer, geographischer und beruflicher Hinsicht geht einher mit Unsicherheiten in ökonomischen und kulturellen Kontexten.

Gerade in dieser weiter ausdifferenzierten Lebenswelt bedarf es komplexerer Verfahren, Erwachsensein zu definieren. Die Fokuserweiterung auf die stabilisierenden Rollenbündel Beruf *und* Familie waren ein Fortschritt gegenüber der Dominanz des Berufs, haben aber auch früher schon das Erwachsenensein nicht zufriedenstellend erklärt. Wieviel schwieriger ist dies unter Bedingungen der flexibilisierten sozialen Beziehungen, mobilen Lebensweisen und medialen Bezugswelten! Deshalb sind die spezifischen Reifungseffekte, die sich mit dem Erwachsenenwerden einstellen, näher zu untersuchen.

Als Reife des erwachsenen Menschen wurde schon früher seine Fähigkeit angesehen, „(…) Verantwortung zu übernehmen, logische Entscheidungen zu treffen, sich in andere einzufühlen, kleinere Enttäuschungen zu ertragen und seine sozialen Rollen zu akzeptieren“ (Whitbourne/Weinstock 1982, S. 26) – gewissermaßen eine vorweggenommene Definition der heutigen sozialen (Schlüssel-)Kompetenzen. Aber auch diese reifungstheoretische Bestimmung des Erwachsenenseins ist nicht ausreichend. Nicht jeder dem Jugendalter entwachsene Mensch hat diese psychosozialen Kompetenzen erworben. Es liegt daher nahe, den jeweiligen Grad des Erwachsenenseins anhand eines Stufenmodells zu beurteilen. E. Erikson hat ein solches Stufenmodell für die Entwicklung der Erwachsenenidentität entwickelt, dessen letzte Stufe das volle Reifestadium des Erwachsenen, seine „Integrität“, darstellt. Dieser Begriff bedeutet

„(…) die Annahme seines einen und einzigen Lebenszyklus und der Menschen, die in ihm notwendig da sein mussten und durch keine anderen ersetzt werden können. Er bedeutet eine neue, andere Liebe zu den Eltern, frei von dem Wunsch, sie möchten anders gewesen sein als sie waren, und die Bejahung der Tatsache, dass man für das eigene Leben allein verantwortlich ist. Er enthält ein Gefühl von Kameradschaft zu den Männern und Frauen ferner Zeiten und Lebensformen, die Ordnungen und Dinge schufen, welche die menschliche Würde und Liebe vermehrt haben“ (Erikson 1980, S. 119).

In diesen Ausführungen von E. Erikson scheint uns das zentrale Bestimmungselement für das Erwachsenensein enthalten zu sein: *das lebensgeschichtliche Bewusstsein des Erwachsenen.*

Anders als der Jugendliche verfügt der Erwachsene über einen biographisch angesammelten, detaillierten Erfahrungsschatz. Jede aktuelle Situation und Erfahrung wird von der Einzigartigkeit dieser Erfahrungsabläufe, der Autobiographie, notwendig mitbestimmt.

In vielen Kulturen bestätigen die ehrfurchtsvollen Formen des Verhaltens gegenüber älteren Menschen, dass sich mit zunehmender persönlicher Reife im Verlauf des Erwachsenenwerdens und Erwachsenenseins bisweilen eine Form dieses lebensgeschichtlichen Bewusstseins ausbildet, die durch eine tiefe innere Gelassenheit gegenüber aktuellen und vordergründigen Problemen gekennzeichnet ist. Die verbreitete Formel der „Altersweisheit“ kennzeichnet dies ebenso treffend wie die Überlegungen und Folgerungen von Reinhard und Annemarie Tausch zur Endlichkeit des eigenen Lebens:

„Wenn wir uns die Endlichkeit unseres Lebens vor Augen führen, wenn wir uns vorstellen, wie wir uns beim Sterben fühlen und was wir dabei denken werden, dann erscheinen uns viele

unserer alltäglichen Schwierigkeiten in anderem Licht. Sie verlieren für uns oft an Bedeutung oder bekommen einen neuen Bedeutungsinhalt, und wir begegnen ihnen mit größerer Gelassenheit (Tausch/Tausch 1983, S. 80).

„Es ist später, als du denkst!" lautet die Orientierungslinie einer solchen Einladung zur restbiografischen Reflexion – im Kontext des Rahmens einer Theorie der abschiedlichen Bildung, die insbesondere kirchliche bzw. seelsorgerische oder spirituelle Bildungsangebote aufgreifen (vgl. Arnold 2017), aber auch für eine gehaltvolle Bestimmung des Erwachsenenseins von grundlegender Bedeutung ist.

3.3 Biografisches Lernen

Jahrzehntelang widmeten sich Sozialisationstheorie und Sozialisationsforschung (in der Tradition von Psychoanalyse und Strukturfunktionalismus) fast ausschließlich den Entwicklungsprozessen von Kindern und Jugendlichen. Aufgrund dieser Blickverengung fand der Erwachsene – wenn überhaupt – allenfalls als Endprodukt dieser Entwicklungsprozesse einen Platz in der Sozialisationstheorie. Die ausdrückliche Thematisierung der Erwachsenensozialisation als einer Phase der lebenslangen Sozialisation begann in den sechziger Jahren mit dem Buch von O. G. Brim und S. Wheeler (1966), das 1974 auch in deutscher Sprache erschien. Doch erst ab Mitte der siebziger Jahre wurden grundlegende theoretische und empirische Arbeiten rezipiert und auch eigene deutschsprachige Ansätze zur Erforschung der Erwachsenen-Sozialisation erarbeitet (Griese 1976; 2016; Nave-Herz, 1981); mittlerweile gehört der Begriff der Erwachsenensozialisation zum Standardvokabular der Wissenschaft von der Erwachsenenbildung.

Vielfach wird, was Geschichte und eigene Lebensgeschichte angeht, im Sinne von Schiller angenommen, hier handele es sich um etwas Feststehendes, nicht Veränderliches:

„Dreifach ist der Schritt der Zeit:
Zögernd kommt die Zukunft hergezogen,
Pfeilschnell ist das Jetzt verflogen,
Ewig still steht die Vergangenheit" (Schiller 2013, S. 38).

Doch dem ist nicht so, nicht in der Menschheitsgeschichte (das belegt die Geschichtswissenschaft mit ihren präzisen Hinweisen auf „Geschichtsklitterung"), und schon gar nicht in der individuellen Biografie. Biografie und Lernen liegen sehr eng beieinander, und das natürlich besonders bei Erwachsenen, die bereits eine benennbare individuelle Biografie vorweisen können. Der Begriff des „Lebenslangen Lernens" fasst diesen Zusammenhang bildungstheoretisch gut ein, der im Deutschen häufig auch verwendete Begriff des „Lebensbegleitenden Lernens" eher noch mehr. Seit das Verfassen von CVs (Curriculum vitae) zu den arbeitsmarktpolitischen Selbstverständlichkeiten gehört, ist auch die Relevanz des Zusammenhangs für die Existenz der Menschen nachweisbar.

Aber was ist Biografie? Was unter Lernen verstanden werden kann und was hier darunter verstanden wird, wurde bereits ausführlich erörtert. Aber Biografie? Ganz kann man sagen, dass Biografie in der Vergangenheit liegt, der individuellen Vergangenheit, die man für den Moment beschreiben kann. Das bedeutet ja auch das Wort selbst: Leben (Bios) aufschreiben (graphein). Ein Rückblick also, eine Zusammenfassung. Ein Aufschreiben dessen, was im Leben bislang geschehen ist (sofern es eine Autobiografie ist, ein Schreiben über das eigene Leben) oder was im Leben insgesamt geschehen ist (sofern es sich um bereits verstorbene Personen handelt).

Soweit ein einfacher Sachverhalt. Jedoch: man kann Biografien so oder so schreiben; sie können ganz verschieden aussehen, auch wenn es sich um die gleiche Person handelt. Das kann unterschiedliche Gründe haben.

- Es sind nicht „alle" Informationen vorhanden – wenig wahrscheinlich allerdings bei einer Autobiographie, es gibt demnach „objektive" Lücken.
- Es werden jeweils unterschiedliche Informationen ausgewählt, etwa mit Blick auf eine angestrebte Arbeitsstelle oder den Kontext einer Biografie.
- Es werden die vorhandenen Informationen unterschiedlich gewichtet und interpretiert, aus verschiedenen Interessen heraus.

Es geht also um Fakten, Auswahl von Fakten und Bewertung von Fakten. Was sind solche Fakten? Eigentlich handelt es sich um ein Universum von Fakten. Geburts- und gegebenenfalls Todesdatum, Wohnort, Schulbesuch, Familie etc., also die üblichen soziodemographischen Fakten, sind nur einige davon, meist nur der Hintergrund, vor dem Biographisches gesagt wird. Auch diese Basisfakten sind nicht immer vorhanden. So erscheint bei Biografien von Personen aus früheren Jahrhunderten gelegentlich als Datum: Geburt vor 1250. Das genaue Datum ist also nicht bekannt. Je differenzierter die Fakten werden, desto häufiger sind sie auch als fehlend zu vermerken. Es gibt, was die „Faktenlage" angeht, kaum sogenannte „lückenlose" Biographien.

Aber das fällt oft gar nicht auf. Die meisten Biographien basieren – verständlich angesichts der Fülle von Fakten – ohnehin auf einem Auswahlverfahren. So werden etwa in Museen Biografien von Künstlern und Dichtern in den Fakten auf das konzentriert, was ihre Bedeutung in diesen kreativen Feldern auszeichnet: neben den soziodemografischen Basisdaten etwa solche nach Jahreszahl/Werk oder Ausstellung/Publikation/Jahreszahl. Was sofort auffällt: das Ordnungsprinzip biografischer Fakten ist in der Regel die Chronologie, die Abfolge in Jahreszahlen. Nur sehr selten findet man Biographien, die etwa nach inhaltlichen oder rezeptionsästhetischen Kriterien geordnet sind – sie folgen insofern dem zentralen Paradigma geschichtswissenschaftlicher Forschung. Die chronologisch aufgebaute Auswahl von Fakten suggeriert einen Fortschritt, einen „Lernprozess", der schließlich zum guten Ende führte – darauf kommen wir noch.

Schließlich noch die Gewichtung. Oft erstaunt es, welche Fakten in Biografien genannt werden und welche nicht. Die Nennung von Fakten hebt diese hervor, die nicht genannten werden geringer bewertet. Doch nicht nur das: die Ausführlichkeit und die Interpretation, die Fakten in Biographien erhalten, verweisen auf ihre Bedeutung – für den (Auto-)Biographen. Fakten alleine, das wird dabei deutlich, sind nur das Gerüst, um das sich die eigentliche Biographie aufbaut. In Lehr-Lern-Prozessen mit Erwachsenen ist das „Alltagsgeschäft": zu Beginn jeden Kurses erfolgt eine Vorstellung der teilnehmenden Lerner, die das Wichtigste an Fakten zur Charakterisierung ihrer Biographie gewissermaßen „in a nutshell" darlegen. Solche Vorstellungsrunden werden meist durch Fragen strukturiert oder durch die erste Vorstellung (des Pädagogen) modellhaft gesteuert.

Der Zusammenhang von Fakten der Biographie und deren Bewertung liegt auf der Hand; analytisch und zu Forschungszwecken wird jedoch zwischen beidem unterschieden. Gewöhnlich wird eine Unterscheidung vorgenommen zwischen dem „Lebenslauf", der chronologisch organisierten Anordnung von Fakten, und der „Biographie", der reflektierten Bewertung dieser Fakten. „Es ist sinnvoll, den Lebenslauf ohne Deutungen, nicht aber, Deutungen ohne den Lebenslauf zu erheben" (Meulemann 1999, 312). Oder anders formuliert:

> Der Lebenslauf ist nicht revidierbar, lässt sich aber jeweils anders deuten (vgl. Arnold 2017).

Dabei ist die Deutung nicht nur rückwärts, also in die Vergangenheit, gerichtet: sie liefert das entscheidende Material für die Planung des weiteren Lebens, also die Organisation des künftigen Lebenslaufes. Von daher ist es schwierig, den Vorrang zwischen Lebenslauf und Biographie festzustellen. Eher soziologisch orientierte Ansätze geben dem Lebenslauf den Vorzug, während eher pädagogisch und psychologisch orientierte Ansätze die Bedeutung der biografischen Reflexion betonen.

Im allgemeinen Sprachgebrauch wird „Biographie" meist als Oberbegriff verwendet, der den „Lebenslauf" einschließt. Dafür spricht, dass es keinen ungedeuteten Lebenslauf gibt, er birgt seine Interpretation und Bewertung immanent in sich. Andererseits sind die heutigen Konzepte des „lebenslangen Lernens" und des „lebensbegleitenden Lernens" enger mit dem Lebenslauf verknüpft, ihre Herkunft aus instrumentellen Entwürfen wie „employability" und „success" und der Bezug zu Kompetenzmessungen ist unverkennbar. „Biographizität" als Ansatz, den Ablauf des Lebens als Abfolge von Reflexion und Steuerung im Sinne von Identitätsbildung zu sehen (vgl. Alheit 2003), wird in der Diskussion eher der Jugend- als der Erwachsenenphase zugewiesen: „Natürlich wandelt sich auch der Erwachsene, aber mit dem Ziel, der gleiche zu bleiben" (Meulemann 1999, 310). Dies ist für Maßnahmen der Erwachsenenbildung außerordentlich bedeutsam.

a) Biographisches im Alltag

So, wie die Menschheit im Ganzen fortschreitet, entwickelt sich auch das individuelle Leben. Persönliche Kenntnisse, Fertigkeiten, Einstellungen und Planungen entwickeln sich im „Lebenslauf". Vielfach ungeplant, immer aber im Nachhinein unveränderlich. Diese „alltägliche Biographie" kennzeichnet jedes Leben, nicht nur Vorstellungsrunden in Lehrveranstaltungen. Es ist die „Lebensgeschichte", die bei allen denkbaren Anlässen zur Sprache kommt. Nicht immer, ja eher selten wird der lebensgeschichtliche Zusammenhang deutlich gemacht, Alltagsbiographie besteht meist aus kleinen Mosaiksteinen, die in ein kommunikatives Geflecht eingespannt werden.

„Wo habe ich das schon einmal gesehen?“ ist eine typisch selbstreflexive alltagsbiographische Überlegung, „Kennen wir uns nicht von irgendwoher?“ eine typisch kommunikative Einbettung. Nur selten ergibt sich, dass sich die Antworten als Fakten des Lebenslaufes feststellen lassen, meist sind es subjektive Eindrücke und Erinnerungen, die an solche Fakten „angedockt“ sind. Das Erfahrungswissen der Menschen baut sich im Lebenslauf langsam auf, Einzelheiten werden blasser und weichen einer Verallgemeinerung (einer abstrakten Kategorie, s. o.), die konkrete Situationen immer schwerer abrufbar, Eindrücke aber leichter einordbar macht.

„So durften wir damals nicht mit unseren Eltern umgehen!“ – eine typische biographische Bemerkung, welche lebensgeschichtliche Bewertung in einen aktuellen Kontext stellt. Einmal abgesehen davon, dass dabei nicht selten ahistorisch vorgegangen wird oder sich die Dinge aus der (zeitlichen) Ferne verklären: Normen werden sozialisiert oder, darauf kommen wir noch, seltener intentional und häufiger situativ gelernt.

„Wenn ich doch nur nicht dieses Studium der Literaturgeschichte gemacht hätte, dann …“ – eine typische Reflexion des eigenen Lebenslaufes, in diesem Falle kritisch zweifelnd, die Geschehenes in einen nachdenklichen Zusammenhang stellt; es geht auch positiv: „Wenn ich nicht den Job als Redakteur gefunden hätte, dann …“, also Situationen, die im Nachhinein als Vorteil gewertet werden.

„Wissen Sie, zu meiner Zeit und in meinem Elternhaus war es unüblich, dass Frauen studieren, da waren andere Lebensplanungen angesagt …“ – in dieser Erzählung wird die Möglichkeit des Studiums interpretiert und bewertet, die eigene Lebenslauf-Entscheidung in einen sozialen und historischen Kontext gestellt. Lebensplanung ist hier das Stichwort.

„Einen solchen Winter habe ich noch nicht erlebt, da ging ja der Herbst direkt in den Frühling über! Das hat es früher nicht gegeben …“ Eine biographische Betrachtung, die – mit Blick auf den Winter 2013/2014 möglicherweise sogar zutreffend – deutlich macht, dass aus den lebensgeschichtlichen Erfahrungen heraus der gegenwärtige Alltag betrachtet und bewertet wird.

„Ich kam einfach mit meinem Lehrer nicht klar, er hat mich auch systematisch schlechter als die anderen bewertet …“ – eine subjektive Erklärung für schlechte Ergebnisse im Schulsystem, nicht untypisch auch für Menschen, die als Erwachsene Probleme mit dem Lesen und Schreiben haben; diese Interpretation erklärt weniger als dass sie entlastet.

„Wie kannst Du das beurteilen? Du warst nicht dabei, ich aber habe es erlebt!“ – die Abwehr einer Fremdinterpretation von Lebenslauf-Fakten, meist verbunden mit der Abwehr von Kritik an Verhaltensweisen und Entscheidungen – im Nachkriegsdeutschland eine gängige Metapher. Dieses „Ich war dabei“ ist ein rhetorisches Instrument, das sich auf Fakten bezieht, weniger auf Biographie.

„Ich musste mich um die Wohnung und meine Mutter kümmern, konnte die Schule nicht fortsetzen …" – eine Begründung für das Scheitern im Bildungssystem, die so oder ähnlich gerade auch bei bildungsfernen Personen als Deutung existiert, aber auch Grundlagen für eine erneute Motivierung bietet.

Biographisches lässt sich also im Alltag finden, unentwegt und überall. Es wird nicht immer wahrgenommen als Biographisches, es kommt daher als Frage, kleine Erzählung, Erinnerung, Begebenheit, Erfahrungsbericht. Das, was Menschen wahrnehmen und äußern, ist aufs Innigste mit dem verbunden, was sie bis dato erlebt haben: mit ihren Erfahrungen. Sich dessen zu vergewissern, ist Biographie, ist mehr als die Ansammlung von Lebensjahren. Dass auch dies geschieht, diese biographische (Selbst-)- Vergewisserung, das zeigen die vielen Biographien und Autobiographien, die auf den Markt des Lesens kommen. Man schätzt, dass jährlich weltweit etwa 10 Tausend Biographien, Autobiographien und Memoiren veröffentlicht werden.

b) Lebensläufe: Fakten und Formen

Ist das Biographische Bewertung und Interpretation, so ist der Lebenslauf in der Regel beschränkt auf die Fakten. In der heutigen Zeit des „gläsernen" Menschen sind solche Fakten leicht und praktisch überall zugänglich, auch wenn sie es nicht sein sollen. Nicht nur soziodemografische Daten sind verfügbar, auch solche über kulturelle Interessen, soziales Umfeld, Geschäfte, Kommunikationen, Reisen und vieles mehr. Daten, die heute über Kommunikationsmedien (Internet, Facebook, Whats up, Linked-In etc.) zugänglich sind, lassen sich auch personenspezifisch zu „Profilen" zusammenstellen – Profile, die lebensgeschichtliche Daten auf der Folie von interpretativen Rastern ordnen.

Doch auch früher schon wurden lebensgeschichtliche Daten erfasst und gesammelt und geordnet. Standesämter sammeln Familiendaten, Kirchen kümmern sich um die „Religionsbiografie", Schulen erfassen Zeugnisse und „Einträge" (Verfehlungen), Arbeitgeber führen Personalakten, Finanzämter haben eine Übersicht über die Geldgeschäfte auch im Zeitstrahl, Ärzte, Banken und Krankenkassen verfügen über eine Vielzahl von Einzelinformationen. Datenschutz wurde allerdings erst relevant, als sich die Menge der verfügbaren Fakten vervielfältigte und ihre Verknüpfung immer leichter zustande gebracht werden konnte.

Lebenslauf-Daten sagen kaum etwas aus über das Denken, Fühlen und Reflektieren von Menschen, sie ergeben aber die materielle Struktur des Biographischen. Insofern sind sie eine geeignete Interpretationsgrundlage für biographisches Denken – und Handeln. Lebenslauf-Daten lassen Entscheidungen (und Nicht-Entscheidungen) der Menschen erkennen, ihr Aktivitätsprofil, meist auch ihre Schlüssel- und Krisensituationen. Schulabbruch etwa, längere Arbeitslosigkeit, Scheidung und anderes mehr sind solche Situationen, deren Folgen für das Denken und Fühlen der Menschen interpretier- und rekonstruierbar sind.

Gerade Situationen des Scheiterns sind wichtige „Schlüsselsituationen“, an denen die emotionale und lebensgeschichtliche Relevanz gesehen werden kann und – erwachsenenpädagogisch – bearbeitet werden muss. Insofern ist nicht nur das „Biographische“, die interpretierte und reflektierte Lebensgeschichte, im pädagogischen Kontext wichtig, sondern gerade auch die Betrachtung der Fakten des Lebenslaufs.

Die Lebensläufe, die in Fakten darstellbar sind, liefern auch die normative Folie von Biographien, normativ im sozialen Sinn und im Sinn der eigenen Einschätzung. Sie folgen dem „arco della vita“, dem Lebensbogen, der die „Meilensteine“ einer „Normalbiographie“ umspannt. Meilensteine wie Schulabschluss, Berufsbildender Abschluss, Eheschließung, Elternschaft und Verrentung sind in der sozialen Vorstellung an ein bestimmtes Alter gebunden. Dabei wirken sich auch schichtspezifische Wahrnehmungen und Deutungen aus: ein Professor wird im Alter von 32 Jahren als „jung“ wahrgenommen, ein Arbeiter nicht. In Akademikerkreisen und aktuellen westlichen Kulturen hat eine Mutter mit 35 Jahren bei der ersten Geburt ein „normales“ Alter, in anderen kulturellen und sozialen Kontexten gilt sie als alt.

Die Normalbiographie drückt sich auch in dem aus, was als CV (curriculum vitae) erwartet wird. Daten zu Ausbildung, Beschäftigungsverhältnissen, Zertifikaten und Kompetenzen. Von besonderem Interesse ist dabei (für die potentiellen Arbeitgeber) die Frage nach der „Lückenlosigkeit“ – der Lebenslauf soll vollständig überschaubar sein, darf keine Lücke aufweisen. Neben Lücken ist insbesondere auch der „rote Faden“ von Interesse – ob sich die Aufeinanderfolge von Lebens- und Arbeitsschritten als sinnvoll nachvollziehen lässt.

Die Sinnhaftigkeit und Lückenlosigkeit des Lebenslaufes ist dabei keineswegs nur ein immanentes individuelles Problem, es wird abgeglichen mit den „Normalbiographien“ und dem sozialen Kontext. Bei privaten Fakten ist das etwa die Scheidung – noch vor zwanzig Jahren wurde sie in geschriebenen Lebensläufen lieber verschwiegen, in manchen Kulturen ist das heute noch so, befremdlich wirkt auch heute noch die Übernahme des Familiennamens der Ehefrau durch den Ehemann. Beruflich wird als „normal“ ein Aufstieg erwartet über die Lebensjahre, vergleichbar einer Beamtenlaufbahn, in der mit wachsendem Alter auch eine immer höhere Position eingenommen wird.

Nicht nur in der biographischen Deutung, sondern auch in der scheinbar „objektiven“ Darlegung von Fakten des Lebenslaufs spielen daher individuelle, subjektive und soziale, scheinbar „objektive“ Faktoren eine Rolle. Mit anderen Worten: Kein Lebenslauf steht für sich, sondern ist immer eingebunden in einen sozialen, historischen und kulturellen Kontext und auch nur im Blick darauf zur interpretieren. Und dies ist sehr wichtig für eine Erwachsenenbildung, die lernerbezogen ihre Ziele und Inhalte entfaltet.

Zusammenhängende biographische Alltagspassagen finden sich regelmäßig bei einer Vielzahl von Anlässen: bei (runden) Geburtstagen in den „laudationes“, bei Beerdigungen in der Bilanzierung des Lebens der Verstorbenen, bei Tischreden anlässlich von Hochzeiten, Jubiläen in Firmen und vielem mehr. Bewerbungen setzen immer die Biographie voraus, Vorstellungen in den unterschiedlichsten Kontexten ordnen biographische Daten. Die Einführung eines Redners etwa bei Kongressen und Veranstaltungen ist immer eine kleine Biographie, nicht selten überraschend in Faktenauswahl und Interpretation.

Die bekannteste und wichtigste Form der Biographie ist sicher das, was auch allgemein „Biographie“ genannt wird: die Beschreibung eines Lebenslaufs (oder eines „Normlebenslaufes“) durch eine dritte Person, von der Geburt bis zum Tode, mit chronologischer Darstellung der bekannten (oder auch erst erkundeten) Fakten und dem Versuch, so viel wie möglich an zeitgeschichtlichem Kolorit und individueller Reflexion einzufangen und darzustellen. Solche Biographien sind nicht selten literarische Meisterwerke und haben es zu höchster Vollendung gebracht, die individuellen Aspekte und den zeithistorischen Kontext zusammenzubringen. In der Geschichtswissenschaft sind Biographien immer wieder Versuche, den kontur- und uferlosen Strom der Geschehnisse festzuhalten und an einer Person festzumachen, ein frühes Beispiel ist Suetons „De vita Caesarum“.

Etwas Anderes ist die Autobiographie, die zu Lebzeiten erstellt wird von der Person, um deren Lebenslauf es geht. Sie ist interessant (und wird gut verkauft), wenn es sich um eine bekannte und interessante Person handelt. Geschrieben wird sie meist weniger aus dem Wunsch heraus, sich dem bisherigen Leben reflexiv zu nähern, als vielmehr aus dem Wunsch, den eigenen Bekanntheitsgrad zu erhöhen, eine bestimmte Botschaft zu vermitteln oder einfach nur Geld zu verdienen – oft alles drei zusammen. Heutzutage sind die Autobiographen (natürlich meist mit professioneller Unterstützung) immer jünger und immer „prominenter“. Autobiographien enthalten Akzentuierungen, Lücken und Umdeutungen, geboren aus der Situation des Moments, in dem sie verfasst werden. Jede autobiographische Aktivität ist eine in die Vergangenheit gerichtete, aber durch die Gegenwart in der Deutung geprägte Aktivität.

Eine dritte literarische Form von Biographien sind „Memoiren“; in ihnen geht es weniger um den individuellen Lebenslauf (einschließlich der eigenen Reflexionen) als vielmehr um die Erinnerung daran, was die betreffende Person im Laufe ihres Lebens gesehen, erlebt und bewirkt hat. Oft werden in Memoiren gänzlich heterogene Lebensbereiche und historischen Ereignisse über den individuellen Lebenslauf zusammengebracht, deren Zusammenhang man eher nicht erwartet hätte. Ein humoriges Beispiel ist der Roman des schwedischen Autors Jonas Jonasson über den „Hundertjährigen, der aus dem Fenster stieg und verschwand“, geradezu ein Kompendium der Zeitgeschichte – es wurde bis 2014 weltweit bereits über 6 Millionen mal verkauft.

Zu den weiteren vorgeprägten Formen von Biographischen Darstellungen zählen die bereits erwähnten Laudationes und Nachrufe, die das Wesentliche des (bisherigen) Lebens des Gepreisten darzustellen versuchen. Die Grundregel liegt hier darin, weniger positive Aspekte nicht zu erwähnen, sich auf die guten Dinge zu konzentrieren – und zu beschränken. Nur der aufmerksame Zuhörer kann negativ kritische Punkte erahnen, indem er darauf achtet, was nicht erwähnt wird.

Andere Formen der Lebensbeschreibungen sind etwa die Beichte, eine spezifische Form des Bekenntnisses, in der Verfehlungen zusammengefasst dargestellt werden. Das gilt auch für Aussagen vor Gericht, bei der Anamnese des Arztes, bei der Akte des Standesamtes und anderen offiziellen Abfragen. Sie sind stets in einem institutionellen Zusammenhang zu sehen, abgefragt und geordnet nach den Kriterien der abfragenden Instanz.

Eine besondere Form der Biographie ist das Tagebuch, in dem – wie das Wort sagt – zeitnahe Fakten und Reflexionen aufgeschrieben werden. Im Unterschied zu anderen biographischen Formen geht es hier die alltägliche Vergewisserung der Erlebnisse und Erfahrungen der Jetzt-Zeit, noch nicht im retrospektiven Zugang verklärt. Meist bieten Tagebücher die Grundlage für zu schreibende Biographien, es sei denn, es handelt sich um personenbezogene Dokumente von großem Wert (etwa Tagebücher bedeutender Persönlichkeiten wie Goethe) oder um zeitgeschichtliche Dokumente von außerordentlicher Eindrücklichkeit (wie die Tagebücher von Samuel Pepys aus dem 17. Jahrhundert, die nie zur Veröffentlichung gedacht waren). Das Tagebuch hat mittlerweile als „Lerntagebuch“ Einzug in die – vor allem erwachsenen- – pädagogische Prüfungssystematik genommen.

c) Sozialität der Biographie

Der Mensch ist ein soziales Wesen, und keine Biographie, ob geschrieben oder nicht, findet außerhalb seines sozialen Kontextes statt. Andere Menschen beeinflussen die Biografie ebenso wie Normen, Erwartungen und Institutionen, und andere Menschen sind auch Zeugen der eigenen Biographie. In welcher Form auch immer sich jemand zu Lebzeiten biographisch äußert, er trifft auf „Mitwisser“. Dabei geht es nicht nur um „Mitwisserschaft“, sondern auch um permanente Entwicklung und Festigung der eigenen Biographie. Im Erzählen und Beschreiben des eigenen Lebens, im Erklären von Entscheidungen und Vorgängen liegen nicht nur Repetitionen, sondern auch Vergewisserungen der sozialen Akzeptanz der eigenen Deutung. Gerade im Falle von Scheitern und dessen Erklärungen ist die soziale Festigung von Deutungen wichtig – entlastende Erklärungen, entschuldigende Geschichten, aufarbeitende Diskussionen. Auch die Deutungen der eigenen Biographie sind sozial induziert.

Die soziale Einbettung von Lebensläufen und Biografien hat sich gelockert, soziale und regionale Mobilität, sogenannte Patchwork- Biographien (betreffend Partner, Familien und Arbeitsleben, s.o.) spielen dabei eine wichtige Rolle. Der geringe Spielraum, der zu früheren Zeiten in der Darstellung von Lebensläufen und ihrer Interpretation durch die soziale Einbettung bestand, hat sich gelockert. Analphabeten etwa können heute durch regionale Mobilität und Integration in neue Gruppen wesentlich leichter ihr Manko verheimlichen. Meist jedoch nehmen sie „Kronzeugen“ (oft Ehepartner) ihrer Biographie mit in andere soziale Zusammenhänge, von deren Schweigen (und Unterstützung) sie dann in gewisser Weise abhängen. Veränderungen ihrer Lese- und Schreibkompetenz etwa haben dann gravierende Auswirkungen auf diese engsten Beziehungen.

Biographische Kommunikation ist immer auch eine Offenbarung. Am deutlichsten wird das in nicht-reziproken Kommunikationssituationen, etwa der Beichte oder der Anamnese beim Arzt. Niemand käme auf die Idee, in der Arztpraxis oder im Beichtstuhl nach den analogen biographischen Informationen des Priesters oder Arztes zu fragen. Diese Offenbarung hat auch eine Funktion des Sich-Auslieferns. Die biographisch Tätigen geben sich in die Hand der anderen, sind in gewisser Weise schutzlos. Folgerichtig gibt es in biographischen Kommunikationen oft Arkanbereiche, die nicht geöffnet, dem Gegenüber nicht zugänglich gemacht werden. Das ist nicht nur in der therapeutischen, sondern auch in der Bildungsarbeit mit Erwachsenen bedeutsam.

Individuell betrachtet erfüllt die Biographie (als gedeuteter Lebenslauf) wesentliche Funktionen:

- Individuell geht es um Identitätsstiftung, Selbstvergewisserung, Rechtfertigung, Erklärung, Einordnung und Strukturierung der Fakten des Lebenslaufs, letztlich um die eigene Bewertung und den Umgang damit.
- Sozial geht es um die Vergewisserung der Normalität, um die Akzeptanz der eigenen Deutung, um die Abklärung von Geschehnissen und Ereignissen.
- Funktional geht es um die Regelung des Verhältnisses von Ich und Umwelt, die Selbstrepräsentation, die Stabilität, den Aufbau bestehender stabiler Beziehungen.
- Pädagogisch geht es um die Vermittlung von Lebenserfahrungen, Warnungen und Empfehlungen, aber auch Hilfe und Suche nach Möglichkeiten.
- Perspektivisch geht es um die Grundlagen der Lebensplanung, der weiteren Lebensplanung, der Öffnung von Alternativen und Entscheidungsspielräumen.

Es ist eine Art der „Kontinuitätssicherung" der individuellen Identität, die Kohli in sechs Typen beschrieben hat (Kohli 1980). In jedem Alter hat die Darlegung des Lebenslaufes eine andere Funktion, die suchende und planende überwiegt in der Jugend, die vermittelnde und rechtfertigende mit wachsendem Alter. Auch die Funktion der Biographie ist also abhängig vom Lebenslauf selbst, hat zu unterschiedlichen Zeiten und unterschiedliche Bedeutung für die Personen – und das soziale Umfeld.

Die Tatsache, dass die Biographie als erkennbares und beschreibbares Glied in der Beziehung von Individuum und Umwelt eine Rolle spielt, hat gerade auch in der sozialwissenschaftlichen Forschung mit einem gewissen Auf und Ab seit jeher eine Rolle gespielt. Biografische Forschung findet sich in der Ethnologie, der Psychologie (und der Psychiatrie), den Sozialwissenschaften und – seit gut drei Jahrzehnten – auch wieder verstärkt in den Erziehungswissenschaften.

In den Sozialwissenschaften war sie immer wieder wichtig, immer aber auch eher ein „Nebenschauplatz" der soziologischen Hauptströmungen. Ein Grund dafür mag sein, dass die Sozialwissenschaften in jedweder Prägung darum bemüht waren, die Gesellschaftlichkeit des Lebens und die gesellschaftliche Produziertheit der Individuen nachzuweisen. Die individuelle Lebensgeschichte hatte in diesem Zugang keinen richtigen Platz. Auch empirisch erwiesen sich Biographien immer als Problem: Lebenslaufdaten sind individuell, allenfalls für Fallstudien brauchbar, und die dazugehörigen Deutungen sind mit „harten" Messinstrumenten nicht greifbar, unterliegen interpretativen und hermeneutischen Erfordernissen (vgl. Alheit/ Bergamini 1996).

Dennoch: die biographische Methode innerhalb der Soziologie gewinnt seit einigen Jahrzehnten Boden, und die Vermutung liegt nahe, dass dies eng mit der zunehmenden Individualisierung der Gesellschaft zu tun hat. Als wissenschaftlichen Ausgangspunkt der heutigen biografischen Herangehensweise sehen viele die Arbeit von Thomas und Znaniecki über die polnischen Bauern in Polen und den USA, die Anfang des vorigen Jahrhunderts (1918) erschien und in erweiterter und insbesondere auch methodisch elaborierterer Weise 1958 wieder aufgelegt und publiziert wurde (vgl. Thomas/Znaniecki 1958).

Band I der Ausgabe von 1958 enthält eine theoretische und methodische Erläuterung der Vorgehensweise und konzentriert sich dann auf eine Beschreibung der bäuerlichen Gemeinschaft mit ihrer beherrschenden Familienordnung, die Individualisierung weder verlangt noch zugelassen hat. Die Auflösung dieser Sozialstruktur wird beschrieben anhand von Briefen (besonders zwischen Polen und den USA), Leserbriefen und Presseartikeln. Der zweite Band enthält die Lebensgeschichte (die Biographie) von Wladek W., der die Neuorientierung aus seiner Wahrnehmung und für sich beschreibt – dies wird als Abbild allgemeinerer sozialer Prozesse und Bedingungen aufgefasst. Thomas und Znaniecki entwerfen eine Sozialwissenschaft, die sogenannte „objektive" und subjektive Elemente des sozialen Lebens berücksichtigt, auf „value" und „attitude" gleichermaßen eingeht.

Dieser biographisierende Ansatz in der sozialwissenschaftlichen Forschung fand Widerhall in den USA (vermittelt durch Thomas, bekannt geworden als die „Chikago-Schule") und in Polen. In Polen behielt der biographische Ansatz einen wichtigen Einfluss, wenig vermittelt mit der kaum polnisch sprachigen internationalen scientific community der Sozialwissenschaften. So regte Znaniecki 1921 in Posen einen Wettbewerb für den besten autobiographischen Text von Arbeitern an – danach etablierte sich dieser Forschungszweig in Polen und wurde auch nach dem zweiten Weltkrieg intensiv fortgeführt, wenn auch weniger unumstritten. Charakteristisch für die polnische Tradition der biographisch orientierten Forschung ist, dass sie über wissenschaftliche Diskurse hinausgreift und in journalistische, kulturelle und literarische Diskurse hineinwirkt. Dies unterstützt die Bereitschaft in Polen, soziale Probleme anhand von autobiographischen Dokumenten aus dem Volk zu rezipieren und zu diskutieren, Forschung verbindet sich so mit Volks- und Erwachsenenbildung, wird zu einem Moment des sozialen Wandels (Kohli 1980; Fuchs 1984).

Natürlich sind diese Entwicklungen nicht nur mit dem Ansatz der Autobiographie alleine zu erklären, sondern mit dessen Verknüpfung mit sozialen Schichten, für die geschriebenes biographisches Werk bis dato kaum bedeutsam war. Dies gilt für Biographien aus dem Arbeitermilieu, die sich damit ihrer eigenen gesellschaftlichen, nicht nur individuellen Bedeutung bewusstwurden. Dies gilt in ähnlicher Weise auch für die Rolle, die Frauenbiographien im Zuge der Frauenbewegung gespielt haben. Damit bestätigt sich in einem wesentlich weiteren Sinn die Relevanz von biographischen Reflexionen für soziale Entwicklungen. In diesem Sinne ist das Motto nicht „Wissen ist Macht", sondern „Reflexion des eigenen Lebens ist Macht". Wissen alleine erzeugt keine gesellschaftlichen Prozesse, Reflexion über Ursachen und Folgen von individuellen und gesellschaftlichen Problemen schon.

d) Biographie und Bildung

In Bildung und Erziehung ist Biographie und biographisches Arbeiten seit mehreren Jahrzehnten ein wichtiger Ansatz, weniger in Schule und Hochschule als in der Erwachsenen- und Weiterbildung (vgl. Nittel 2010). Dies hat mehrere Gründe:

- Bildung und Erziehung sind analog der individuellen Lebensläufe angelegt, sie begleiten und strukturieren einzelne Phasen des Lebens, besonders deutlich im Kindes- und Jugendalter mit der Schulpflicht, aber auch in Hochschule und beruflichen Lebens- und Arbeitsphasen. Im Leben der Erwachsenen spielt die Teilnahme an Bildung eine immer größere Rolle – in vielen Ländern Europas liegt die Teilnahmequote bereits bei deutlich mehr als 50 Prozent der Bevölkerung (vgl. AES 2014).
- In Bildungsprozessen findet recht eigentlich der Reflexionsprozess, der aus Lebensläufen erst Biographien macht, in einer strukturierten Weise statt. Insbesondere in der Erwachsenenbildung sind es die im Verlaufe des Lebens erworbenen Erfahrungen, die Gegenstand und Stoff viele Bildungsprozesse sind.
- Bildung trägt in wesentlichem Maße zur Identitätsentwicklung bei, fördert das Verstehen der eigenen Person und ihrer Beziehung zur Umwelt, und ermöglicht eine stringentere Lebensplanung anhand der gemachten Reflexionen.

Autobiographien sind für die pädagogische Forschung bedeutsame Quellen, sie enthalten oft fundamentale Aussagen zu Lern- und Entwicklungsprozessen sowie den Faktoren, die dazu geführt haben. Sie sind aber meist auch in erzieherischer Absicht geschrieben, mindestens in der Absicht, Erfahrungen weiterzugeben, die auch für das Leben anderer bedeutsam sein könnten. Gerade in Autobiographien lässt sich erkennen und bestätigt sich, dass die Motive zum Weiterlernen aus der Lebensgeschichte begründet sind. In den Bildungsprozessen besteht die Möglichkeit der eigenen Reflexion, ihrer sozialen und strukturierten Umsetzung. Das gilt auch für romanhafte Gestaltungen von Biographie: die großen Entwicklungsromane sind eher als „Verwicklungsromane" (Tietgens 1991, S. 215) anzusehen, in denen sich Reflexion und Planungskritik verschränken.

In der Erwachsenenbildung besteht die Tendenz, sich besonders für kritische Ereignisse, für Schaltstellen in Lebensläufen zu interessieren. Gerade bei Entscheidungen, bei Weichenstellungen für die Zukunft, bei tiefgreifenden Krisen gewinnt das biographische Element eine entscheidende Bedeutung. Entscheidungen in kritischen Situationen sind meist irreversibel, erfordern auf den Punkt das Nachdenken darüber, was sie mit Blick auf die Vergangenheit und in den Konsequenzen für die Zukunft bedeuten. In der überspitzten Form der „Krise" hat dies Erika Schuchardt in Deutschland auf der Grundlage narrativer Gespräche untersucht und beschrieben – Lebenskrisen als Chance und Gefahr für die zukünftige individuelle Entwicklung. Erwachsenenbildung, die wirksam sein soll, muss sich solchen Situationen und ihren individuellen Deutungen stellen, muss die Lebensgeschichte und die Lerngeschichte der Teilnehmenden in den Blick nehmen. Besonders im Bereich der Alphabetisierung wird diese biographische Grundlage, das Verhaftet-Sein mit dem eigenen Selbstbild, sehr deutlich und kann als generelles Phänomen in Lernprozessen mit Erwachsenen erkannt werden.
Diese von Erika Schuchardt in ihren biographiegestützten Arbeiten über die Bewältigung von Behinderungen immer wieder betonte Rolle der Schlüsselsituationen im Lebenslauf, der Krisensituationen, an denen Reflexion und Bildung zusammenfallen, ist für viele im Zentrum von Erwachsenenbildung, die sich der persönlichen Entwicklung widmet. Sie sind nicht nur in „Jetztzeit" Gegenstand im Lernprozess, sondern auch in der Aufarbeitung von Erfahrungen, also als biografisch-historischer Stoff. Das erwachsenenpädagogische Paradigma des „Lernens an Erfahrungen" ist, individuell gesehen, das Lernen an den biographischen Erfahrungen (vgl. Schuchardt 2003).
Wie in den Arbeiten von Znaniecki und anderen hat dies die intensivste Qualität in der Arbeiterklasse gewonnen, das Entdecken der eigenen Biographie zugleich als Teil einer kollektiven Biographie der Alters- und Kulturkohorte, der man angehört. Das Aufschichten von individuellen Erfahrungen und Kenntnissen zu gesellschaftlichen und komplexen kollektiven Geschichten ist dabei eine wesentliche Leistung der Erwachsenenbildung beim Schaffen einer individuellen Identität, die sich zugleich ihrer gesellschaftlichen gemeinsamen Bedeutung bewusst ist. Noch gar nicht entdeckte oder verschüttete Erfahrungen können so bewusstgemacht werden.
Natürlich entsteht eine Auseinandersetzung mit Erfahrungen und mit der Biographie auch in der Erwachsenenbildung nicht von alleine. Es bedarf geeigneter „Lehr"-methoden, um Biographien zum Gegenstand zu machen und die Lernziele auf eine Weiterentwicklung der Persönlichkeit und ihrer Kompetenzen sowie ihrer Lebensplanung hin zu entwickeln. Dies gilt vor allem auch in solch sensiblen Feldern wie dem nachholenden Erwerb von Fähigkeiten des Lesens und Schreibens, die ja in Kulturen mit ausgebauten schulischen Systemen meist aufgrund verschiedener Formen des Scheiterns mangeln.
In der Diskussion um die geeigneten Methoden geht es zunächst grundsätzlich um die Frage, welche Bedeutung der gesellschaftliche Kontext für die Anwendung biographischer Methoden spielt. Konzepten der Richtung „Lebensweltorientierung"

etwa wird vorgehalten, sie seien zu sehr auf die individuellen Lebenswelten fokussiert und vernachlässigten den gesellschaftlichen Kontext. Dem gesellschaftskritischen Ansatz wird entgegengehalten, dass er nur wenig Entwicklung und Hilfe für die biographische Reflexion und Planung der Individuen liefert.

Im Bereich der Alphabetisierung – anders als etwa in der Frauen- oder Altenbildung – ist der Blick wohl eher auf die Individuen zu richten, wenn auch das gesellschaftliche Umfeld keineswegs vernachlässigt werden darf. Es geht jedoch um die einzelne Person, die sich in einem Bereich der Basiskultur nachqualifizieren will – und letztlich auch soll. Sowohl in der Lerngeschichte jedoch als auch und vor allem in der gegenwärtigen Lebenssituation von Illiteraten spielen Faktoren der Umwelt eine große Rolle.

Lebensweltorientierte Methoden werden in der Erwachsenenbildung zur Bearbeitung persönlicher Erfahrungen eingesetzt und spielen dabei eine große Rolle. Durch Selbstreflexion und gemeinsame Gespräche werden individuelle Erfahrungen in den Kontext gesellschaftlicher und kollektiver Entwicklungen gestellt. Die Beteiligten sollen in die Lage versetzt werden, Handlungsperspektiven zu gewinnen und dadurch ihr künftiges Leben souveräner zu gestalten. Eine wichtige Rolle spielt dabei die biographische Methode.

> Die biographische Methode weist generell drei aufeinander bezogene Schritte auf: Verstehen der individuellen Erfahrungen – Austausch mit Anderen – Erkenntnis der gesellschaftlichen Bezüge. Das durch biographische Methoden erworbene Wissen erweitert nicht nur den Wissensbestand, sondern transformiert ihn auch. Auf diese Weise entwickelt sich die „Schlüsselqualifikation" der Biographizität, die einen erhöhten Reflexions- und Handlungsspielraum für die Individuen eröffnet.

In der Rekonstruktion des Lebenslaufs und der Identifikation der Gründe von Problemen liegt eine wesentliche Grundlage der pädagogischen Arbeit. Vor allem liegt der Unterschied in der Deutung und Bewertung durch die Individuen selbst. Bedeutsam im Lehr-Lern-Prozess ist daher weniger eine „objektive" Definition von Ursachen als vielmehr die subjektive Deutung derselben – eine biographische Deutung eben. Das stellt die Bildungsarbeit oft vor eine große Hürde, denn meist sind nicht so sehr die „objektiven" Gegebenheiten unterschiedlich, sondern die subjektiven Deutungen.

Ein Beispiel für eine solche komplexe Seminaranlage ist die von Susanne Braun vorgestellte Form des biographischen Lernens (Braun 1996). Dabei sollen Vergangenheit, Gegenwart und Zukunft als gestaltbar erlebt werden. Einzelne Schnittstellen der Biographie werden ausgewählt (z.B. Berufswahl, Familiengründung, Bildungsentscheidungen) und auf Generalisierbarkeit in der Gruppe geprüft. Wenn angenommen werden kann, dass eine Bearbeitung der Schlüsselsituation im Seminar nicht nur für diejenige Person, zu deren Biographie sie gehört, von Interesse ist, sondern auch für die anderen, kann sie intensiver bearbeitet werden. Dabei können unterschiedlichste, auch rein kognitive Verfahren angewandt werden (z. B. ein Wissensinput, wieviel Prozent der Bevölkerung diese Frage wie gelöst hat), häufiger aber ist die Bearbeitung mit kreativen Methoden verbunden, etwa mit Rollenspielen oder theaterpädagogischer Intervention oder soziodramatischen Verfahren, die allesamt kognitive, emotionale, körperliche, sinnliche, soziale und eher weniger bewusste Aspekte thematisieren. Allerdings: diese „kulturellen" Methoden sind nicht mit allen Lerngruppen zu realisieren, zu viele Widerstände existieren gegen die ganzheitliche Offenbarung.

Eine direkte Übernahme von Methoden der Biographieforschung in das erwachsenpädagogische Seminar ist die „guided biography", gewissermaßen die pädagogisch strukturierende Anleitung bei der Erstellung einer eigenen Biographie. Die Rolle der Pädagogen ist dabei die der Fragenden, derjenigen, die auf Lücken hinweisen und Deutungen anfordern oder in Frage stellen. In einer stärker sozialen Variante spielt sich dies in Geschichtswerkstätten ab, einer Form gemeinsamer biographischer Aufarbeitung, oder in „Erzählcafés", pädagogisch organisierten lockeren Gesprächsrunden. In diesen (scheinbar) unverbindlichen Interaktionsformen entstehen Vertrauensverhältnisse und Bekundungen offener Art.

Eine ebenfalls der biographischen Forschung entlehnte pädagogische Form ist die der Textarbeit, des Ernstnehmens des Begriffs „Biographie". Sie hat enge Bezüge zum Ansatz des „kreativen Schreibens" und verfolgt zweierlei: die Vergewisserung der eigenen Biographie, der eigenen Identität, und die interessengeleitete Anleitung zum (Wieder-)Erlernen des Schreibens. Nicht selten erfolgt hier der Lernprozess in einer Richtung, die Ödön von Horvath satirisch auf den Punkt gebracht hat: „Eigentlich bin ich ganz anders, ich komme nur nicht dazu" (1926). Da komplexere Texte nicht immer angemessen sein können, folgt die Textproduktion dem Prinzip des Story Telling, kleine Geschichten, die sich mosaikförmig zur Interpretation eines Lebenslaufes fügen.

Ein interessanter Ansatz, der zur biographischen Arbeit zu zählen ist, liegt in der Ansprache und Beteiligung von Zeitzeugen. Dabei geht es weniger um Zeugen einer abstrakten Realität außerhalb der eigenen Lebensgeschichte, sondern um Zeugen, die aus ihrer Sicht kollektive Erfahrungen (wie gesellschaftliche Krisen und Konflikte, Katastrophen, Umwälzungen wie etwa den Siegeszug der Digitalisierung) thematisieren. Daran knüpft sich immer eine lebhafte Debatte um die „richtige" Deutung an, die jeweils lebensgeschichtlich richtige Deutung – und deren Unterschiede zwischen den Individuen.

Eine andere Form, sich mit der eigenen Biographie als Gegenstand eines erwachsenenpädagogischen Lernprozesses auseinanderzusetzen ist der „Lebensbaum". Er gilt als Weg zur persönlichen Zielklarheit und Potentialanalyse sowie zur Reflexion des bisherigen Lebens. Der Baum ist dabei eine Metapher, mit der gearbeitet werden kann, ohne im Gruppenkontext zu verletzen. Der Baum weist Energiequellen auf, hat (im Stamm) einen Energiespeicher und zeigt in Ästen, Zweigen und Blättern die vielfältigen Erlebnisse, Aktivitäten und Interessen des Menschen (vgl. Arnold 2017,

S. 61). Über solcherart entwickelte und gestaltete Bäume lassen sich im Seminar Gruppengespräche gestalten, in denen das Entstehen und das mögliche weitere Wachstum des Baumes erörtert werden können.

Insbesondere in der Bildungsarbeit mit Bildungsbenachteiligten zeigt sich, dass die Bearbeitung biographischer Aspekte meist wichtiger ist als das Erlernen von Fachwissen. Es geht um die Identifikation von Blockaden, Selbsteinschätzungen, Deutungen von Scheitern und Erfolg und soziale Anerkennung. Das lässt sich vergleichen mit dem Erlernen von Schwimmen: solange jemand Angst vor dem Wasser hat, wird er nie richtig schwimmen lernen, es geht also zuvörderst um den Angstabbau, um das Bewusstwerden der Normalität.

3.4 Lebenslanges Lernen im sozialen Kontext

„Lebenslanges Lernen“ als das heutige zentrale Paradigma für das Lernen, vor allem aber für das Lernen Erwachsener (in manchen Beiträgen wird lebenslanges Lernen mit Erwachsenenbildung synonym gebraucht) umfasst eine lebenszeitliche wie auch eine soziale Dimension, letztere verschiedentlich als „lebensbreite“ Bildung (Reischmann 2010; 2016) bezeichnet. Beide Dimensionen sind miteinander verschränkt und ergeben – wie eine Matrix – die Mehrdimensionalität des Erwachsenenlernens.

a) Lebenszeit und Bildung

Das Leben im Bewusstsein der Endlichkeit und der sich beständig verkürzenden Planungsperspektive als zentrales Bestimmungsmerkmal des Erwachsenenseins (vgl. Arnold 2017) findet seinen Ausdruck auch in einem neuartigen Verhältnis zur „Zeit“ als Lebenszeit. Diese Lebenszeit ist autobiographisch dimensioniert und somit Gegenstand einer sich ständig wandelnden Interpretation und Planung. Im Verlauf seines Lebens vollzieht der einzelne nämlich eine kontinuierliche Um- und Neuinterpretation seiner eigenen Vergangenheit und seiner zukünftigen Erwartungen. Er strickt an der Geschichte seines Lebens, deren jeweils gültige Version vorläufiges Resultat ständiger Bilanzierung, Selbstvergewisserung und Außendarstellung ist: „Wir gehen durchs Lebens und bringen unseren Feiertagskalender auf den neuesten Stand“ (Berger 1971, S. 69). Während sich die eigene Lebenszeitperspektive des einzelnen in jungen Jahren als „Zeit seit der Geburt“ darstellt, steht in den mittleren Jahren der Blick auf die „Zeit, die man noch vor sich hat“ im Vordergrund (Kohli 1978, S. 26). In diesem Sinne ist das „Lebenslange Lernen“ eine Dimension der Zeit.

Das Zeitbewusstsein der Menschen ist, wie der alltägliche Sprachgebrauch zeigt, Ausdruck altersabhängiger Lebensformen, unterschiedlicher Formen des Umgangs mit der (Lebens-) Zeit. Das in den modernen Gesellschaften verbreitete Zeitmodell ist das des planvollen, strukturierenden und ökonomischen Umgangs mit der Zeit, das in dem Grundprinzip „Zeit ist Geld“ wohl am deutlichsten seinen Ausdruck findet. Die zunehmende Verbreitung eines solchen „linearen“ Zeitmodells ist Folge des gesellschaftsüblichen Lebens im Modus des Habens. Ein wesentliches Merkmal des Erwachsenseins in kapitalistischen Gesellschaften ist der Besitz – gewissermaßen die biographische Anhäufung von Lebensgütern.

Die Ausbreitung des linearen Zeitmodells geht mit einer wachsenden Entsubjektivierung des natürlichen Zeitrhythmus des eigenen Lebens einher. Der Einzelne ist nicht mehr Herr seiner (Lebens-)Zeit. Er sieht sich vorgefertigten Anfangs-, Abfahrts-, Arbeits- und Schulzeiten gegenüber, die er einhalten muss und die er nicht verpassen darf. Demgegenüber ist das „zyklische Zeitmodell“ dadurch gekennzeichnet, dass die Zeit nicht beherrscht, sondern intensiv erlebt wird. „Nicht das Subjekt bestimmt die Erfahrungen, die Ereignisse: diese bestimmen vielmehr das Subjekt und dies macht es dem Subjekt überhaupt erst möglich, neue Erfahrungen zu machen. Nicht der planende, der berechnende Umgang mit der Zeit wie im linearen Modell ist hier die Perspektive, sondern jener der Erfahrungen (auch der leidenden) von innerer und äußerer Natur“ (Geißler 1983, S. 241). Eine diesem zyklischen Zeitmodell entsprechende Form des lebensgeschichtlichen Bewusstseins stellt sich als Bemühen um die Wiedergewinnung von eigener Lebenszeit dar: „Dies ist der erste Tag vom Rest meines Lebens! – so könnte die bewusste Wieder-In-Besitznahme der eigenen Zeit überschrieben werden. Aneignung der Zeit heißt, vieles Entbehrliche zu lassen und weniger intensiv zu tun – das Leben zu entschleunigen, zu fokussieren, zu gestalten.

Eine Erwachsenenbildung als längster Teil des lebenslangen Lernens, die auch die Wiedergewinnung verlorener Zeitsouveränität als Zielsetzung verfolgt, müsste diese Merkmale aufweisen. Betont werden muss dabei, dass eine Bestimmung des Erwachsenenstatus nicht im Sinne einer Beschränkung auf die gesellschaftlich zugestandenen Souveränitätschancen möglich ist. Ein solch funktionalistischer Erwachsenenbegriff impliziert eine Entsubjektivierung des Erwachsenenseins. Erwachsenensein als Wechselprozess zwischen selbständiger Wirklichkeitsaneignung einerseits und Identitätsbildung andererseits ist vielmehr auf eine Veränderung der gesellschaftlichen Situationen und Erwartungen verwiesen. „Identitätsarbeit“ und „Realitätsarbeit“ sind zwei eng miteinander verwobene Aspekte der Prozesse der Auseinandersetzung des Erwachsenen mit sich selbst und seiner gesellschaftlichen Umwelt.

Diese Auseinandersetzung als Bildung zu bezeichnen, verweist letztlich auf ein Bildungsverständnis, das Bildung als wechselseitige Erschließung von Persönlichkeit und Inhalt „in seinem ursprünglichen Sinn als Wechselwirkung der Anverwandlung von Umweltinformation und Umverwandlung von Aneignungsmustern“ begreift, wie dies Tietgens (1983b, S. 166) zur Zeit der reflexiven Besinnung der Erwachsenenbildung formulierte, welche der Aufbruchstimmung einer verstaatlichten und hochinstitutionalisierten Erwachsenenbildung in den siebziger Jahren des letzten Jahrhunderts folgte.

Der menschliche Lebenslauf und seine Aufteilung in Phasen ist eines der allgemeinsten und grundlegendsten Prinzipien, die der Pädagogik zur Begründung und

Gewichtung ihrer Aussagen zur Verfügung stehen. So findet sich u.a. bei J.J. Rousseau der Hinweis, dass die Menschheit ihren Platz in der „Ordnung des menschlichen Lebens" hat: „Man muss den Mann als Mann und das Kind als Kind betrachten" (Rousseau 1962, S. 63). Eine solche Begründung der Pädagogik im Zusammenhang des Lebenslaufs beinhaltet in der wohl fundiertesten Form erstmals W. Diltheys Lebensphilosophie. Diese existentialistisch anmutende Begründung pädagogischer Praxis ging von einer Untersuchung der Formen und Strukturen des „Lebens" aus und verstand die Pädagogik als eine Hermeneutik der Lebenswelt. Durch eine Gesamtaufhellung und ein fundamentales „Verstehen" der Lebensverhältnisse, in die die menschliche Entwicklung und das menschliche Handeln eingebettet ist, wird der einzelne zum Teilhaber an der kulturell akkumulierten Lebenserfahrung und erwirbt gleichzeitig die Maßstäbe für das praktische Handeln. Im Verlauf des menschlichen Lebens wird demnach mit dem Fortschreiten von Zeit ein „Mehr an Erlebtem in größere Generalisierungen aufgehoben", wobei die Kategorien Erfahren, Erinnern und Verstehen einen besonderen Stellenwert erhalten. Der Lebenslauf ist somit der eigene Horizont, über den kulturelle Bedeutung und individuelles Sinnverständnis vermittelt sind. In einer längeren Ausführung definiert Dilthey den Lebenslauf als zentrale pädagogische Kategorie mit folgenden Worten:

„Das vollständige und in sich abgeschlossene, klar abgegrenzte Geschehen, das in jedem Teil der Geschichte, wie in jedem geisteswissenschaftlichen Begriff enthalten ist, ist der Lebensverlauf. Dieser bildet einen Zusammenhang, der von Geburt und Tod umgrenzt ist. Für die äußere Wahrnehmung erscheint derselbe in den Beständen der Person während ihrer Lebenszeit. Diesen Beständen kommt die Eigenschaft ununterbrochenen Bestehens zu. Aber unabhängig hiervon besteht ein erlebbarer Zusammenhang, der die Glieder des Lebensverlaufs von der Geburt bis zum Tode verbindet. Ein Entschluss wirkt Handlung, welche sich über viele Jahre erstreckt. Sie sind unterbrochen oft auf lange Zeit von Lebensvorgängen ganz anderer Art; aber ohne dass eine neue Entschließung in derselben Richtung stattfände, wirkt der Entschluss auf die Handlung. Die Arbeit an einem Zusammenhang von Ideen kann durch lange Zeiträume geteilt sein, und es liegt dann doch in einer weit zurückliegenden Zeit eine Aufgabe, die wiederaufgenommen wird. Ein Lebensplan besteht, ohne dass eine neue Prüfung desselben eintreten müsste, fort und verbindet Entschlüsse, Handlungen, Widerstand, Wünsche, Hoffnungen der verschiedensten Art miteinander. Kurz, es gibt Zusammenhänge, die ganz unabhängig von der Aufeinanderfolge in der Zeit, den direkten Beziehungen des Sichbedingens in ihr die Teile des Lebensverlaufs zu einer Einheit verknüpfen. So wird die Einheit des Lebensverlaufs erlebt und in solchen Erlebnissen hat sie ihre Sicherheit" (zit. nach Loch 1979, S. 119f.).

Dieses längere Zitat aus Diltheys Spätwerk beinhaltet wesentliche Anknüpfungspunkte für die Bestimmung eines Konzepts des lebenslangen Lernens. Eine solche Bestimmung ist bereits vor dreißig Jahren in entscheidenden Grundzügen durch die Soziologie des Lebenslaufs (Kohli 1978) und durch erste Ergebnisse der Erwachsenensozialisations-Forschung (Arnold u. Kaltschmid 1986; Griese 1976; Nave-Herz 1981) und der Biographieforschung (Hoerning u.a. 1991; Kaltschmid 1994) vorbereitet worden, die sich im Grunde genommen der gleichen Fragestellung wie die

Dithey'sche Lebensphilosophie zuwandten: der Frage nach den persönlichkeitsbildenden und -verändernden Wirkungen der vielfältigen Formen und Strukturen des „Lebens" im individuellen Zeitablauf.

In Abgrenzung vom Alterszentrismus der frühen Sozialisationsforschung ist seit Ende der 70er Jahre und verstärkt seit Anfang der 80er des vorigen Jahrhunderts eine Blickausweitung in der sozialisationstheoretischen (und erwachsenenpädagogischen) Diskussion feststellbar, die in stärkerem Maße einer stadien-unspezifischen Lebenslaufperspektive Rechnung trägt.

Sozialisation wird dabei als lebenslanger Prozess der Anpassung und Auseinandersetzung des Individuums mit der gesellschaftlichen Umwelt, d.h. als lebenslanger Aufbau und lebenslange Bemühung um Stabilisierung von Identität verstanden, es geht mehr um produktive Realitätsverarbeitung als um Anpassung.

Je nachdem, ob der Anpassungs- oder der Auseinandersetzungsprozess des Individuums *an die* oder *mit der* Gesellschaft stärker betont wird, ergibt sich eine Affinität zu traditionellen strukturfunktionalen (vgl. Brim/Wheeler 1974) oder eine Affinität zu neueren interaktionistischen Theorieansätzen der Erwachsenensozialisation (vgl. Griese 2016). In dieser Spannungslage zwischen Vergesellschaftung des Subjekts einerseits und Individualisierung andererseits lassen sich die sozialisationstheoretischen Ansätze einordnen.

Unser Verständnis der lebenslangen Wechselbezüglichkeit zwischen Individuum und Gesellschaft weiß sich der interaktionstheoretischen Sichtweise verbunden, die Klaus Hurrelmann bereits in den 1980er Jahren als „Modell des produktiv realitätsverarbeitenden Subjekts" präzisiert hat, das u.a. durch die Vorstellung charakterisiert ist, die Persönlichkeitsentwicklung geschehe im Prozess einer Auseinandersetzung mit der „inneren" und der „äußeren" Realität, wobei jedes Individuum von Anfang an bestimmte Fähigkeiten der Realitätsverarbeitung, Problembewältigung und Realitätsveränderung besitzt, einsetzt und weiterentwickelt (Hurrelmann 1983, S. 92f.).

Der Lebenslauf des einzelnen Menschen, d.h. seine lebenslange produktive Auseinandersetzung mit sich und seiner gesellschaftlichen Umwelt, ist der anthropologische Horizont der an ihn herangetragenen Bildung und Erziehung. Jedes pädagogische Handeln ist auf konkrete Menschen gerichtet, die durch lebensgeschichtliche Erlebnisse und Erfahrungen geprägt sind und für deren gegenwärtige und zukünftige Lebensgestaltung das Lernen seine eigentliche Bedeutung erhält. Ihre lebensgeschichtlichen Verarbeitungen sind in der Lebenswelt abgelagert und stellen gleichzeitig die präsenten Interpretationsschemata dar, mit deren Hilfe sich der Einzelne seiner Identität vergewissert und sein aktuelles und zukünftiges Handeln deutet und rechtfertigt. In der Perspektive einer anthropologischen Pädagogik ist der lebensgeschichtliche Kontext dasjenige, was lebenslanges Lernen zum Bestandteil der je eigenen Identität macht.

Lebenslauf und Erwachsenenbildung stehen somit in einem unmittelbaren Zusammenhang, insbesondere im Kontext des lebenslangen Lernens. Erst in diesem Kontext gewinnt das Lernen Erwachsener seinen Sinn und seine subjektive Bedeutung. In der Kontinuität und Diskontinuität des Lebens bildet das Individuum seine Identität, in stetiger Wechselwirkung mit seiner Lebenswelt verbringt es seine Lebenszeit und schreibt permanent die Geschichte seines Lebens neu und um (s. oben Kapitel 3.3). Diesen Zusammenhang von Identität und Lebensgeschichte lässt Max Frisch von seiner Figur „Gantenbein" in die Worte fassen: „Jedermann erfindet sich früher oder später eine Geschichte, die er für sein Leben hält" (Frisch 1969, S. 9). Ein lebenslaufgemäßer Begriff von Erwachsenenbildung ergibt sich aus der Funktion, die das Lernen Erwachsener im Hinblick auf die Prozesse der Identitätsfindung und des Identitätserhalts erfüllen kann bzw. soll. Wird Erwachsenenbildung in diesem Zusammenhang als Sozialisationshilfe bzw. als „Bildungshilfe" (Siebert 1983) begründet, so ist damit zum Ausdruck gebracht, dass der Erwachsene sich in der Regel *dann* organisierten Lernprozessen unterzieht, wenn er sich Lebenssituationen gegenübersieht, denen er mit seinem erworbenen Kenntnis- und Wissensstand, mit seinem Identitätsentwurf, nicht gewachsen ist.

Die lebenslaufbezogene Begründung von Erwachsenenbildung ergibt sich demnach aus dem Wandel und der Veränderlichkeit des Lebens, die den Jugendlichen wie den Erwachsenen ständige und oft mit krisenhaften Entwicklungen einhergehende Anpassungs- und Auseinandersetzungsleistungen abverlangt. Eine lebenslaufbezogene Bildung, als die lebenslanges Lernen letztlich zu verstehen ist, gewinnt ihren Sinn somit im Rückbezug auf den Lebensprozess der Individuen und den Sinn und Nutzen, welche sie darin stiftet.

b) Milieus und Bildung

Neben der Lebenslaufperspektive hat sich seit zwei Jahrzehnten eine milieutheoretische Perspektive in der Diskussion um das lebenslange Lernen etabliert (vgl. Barz 2016; Barz/Tippelt 2004). Erwachsene stellen sich im Lichte einer solchen Betrachtung als Repräsentanten gesellschaftstypischer Lebensstile dar, die auch die Bildungserwartungen sowie die Bildungsteilhabe prädeterminieren. In einer idealtypischen Darstellung lassen sich die erwachsenenpädagogischen Implikationen des derzeit in unserer Gesellschaft „vorherrschenden" Milieus im Anschluss an die SINUS-Studien (SINUS, erstmals 1992, aktuell 2015, S. 15) wie folgt darstellen:

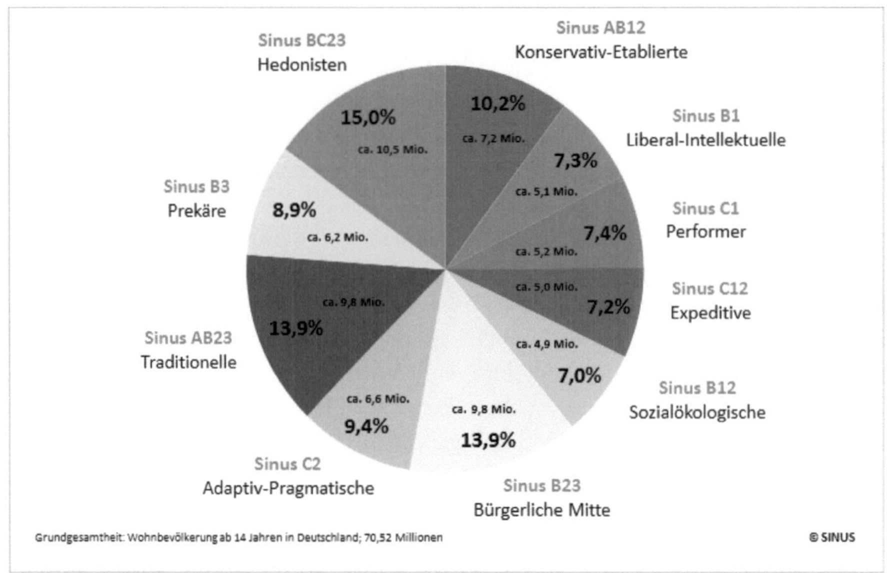

Abb. 16 Die SINUS-Milieus in Deutschland 2015

Es ist ersichtlich, dass der Milieuansatz mehr Aspekte des Lebens einbezieht als demographische Daten wie Alter, Geschlecht und Beruf. Er geht damit über die Theorie sozialer Klassen hinaus, wie sie in der Folge von Karl Marx von vielen bedeutenden Soziologen vertreten wurde – wenn auch oft in der abgeschwächten Form der „Schichten", die auf den im Klassenbegriff enthaltenen Gegensatz (mit entsprechenden Konfliktzonen) verzichten. Max Weber hatte zu Beginn des letzten Jahrhunderts noch vier Klassen konstatiert: die Arbeiterschaft, das Kleinbürgertum, die besitzlose Intelligenz sowie das Besitz- und Bildungsbürgertum. Auch bei ihm sind schon Elemente einbezogen, die mehr als eine rein ökonomische und soziale Dimension umfassen.

Der Milieuansatz der Sinus-Studien umfasst zehn Milieus, die sich insbesondere auch durch den Grad der Modernisierung unterscheiden. Die traditionellen Milieus etwa der Konservativen, DDR-Nostalgischen und Traditionsverwurzelten definieren sich ähnlich wie die Milieus der Postmateriellen oder der Konsum-Materialisten durch die Haltung gegenüber dem, was gemeinhin als gesellschaftlicher Fortschritt verstanden wird. Naheliegend, dass mit diesem Kriterium die Milieuforschung selbst einem steten Wandel (vor allem in der Kategorisierung) unterliegt.

Die Milieus lassen sich, letztlich seit der Studie von Strzelewicz, Raapke und Schulenberg (1966), mit Einsichten zu biografischen Lernprozessen, Bildungsinteressen und Bildungsverhalten verbinden. Sie bilden eine „mittlere" Klassifizierung der sozialen Struktur zwischen völliger Individualisierung und festgelegter Klassengrenzen und leisten dadurch – bei aller Flexibilität – eine bildungsrelevante Transparenz potentieller Zielgruppen. Entsprechend können sie auch in der Bildungsplanung eingesetzt werden (vgl. Barz/Tippelt 2004).

3.5 Qualitative Zugänge zur Bildung Erwachsener

Die folgenden Ausführungen wenden sich den forschungsmethodischen und den didaktischen Folgerungen aus den skizzierten Zusammenhängen zwischen Gesellschaft, Lebenswelt und Bildung von Erwachsenen zu. Mit der Bezeichnung „qualitativ" wird eine bewusste Abgrenzung von derjenigen empirischen Sozialforschung vollzogen, die vorwiegend mit quantitativen Methoden arbeitet. Und unter didaktischen Anforderungen wird vor allem auf die Notwendigkeit einer Organisation von Lehr-Lern-Prozessen eingegangen, in denen die Wahrnehmungen, Erfahrungen und Interessen der Lernenden im Mittelpunkt stehen.

a) Zur Adäquanz qualitativer Forschung

Besonders in Deutschland wird zwischen einem quantitativen und einem qualitativen Zugang zur Empirie unterschieden – die Verfechter der entsprechenden Positionen befanden sich bis vor etwa nahezu fünfzig Jahren in einer heftigen Auseinandersetzung („Positivismusstreit"). Auch wenn sich die Wogen mittlerweile ein wenig geglättet haben, so sind doch deutliche Unterschiede zwischen den Ansätzen vorhanden (vgl. Nuissl 2010b). Beide Ansätze haben Vor- und Nachteile, die jeweils abhängig von der Fragestellung zum Tragen kommen. Grob gesagt haben qualitative Ansätze eine größere Tiefenschärfe in sozialen Feldern, während quantitative Ansätze eher Auskünfte über die entsprechende gesellschaftliche Relevanz geben können. In jüngster Zeit ist vor allem über einzelne „lage scale"-Untersuchungen ein großes Volumen quantitativer Daten zum Bildungsgeschehen in vielen Ländern, oft auch in vergleichender Weise, entstanden (in der Weiterbildung etwa das PIAAC)[1], das Grundlage eines legitimierten und evidenzbasierten politischen Handelns sein kann – oder besser: sein könnte.

Für die pädagogischen Prozesse sind qualitative Untersuchungen zu bevorzugen. Sie arbeiten nicht mit großen Fallzahlen, sondern versuchen, Zusammenhängen und Ursachen komplexerer Art auf den Grund zu kommen. Sie kommen zu differenzierteren Erkenntnissen und liefern vor allem für die pädagogische Praxis wichtige Hinweise.

Quantitative Zugänge überprüfen festgelegte Merkmale und Indikatoren, verfolgen einerseits Standards und folgen andererseits operationalisierten Planungsverfahren, während qualitative Zugänge zur Bildung Erwachsener eine (Wieder-) Entdeckung hermeneutisch-lebensgeschichtlicher Ansätze in der Erwachsenenbildung nahelegen. Interessanterweise gibt es hier eine „strukturelle Ähnlichkeit im Vorgehen des

[1] PIAAC: Das „Programm for the International Assessment of Adult Competences" ist ein Projekt, an dem sich über 25 Länder beteiligten und dessen Ziel es war, die Kompetenzen von Erwachsenen international zu vergleichen (vgl. Rammstedt u. a. 2013).

Kursleiters und des Forschers in der Erwachsenenbildung“ (Ebert u.a. 1984, S. 92): Beide sind auf professionelle Formen methodisch kontrollierten Fremdverstehens angewiesen. Hierbei können explorative Forschungsverfahren verdeutlichen helfen, „inwiefern Forschende, Planende und Lehrende in einer vergleichbaren Lage sind. Ihnen allen geht es darum zu begreifen, was Menschen gegenüber Bildungsangeboten bewegt, was sich in deren Köpfen anders ausmalt“ (Tietgens 1986, S. 143). Beiden geht es somit um Verstehen lebensgeschichtlich geprägter Deutungsmuster und um Handlungsmotive Erwachsener, ein Verstehen, das nur gelingen kann, wenn die situativen Kontexte, in denen der Erwachsene lebt, so weit wie möglich erhalten und authentisch dokumentiert werden können. Ebenso kann Lernen Erwachsener nur unter Rückgriff, Einbeziehung und Anknüpfung an diese lebensweltlichen Strukturen bildungswirksam gelingen. Für die Bildung Erwachsener ist deshalb die verstehende Antizipation ihrer Lebenswelten unentbehrlich.

„Es sind also nicht anthropologische Prämissen allein, die für ein interpretatives Paradigma der Erwachsenenbildungsforschung plädieren lassen. Es ist ihre Realitätsstruktur selbst. Situationsabhängigkeit, Teilnehmerabhängigkeit und Institutionsabhängigkeit führen in je eigener Weise auf den Weg des interpretativen Zugangs. Wo immer Erwachsenenbildung zustande kommt, ist sie ein Stück Interpretationsverarbeitung“ (Tietgens 1981, S. 133).

Zwar hat sich in der Bundesrepublik Deutschland erst mit einiger Zeitverzögerung eine „empirische Weiterbildungsforschung“ entwickelt (vgl. Born 2014), doch trat sie erst zu einem Zeitpunkt breiter auf, als sich allenthalben Ernüchterung in der wissenschaftstheoretischen und forschungsmethodischen Diskussion über die „Tragfähigkeit“ des normativen Paradigmas in der Pädagogik zu verbreiten begann. Die Plädoyers für interpretative Verfahren stellten die Genuität des Gegenstandes der Sozialwissenschaften in den Vordergrund und machten die Defizite des formalquantifizierenden Forschungsansatzes deutlich (vgl. Nuissl 2010b). Während letztere danach streben, standardisierte Techniken und Verfahrensweisen zu entwickeln, die in möglichst detaillierter Form in Einzelschritten operational beschrieben werden können, also vollständig kodifiziert sind, gehen die interpretativen Ansätze davon aus, dass Daten nicht schlechthin existieren, sondern dass ihre Entstehung („Erhebung“) und Analyse immer einen interaktiven Prozess zwischen Forscher (im weitesten Sinne) und erforschter Umwelt darstellen.

Grundlegend für das interpretative Paradigma ist die Forderung, die gewonnenen Daten nicht nach einem vorgefertigten Interpretationsschema zu analysieren, sondern sich auch von den Daten belehren zu lassen, d.h. das vorläufige Vorverständnis vom Gegenstand sukzessive und zyklisch weiterzuentwickeln und zu einer „induktiven“ Kategorisierung und Theoriebildung zu kommen.

Einige teilweise leicht überspitzte Anmerkungen zur heute wieder politisch gestützten „Monokultur“ des normativen Paradigmas sollen die spezifischen Vorzüge des interpretativen Paradigmas in den Blick rücken. Die Argumente werden dabei auf

vier Ebenen entwickelt. Gleichzeitig wird auf einige Titel von Büchern oder Zeitschriftenaufsätzen verwiesen, die dem interessierten oder möglicherweise „zahlengeschädigten" Leser ein weites Forschungsfeld zur Beschäftigung mit alternativen Ansätzen einer pädagogischen Forschung eröffnen. Denn: Die pädagogische Forschung ist glücklicherweise nicht mit ihrer empirischen bzw. quantitativen Variante identisch, besonders auch nicht in der Erwachsenenbildung.
Die vier Argumentationsebenen sind:

- die implizite Machtperspektive einer empirisch-pädagogischen Forschung quantitativer Ausrichtung (1),
- das zweifelhafte Wirklichkeitskonzept des quantitativen Ansatzes in der pädagogischen Forschung (2),
- die problematische Figur der „Vereinheitlichung" der Wissenschaft durch den quantitativ – empirischen Ansatz (3),
- die Grenzen eines Forschungszugriffs quantitativ – empirischer Forschung in der Bildung (4).

Ziel der folgenden Ausführungen ist es nicht, einen Streit um die Theorie der pädagogischen Wissenschaften zu beginnen oder fortzuspinnen, sondern es sollen einige Argumente zusammengestellt werden, die gegen eine *Monopolisierung* des quantitativen Zugangs zur Erforschung pädagogischer Situationen sprechen. Die Relevanz quantitativer Daten bei der Erfassung tatsächlicher Bedeutsamkeiten in Bildungsprozessen hängt im Wesentlichen von der Validität und der Reliabilität verwendeter Merkmale und Kategorien ab. Diese jedoch können nur auf qualitativen Wegen erfasst und überprüft werden, und Forschung benötigt eine erkenntnis- sowie wahrnehmungstheoretisch reflektierte Beobachtertheorie (vgl. Arnold/Neuser 2017). Mit anderen Worten:

> Die Qualität quantitativer Forschungsergebnisse beruht auf der Qualität qualitativer Analysen sowie auf der Selbstreflexivität des Forschenden.

Das Alltagshandeln in pädagogischen Situationen findet weitgehend unabhängig von den „Ergebnissen" statistischer Analysen statt. Auch ohne statistische Daten gab es seit Jahrhunderten eine pädagogische Forschung, deren Erkenntnisse durch Zahlen von Bildungsstatistikern und Bildern von Neurowissenschaftlern bislang nicht in Frage gestellt wurden. Doch nun zu den vier Dimensionen der Kritik an einer Monopolisierung quantitativ empirischer pädagogischer Forschung:
Zu 1) Die quantitativ – empirische pädagogische Forschung impliziert eine Machtperspektive in der Art und Weise, wie sie ihren Forschungsobjekten, den lernenden Subjekten, begegnet. Ein Bezug zur Lebenswelt der Schüler bzw. Teilnehmer ist ihr fremd. Mit ihr ist ein Forschungstyp entstanden, in dem die Forscherinnen und Forscher nicht selten dazu neigen, ihre Probanden zu bloßen Datenlieferanten zu reduzieren. Diese Haltung wirkt letztlich als Macht auf die Probanden. Sie begünstigt eine Verdinglichung der Subjekte pädagogischer Interaktionen. Gleichzeitig ent-

mündigt der Forscher die lernenden Subjekte, indem er ihnen die Chance zur Artikulation ihrer eigenen Perspektiven zu den von ihnen selber als Problem empfundenen Fragestellungen nimmt. Diese Form der Rationalität kann als Rationalität der technischen Verfügbarkeit bezeichnet werden. Wenn ein empirischer Forscher mit einer solchen Rationalität sich in das pädagogische Handeln „begibt“, unterstellt er ein „koloniales Erziehungsverhältnis“ im Sinne einer – wie es Peter Gstettner einmal auf den Punkt brachte – „unterdrückenden und befürsorgenden Bildungsherrschaft“ (Gstettner 1979, S. 155) als objektiv gegeben: Er ignoriert die in seiner eigenen Sichtweise implizierte Machtperspektive. Diese wäre aber durch eine Aufdeckung ihrer historisch-gesellschaftlichen Aspekte (Habermas 1979) transparent und bewusst zu machen.

Zu 2) Indem die quantitative Forschung über die Subjekte „verfügt“, sind auch ihre Ergebnisse weitgehend von diesen „abgelöst“. Und hieraus ergibt sich ein zweiter Aspekt der impliziten Machtperspektive: die willkürliche politische Verwendbarkeit von Ergebnissen z. B. im Parteienstreit. Denn in der Ausklammerung des Subjekts aus dem Prozess der Entscheidung über seine Wirklichkeit sind sich alle, Politiker und Empiriker, häufig einig. Devereux (1976, S. 16 ff.) hat darüber hinaus auf die mögliche angstauslösende Beziehung zwischen Forscher und Erforschtem hingewiesen, die den gravierendsten Aspekt der impliziten Machtperspektive darstellen kann. Hans-Joachim Müller hat 35 Jahre nach diesen Hinweisen den Text von Devereux wiedergelesen und erkennt in diesen wichtige Anregungen für die Entwicklung einer systemischen Beobachtertheorie,

„(...) welche die affektiven Verstrickungen des Forschers nicht mit meist vergeblichen Abwehrmanövern zu vermeiden sucht, sondern für eine – in Bezug auf Emotionalität – nach Objektivität strebende verhaltenswissenschaftliche Forschung zu nutzen sucht. (...) Als Rekonstruktion auf die Wahrnehmung von Fakten, Gegenständen, Ereignissen und Prozessen (z. B. Äußerungen und Handlungen anderer Menschen) entstehen bei einem Beobachter eigene Gefühle und Vorurteile. Diese beeinflussen als seine eigenen Reaktionen seine Wahrnehmung oftmals so stark, dass diese mehr als eine Wahrnehmung der eigenen Reaktionen und weniger der beobachtbaren Phänomene bezeichnet werden kann. Denn, was der Beobachter tatsächlich wahrnimmt, sind seine eigenen Reaktionen auf diejenigen Reaktionen, die er durch sein Beobachten selbst auslöst“ (Müller 2011, S. 172).

Die Rationalität der technischen Verfügbarkeit, die dem Konzept einer quantitativ – empirischen pädagogischen Forschung zugrunde liegt, kann nicht bloß eine Entmündigung und Enthumanisierung der Subjekte implizieren, sondern darüber hinaus auch ein unvollständiges Bild von der pädagogischen Wirklichkeit. Hier geht es um zweierlei: Erstens geht es um die Frage, ob die vom Forscher erfasste Situation „wirklich“ so gegeben ist, wie er sie erkennt, oder ob er diese Situation durch seine Frage erst erzeugt bzw. „konstruiert“ hat – letztlich seinen eigenen Erkenntnisinteressen verpflichtet und mit seinen inneren Bildern vom Gegenstand hantierend. Und zweitens ist die Frage, ob er mit den quantitativ erfassten (und erfassbaren) Aspekten des Lernprozesses wirklich das Relevante desselben erfasst (vgl. Nuissl 2010 b). Einfach gesprochen geht es um die Frage der „Bedeutung“: Hat eine päda-

gogische Situation eine Bedeutung, die „von außen" erkennbar und mit der Fragestellung des Forschers „vereinbar" ist, oder hat diese Situation nur die Bedeutung, welche die in ihr Handelnden ihr geben? Geht man wie viele die Empiriker davon aus, dass Bedeutungen von Situationen und Handeln gewissermaßen aus der Vogelperspektive heraus erklärbar sind, so ist in hohem Maße die Gefahr gegeben, dass der Forscher einfach seine eigenen Bilder strukturierend in den Erkenntnisprozess transferiert und so mit sich selbst beschäftigt bleibt.
Quantitative Forschung im pädagogischen Feld unterliegt der Gefahr einer simplifizierten und vergegenständlichten Sichtweise. Es ist die Gefahr, die eigene Perspektive zu verdoppeln und als objektive Realität auszugeben. Die Begriffe „Leistung", „Aggression" oder „Weiterbildungsbereitschaft" z. B. sind im quantitativen Paradigma vordefiniert und als relevant erklärt. Geht man demgegenüber davon aus, dass die pädagogische Situation einerseits andere Aspekte als relevant umsetzt oder diese vordefinierten Aspekte anders besetzt, zeigt sich, dass die „Wirklichkeit" der Lehr-Lern-Situation nur über die Bedeutungszuschreibungen der Handelnden erschlossen werden kann. Oder am Beispiel: Der quantitative Forscher, der glaubt, mit standardisierten Fragebögen „Aggression" erforschen zu können, erfasst nur eine von ihm begrifflich konstruierte Wirklichkeit.
Darüber hinaus wird gerade an den Konstrukten Leistung und Aggression (z. B. Disziplinierungsansprüche) deutlich, dass die in ihnen enthaltenen gesellschaftlichen Implikationen ideologiekritisch herausgefiltert werden müssen, um zu einem validen Ergebnis zu kommen. Sie können nicht bei den Forschungsobjekten unterstellt werden. Dies gilt auch für die Weiterbildungsbereitschaft:

„Individuelle Problemlösungsstrategien entstehen nicht aus dem Augenblick, sondern verweisen auf Vergangenes, in dem wiederum Zukünftiges schon eingeschlossen ist. Wenn Weiterbildung als eine mögliche Problemlösungsstrategie in Erscheinung treten soll, so muss zuvor die Vergangenheit des Individuums, seine Lebensgeschichte soweit erhellt sein, dass es – und zwar aus der Sicht des Betroffenen selber – möglich wird, die bisher abwehrende Haltung gegenüber Bildung zu verstehen" (Ebert u. a. 1984, S. 57).

Pädagogische Wirklichkeit, wie die uns umgebende Wirklichkeit überhaupt, ist nicht unabhängig von den Bedeutungen der in ihr Lebenden vorhanden, sondern durch diese erst sinnhaft konstruiert. „Aggression" z. B. ist deshalb nicht von einem externen Standpunkt über Vorabklassifikationen erklärbar, sondern nur über subjektive Sinnzusammenhänge verständlich. Pädagogische Forschung hat somit die Aufgabe der „Rekonstruktion von Alltagswelten und der in ihnen enthaltenen subjektiven Erfahrungen" (Mollenhauer 1980, S. 98), denn diese bestimmen und prägen pädagogische Situationen. Pädagogische Forschung darf nicht hinter die konstruierende Welterkenntnis der Subjekte zurückfallen, deren Lernen empirisch erfasst werden soll.
Zu 3) Auf einer dritten Ebene ist auf die fragwürdige „Vereinheitlichung" der Wissenschaft durch den empirischen Ansatz hinzuweisen. Damit ist die Annahme gemeint, dass zwischen den Naturwissenschaften und den Sozialwissenschaften

letztlich kein grundsätzlicher Unterschied bestehe, beide vielmehr gleichermaßen auf die Ermittlung von Gesetzmäßigkeiten im Sinne von „Wenn Dann – Aussagen" bezogen seien. Aus diesem Grunde wäre für beide eine gleichermaßen „distanzierte" Forschungsmethode begründbar. Nach dem Motto: Was der Seismograph für den Geologen, sind Test und Fragebogen für den Pädagogen. Gegen eine solche Vereinheitlichung spricht die „Besonderheit des sozialwissenschaftlichen Gegenstandsbereiches", auf den bereits im Zusammenhang mit der tendenziell verkürzten Wirklichkeitskonzeption des Empirismus hingewiesen wurde. Diese Besonderheit besteht in dem „sinnhaft motivierten" Handeln im Unterschied zu der nach naturwissenschaftlichen Gesetzmäßigkeiten erfolgenden Entwicklung des Objektes der Naturwissenschaft.

Während Natur unabhängig von den Bedeutungen, die wir ihr geben, vorhanden ist, wird soziales Handeln erst durch die Kommunikation, durch Symbole und Situationsdefinitionen zur Realität. Es ist gesellschaftlich – und im Pädagogischen nicht selten emotional! – konstruiert. Pädagogische Forschung, die auf die Verbesserung des pädagogischen Alltagshandelns bezogen ist und nicht auf die Verbesserung statistischer Berechnungsverfahren zur Verifikation theoretischer Vorannahmen, muss gerade an dieser Sinnmotiviertheit ansetzen. Häufigkeitsverteilungen und Korrelationen gehen an eben dieser Erfahrungs- und Bedeutungsgebundenheit des Handelns vorbei.

Zu 4) Damit sind wir auf der vierten Ebene Argumentation gegen die Dominanz des normativen Paradigmas angelangt: der Fragwürdigkeit des Forschungsansatzes quantitativ-empirischer Ausrichtung im Bereich des Lehrens und Lernens. Da die pädagogischen Situationen (z. B. Unterricht) und das Handeln der Beteiligten durch jeweils subjektive Deutungsmuster und Konzepte bestimmt sind, greifen oft auch differenzierte Fragebogen und Beobachtungsraster für repräsentative Stichproben zu kurz. Adäquat sind demgegenüber „qualitative" Verfahren, mit denen die spezifischen kommunikativen und interaktiven Geschehnisse erfasst werden können. Jeder pädagogische Prozess ist ein Unikat, er wird so nie wieder stattfinden, er ist nicht reproduzierbar. Nur im Bereich qualitativer Forschung stehen Methoden bereit, welche diese „Flüchtigkeit" bildnerischen Geschehens erfassen und abbilden können.

Resümieren wir: Diese vier kritischen Fragen an das Paradigma quantitativ-empirischer Forschung hinsichtlich eines Einsatzes in der Pädagogik beinhalten gleichzeitig eine Aufwertung des „Alltagsbewusstseins" der in die pädagogische Praxis involvierten Personen. Wesentlich ist der Anspruch der „Sinnwelten", die die pädagogische Praxis konstituieren. Was denken und empfinden z. B. Lernende und Lehrende in ihrem gemeinsamen Lernen? Zu welchen Deutungsmustern und Versprachlichungen greifen sie bei der Darstellung ihres Alltags? Was empfinden sie als Problem? Die „Verarbeitung" welcher lebensgeschichtlichen Schaltstellen prägt ihre Identitäten? Wie ordnen die Betroffenen interpretativ den organisatorischen Bedingungsrahmen ihres Lern-Alltags? Diese Fragestellungen verweisen auf einen Forschungsansatz, der auf Verstehen hin angelegt ist und weniger auf erklärendes Aufdecken – bzw. Unterstellen – von generalisierbaren Gesetzmäßigkeiten. Nicht aus Fragebögen, sondern aus „Geschichten" erfahren wir wahre Aufschlüsse über die tieferen Beweggründe in der pädagogischen Interaktion.

In diesem Sinne hat Hans Tietgens, bezogen auf die Erwachsenenbildung, auf die „Parallelität von Forschungsentwicklung und Problemverständnis" (Tietgens 1986, S. 129) hingewiesen und betont, dass die Hinwendung zum interpretativen Paradigma für die Forschung und die Praxis der Erwachsenenbildung gleichermaßen Perspektiven eröffne, da es beiden letztlich um den „Umgang mit Deutungen" gehe (ebd., S. 133). Demgegenüber führe der Präzisionsanspruch quantitativ – empirischer Forschung zu einer Erfassung isolierter Daten, was weder der Realität dieser Daten noch dem Interesse der Praxis und der Forschung gerecht werde.

„Dieses Interesse besteht darin, besser dahinterzukommen, was vor sich geht. Das aber sind Prozesse, denen eine isolierende, quantitative Forschung nicht beikommt. Wir wissen noch wenig, wenn nach einer Befragung festzustellen ist, wie hoch der Anteil der Befragten ist, der sich für dieses oder jenes Thema entschieden hat. Denn im Ungewissen bleibt, was sich die Befragten bei dem vorgegebenen Thema gedacht haben. Eben darauf müsste sich Erwachsenenbildung zu beziehen versuchen" (ebd., S. 134).

Unsere kritischen Anmerkungen zum normativen Paradigma quantitativ-empirischer Forschung richten sich keineswegs grundsätzlich dagegen, auch Forschungen zur Klärung von Fragestellungen des Bildungsbereiches durchzuführen, die mit einem solchen Forschungszugriff geklärt werden können. Insofern stimmen wir Horst Siebert zu, der im Blick auf das Postulat verallgemeinerbarer, personen- und situationsunabhängiger Erkenntnisse darauf hinweist, dass Erwachsenenbildungsforschung nicht auf empirisch-analytische Forschung quantitativer Ausrichtung verzichten kann. Wenn auch die Forschungsergebnisse nicht immer unbedingt statistisch repräsentativ und generalisierbar sein müssen, so sollten sie doch „typische" Probleme und Zusammenhänge erfassen. Andernfalls könnte Forschung zur „Kasuistik", zum „Nacherzählen" von Geschichten werden (Siebert 1989, S. 12).

b) Der Deutungsmuster-Ansatz

Die Deutungsmuster der Lernenden sind ein konstitutiver Ansatzpunkt bei der Erforschung der Bildung Erwachsener (vgl. Arnold 1985; 2010; Nuissl 2012), aber auch für die Bildungsprozesse selbst: Ohne die Einbeziehung ihrer Deutungsmuster ist eine Bildung Erwachsener nicht möglich. Denn ihre subjektive Verarbeitung der eigenen Lebenspraxis hat sich zu Deutungsmustern im Alltagsbewusstsein, zu Routinen der Wirklichkeitserschließung und Weltaufordnung verdichtet, welche die

Lebens- und Lernbewegungen der Erwachsenen begleiten. Diese anthropologische Prämisse des „Lebens im Modus der Auslegung“ (Tietgens 1981, S. 89 ff.) ist in der wissenschaftlichen Literatur zur Erwachsenenbildung verschiedentlich aufgegriffen (vgl. Kade 1989) und im Hinblick auf ihre praktischen und methodischen Implikationen für das Erwachsenenlernen untersucht worden.

Generell scheint es in der Praxis unterschiedliche Varianten des pädagogischen Umgangs mit den Deutungsmustern der Lernenden zu geben:

1. Die Überzeugungskraft wissenschaftlichen Wissens

Der oder die Lehrende kann sich auf seine Fachkompetenz zurückziehen, z. B. die Ergebnisse neuerer Forschungen referieren, um mit deren Hilfe die vermeintlich „falschen“ oder undifferenzierten Deutungsmuster der Teilnehmer zu entlarven und „eine Differenzierung der Deutungsmuster anzuregen“ (Tietgens 1986, S. 122). Dies kann in einem Lehrgespräch erfolgen, in dessen Verlauf die Teilnehmenden ihre Deutungen artikulieren und selbständig mit den offerierten wissenschaftlichen Erklärungen vergleichen können. Jedoch: Selbst wenn es gelingt, hierbei ein Höchstmaß an Partizipation der Lernenden zu erreichen, ist es doch fraglich, ob deren Deutungsmuster, die jahrelang das Denken und Handeln in bewährter Weise für den Einzelnen ausgerichtet haben, durch die Kraft der „besseren Argumente“ wirksam geändert werden können. Aus der Praxis sind zudem zahlreiche „Resistenzen“ gegenüber wissenschaftlichem Wissen bekannt. In den Protokollen von Bildungsurlaubsseminaren (Kejcz u. a. 1979) zeigt sich, dass die Teilnehmenden eher bei ihren Deutungsmustern bleiben als sich den vorgeschlagenen Erklärungen anzuschließen, wodurch zwei parallele Diskurse entstehen, die kaum miteinander verbunden sind. Jürgen Wittpoth arbeitete im Anschluss an Engelhardt (1979) heraus, dass in der Lehrerfortbildung vier Formen des „Umgangs“ mit wissenschaftlichem Wissen zu erkennen sind:

„– *Die erste Form, die er (= Engelhardt, d. A.) als Abschirmung bezeichnet, besteht darin, nur diejenigen Teile von Theorien zu übernehmen, die die eigenen Auffassungen und Praktiken entweder bestätigen oder für diese irrelevant sind. Die das pädagogische Handeln anleitenden Alltagstheorien sind in diesem Fall so verfestigt, dass sie von äußeren Einflüssen kaum berührt werden.*
- *Die Anpassung oder Umfunktionierung wissenschaftlichen Wissens verläuft so, dass neue Inhalte zwar in die Alltagstheorien aufgenommen werden, mit ihnen verbundene Handlungskonsequenzen jedoch im Sinne der Anpassung an bisher geübte Praxis verändert werden.*
- *Eine Abspaltung neu aufgenommenen wissenschaftlichen Wissens vom Alltagswissen liegt vor, wenn Theorien zwar anerkannt und übernommen werden, aber dennoch praktisch folgenlos bleiben. Der Pädagoge spaltet seine Person auf in den reflektierenden Sonntags-Pädagogen und den handelnden Alltags-Pauker.*
- *Die Form der produktiven Auseinandersetzung schließlich ist dann gegeben, wenn wissenschaftliches Wissen aufgenommen und in die Alltagstheorien integriert wird“ (Wittpoth 1987, S. 64)*

Insgesamt weisen die ersten drei Formen des Umgangs mit wissenschaftlichem Wissen in der Erwachsenenbildung auf eine „reduzierte Verbindlichkeit wissenschaftlicher Theorien für die Begründung lebenspraktischen Handelns“ hin: Denn auch die intersubjektiven und komplexitätserweiternden Deutungsmuster des wissenschaftlichen Wissens werden identitätsmäßig nur über die interpretative Einarbeitung in die lebensgeschichtlich vom Teilnehmer herausgebildeten Hintergrunderwartungen und Gewissheitsannahmen integriert.

2. Zur „Aufbereitung“ lebensweltlichen Wissens

Die Lehrenden in der Erwachsenenbildung können sich aber auch stärker auf die Lebenssituation der Teilnehmer einstellen, deren Deutungsmuster als Ausdruck und Ergebnis dieser Lebenssituation verstehen und die gemeinsame Analyse dieser Deutungsmuster zum eigentlichen Ausgangspunkt und Inhalt des Bildungsprozesses machen. Dabei ist nicht vom Fachwissen auszugehen, sondern Ziel und Inhalt der Lehre werden „induktiv“ aus den Erfahrungsschilderungen, Stellungnahmen und Berichten der Teilnehmer herausgefiltert und bearbeitet. Hierbei sind methodische Verfahren erforderlich, die es den Teilnehmern ermöglichen, ihre Deutungsmuster möglichst unverfälscht und authentisch zu äußern. Bei diesem induktiven Ansatz haben die Lernenden eine größere Chance, ihr Alltagswissen zum Ausgangspunkt des Bildungsprozesses zu machen. Das Problem besteht darin, von der Ebene der Teilnehmererfahrung vorwärts zu schreiten zur Analyse, Reflexion und Differenzierung der Deutungsmuster.

Dies berührt ein Kernproblem einer Erwachsenenbildung, die an Deutungsmustern anknüpft: Die Frage der Normativität. Der Erwachsenenbildner geht von den Deutungsmustern der Lernenden aus, aber: wo geht er mit ihnen hin, wie und von wem wird das Ziel definiert? Diese Frage ruft in Erinnerung, dass Erwachsenenbildung in der Regel von der Vorstellung eines besseren, höheren, differenzierteren, aufgeklärteren oder wie auch immer zu benennenden Wirklichkeitsverständnisses geleitet wird. Die Berücksichtigung von Deutungsmustern, das Anknüpfen an ihnen im Lernprozess und ihre Differenzierung durch die Bildungsarbeit mit Erwachsenen setzt aber voraus, dass die Lehrenden selbst sich zunächst über die Normen und die Maßstäbe ihres Handelns, d.h. über ihre eigenen Deutungsmuster, Klarheit verschaffen. Wie stellte schon Mager in der bekannten Geschichte vom Seepferdchen fest: „Wenn man nicht genau weiß, wohin man will, landet man leicht da, wo man gar nicht hinwollte“.

3. Zur Legitimation von Deutungsmusterdifferenzierung

Die Frage nach der Legitimation einer Lehre, die Deutungsmuster aufruft, an ihnen anknüpft und sie zu differenzieren oder zu verändern versucht, verweist auf die Notwendigkeit einer berufsethischen Selbstkontrolle des in der Erwachsenenbildung Tätigen. Damit ist gemeint, dass sich das „Wohin“ des erwachsenenpädagogischen Prozesses und die „Zulässigkeit“ erwachsenenpädagogischer Steuerung und Intervention nach Maßgabe universeller berufsethischer Verpflichtungen bemisst (vgl. Pkt. 5.3), die das Handeln der Erwachsenenbildner orientieren. Damit führt die Diskussion um die Legitimation einer „deutungsmusteranknüpfenden" Lehre in das Zentrum anthropologischer und bildungsphilosophischer Überlegungen. Von ihnen kann man nicht erwarten, dass sie sich allgemein konsensfähig auflösen lassen. Es geht dabei letztlich um eine zeitgemäße Definition des Bildungsbegriffes und eine Offenlegung seiner anthropologischen Prämissen, will man nicht, wie in der Legitimationsdebatte oft der Fall, das Problem der berufsethischen Verpflichtung von erwachsenenpädagogischem Handeln lediglich formal lösen.

Die Legitimation einer deutungsmusteranknüpfenden Lehre und ihrer Ziele einschließlich der Zulässigkeit von Interventionen lassen sich nur eingebettet in eine materiale Bestimmung des Bildungsbegriffes und seiner anthropologischen Grundlagen genauer bestimmen. Der Versuch etwa von Forneck (1987), dieses Problem durch Rückgriff auf eine theoretische Analyse des Alltagsbewusstseins zu lösen, ist u. E. nicht überzeugend gelungen, da sich außer der wiederholten Forderung, aus einer solchen Bestimmung die Ziellegitimierung abzuleiten, keine Konkretisierung dafür findet, was denn nun erwachsenenpädagogische Ziele sein könnten, die sich aus dem Alltagsbewusstsein ableiten ließen. Ein solcher Ansatz ist auch deshalb problematisch, weil Bildung dadurch auf die kategorial im Alltagsbewusstsein eingeschlossenen Möglichkeiten eingegrenzt bleibt. Demgegenüber ist es aber erforderlich, neue Weltsichten „von außen" an die Binnenperspektiven der Lernenden heranzutragen, wenn Bildung als „sich selbst übersteigendes Lernen" (Tietgens 1986, S. 94) stattfinden soll.

Letztlich verweist die Frage nach der Legitimation deutungsmusterorientierter Lehre auf ein berufsethisches Sinnproblem, dem alle erwachsenenpädagogisch Handelnden ausgesetzt sind. Rolf Arnold hat im Anschluss an Dietrich Benner vier Prinzipien erwachsenenpädagogischen Denkens und Handelns konkretisiert, die auf ein in der Tradition der Aufklärung stehendes Bildungsverständnis verweisen, nämlich: Bildsamkeit als Bestimmbarkeit des Menschen zu produktiver Freiheit, Aufforderung zu Selbsttätigkeit, Überführung gesellschaftlicher in pädagogische Determination sowie Konzentration der menschlichen Gesamtpraxis auf die allen Praxen gemeinsame Höherentwicklung der Menschheit (Arnold 1985, S. 115 ff.). Es geht um einen historisch und gesellschaftlich reflektierten Bildungsbegriff, der weder kulturelitär noch lehr-tabuisierend wirkt. Eine solche Bildung „verlangt die Entfaltung des Könnens, den Erwerb von Qualifikationen zur Bewältigung konkreter Lebensanforderungen. Dafür will etwas gelernt sein, will etwas getan werden. Als nicht weniger wichtig erweist es sich auch, dieses Tun zu reflektieren, seine Begründungen und Folgen zu überdenken, sowohl für sich als auch für die gesellschaftliche Entwicklung" (Tietgens 1986, S. 94 f.).

Bildung als reflexives Lernen (vgl. Pkt. 3.1) ist demnach mehr als ein inhaltsdiffuses subjektivitäts- oder erfahrungs-verbleibendes Lernen. Häufig vernachlässigen die Legitimationsbemühungen alltagsorientierter Erwachsenenbildung die Ableitung und Rechtfertigung der notwendig von außen in den Bildungsprozess einzubringenden Wissensbestände und Bewertungskategorien in der Fehleinschätzung, alle Legitimationen aus der Erfahrungswelt der Teilnehmer ableiten zu können. Erst spät, viele Jahre nach dem Beginn von deutungsmuster-anknüpfenden Lehrkonzepten wurden die Anforderungen an eine konstruktive und konkrete Lösung des Legitimationsdilemmas in der Theoriedebatte aufgegriffen. Zwar hat – spätestens seit Enno Schmitz´Versuch, die Erwachsenenbildung als einen „lebensweltbezogenen Erkenntnisprozess" zu begründen (1984) – in der Theorie und Praxis der Erwachsenenbildung ein nicht-konkretistisches Aufgabenverständnis Auftrieb erhalten, welches dieser die Aufgabe zuwies, von den jeweiligen lebensweltlichen Vorbedingungen der Teilnehmerinnen und Teilnehmer auszugehen und Bildung als einen Transformationsprozess individuellen Bewusstseins bzw. subjektiver Deutungsmuster zu konzeptualisieren. Doch blieb dies nicht-konkretistische Verständnis die Bezugnahme auf konkrete Anforderungen und z. B. fachliche Belange schuldig. Auch in der amerikanischen Erwachsenenbildungsdiskussion hat sich diese nicht-konkretistische Sichtweise durchgesetzt (vgl. Jarvis 1995, S. 94 ff.). Jack Mezirow spricht in diesem Zusammenhang von „meaning perspectives" und markiert als zentralen Fokus einer Erwachsenenbildungstheorie „understanding the nature of these meaning perspectives an how they can be changed to allow exciting new possibilities for realizing meaning and values" (Mezirow 1990, S. XV).

4. Ist Deutung wirklich alles?

Die Deutungsmusterorientierung hat wesentlich dazu beigetragen, die Erwachsenenpädagogik als eine Wissenschaft des zweiten Blicks zu entwickeln. Alles, was auf den ersten Blick so leicht eingängig sich präsentiert, enthüllt sich beim zweiten Blick in seiner komplexen, widerständigen und schwer „beherrschbaren" Struktur. Dies gilt insbesondere für das Lernen und die Bildung von Erwachsenen.

> Lern- und Bildungsprozesse entwickeln sich nicht nach einem Maschinenmodell, sondern nach dem Modell lebendiger und selbstreferentieller Systeme. In der Erwachsenenbildungspraxis ist die Selbstreferentialität von Lernprozessen abhängig von der individuellen Biographie, den Deutungsmustern und der Identität der Lernenden. Dies ist die Grundthese einer systemisch-konstruktivistischen Erwachsenenpädagogik (vgl. Arnold 2013b).

Die skizzierten qualitativen Forschungsbemühungen in den 1980er Jahren auf der Basis des Deutungsmusteransatzes und der Identitätstheorie in der Erwachsenenbildung haben sicherlich ganz wesentlich zur Erhellung der lebensweltlichen Bildungsvoraussetzungen sowie der Binnenperspektiven von Teilnehmern in Lernprozessen beigetragen. Wir wissen durch diese Arbeiten heute mehr darüber, „was Menschen gegenüber Bildungsangeboten bewegt, was sich in ihren Köpfen anders ausmalt" (Tietgens 1986, S. 143), und es ist der Erwachsenenbildungspraxis heute bewusster, dass das Lernen Erwachsener nie nur den Maßgaben von Inhaltsbezügen folgt, sondern immer auch in die biographischen und aktuellen Interaktionsbeziehungen „eingebettet" ist, d.h. neben der „Problemreflexion" auch Prozesse der „Gruppenreflexion" und „Selbstreflexion" mitumfasst (vgl. Siebert o.J., S. 77). Dennoch ist in einer realistischen und gegensatzintegrierenden Sichtweise zu fragen, ob und mit welchem Erfolg die Bearbeitung und Transformation von Deutungsmustern von der Erwachsenenbildung und in der Erwachsenenbildung tatsächlich geleistet werden kann.

Gerade in jüngster Zeit wurde immer deutlicher, dass neben der Komponente des emphatischen Verstehens im erwachsenenpädagogischen Berufshandeln auch die professionelle Distanz eine notwendige Komponente von Professionalität ist. Andererseits: Professionalität darf nicht als eine erwachsenenpädagogische Bildungstechnologie verstanden werden. Im Spektrum der erwachsenenpädagogischen Kompetenzen geht es um Nuancierungen, durch die etablierte erwachsenenpädagogische Denkfiguren zwar relativiert, aber keineswegs abgelehnt werden. Die grundlegende Einsicht des Deutungsmusteransatzes, dass Menschen erfahrungsbasiert und interessengeleitet leben und lernen, ist nach wie vor unstrittig. Auf der Basis dieser Grundannahme konnten überhaupt erst sowohl die teilnehmerorientierte Didaktik als auch die qualitativen Zugänge zu den Binnenperspektiven erwachsener Lerner weiterentwickelt werden.

Dennoch handelt es sich beim Deutungsmusteransatz nicht um eine Universaltheorie dieses Erwachsenenlernens. Im Dreieck „Sache" – „Ich" – „Wir" (vgl. Cohn 1975) ist der Deutungsmusteransatz besonders geeignet für die Ausdeutung der das „Ich" tangierenden Deutungsfragen und der im „Wir" sich abspielenden Deutungsdiskurse. Dies bedeutet jedoch gleichzeitig, dass die Erklärungskraft dieses Ansatzes dort eingeschränkt bzw. unvollständig ist, wo es um stärker sachorientierte Lernprozesse geht. Dies ist in vielen Bereichen der beruflichen Weiterbildung der Fall. Zwar kommt es darauf an, gerade auch in diesen – vermeintlich oder tatsächlich – stärker „sachorientierten" Lernprozessen die Erscheinungen auszuleuchten, in denen sich ich- und gruppenbezogene Deutungsprobleme manifestieren, zumal eine Einschränkung der Vorherrschaft des Fachlichen vielerorts gefordert wird (vgl. Vereinigung der Bayerischen Wirtschaft 2015). Doch reicht diese Ausleuchtung gerade in der betrieblichen Bildungsarbeit nicht aus, um das zu erklären, was sich beim beruflichen Lernen Erwachsener innerhalb und außerhalb der Betriebe ereignet. Mit anderen Worten: die berufliche Weiterbildung kann mit dem Begriff des Deutungsmusters nicht hinlänglich „theoretisch gefasst" werden. Damit wird der Deutungsmusteransatz keineswegs obsolet – es geht vielmehr darum, die Erklärungskraft dieses Theorieansatzes gerade dadurch zu erhalten, dass man auch seine Grenzen verdeutlicht bzw. klar herausarbeitet, für welche Erwachsenenbildungssituation er welche Erklärungskraft besitzt. Nur auf diesem Wege dürfte es möglich sein, die Theorieansätze „zu bündeln", die helfen können, auch die berufliche und betriebliche Weiterbildung zu erklären. Dabei kann auch auf den Deutungsmusteransatz nicht verzichtet werden, da Identitätslernen sich zum integrierten Bestandteil

eines zeitgemäßen Qualifikationslernens entwickelt hat – im Deutschen Qualitätsrahmen machen Aspekte der Persönlichkeit die Hälfte des Kompetenzspektrums aus.
Und auch bei den unternehmenskulturellen Dimensionen der betrieblichen Entwicklung handelt es sich um Symbolisierungs- und Deutungsfragen. Nuancierende Theoriebildung kann auch helfen, eine pragmatische Erwachsenenbildung im Sinne einer Bildungstechnologie zu konstituieren, ohne dabei die Subjektivität der Lernenden zu instrumentalisieren oder unbegründete Rezeptologien zu verbreiten. Es käme vielmehr auch bei diesen Problemen darauf an, beides zu verbessern: Die handwerklich-instrumentelle Professionalität von betrieblichen und anderen Erwachsenenpädagogen einerseits und die Fähigkeit zum pädagogischen Verstehen, d. h. zur subjektsensiblen und selbstreflexiven Intervention, andererseits.
Durch eine solche Theoriebildung können auch wenig hilfreiche oder gar falsche Vereinseitigungen überwunden werden, welche teilweise in der Erwachsenenbildungdiskussion immer noch sichtbar sind. Vereinseitigungen wie

„Kompetenz zur stellvertretenden Deutung“ hier und „Bildungstechnologie“ dort sind ein jeweils reduziertes Verständnis erwachsenenpädagogischer Professionalität. Ebenso wie berufliche und betriebliche Erwachsenenbildung sachorientiertes Lernen und Deutung zugleich sind, kann auch die allgemeine Bildung durch die Gleichzeitigkeit von bildungstechnologischer bzw. instrumenteller Kompetenz einerseits und die Selbstreflexivität pädagogischen Verstehens bzw. kommunikativer Kompetenz andererseits charakterisiert sein.

5. Alles ist Deutung

Die Systemtheorien, Evolutionstheorien und der Konstruktivismus sind mittlerweile zwar zögerlich, aber durchaus nachhaltig in die Erwachsenenbildungstheorie eingedrungen (z. B. Arnold / Siebert 2004; 2006; Schüssler 2000; Arnold 2013b). Dies gilt auch für die Kognitionswissenschaft (Varela u. a. 1990), von deren Rezeption durchaus noch weiterführende Folgerungen für die Theorie und Praxis der Erwachsenenbildung zu erwarten sind. Diese Zurückhaltung der Erwachsenenpädagogik war sicherlich kein Nachteil, denn damit wurde vermieden, dass man allzu leichtgläubig einer Theorie-Mode folgt und den in der Erwachsenenpädagogik vielfach proklamierten Wenden („realistische Wende“, „reflexive Wende“) nunmehr vorschnell die Proklamation einer weiteren „konstruktivistischen Wende“ folgen lässt.
Dennoch überrascht die Zurückhaltung der Erwachsenenpädagogik gegenüber einer konstruktivistischen Konzeptionalisierung ihres Gegenstandes mehr als sie verwundert. Denn bei genauer Betrachtung stellt sich die Praxis des Erwachsenenlernens selbst immer schon als ein Deutungslernen dar, und in dieser Weise wird sie auch seit spätestens den 80er Jahren in Deutschland zunehmend erkannt, analysiert und gestaltet (vgl. Nuissl 2010d). Die erwachsenenpädagogische Analyse und

Praxis hatte es in einem gewissen Sinne immer bereits mit Konstruktionen, mit vorläufigen, zu transformierenden Deutungen und mit Wirklichkeiten zweiter Ordnung, zu tun und sie stellt sich dem unvoreingenommenen Betrachter somit als ein vom Ansatz her zutiefst konstruktivistisches Unterfangen dar.

Die Erwachsenenpädagogik hat sich – wie bereits erwähnt – seit den 80er Jahren des letzten Jahrhunderts in immer stärkerem Maße auch mit der Frage befasst, welches Wissen beim Lernen Erwachsener in welcher Form angeeignet und „verwendet" wird. In dieser wissenssoziologisch präzisierten Form wandelte sich die Erwachsenenpädagogik geradezu zu einer Theorie des Wissens bzw. der lernenden Wissensaneignung (Kade 1989) und der Wissensverwendung, und es war eigentlich nur noch ein kleiner Schritt bis hin zu einer konstruktivistischen Erwachsenenbildungstheorie (vgl. Arnold / Siebert 2004). In diesem Sinne zeichnet sich heute in Umrissen eine Konzeptualisierung des Lernens Erwachsener ab, welche davon ausgeht, dass Menschen überhaupt nur vor dem Hintergrund und im Kontext ihrer „subjektiven Handlungsgründe" (Holzkamp 1993, S. 28) lernen. In diesem Sinne stellt sich Erwachsenenbildung als Deutungslernen dar, d. h.

„(…) als die systematische, mehrfach-reflexive und auf Selbsttätigkeit verwiesene Auseinandersetzung des Menschen mit eigenen und fremden Deutungen. Verfügbare Konstruktionen von Wirklichkeit können in den Veranstaltungen der Erwachsenenbildung artikuliert, miteinander verglichen, auf ihre „Tragfähigkeit" angesichts neuer Situationen überprüft und weiterentwickelt werden. Erwachsenenlernen ist dabei nicht nur ›Aneignung‹ neuen Wissens, sondern auch Vergewisserung, Überprüfung und Modifizierung vorhandener Deutungen. (…) Aufgabe der Erwachsenenbildung ist es, die Reflexion von Deutungen und die Offenheit für ›Umdeutungen‹, d. h. für neue Sichtweisen zu fördern" (Arnold/Siebert 2004, S. 5).

Solche Hinweise legen es nahe, auch in der Erwachsenenbildung über die Möglichkeiten der Wahrnehmung und Gestaltung von Lehr-Lern-Prozessen immer wieder neu nachzudenken und vorhandene Paradigmen zu überprüfen. Objektivistische Vorstellungen von Lehr-Lern-Prozessen müssen in Frage gestellt werden, die davon ausgehen, elementare Wissensstrukturen ließen sich identifizieren, reduzieren und elementarisieren und den Lernenden „vermitteln", Lernenden, die dann ihrerseits in der Lage seien, die übernommenen Wissensstrukturen auf neue Situationen anzuwenden. Eine solche objektivistische Lehr-Lern-Illusion wird vom Konstruktivismus nachdrücklich erschüttert. Und es wird zunehmend deutlich, dass neues Wissen sich nur in die eigenen, biographisch erworbenen und auf Erfahrung basierenden Wissensstrukturen integrieren lässt.

Gleichzeitig lernen wir vom Konstruktivismus, dass die jeweilige Viabilität, d. h. die individuelle Tragfähigkeit und Erklärungskraft von Deutungsmustern nur von den Handelnden selbst – im Handeln – beurteilt werden können. Ihr Nutzen ergibt sich somit aus ihrer Orientierungsfunktion für den einzelnen Erwachsenen. Diese subjektive Orientierungsfunktion von Wissen stellt den eigentlichen Anknüpfungspunkt für eine didaktische theorie-, lebenswelt- und deutungsmusterbezogene Erwachsenenbildung dar (vgl. Siebert 2014). Es geht einer entsprechenden Erwachsenenbildung nicht um Gewissheit und objektive Angemessenheit von Deutungsmustern und Wissen, sondern lediglich darum, Lernprozesse durch Distanz- und Differenzerfahrung zu initiieren und zu fördern. Der Erwachsenenbildner interveniert dabei durch Herstellung von Perspektivenvielfalt und Perspektivenverfremdung, d.h. durch den Vorschlag provozierender, weiterführender und in-Fragestellender anderer Sichtweisen. In gewisser Weise verallgemeinert sich so in der konstruktivistischen Sichtweise auf Bildung das Potential, das von alters her im Begriff der „kulturellen Bildung“ lag.

Ein grundlegend anderes Verständnis von der Eigenstruktur erwachsenenpädagogischer Interaktion basiert auf einem Methodenbegriff, der die „Vermittlung“ in den Mittelpunkt stellt. Anders als bei der konstruktivistischen Sichtweise, die Lernen (auch) als Restrukturierung vorhandener Deutungsmuster konzeptualisiert, wird verschiedentlich ein Methodenverständnis propagiert, das der Schulpädagogik entstammt. Für die dabei entfaltete methodentheoretische Sichtweise ist die „Sache“ bzw. das „Wissen“ zentral. Aus den Wissensständen und Wissensdefiziten ergeben sich letztlich auch die genuinen Bedingungen und Relationen der Erwachsenenbildung, wobei von der Situation des einzelnen und den Gegebenheiten und Potentialen seiner Lerngruppe vollständig abstrahiert wird. Diese sachzentrierte Methodentheorie ist eindimensional. In ihr werden die Mehrperspektivität sowie die „Konstruktivität“ von Lehr-Lern-Prozessen nahezu vollständig ausgeblendet. Und nur auf der Basis eines solchen eindimensionalen Methodenbegriffs wird dann auch nachvollziehbar was damit gemeint ist, wenn in der erwachsenendidaktischen Reflexion zwischen „Gegenstand“ und „Vermittlung“ streng unterschieden wird, wobei doch gerade in einer Gleichsetzung das Wesen einer transformativen und somit letztlich professionellen Erwachsenenbildung liegt:

> Anders als es der „Lehr-Lern-Kurzschluss“ (Holzkamp 1993) nahelegt, liegt die Bedingung der Möglichkeit zur Aneignung von Neuem im einzelnen Lerner selbst. Dieser muss auch das Neue im Kontext seiner routinisierten Sichtweisen und seines Erfahrungswissens jeweils neu konstruieren. Eine eindimensionale Methodenkonzeption demgegenüber, die auf der Vermittlungsillusion des „Lehr-Lern-Kurzschlusses“ insistiert, trägt selbst zur Entprofessionalisierung der Erwachsenenbildung bei, da sie die subjektiven Bedingungen und Voraussetzungen eines nachhaltigen Lernens ignoriert.

4. Die vier Seiten des Bedarfs[1]

Eigenschaftswörter, wie „bedarfsorientiert" oder „praxisorientiert" zählen zur Überzeugungsrhetorik der Erwachsenenbildung. Ein Angebot, welches sich nicht am Bedarf orientiert oder auf die Belange der Praxis vorzubereiten verspricht, hat es schwer, sich am Markt durchzusetzen. Deshalb sind fast alle Begründungen sowie Lernziel- oder Kompetenzbeschreibungen letztlich auf eine spätere Wirksamkeit oder gar Nützlichkeit bezogen, deren Erwartung unsere Vorstellungen von Bedarf durchdringen.

- Doch woher wissen wir, wie der Weiterbildungsbedarf von Erwachsenen tatsächlich einzuschätzen ist? Wer kann darüber Auskunft geben?
- Und wie muss gefragt werden, um nicht den Einschränkungen einer Selffullfilling Prophecy zu erliegen?

4.1 Von der Klärung zur Erschließung des Bedarfs

Eine solche Selbsterfüllungs-Strategie wirkt doppelt: Da erkennen die Befragten zum einen den Bedarf, den sie aufgrund ihres eigenen Werdegangs und vor den Hintergrund ihrer eigenen Erfahrungen für gegeben halten. Zum anderen erlangen diese persönlichen Einschätzungen eine Wirksamkeit, die letztlich auch die zukünftigen Möglichkeiten definiert, um nicht zu sagen restringiert. Ist es abwegig, wenn C. O. Scharmer angesichts dieser Selbstgefangenheit der planenden Klärung auf die blinden Flecken hinweist, die den Blick in die Zukunft beschränken? Insbesondere beklagt er,

„(...) dass Leitungskräfte den aktuellen Herausforderungen gar nicht genügen können, wenn sie sich nur auf der Basis vergangener Erfahrungen bewegen. Manchmal sind die Erfahrungen der Vergangenheit sogar eher hinderlich für die Lösung aktueller Probleme. Zuweilen arbeitet man in Teams, deren eigentlich größtes Problem exakt in den (oft gleichförmigen) Erfahrungen der Vergangenheit besteht, die nun einer kreativen Antwort auf die bevorstehende Herausforderung verhindernd im Weg stehen" (Scharmer 2007, S. 30).

Auch für die Bedarfsklärung, dem ersten und grundlegenden Schritt jeder Bildungsplanung, steht deshalb die Frage im Zentrum:

„Wie können wir eine zukünftige Möglichkeit, die entstehen will, besser wahrnehmen und uns mit ihr verbinden?" (ebd.)

Der Bedarfbegriff verweist zwar unübersehbar auf die Praxis und ihre Gegebenheiten, gleichzeitig ist stets die Frage im Raum, welche Beobachter sich hier mit welcher Lesart dieser Gegebenheiten durchsetzen – teils weil sie es sind, die gefragt

[1] Dieses Kapitel wurde bereits als Arnold 2015b an anderer Stelle veröffentlicht.

werden, teils weil sie die Macht oder das Ansehen haben, sich mit ihrer Interpretation des Bedarfs zu Wort zu melden. Was ein solcher Anschluss an die vorherrschenden Lesarten – Erich Weniger (1894–1961) sprach in diesem Zusammenhang vom Kampf „geistiger Mächte" (Weniger 1952, S. 22) – letztlich bewirkt, ist nicht selten eine Kontinuierung des Bisherigen, welches mit dem Gewesenen viel, mit der Zukunft eher wenig zu tun hat.

Diese komplexen Zusammenhänge zwischen der Ermittlung und Erschließung des Bedarfs einerseits sowie seiner Deckung durch passende Angebote andererseits können durch eine eindimensionale Bedarfsdefinition nicht angemessen abgebildet werden. Aus diesem Grunde werden im vorliegenden Beitrag vier unterschiedliche Bedarfsbegriffe vorgestellt, denen auch jeweils unterschiedliche „Tools" zugeordnet werden können. Keiner dieser Bedarfsbegriffe ist irgendwie treffender als die anderen, und auch keines der Tools ist generell besser geeignet, Bedarfe einzuschätzen, zu ermitteln oder zu erschließen als andere (vgl. Gerhard 1992). Es spricht vielmehr viel dafür, dass im konkreten Fall jeweils Mischungen oder eine phasenweise Nutzung unterschiedlicher bedarfsanalytischer Tools kombiniert angewandt werden sollten.

Tradition ⟷ Innovation			
Definition 1: **Bedarf ergibt sich aus Soll-Ist-Vergleich**	**Analyse** **durch Beobachtung und Befragung** **Tools:** - Mitarbeiter- und Teilnehmerbefragung - Teilnehmende Beobachtung	**Interaktion** **durch Gespräch mit Repräsentanten** **Tools:** - Fokusinterviews - Gruppengespräche (z.B. Strukturiertes Gespräch mit repräsentativen Gruppen)	**Definition 2:** **Bedarf ist, worauf man sich verständigt**
Definition 3: **Bedarf ist das, was woanders erfolgreich ist**	**Imitation** **von Best Practices** **Tools:** - Auswertung von Konkurrenzangeboten - Auswertung von Stellenanzeigen	**Konstruktion** **durch Entwurf und Gestaltung** **Tools:** - Leitbildarbeit - Zukunftsworkshops	**Definition 4:** **Bedarf ist das, was gewollt ist**
Bedarfsermittlung ⟷ Bedarfserschließung			

Abb. 17 Die vier Bedarfsstrategien

Da ist zum einen der offen zutage liegende – manifeste – Bedarf (*Definition 1: „Bedarf ergibt sich aus Soll-Ist-Vergleichen“*), dessen Substanz und Aspekte durch mehr oder weniger einfache Analyseformen (z. B. Beobachtung und Befragung) erfasst und quantifiziert werden können. Dabei

„(...) steht gewöhnlich ein Soll-Ist-Vergleich im Vordergrund, bei dem die im Hinblick auf die Unternehmensziele erforderlichen Qualifikationen (Soll) mit vorhandenen Qualifikationen (Ist) verglichen werden, um auf diese Weise gegebenenfalls Qualifikationsdefizite festzustellen“ (Jechle u. a. 1994, S. 7).

Leider sind die Ziele der Unternehmen häufig keineswegs so präzise, wie dies für eine strategische Personalplanung und -entwicklung zu wünschen wäre. Dies gilt insbesondere für Klein- und Mittelbetriebe, deren Produktpalette und technische sowie kompetenzmäßige Ausstattung oft relativ kurzfristig ausgelegt und den Marktschwankungen stärker ausgesetzt sind. In solchen Lagen sind interaktive Verfahren wie das Fokusinterview oder Gruppengespräche besser geeignet, um Bedarfe zu „erschließen“ (vgl. Schlutz 1991; 1999; 2001) und sich auf diese zu verständigen (*Definition 2: „Bedarf ist, worauf man sich verständigt“*).

Schließlich verfügen auch nicht alle Weiterbildungseinrichtungen über die Ressourcen, um eigenständige umfangreiche Bedarfsermittlungs- oder Bedarfserschließungsformen eigenständig einzusetzen. In solchen Fällen kann der Blick über den Tellerrand, d. h. die Analyse strukturähnlicher „Best Practices“, wie sie in den Angeboten anderer Bildungsinstitutionen oder auch im internationalen Rahmen vorliegen, wichtige Bedarfsklärungen anleiten oder sogar an deren Stelle treten, da man mit einiger Berechtigung annehmen kann, dass sich der ganze Aufwand einer eigenständigen Bedarfsanalyse nicht lohnt bzw. nicht zu neuen und spezifischeren Einsichten zu führen vermag (*Definition 3: „Bedarf ist, was woanders erfolgreich ist“*). Diese Form der indirekten Bedarfsermittlung ist durchaus besser als ihr Ruf; sie ist i. d. R. effizienter, schneller und vielfach auch Perspektiven erweiternder, da unterschiedliche Angebote beobachtet und analysiert werden können.

In jedem Fall ist Bedarf keine kontrafaktische Kategorie, d. h. es handelt sich nicht bloß um die Fotographie eines sozialen Sachverhalts, vielmehr artikuliert sich Bedarf nicht selten erst, wenn „ein Anbieter mit seinem aktuellen spezifischen Angebot auf dem Markt erfolgreich ist“ (Jechle u. a. 1994, S. 6). Dies bedeutet: „Nicht zu unterschätzen ist, dass oftmals durch das Angebot erst ein Bedarf bewusst gemacht wird“ (ebd.). Dies bedeutet, dass die Weiterbildungsanbieter sich im Kern darauf konzentrieren sollten, ihre eigenen Möglichkeiten und Ziele klar zu fokussieren, zu klären und zu präzisieren, um durch profilierte, d. h. ihrem eigenen Profil entsprechende Angebote am Markt zu punkten (*Definition 4: „Bedarf ist das, was gewollt ist“*).

Bedarfsermittlung und Bedarfserschließung bezeichnen die neuralgische Phase des Beginns einer markt- und zielgruppenorientierten Weiterbildung. Zudem gilt, dass ohne eine plausible Bedarfsargumentation sich die Weiterbildungsangebote im Nirgendwo verlieren bzw. besten Falls als eine Art „Trial-and-Error-Strategie" funktionieren – unterfüttert mit Zugeständnissen an den sozial- bzw. bildungswissenschaftlichen Zeitgeist: Wenn die Milieutheorie und das Milieumarketing „in" sind, dann bezieht man sich eben auf diese auch dann, wenn die eigenen Angebote im Kern auch vorher bereits feststehen. Es ist nicht selten das auf Kontinuität angelegte – eigene – institutionelle Profil, auf das man sich bezieht, wenn man zu klären vorgibt, wohin die Reise gehen soll.

4.2 Stufenförmige Fokussierung der Bedarfsfrage

Die Praxis einer erwachsenenpädagogischen Bedarfsklärung kennt jedoch nicht nur eigene Restriktionen sowie Vorlieben und Gewohnheiten, sie wird auch meist „gestuft" angewandt. So stehen am Beginn so mancher Produkt- bzw. Angebotsentwicklung zunächst allgemeine Einschätzungen zu der Frage, welches neuartige Angebot „sich lohnen" könnte. Sicherlich: Oftmals greifen Verantwortliche zufällige Anregungen auf, beobachten aufmerksam die Angebote anderer Anbieter oder lesen auch Branchen- oder Arbeitsmarktstudien. Dabei entsteht eine erste Idee, die es zu validieren gilt, d. h. man benötigt tragfähige Argumente – z. B. für Geldgeber, Programmausschüsse oder Kooperationspartner. Diese sollten möglichst „evident" sein, d. h. mit Orginaltönen aus dem angestrebten Berufsfeld, Häufigkeiten aus Marktstudien oder gar eigenen quantitativen Erhebungen argumentieren, um die bei einer Produktentwicklung zu tätigenden Investitionen an Personal- oder Geldressourcen zu legitimieren.

Hat die allgemeine Bedarfsargumentation erst einmal überzeugt, steht in der Regel ein weiterer Schritt an, in welchem der Bedarf präzisiert und auch „curricularisiert" wird. Diese Feststellung verweist auf den Sachverhalt, dass meist die produktverantwortlichen Bildungsmanager auch nicht wirklich alleine überzeugend entscheiden können, welchen thematischen Schritten das zu gestaltende Angebot folgen und welche konkreten Handlungskompetenzen in welcher Reihenfolge anvisiert werden sollten. Aus diesem Grunde ist es häufig sinnvoll und notwendig, den Kontakt mit Repräsentanten des angestrebten Berufsfeldes zu suchen und deren Expertise in einem fokussierten Dialog zur Konkretisierung einer bedarfsgemäßen Angebotsgestaltung zu nutzen. Dabei geben die Bildungs- bzw. Programmverantwortlichen ihre Zuständigkeit keineswegs an die repräsentativen Fokusgruppen ab, sondern strukturieren und moderieren vielmehr diesen Dialog entlang der bei einer Kompetenzprofilierung und Curriculumplanung zugrundeliegenden Leitfrage. Ihnen bleibt die Programmverantwortung, während die repräsentativen Fokusgruppen die Validierung der Bedarfsgemäßheit und des Praxisbezugs leisten sollen.

Der dritte Schritt einer stufenförmigen Bedarfsklärung schließlich entspringt den eigenen Umsetzungserfahrungen sowie deren Reflexion und Interpretation vor dem Hintergrund der eigenen Ziele als Weiterbildungsinstitution und Professional. Da zeigt sich z. B. in der Durchführung, dass die Teilnehmenden die Angebote anders nutzen als es die beteiligten Akteure geplant hatten oder mit dem Programm in ganz andere Verwendungskontexte einsickern als ursprünglich erwartet. Gleichzeitig erkennen die Verantwortlichen z. B., dass ihr Angebot eher von Teilnehmenden mit einer bereits ausgeprägten Vorbildung genutzt wird, während ihre Bildungsinstitutionen es doch anstrebt, besonders benachteiligten Zielgruppen die Einmündung in bezahlte Beschäftigungsverhältnisse zu ermöglichen.

3. Schritt	→→→→→→	Am Übergang von der Planung zur Realisierung schließlich zeigt sich häufig, dass der konkrete Weiterbildungsbedarf nicht einfach „herumliegt“, sondern sich um so deutlicher zeigt, je klarer man durch eigene Bedarfsanliegen auf das Feld der Bedarfserschließung zu blicken vermag.
2. Schritt	→→→	Ist die Zielrichtung eines Angebotes bedarfsanalytisch einigermaßen plausibel, so kann es hilfreich sein, mit Repräsentanten der Zielgruppe Fokusinterviews durchzuführen (z.B. Strukturiertes Gespräch mit repräsentativen Gruppen), um insbesondere die Kompetenzebene im unmittelbaren Abgleich mit Situationskennern zu profilieren.
1. Schritt		Analyse (erste Bedarfsdefiniton) und Imitation (dritte Bedarfsdefinition) als erste Schritte, um die Tragfähigkeit von Neuentwicklungen zu begründen und zu prüfen. An dieser Stelle ist es meist nicht ausreichend, lediglich mit *allgemeinen Einschätzungen* zu Werke zu gehen, gefordert wird vielmehr eine Evidenzbasierung, wie sie Branchendaten und Mitarbeiterbefragungen, aber auch die Prüfung und Darstellung von Fallstudien („Best Practices“) beinhalten (können).

Abb. 18 Schritt für Schritt zur Bedarfsklärung

Es spricht viel dafür, dass die Bedarfsklärung und Bedarfserschließung in der Weiterbildung einen Prozess beschreibt, der zumeist mehrfach über die Stufen 1 bis 3 hin und her wechselt und auch niemals wirklich an ein Ende gelangt. Aus diesem Grund haben auch alle vier der erwähnten Bedarfsbegriffe gleichermaßen „Recht“, da es ein großer Unterschied ist, ob man sich als avantgardistischer Anbieter in einem noch unstrukturierten Feld bewegt oder ob man darum bemüht ist, sich in einem bereits hochkompetitiven Markt mit einem eigenen Angebot zu positionieren. Ebenso ist es ein Unterschied, ob man mit dem geplanten Angebot auf einen bereits stark formalisierten Bereich zielt oder sich in dem Marktsegment der nonformalen Bildungsangebote bewegt.

Eine perspektivische Auslotung der Tragfähigkeit der vier idealtypischen Strategien zur Bedarfsklärung zeigt, dass diese kontextabhängig sowie situativ sehr unterschiedliche Vorzüge und Nachteile aufweisen. Es kommt deshalb darauf an, die jeweilige Eignung des gewählten Zugriffs aus dem Kontext heraus zu begründen, wobei folgende Übersicht eine erste grobe Orientierung ermöglicht.

	Analyse	**Interaktion**	**Imitation**	**Konstruktion**
Charakterisierung	Was sagt uns die Wirklichkeit?	Wie verstehen wir, was wichtig ist?	Was läuft woanders erfolgreich?	Was kann für nötig gehalten werden?
Vorzüge	Evidenz durch anerkannte Verfahren	Glaubwürdigkeit von Gewährsleuten	Kreativität durch Anregung	Profiltreue durch Akzentsetzung
Nachteile	oft wenig spezifisch	weniger generalisierbar	Risiko der geringen Passung durch Transfer	willkürlich und schwer vermittelbar
Generell: geeignet, wenn....	Wirtschafts- und Branchendaten vorliegen	Daten schwer zugänglich sind oder fehlen	keine eigenen Ressourcen oder Bereichserfahrungen verfügbar sind	konkrete Mission im Vordergrund steht

Abb. 19 Eignung der unterschiedlichen Bedarfsstrategien

Im konkreten Fall wird es auch selten darum gehen können, sich für eine Strategie zu entscheiden; meist werden hybride, d. h. mehrere Strategien verknüpfende Vorgehensweisen genutzt.

Bedarf ist eine prinzipiell unabschließbare Kategorie. Mit ihrer Klärung versucht das Bildungsmanagement Gewissheit in einem Kontext zu erzeugen, der keine solche Gewissheit zu stiften vermag.

Deshalb kann auch mit einiger Berechtigung immer dann von einem *Konstruktionsprozess* gesprochen werden, wenn Bildungsinstitutionen und Professionals sich der Marktfähigkeit ihrer Bildungsprodukte versichern und dabei analytische Evidenz mit interaktiver Abklärung sowie Imitation mit eigener Konstruktion verbinden. Bedarfsermittlung und Bedarfserschließung stellen sich so als Bemühungen um Vergewisserung und Plausibilität dar, die anderen als bloß nüchternen Erwägungen folgt. Selbstverständlich dürfen deren Ergebnisse nicht in beliebigen, aber alles andere als marktfähigen Produkten ihren Ausdruck finden, weshalb sich als Validierungskriterium formulieren lässt:

Bedarfsorientiert ist das Angebot, welches eine Nachfrage auszulösen und Teilnehmernutzen zu stiften vermag. Die „Wahrheit“ des Bedarfs ist somit sein Funktionieren – der pragmatistischen Position eines William James folgend „Truth is what works“ (Cormier 2000).

Sicherlich: Auch in der Weiterbildung gibt es Vebleneffekte, Moden, fehlerhafte Produkte oder Fehleinkäufe. Gleichwohl dürfte sich mittel- und langfristig kein Weiterbildungsangebot wirklich am Markt halten können, dessen Nutzer nicht in irgendeiner Weise von dem durch dieses Angebot gestifteten Kompetenzfortschritt und das mit ihm einhergehende Zufriedenheitserleben überzeugt sind. Zwar stiftet Zufriedenheit allein noch keine Bedarfsdeckung – man kann schließlich auch im Eventerleben hoch zufrieden sein, aber nichts gelernt haben. Andererseits ist Unzufriedenheit der Nutzer kein dauerhaftes – allenfalls ein phasenweise unvermeidbares – Merkmal einer wirklich transformational wirksamen Kompetenzentwicklung, durch welche hintergründigen Prozesse organisationaler Borniertheit oder individuellen Widerstandes diese Unzufriedenheit auch immer gestiftet sein mag (vgl. Arnold 2014). Auf lange Sicht ist es erforderlich, dass die Lernenden, von denen eine Transformation ihrer Kompetenzen erwartet wird und die diese selbst von sich erwarten, sich in einer resonanten Bewegung mit dem Arrangement des Lernprozesses befinden. Es ist deshalb durchaus nachvollziebar, wenn die moderne Bildungsplanungs- und –marketingdebatte darum bemüht ist, mehr über die biographischen und lebensweltlich gestifteten Resonanzbedingungen ihrer Nutzer in Erfahrung zu bringen.

4.3 Der traditionsverbundene Blick der Milieutheorien auf das Bedarfsproblem

Diese antizipierende Resonanzklärung ist das Thema der erwachsenenpädagogischen Milieuforschungen. Seit den verdienstvollen Arbeiten von Rudi Tippelt und Heiner Barz zu den Formen und Möglichkeiten eines „Milieumarketings“ in der Weiterbildung wurde auch die erwachsenenpädagogische Bedarfsfrage in ein neues Licht gerückt (vgl. Barz/Tippelt 2007). Dadurch weitete sich der Blick vom Bemühen um eine möglichst adäquate Rekonstruktion des Äußeren bzw. der aus diesem für den einzelnen resultierenden Zumutungen und folgte – ganz in der Tradition der Teilnehmer- und Zielgruppenorientierung – mit dem festen Blick auf die „Motivstrukturen, biographisch verankerten Lerninteressen und Barrieren einer eher mikrosoziologischen Perspektive“ (Reich/ Tippelt 2008, S. 10). Letztlich zielte diese Präzisierung der erwähnten Konzepte auf eine subjektwissenschaftliche und lebensweltbezogene Ausdeutung der Bedarfsfrage:

Als Bedarf erscheinen dem milieutheoretischen Blick die subjektiven und lebensweltlich eingespurten Gesinnungs- und Lerngewohnheiten der jeweiligen Zielgruppe. Diese werden nicht nur bezüglich der Auswahl passender Angebotsformen, sondern auch hinsichtlich der vermeidbaren Disparitäten mit den potenziellen Nutzungsformen antizipiert. Ziel ist es, die didaktische Form auf die bevorzugten Aneignungs- und Verarbeitungsweisen einzustellen. Bedarf ist dabei keine Angebots-, sondern eine Nutzungskategorie.

Diese Blickrichtung auf die Bedarfsfrage korrespondiert bruchlos mit der sogenannten „Outcomeorientierung", wie sie im Rahmen der europäischen Bildungspolitik mehr und mehr in den Vordergrund rückt. Diese löst sich von der strukturierenden Kraft der Angebot und den mit diesen einhergehenden Berechtigungen („Handeln dürfen") und wendet sich stärker dem „Handeln können und wollen" zu. Die „Anerkennung informell erworbener Kompetenzen" im Rahmen nationaler Kompetenzrahmen tritt dabei zwar nicht an die Stelle der bisherigen Formen von Ausbildung, Prüfung und Berechtigung, wohl aber an deren Seite. Diese Bewegung – vielfach noch als Hinwendung zur Outcome- bzw. Outputorientierung charakterisiert – ist auch für die Frage nach dem Verhältnis von Angebot und Nachfrage von Bedeutung.

Der Shift von der Input- zur Outputorientierung verlagert die Frage der Bedarfsgemäßheit stärker in die Welt der Nutzer und befreit dadurch auch das Bildungswesen von der prognostischen Überforderung, die Zukunft vorweg zu nehmen, was nicht geht. Zwar ist auch das Bildungswesen nach wie vor gehalten, sich um die curriculare Antizipation „künftiger Anforderungen" zumindest zu bemühen, doch sind es die lernenden Subjekte selbst, die aus ihren Lebens- und Erfahrungskontexten und ihrer Aneignungsperspektive heraus entscheiden, was für sie „passend" ist und was nicht. In diesem Sinne verlagert sich die Zuständigkeit für die Validierung des Gültigen und weicht dadurch auch die Berechtigung der Berechtiger auf. Das Bildungswesen nonformalisiert sich, während es sich gleichzeitig mehr und mehr der Lernlogik des informellen Lernens anpasst.

So zeichnet sich derzeit eine Öffnung der hochschulischen Studiengänge für die auch im nonformalen und informellen Lernen erworbenen Kompetenzen ab. Dabei können z.B. beruflich qualifizierte Menschen nach einer Eignungsprüfung zu einem Masterprogramm einer deutschen Universität zugelassen werden – ein für viele nach wie vor unglaublicher Vorgang. Dabei findet jedoch nicht nur eine Wertschätzung der in Lebenserfahrung gewachsenen Kenntnisse, Fähigkeiten und Fertigkeiten statt, es geschieht noch etwas viel Subtileres: Den Hochschulen entgleitet ein Stück weit ihre Berechtigungshoheit. Diese war bislang auch durch das Wachen über die richtigen Wege zum Titel gewährleistet, während sich derzeit abzeichnet, dass es immer weniger die Verweildauer sowie die privilegierten Wege und „ordentlichen" Prüfungen sein werden, die zu Berechtigungen führen, sondern der nüchterne Blick auf die Kompetenzen, über die jemand verfügt. An die Stelle einer Inputverwaltung muss deshalb eine Outputverwaltung treten, und auch die Bedarfsorientierung kann nicht länger in mehr oder weniger überzeugender Weise als Inputerwartung kultiviert werden.

Diese Verschiebungen berühren – wie gesagt – das Bedarfsproblem in seinem Kern, zumal mit den privilegierten Wegen auch deren Substanz Bedeutung einbüßt. Diese Substanz ist die der inhaltlichen Durchdringung und Komplexität: Je gehaltvoller diese personell und vom Anspruchsniveau her gestaltet sind, desto höherwertig sind auch die erreichbaren Berechtigungen. Dadurch werden die Ansprüche der Gesellschaft an die sachgemäße Handhabung von professionellen Problemlösungen als Appell an die Aufstiegsambitionen der Gesellschaftsmitglieder arrangiert – eine Vorkehrung, die sich aber auch verselbständigt und Wege zementiert, zu denen schon längst Abkürzungen existieren.

Das Milieumarketing der Erwachsenenbildung rückt mit seinem Fokus auf die sozialtypischen Gesinnungslagen einer Gesellschaft auch deren Bildungsnähe und soziale Platzierung in den Blick. Dadurch bleibt auch die Bedarfsfrage inhaltlich mit den Auf- und Abstiegsbewegungen bzw. mit den damit einhergehenden Selbstbeschreibungen und mentalen Modellen in einer Gesellschaft ursächlich verquickt. Dabei bewegt man sich nicht automatisch entlang der Frage nach dem Stand der Kompetenzreifung und der tatsächlichen Problemlösungsfähigkeit der Akteure. Deren kulturelle Gewohnheiten entstammen nämlich meist der kulturellen Überlieferung, weniger der Nüchternheit, in der sich auch unerwartete Fähigkeiten einfach beweisen – jenseits alle milieutheoretischen Vorwegnahmen. Diese selbsterfüllende Beschränkung des Milieublicks kann seine bedarfsanalytische Relevanz schmälern, da sich Bedarfsgemäßheit eben nicht aus Gewohnheit, sondern aus der Problemlösungsfähigkeit im Hier und Jetzt ergibt. Und es scheint auch durchaus so zu sein, dass der moderne Bildungsdiskurs noch in zu starkem Maße durch unausgesprochenen Milieubindungen derer, die da denken und sich festlegen, kontaminiert ist als dies der Nüchternheit der Analyse und ihrer aufklärenden Wirkung gut tut (vgl. Lenzen 2014; Liessmann 2014).

5. Profession – Professionalisierung – Professionalität in der Erwachsenenbildung

Zur Einführung in dieses Kapitel soll ein kurzer definitorischer Überblick über die begrifflichen Zusammenhänge im Professionalisierungsdiskurs gegeben werden. Dabei stehen vor allem die Begriffe Profession, Professionalität und Professionalisierung im Mittelpunkt[1]. Die Beziehung zwischen diesen Begriffen könnte so beschrieben werden, dass Professionalisierung zum einen den kollektiven Prozess der Entwicklung einer Profession beschreibt und zum anderen den Prozess der Herausbildung individueller beruflicher Handlungskompetenz. Der strukturelle Prozess der Professionsentwicklung und der individuelle Prozess der Entwicklung beruflicher Professionalität hängen dabei eng zusammen, dennoch ist die Ausbildung erwachsenenpädagogischer Professionalität nicht unmittelbar an die Ausbildung der Erwachsenenbildung als Profession gebunden (vgl. Abb. 20).

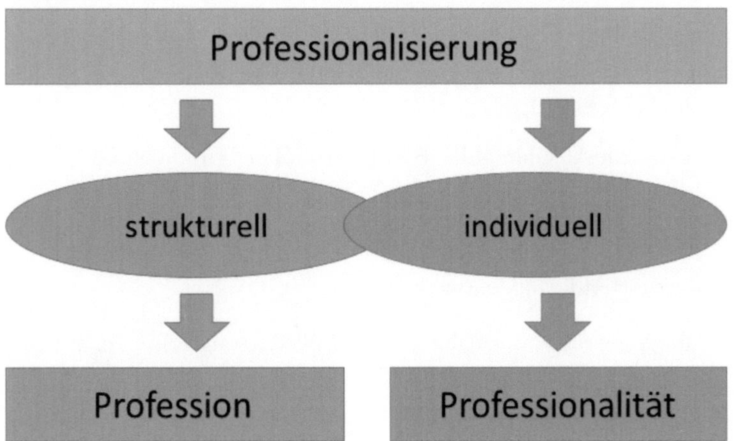

Abb. 20 Strukturelle und individuelle Professionalisierung

Dies würde ansonsten bedeuten, dass professionelles Handeln von in der Erwachsenenbildung Tätigen nicht ohne eine Profession der Erwachsenenbildung möglich wäre. In der wissenschaftlichen Diskussion herrscht weitgehende Einigkeit darüber,

[1] Für eine umfassende Betrachtung siehe Nittel (2000)

dass die Kennzeichen einer Profession für die Erwachsenenbildung zumindest nicht vollständig und umfassend zutreffen. Es ist auch davon auszugehen, dass die Beschäftigten in der Erwachsenenbildung mehrheitlich kein berufliches Selbstverständnis als Zugehörige zu einer Profession entwickelt haben, das diesen Status rechtfertigen würde. Ursache dafür ist auch der Umstand, dass ein Großteil der Erwachsenenbildner/-innen nebenberuflich in der Erwachsenenbildung tätig ist.

Fragen zur Profession, Professionalität und Professionalisierung sind in der Erwachsenenbildung breit diskutiert. Nittel (2000) weist darauf hin, dass allein zwischen 1980 und 1999 mehr als 450 Monographien, Zeitschriften und Buchbeiträge zu diesem Thema veröffentlicht worden sind (ebd., S. 12). Dennoch oder gerade aufgrund der breiten Auseinandersetzung und vielfältigen Meinungen und Sichtweisen ist der Weg zu einem geteilten Verständnis nicht einfacher geworden. Vielmehr ist ein „gewisses Orientierungsvakuum“ (ebd., S. 13) hinsichtlich der Frage abzuleiten, was unter der Profession der Erwachsenenbildung zu verstehen ist[2].

An dieser Stelle ist es nicht möglich den breiten und differenzierten Professionsdiskurs der Pädagogik wiederzugeben (vgl. Dewe/Ferchhoff/ Radtke 1992; Combe/ Helsper 1996). Die Diskussion wird daher hier verdichtet auf zentrale Professionskriterien, die häufig als Maßstab der Unterscheidung zwischen Beruf und Profession herangezogen werden (vgl. Kraft 2006; Mieg 2006, S. 344; Peters 2004, S. 73). Dazu gehören:

1. Ehren- und nebenberufliche Tätigkeit wird zu einer hauptamtlichen Erwerbstätigkeit zur Sicherstellung des Lebensunterhalts.
2. Das für die Ausübung der Tätigkeit notwendige Wissen wird systematischer Bestandteil einer akademischen Ausbildung.
3. Der Zugang zur Ausübung des Berufs wird über Prüfungen oder Lizenzen geregelt.
4. Als Interessenvertretung wird ein Berufsverband gegründet.
5. Es wird eine Berufsethik entwickelt.

Die Professionalisierung kann dabei aus sich selbst heraus erfolgen, d. h. die Berufsgruppe ist Subjekt und Träger der Professionalisierung, oder aber staatlich durch Ausbildungsgänge oder Berufsverordnungen reguliert sein (vgl. Mieg 2006, S. 343). Für die Erwachsenenbildung werden die fünf genannten Dimensionen im Folgenden näher beleuchtet, bevor auf die Professionalität von Erwachsenenbildner/-innen eingegangen wird. Als Einstieg wird die historische Entwicklung des Professionalisierungsdiskurses in der Erwachsenenbildung angerissen, um die Hintergründe der aktuellen Diskussion verständlicher zu machen.

[2] Einen interessanten Einblick in das heterogene Feld der Erwachsenenbildung aus der Perspektive der Erwachsensenenbildner*innen bietet das Buch „Jongleure der Wissensgesellschaft“ (Nittel & Völzke 2002).

5.1 Professionalisierung in der Erwachsenenbildung

a) Anfänge der Professionalisierung

Der Beginn der Professionalisierungsdebatte in der Erwachsenenbildung liegt in der Zeit der Bildungskrise und damit einhergehenden Reformen in den 1960-er und 1970-er Jahren. Obwohl es schon in der Weimarer Zeit eine Expansion der Volksbildung gab, hatte diese noch wenig Auswirkungen auf eine Professionalisierung. Bis in die 1950-er Jahre war die Ansicht prägend, dass die Volksbildung eine Tätigkeit für das Volk sei, und damit weniger eine Dienstleistung, als vielmehr eine *Berufung* (vgl. Nittel 2000, S. 87). Volksbildner waren „Deuter des gelebten Lebens" (Weniger 1952, S. 513), für die es dementsprechend auch keine Berufsvorbereitung gab und geben musste.

In den 1960-er Jahren wurde aber deutlich, dass sich die Erwachsenenbildung neuen Anforderungen stellen musste, die „mehr als bisher hauptberufliche Mitarbeiter erforderlich macht, die über Fachkenntnisse, Vermittlungsgabe und Organisationsfähigkeit verfügen" (Tietgens 1968, S. 196). So zeichnete sich ab den 1960er Jahren auch eine zunehmende Verberuflichung der Leitungs- und Verwaltungsebene der Erwachsenenbildung ab, die bis dahin hauptsächlich von neben – oder ehrenamtlich Tätigen getragen wurde. Dieser Vorgang der Verberuflichung bestand im Wesentlichen darin,

„dass aus dieser Tätigkeit, die zunächst ohne Bezahlung und spezielle Ausbildung ausgeübt wurde, von einem bestimmten Augenblick an eine Tätigkeit gegen Bezahlung wird, und zwar in einem solchen Umfang, dass die diese Tätigkeit ausübende Person davon leben kann" (Weinberg 1980, S. 403).

Zu Beginn der siebziger Jahre differenzierte sich dieser Prozess und mündete in eine Entwicklung ein, die vielfach als Professionalisierung der Erwachsenenbildung beschrieben worden ist (vgl. Arnold 1983; Gerl 1976; Vath 1979). Als eigentlicher Beginn der Professionalisierungsdebatte wird dabei die Rede von Wolfgang Schulenberg über „Erwachsenenbildung als Beruf" aus dem Jahr 1969 angesehen, in der er gegen die Behauptung Franz Pöggelers Stellung bezog, dass die Erwachsenenbildung „stets bestimmte Merkmale des Irregulären" (Pöggeler 1968, S. 106) charakterisiere:

„Die Komplexität der modernen Erwachsenenbildung ist längst nicht mehr durch engagierte Impulsivität und durch Meisterschaft im Improvisieren des stets Irregulären zu bewältigen, so unentbehrlich dieser Arbeitsstil heute auch immer noch ist. Aber seine Tage sind gezählt, und das Feld wird von der regulären Administration übernommen werden, wenn es nicht gelingt, eine Profession der Erwachsenenbildung zu konstituieren, die bei aller wissenschaftlich fundierten Arbeitsteilung ein zur Profession gehörendes, artikuliertes Bewusstsein der gemeinsamen Aufgabe und Verantwortung verbindet und stärkt" (Schulenberg 1972, S. 21).

Professionalisierungsbestrebungen sind dabei nicht nur als Reaktionen auf (bedrohende äußere) Entwicklungen zu verstehen, sondern auch als Bestrebungen einer sich beruflich formierenden Gemeinschaft. So waren mit der Professionalisierung in der Erwachsenenbildung auch die Ziele verbunden, sich verstärkte Legitimation bei Fragen der Bildung Erwachsener zu verschaffen, die wirtschaftliche Situation der Beschäftigten zu verbessern, aber auch gemeinsame Normen in Bezug auf die Ausbildung des Nachwuchses und des professionellen Handelns zu entwickeln. So wurden zu dieser Zeit erste Angebote zur Qualifizierung von Erwachsenenbildner/-innen, z.B. durch Selbstlernmaterialien (SESTMAT) der Pädagogischen Arbeitsstelle des Deutschen Volkshochschulverbandes (DVV) angeboten oder durch Kurse der Träger, wie z.B. der Deutschen Evangelischen Arbeitsgemeinschaft für Erwachsenenbildung (vgl. Seiverth/Fleige 2014).

b) Beschäftigungsstrukturen

Mit der Einführung der Erwachsenenbildung als quartärer Bereich in das Bildungssystem, der Betonung der öffentlichen Verantwortung für diesen Bereich sowie der wachsenden gesellschaftlichen Bedeutung des lebenslangen Lernens und der ständigen beruflichen Weiterbildung Erwachsener („realistische Wende") kam es seit den 1970-er Jahren zu einer zahlenmäßigen Ausweitung des Personals und der Angebote in der Erwachsenenbildung. Für den gesamten Weiterbildungsbereich wurde Ende der 1970er Jahre die Anzahl der Leiter und hauptberuflichen pädagogischen Mitarbeiter auf 4500 geschätzt, während die Zahl der nebenberuflichen oder nebenamtlichen Mitarbeiter auf über 140.000 beziffert wurde (Dahm/Gerhard/Kommer 1980). Aktuell wird von einer deutlich höheren Anzahl von Personen ausgegangen, die in der Erwachsenenbildung tätig sind. So kommt eine Untersuchung zu dem Ergebnis, dass zwischen 505.000 und 650.000 Personen in sozialversicherungspflichtigen Beschäftigungsverhältnissen angestellt sind (vgl. WSF – Wirtschafts- und Sozialforschung 2005, S. 3). Eine Auswertung der Daten des Mikrozensus ergab, dass von ca. 325.000 Beschäftigen auszugehen ist, die als Haupterwerbstätigkeit in der Erwachsenenbildung tätig sind (vgl. Martin/Langemeyer 2014). Unberücksichtigt bleiben dabei Nebenerwerbstätige und ehrenamtlich Beschäftigte, deren Gesamtzahl aufgrund ihrer schweren Erfassbarkeit nur geschätzt werden kann, die aber einen Großteil der in der Erwachsenenbildung Beschäftigten ausmachen (vgl. Abb. 21). Damit hat sich zwar die Zahl der Beschäftigten in den letzten Jahrzehnten deutlich erhöht, jedoch nichts Grundlegendes an der Situation verändert; dass der Großteil frei- und nebenberuflich in der Erwachsenenbildung tätig ist (Gieseke 1994, S. 284). Dabei wird vermutet, dass die Frei- und Nebenberuflichkeit

„nicht nur aus Zwang oder Alternativlosigkeit, sondern auch darin begründet sind, dass die Beschäftigten eine Form von Handlungsfähigkeit durch sie gewinnen, die sie für die spezifischen beruflichen Herausforderungen auch benötigen" (Martin/Langemeyer 2014, S. 48).

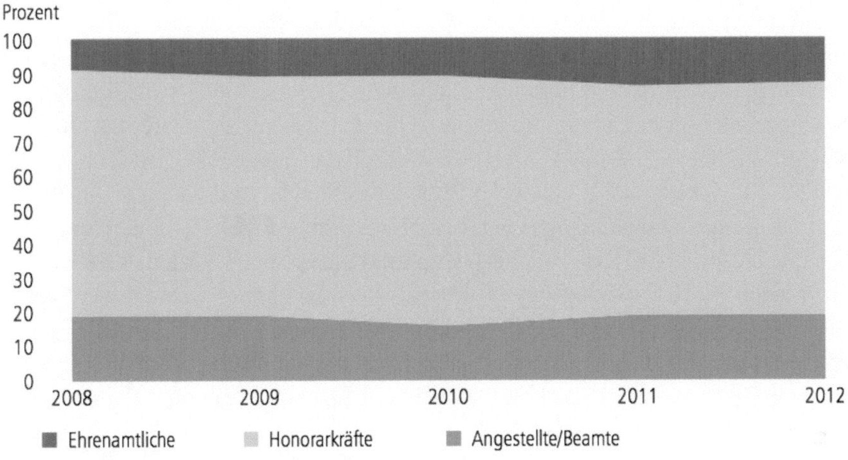

Abb. 21 Beschäftigungsverhältnisse in der Erwachsenenbildung in Prozent; gewichtet (Martin/Langemeyer 2014, S. 54)

Mit dem hohen Anteil an frei- und nebenberuflich Beschäftigten ist in der Erwachsenenbildung auch eine Vielzahl von Personen in atypischen Beschäftigungsverhältnissen, wie Teilzeit und Mini-Jobs, befristeteten oder kurzzeitigen Verträgen, angestellt oder arbeitet als Soloselbständige. Damit verbunden ist das Problem geringer Einkommen in der Erwachsenenbildung, das im Schnitt bei 1320 Euro liegt, während im Bundesdurchschnitt jedem Erwerbstätigen 1680 Euro zur Verfügung stehen (ebd., S. 51). Vor diesem Hintergrund kann in der Erwachsenenbildung auch von *Prekarisierungstendenzen* gesprochen werden (vgl. Langemeyer 2009).

Da der Einstieg in die Erwachsenenbildung vielfach über eine nebenberufliche Beschäftigung als Kursleitende/r mit einem fachlichen Fokus erfolgt, zeigt sich aktuell eine große Heterogenität der Berufe (vgl. Schütz/ Nittel 2012). So verteilen sich die im Mikrozensus von 2009 erfassten Personen in der Erwachsenenbildung auf 77 Berufe (vgl. Martin & Langemeyer 2014, S. 55). Die in Teilen beklagte Heterogenität der Erwachsenenbildung ließe sich nach Schütz und Nittel (2012) auch im Sinne von Diversity-Konzepten als ein Gewinn ansehen, der es ermöglicht, sich auf unterschiedliche Bedürfnisse der Lernenden einzulassen oder zu kreativen und innovativen Problemlösungen zu kommen (Schütz/ Nittel 2012, S. 236).

Bezüglich der Beschäftigungsverhältnisse und der Verdienstmöglichkeiten befindet sich die Professionalisierung in der Erwachsenenbildung damit noch nicht an ihrem Ziel. Vielmehr ist festzustellen, dass ein Großteil der Beschäftigten in der Erwachsenenbildung ihrer Tätigkeit nicht hauptberuflich nachgeht und unter prekären Beschäftigungsbedingungen arbeitet.

c) Berufsbilder

Eine konkrete Zielsetzung der Professionalisierungsbemühungen in der Erwachsenenbildung war und ist die Entwicklung und Etablierung von Berufsbildern in der Erwachsenenbildung. Dabei engagierte sich zunächst insbesondere der Deutsche Volkshochschulverband (DVV) unterstützt durch die eigene Pädagogische Arbeitsstelle (PAS). Der damalige Leiter der PAS, Hans Tietgens, entwickelte die Berufsbilder des Leiters und pädagogischen Mitarbeiters an Volkshochschulen und veröffentlichte diese 1964 (Tietgens 1964). Heute existieren eine Vielzahl von Berufsbezeichnungen im Bereich der Weiterbildung, wie z. B. Erwachsenenbildner/-innen, Weiterbildner/-innen, Andragogen bzw. Andragoginnen. Häufig führen die im Weiterbildungsbereich Tätigen auch Berufsbezeichnungen, die eher über ihre Funktion oder ihre Position im Hierarchiegefüge der Institution Auskunft geben (Fachbereichsleiter, Studienleiter oder Volkshochschulleiter) als über die eigentlichen Inhalte ihrer Weiterbildungstätigkeit (Gieseke 1994). Insbesondere für die Lehrenden existieren in den verschiedenen Segmenten der Erwachsenenbildung unterschiedliche Bezeichnungen, wie z.B. Kursleitende und Seminarleitende (allgemeine und konfessionelle Erwachsenenbildung), Trainer/innen (betriebliche und berufliche Weiterbildung), Dozierende (wissenschaftliche Weiterbildung) und Teamer (politische Erwachsenenbildung).

Die Vielfalt der Bezeichnungen rührt nicht zuletzt von der Trägervielfalt in der Erwachsenenbildung her. Faktisch stehen dieser Pluralität der Bezeichnungen über die letzten Jahrzehnte stabile Berufsrollen gegenüber (vgl. Kade/Nittel/Seitter 2007, S. 144 ff.):

- (hauptberufliche) Leitung einer Bildungseinrichtung
- (hauptberuflich) pädagogisch tätige Mitarbeitende mit disponierenden und/oder planenden Aufgaben
- (hauptberuflich) Lehrende
- (ehrenamtliche oder nebenberufliche) Erwachsenenbilder/innen (in der Regel Kursleitende)

Abbildung 22 gibt eine Übersicht über die Berufsrollen und die einzelnen Aufgaben und Tätigkeitsbereiche (vgl. Kraft 2006, S. 27; Kraft/Seitter/Kollewe 2009, S. 20 f.).

Pädagogisches Weiterbildungspersonal		Funktion/Tätigkeitsbereiche
hauptberuflich	nebenberuflich	
Leitung (z.B. Direktor/innen, Geschäftsführer/innen)		Organisation, Administration, Verwaltung, Marketing, Öffentlichkeitsarbeit, Steuerung, Controlling, Strategieentwicklung, Repräsentation, Koordination, Personalmanagement u.a.
Programmplanung (z.B. Fachbereichsleitende)		*Makrodidaktische Ebene* Bedarfs- und Zielgruppenanalyse, Programmentwicklung, Personalauswahl, Koordination, Veranstaltungsorganisation, Beratung und Anleitung des Lehrenden Personals, Evaluation der Angebote u.a.
Lehre (z.B. Kursleiter/Dozenten)	Lehre (z.B. Kursleiter/Dozenten)	*Mikrodidaktische Ebene* Didaktische Planung, Erstellung von Unterrichtsmaterialien, Gestaltung von (virtuellen) Lernumgebungen, Durchführung der Angebote, Lernberatung, Lernerfolgskontrolle u.a.

Abb. 22 Berufsrollen und Professionalisierung in der Weiterbildung

Diese Kernbereiche differenzieren sich aufgrund veränderter Anforderungen zunehmend aus. So hat sich vor allem die Lernberatung (Krüger 1992; Pätzold 2004; Petersen / Schiersmann / Weber 2014) und Lernbegleitung als eigenständiges Aufgabenfeld entwickelt (vgl. Arnold / Müller 1992; Klein / Reutter 2011; Rohs / Käpplinger 2004). Die Ursachen dafür liegen zum einen in der zunehmenden Vielfalt und Komplexität von Bildungsangeboten und –möglichkeiten. Zum anderen sind die Anforderungen an die Selbststeuerung und Selbstverantwortung für den eigenen Lernprozess sowie einer individuelleren Unterstützung des Lernens gestiegen.

Neben den Kern-Aufgabenfeldern Leitung und Management, Programmplanung, Lehre und Beratung führt Kraft (2006, S. 27 f.) zudem die Bereiche der Öffentlichkeitsarbeit und Verwaltung auf. Durch wen diese Aufgaben in der Praxis wahrgenommen werden unterscheidet sich je an Struktur und Größe der Einrichtungen. Während in großen Weiterbildungseinrichtungen von einer hohen Aufgabenteilung ausgegangen werden kann, in der es beispielsweise auch Bereiche für Öffentlichkeitsarbeit und Marketing gibt, werden in kleineren Einrichtungen diese Aufgaben gegebenenfalls auch noch durch die Einrichtungsleitung wahrgenommen.

Allgemein ist eine zunehmende Differenzierung und Spezialisierung der Aufgaben und Tätigkeiten im Bereich der Erwachsenenbildung / Weiterbildung zu beobachten (vgl. Schiersmann 1999). So mündete die „Entdeckung" und zunehmende Beachtung informeller Lernfelder und die Bedeutungszunahme digitaler Medien als Möglichkeiten des ubiquitären Lernens in neue Tätigkeitsfelder wie Netzwerkmanagement, Organisation von selbstgesteuerten und arbeitsintegrierte Lehr-/Lernarrangements, Gestaltung digitaler Lernmedien und Lernumgebungen u.a. (vgl. Seitter 2009a, S. 11 f.). Von besonderer Bedeutung ist dabei die Zertifizierung informell erworbener Kompetenzen. So gehört

„nicht nur die organisatorische Strukturierung und professionelle Betreuung von miteinander verknüpften Vermittlungs-, Überprüfungs- und Bewertungsoperationen von Wissen, m.a.W. von Lehr-Lernarrangements, (…) in Zukunft zu ihrem [Erwachsenenbildung/Weiterbildung, A.d.V.] Aufgabenbereich, sondern auch die systematische und kontinuierliche Beobachtung, Ermittlung, Dokumentation, Bewertung und Bescheinigung des Wissens, über das Erwachsene verfügen, unabhängig von der Frage, wo es erworben wurde" (Kade 2005, S. 509).

Insgesamt ist davon auszugehen, dass aufgrund der Spezialisierung

„generalistische Formeln wie Erwachsenenbildung oder Weiterbildung zum Teil gänzlich verschwinden und von Begriffen wie Bildungsmanagement, Leitung, Personalentwicklung, Evaluation, Beratung, Mediation, E-Learning etc. ersetzt werden" (Seitter 2006, S. 113).

Diese Entwicklungen finden ihren Ausdruck auch in entsprechenden Abschlüssen, wie z.B. der Ausbildung zum zertifizierten Erwachsenenbildner/-innen der WeiterBildungsAkademie (WBA) Österreich, die neben Bildungsmanagement und Lehren auch eine Spezialisierung im Bereich Beratung sowie Bibliothekswesen/Informationsmanagement vorsieht. Letzteres spricht die zunehmenden Anforderungen in der Erschließung und Aufbereitung, aber auch in der Erstellung und im Management von Informationen und insbesondere digitalen Medien an, die verstärkt Spezialisten erfordert, aber auch als Querschnittsaufgabe in allen Handlungsbereichen der Erwachsenenbildung an Bedeutung gewinnen (E-Learning, Online-Beratung, Social Media Marketing u.a.).

5.2 Wissenschaftliche Aus- und Weiterbildung für die Erwachsenenbildung

Seit den 1960-er Jahren veränderten sich die Anforderungen an die in der Erwachsenenbildung Tätigen. Funktionen, die lange Jahre von einer hauptamtlichen Kraft zumeist ohne entsprechende Ausbildung wahrgenommen worden waren, mussten nunmehr „professionell", d.h. arbeitsteilig, theoretisch begründet und erfolgskontrolliert ausgefüllt werden. Erfahrungswissen und persönliches Engagement allein wurden nicht mehr als ausreichende Voraussetzungen für erwachsenenpädagogisches Handeln angesehen. So konnte z.B. die Programmplanung vieler Weiterbildungsinstitutionen nicht länger in der Form einer bloßen Fortschreibung traditioneller Programmstrukturen erfolgen, vielmehr wurde eine stärkere bedarfsanalytische Rechtfertigung und zielgruppenorientierte Begründung konkreter Maßnahmen gefordert. Ähnliche Anforderungssteigerungen ergaben sich im Hinblick auf die anderen Tätigkeitsbereiche des Weiterbildungspersonals.

Vor diesem Hintergrund wurden für das pädagogische Personal der Weiterbildung seit Beginn der siebziger Jahre zahlreiche Aus- und Weiterbildungsmöglichkeiten geschaffen, die hier nicht vollständig rekonstruiert und analysiert werden können[3]. Lässt man die Ansätze einzelner Weiterbildungsträger außer Acht, durch die eigene Mitarbeiterfortbildung zur Erweiterung der erwachsenenpädagogischen Handlungskompetenz beizutragen, so sind zunächst vor allem die Studiengänge zu erwähnen, die explizit auf eine Tätigkeit in der Weiterbildung vorbereiten bzw. diese begleiten.

Ausgangspunkt für die Entwicklung von Studiengängen mit dem Schwerpunkt Erwachsenenbildung / Weiterbildung ist die 1969 verabschiedete „Rahmenordnung für die Diplomprüfung in Erziehungswissenschaft" (Kultusministerkonferenz 1969), die für das Hauptstudium u. a. die Studienrichtung außerschulische Jugendbildung / Erwachsenenbildung vorsah. Die Verbindung dieser beiden Bereiche ist vor allem darauf zurückzuführen, „dass es sich um zwei außerschulische Bereiche handelte und eine weitere Ausdifferenzierung der pädagogischen Felder bildungspolitisch als nicht opportun eingestuft wurde" (Kade u. a. 2007, S. 194). Erst mit der Modifizierung der Rahmenordnung 1989 wurde dann die Fachrichtung Erwachsenenbildung / Weiterbildung vorgesehen (Kultusministerkonferenz 1989).

Durch die Umstellung der Diplomstudiengänge in die gestuften Bachelor- und Masterabschlüsse ist eine Pluralisierung und damit auch Spezialisierung der Studienmöglichkeiten auf der Ebene des Master einhergegangen, die die Vielfalt der Tätigkeitsfelder in der Erwachsenenbildung / Weiterbildung abbildet (vgl. Frößinger 2010)[4]. Demgegenüber sind die Anteile an Erwachsenenbildung / Weiterbildung auf der Ebene des Bachelors in der Regel nur gering (vgl. Graeßner / Walber 2007, S. 20). Damit ist auf der einen Seite davon auszugehen, dass ein Bachelorabschluss in der Regel nicht die notwendige Spezialisierung für eine Tätigkeit in der Erwachsenenbildung aufweist, während auf der anderen Seite eine große Bandbreite an Studiengängen der Erwachsenenbildung / Weiterbildung auf Masterniveau (bzw. pädagogische Studiengänge mit entsprechendem Schwerpunkt) für Studieninteressierte zur Verfügung steht.

Abbildung 23 gibt eine Übersicht über unterschiedliche akademische Studienangebote in der Erwachsenenbildung / Weiterbildung, die neben Universitäten auch von Pädagogischen Hochschulen und Fachhochschulen angeboten werden.

---

[3] Einen historischen Überblick über die „Selbst- und Fernlehrmaterialien" für die Weiterbildung des Weiterbildungspersonals bis in die 1990-er Jahre wurde durch das Bundesinstitut für Berufsbildung dokumentiert (Balli / Meurer / Storm 1993). Eine aktuelle Übersicht bietet die Datenbank QUALIDAT des Deutschen Instituts für Erwachsenenbildung: http://www.die-bonn.de/Weiterbildung/Qualidat/ (25.05.16)

[4] Eine Übersicht über Studiengänge der Erwachsenenbildung / Weiterbildung für Deutschland stellt das Deutsche Institut für Erwachsenenbildung (DIE) bereit: http://www.die-bonn.de/weiterbildung/Studienfuehrer/ (24.05.2016).

Titel	Studientyp	Abschluss	Beispiel
Erziehungswissenschafliches Diplomstudium mit Schwerpunkt Erwachsenenbildung/ Weiterbildung	Grundständig	Diplom	Erziehungswissenschaft, Studienrichtung Erwachsenenbildung (Universität Koblenz-Landau)
Erziehungswissenschafliches Bachelor-Studium mit Schwerpunkt Erwachsenenbildung	Grundständig	Bachelor	Erziehungswissenschaft, Studienrichtung Erwachsenenbildung/Weiterbildung (Universität Flensburg)
Erziehungswissenschafliches Master-Studium mit Schwerpunkt Erwachsenenbildung/ Weiterbildung	Grundständig	Master	Erwachsenenbildung/ Weiterbildung (Eberhard Karls Universität Tübingen)
Master-Studium in Erwachsenenbildung/Weiterbildung	Postgradual	Master	Erwachsenenbildung (Technische Universität Kaiserslautern)

Abb. 23 Akademischen Aus- und Weiterbildungsmöglichkeiten für Erwachsenenbildner/Weiterbildner (Stand 2015)

Wird die Entwicklung der Studiengänge im Bereich Erwachsenenbildung/Weiterbildung betrachtet (vgl. Abb. 24) so wird deutlich, dass über die Jahre 2003 bis 2009 eine deutliche Verlagerung von den Diplom- und Magisterstudiengängen hin zu den Bachelor- und Masterstudiengängen stattgefunden, sowie insgesamt die Anzahl der Studiengänge deutlich zugenommen hat. Lattke (2012) kommt bei ihrem internationalen Vergleich von Studienangeboten im Bereich der Erwachsenenbildung 2009 auf eine sehr viel geringere Anzahl von drei Bachelor- und 13 Masterangeboten in Deutschland (ebd., S. 56). Dieser Unterschied lässt vermuten, dass bei einigen Studienangeboten der Fokus nicht auf der Erwachsenenbildung liegt, so dass diese bei einer engeren Betrachtung unberücksichtigt bleiben. Die in der Abbildung vorgenommene Ergänzung um aktuelle Zahlen aus dem Jahr 2015 beruht wiederum auf einer anderen Zählung. So weisen Witt und Müller (2015) darauf hin, dass nur 12 der 67 Bachelorstudiengänge einen Fokus im Bereich der Erwachsenenbildung/Weiterbildung haben. Es zeigt sich aber, dass ein Schwerpunkt der Studienangebote der Erwachsenenbildung im Bereich des Masters liegen[5].

[5] Die Zahlen beruhen im Wesentlichen auf Untersuchungen von Faulstich/Graeßner (2003).

	2003	2005	2007	2009	2015
Magister	13	14	19	10	0
Diplom	34	33	39	16	1
Bachelor	4	6	14	36	67
Master	5	7	11	24	110
Gesamt	**56**	**60**	**83**	**86**	**142**

Abb. 24 Anzahl der Studiengänge Erwachsenenbildung/Weiterbildung 2003–2009 (Fößinger 2010) sowie Ergänzung 2015 (Witt/Müller 2015).

Vergleicht man die Situation auf internationaler Ebene, so zeigen sich große Ähnlichkeiten mit der Entwicklung im europäischen Hochschulraum (vgl. Lattke 2007). Auch hier ist allgemein in den erziehungswissenschaftlichen Bachelor-Studiengängen eine geringe Fokussierung auf den Bereich der Erwachsenenbildung / Weiterbildung auszumachen. Die Spezialisierung findet in den Master-Studiengängen statt, die in der Regel als konsekutive Studiengänge angeboten werden. Als thematische Schwerpunkte wurden dabei E-Learning, Unterrichtstätigkeit, Management- und Leitungsaufgaben und berufliche Bildung ausgemacht (ebd., S. 3).

Neben der Spezialisierung auf der Ebene des Masters zeigt sich auf europäischer Ebene der Trend zur Einführung berufsbegleitender Masterstudiengänge (vor allem in Großbritannien, aber auch in den Niederlanden, Dänemark, Schweden, Österreich). Dabei gehören teilweise auch berufspraktische Erfahrungen zu den Zulassungsvoraussetzungen für diese Studiengänge (ebd., S. 2). Grundsätzlich zeichnen sich damit auch zwei grundlegende Modelle der akademischen Professionalisierung in Europa ab: Zum einen das Modell einer grundlegenden und breit angelegten Erstausbildung (z.B. Italien) und zum anderen das Modell der akademischen Weiterbildung erfahrener Praktiker, das an aktuellen Entwicklungsbedürfnissen ausgerichtet ist (z.B. England). Deutsche Studiengänge nehmen durch ihre unterschiedliche Ausrichtung in Bachelor- und Masterstudiengängen diesbezüglich eine Mittelstellung ein (Lattke 2012). Dabei sind ca. ein Drittel der Masterstudiengänge berufsbegleitend (Witt/Müller 2015, o.S.).

Zur Vergleichbarkeit des Studiums und zur Erleichterung der Mobilität hat die Strukturkommission der Deutschen Gesellschaft für Erziehungswissenschaft (DGfE) ein Kerncurriculum für konsekutive Bachelor/Master-Studiengänge im Hauptfach Erziehungswissenschaft mit der Studienrichtung Erwachsenenbildung/ Weiterbildung vorgelegt (vgl. DGfE 2006).

„Das Kerncurriculum umfasst neben den verbindlichen Praktika (zwei im Bachelor- und eines im Master-Studiengang) und den beiden Abschlussarbeiten insgesamt neun Studieneinheiten. Diese sind nicht mit Modulen gleichzusetzen, sondern geben die Inhaltsbereiche an, die bei der Modularisierung zu berücksichtigen sind" (ebd., S. 1).

Diese Studieneinheiten sind:

„Bachelor Studiengang

(1) Grundlagen der Erziehungswissenschaft;

(2) gesellschaftliche, politische und rechtliche Bedingungen von Bildung, Ausbildung und Erziehung in schulischen und nicht-schulischen Einrichtungen unter Einschluss internationaler Aspekte;

(3) Einführung in erziehungswissenschaftliche Studienrichtungen,

(4) Historische und theoretische Grundlagen der Erwachsenenbildung/Weiterbildung;

(5) Professionelle Handlungskompetenzen und Arbeitsfelder in der Erwachsenenbildung/ Weiterbildung-Grundlagen

Master- Studiengang:

(6) Bildungsforschung und forschungsmethodische Grundlagen,

(7) Theorie, Forschung und Rahmenbedingungen der Erwachsenenbildung/Weiterbildung,

(8) Professionelle Handlungskompetenzen in der Erwachsenenbildung/Weiterbildung-Vertiefung

(9) Lehrforschungsprojekt" (ebd., S. 1f).

Trotz dieser Empfehlungen zeigt ein Vergleich ausgewählter Studiengänge mit Schwerpunkt Erwachsenenbildung/Weiterbildung in Deutschland „ein eher heterogenes Bild der Struktur der Studiengänge" (vgl. Heyl 2012, S. 48). Diese Situation lässt entweder den Schluss zu, dass die Frage nach den grundlegenden Wissensbeständen und Kompetenzanforderungen für eine Tätigkeit im Bereich der Erwachsenenbildung/Weiterbildung noch nicht beantwortet ist, oder dass es sich in der Unterschiedlichkeit der Ausrichtung der Studiengänge um eine Schwerpunktsetzung innerhalb des heterogenen Felds der Erwachsenenbildung/Weiterbildung handelt.

Neben der klassischen universitären Erstausbildung als Präsenzstudium gewinnen akademische Weiterbildungs- und Fernstudienangebote an Bedeutung. Zu den Weiterbildungsangeboten gehören berufsbegleitende Kontaktstudiengänge, wie das Angebot „Lehren lernen – Lernen lehren" des Zentrums für wissenschaftliche Weiterbildung an der Universität Mainz, für das ECTS-Punkte vergeben werden können, die auf fachverwandte Masterstudiengänge anzurechnen sind[6]. Vergleichbare Angebote gibt es an der PH Karlsruhe, der Akademie für wissenschaftliche Weiterbildung an der PH Ludwigsburg oder der PH Weingarten.

---

[6] siehe http://www.zww.uni-mainz.de/ksll.php(29.05.2016)

Berufsbegleitende postgraduale Studiengänge der Erwachsenenbildung gibt es z. B. an der Universität Magdeburg oder als Fernstudium an der TU Kaiserslautern. Sie vermitteln Berufstätigen aus der Erwachsenenbildung/Weiterbildung entweder erstmalig erwachsenenpädagogische Kenntnisse (kompensatorische Funktion) oder stellen Ihnen den neuesten Stand der Erkenntnisse aus der Weiterbildungsforschung (komplementäre Funktion) dar. Als beispielhafter Studiengang soll hier kurz auf den European Master in Adult Education (EMAE) eingegangen werden, der in zweierlei Hinsicht mögliche Entwicklungswege der akademischen Professionalisierung aufzeigt. Zum einen handelt es sich um einen berufsbegleitenden Masterstudiengang, der für die zunehmende Bedeutung der akademischen Weiterbildung steht. Zum andern ist der Studiengang international ausgerichtet und zielt somit nicht nur auf einen europäischen Arbeitsmarkt, sondern fördert auch den europäischen Diskurs über erwachsenenpädagogische Fragestellungen.

Das Kern-Curriculum des Studiengangs wurde zwischen 2004 und 2007 in Kooperation mit acht europäischen Ländern entwickelt (vgl. Egetenmeyer/Lattke 2007). Es umfasst sechs thematische Schwerpunkte, die durch ein transnationales Projekt und eine Masterthesis abgeschlossen werden (vgl. Abbildung 25). Seit 2012 koordiniert das Distance and Independent Studies Center (DISC) der TU-Kaiserslautern die Weiterentwicklung des Studiengangs.

EMAE – Core Curriculum (70 ECTS)		
Core Fields	**Study Units**	
Theoretical Framework	Essentials of Adult and Continuing Education in Europe	Theories of Adult Education
Learning and Teachning	European Teaching Theories	Competence and Competence Development
Research	Fields and Trends	Research Methods
Management & Marketing	Management of Adult Education	Needs Analysis and Programme planning
Policy	Policy of Demand	European Strategies of Lifelong Learning
Economy	Adult Learning and Con-sumption of Educational Goods	State and Market in Lifelong Learning in the European Context
Transnational Project		
Thesis		

Abb. 25 Struktur des EMAE-Kerncurriculums (vgl. Egetenmeyer/Lattke 2009)

Insgesamt zeigt sich im Feld der Erwachsenenbildung/Weiterbildung eine große Pluralität von Studienoptionen mit diversen Möglichkeit der Kombination und individuellen Profilbildung. Mit dieser Entwicklung nimmt die Unübersichtlichkeit der

Klassifizierung der Beschäftigten durch unterschiedliche Studienabschlüsse zu. Gleichzeitig hat es eine

„Einheit stiftende Funktion, weil es stellvertretend für die gesamte Öffentlichkeit die Institution Universität zwingt, mit Blick auf mögliche Abnehmer ihrer Absolventen und die Anforderungen am Arbeitsplatz die Grenzen des Berufsfeldes zu markieren" (Kade u.a. 2007, S. 192).

Verbesserungspotenziale zeigen sich vor allem dort, wo das Studium einseitig auf die Professionalisierung einer allgemeinen mikrodidaktischen Kompetenz ausgelegt ist, während Kompetenzen aus den Bereichen Bedarfsermittlung, Konzeptionsentwicklung, Programmplanung, Programmsteuerung und -evaluierung sowie Bildungsmarketing (Meisel u. a. 1994) in viel zu geringem Maße vermittelt werden. In diesem Fall verfügen die Absolventen zwar über Kenntnisse der historischen, gesellschaftlichen, lernpsychologischen und didaktischen Voraussetzungen der Erwachsenenbildung, nicht jedoch oder kaum über zweckrationale Strategien des (Weiter-)Bildungsmanagements (vgl. Merk 2006; Meisel 2010), also einen Bereich, in dem sie überwiegend tätig sind. In der Praxis führt das oftmals dazu, dass sie unzureichend für dieses Arbeitsfeld vorbereitet sind, in dem sie eine eigene professionelle Rolle wahrnehmen könnten. Allenthalben scheint die Berufsrolle des Erwachsenenpädagogen noch zu stark aus dem direkten Umgang mit den Teilnehmern heraus bestimmt, obgleich viele Bildungsmanager keinen oder nur einen sehr marginalen direkten Kontakt mit den lernenden Erwachsenen haben – eine Entwicklung, die das Problem einer teilnehmerorientierten Erwachsenenbildung in einem neuen Licht erscheinen lässt. Die „Fähigkeit des Eingehen-Könnens auf die Situationsinterpretationen" (Tietgens 1986, S. 43) verkürzt sich für die mit Planungs- und Managementaufgaben befassten Makrodidakten in der Erwachsenenbildung häufig auf den Umgang mit den Dozent/innen, Kommunalpolitiker/innen und den für die Entwicklung der Institution wichtigen Gremien. Eine teilnehmerorientierte Professionalisierung der Erwachsenenbildung ohne dauernden direkten Kontakt zum Teilnehmer/-innen erfordert bei dem hauptamtlichen Erwachsenenbildner/-innen eine eher konzeptionelle didaktische Kompetenz, die sie in die Lage versetzt, konzeptionelle Vorgaben für die von Nebenberufler/-innen durchgeführten Kurse und Veranstaltungen zu formulieren, zu vertreten und deren Realisierung zu überwachen. Hierin liegt die eigentliche didaktische Zuständigkeit der professionellen Erwachsenenpädagog/-innen. Denn:

„Die didaktische Planung von erwachsenenpädagogischen Veranstaltungen ist die wichtigste pädagogische Tätigkeit der meisten hauptberuflichen Mitarbeiter der Erwachsenenbildung. Ein didaktisches Konzept kann dabei am ehesten verhindern, dass die Einrichtungen zu 'Dozentenagenturen' werden" (Siebert 1984, S. 172).

Insgesamt ist damit festzustellen, dass es für die Erwachsenenbildung eine breite Palette an Möglichkeiten der akademischen Aus- und Weiterbildung gibt und die Möglichkeit der Aneignung wissenschaftlicher fundierter Grundlagen für dieses

Berufsfeld bietet. Dabei muss davon ausgegangen werden, dass in den Bachelor-Studiengängen noch keine ausreichende Spezialisierung für den Bereich der Erwachsenenbildung vorgenommen wird, sondern allgemeine pädagogische Grundlagen gelegt werden. Dadurch sind die Bachelorabschlüsse auch nur bedingt für eine Tätigkeit in der Erwachsenenbildung qualifizierend. Für die hauptamtlich in der Erwachsenenbildung Beschäftigten stellt daher der Masterabschluss in einem erwachsenenpädagogischen Studienfach die beste Möglichkeit einer wissenschaftlichen Grundlegung für ihre Tätigkeit dar.

Kritisch wäre zu hinterfragen, ob eine theoretische Ausbildung dieser Art allein eine Grundlage für professionelles erwachsenenpädagogisches Handeln sein kann, oder die berufliche Handlungskompetenz von Erwachsenenbildner/-innen nicht eine stärkere Verbindung der Auseinandersetzung von wissenschaftlichem Hintergrundwissen und der beruflichen Praxis bedarf – zum einen im Sinne einer Kompetenzentwicklung als Komplementarität theoretischer und erfahrungsbezogener Wissensbestände (Dehnbostel 2010, S. 41 f.), zum anderen im Sinne einer reflexiven Auseinandersetzung mit dem eigenen Handeln und der eigenen beruflichen Identität. Denn Erwachsenenbildner/-innen sind mit vielfältigen Anforderungen und Erwartungen konfrontiert, die ihr Handeln beeinflussen. Diese sind ebenso wie die eigenen Überzeugungen und Werte kritisch zu hinterfragen (Buschle/Tippelt 2015). Dies spricht auch für eine stärkere Kompetenzorientierung erwachsenenpädagogischer Studienangebote, die den Professionalisierungsprozess der Studierenden als Such- und Deutungstransformation versteht und unterstützt (Arnold 2012a, S. 110).

5.3 Erwachsenenbildung: Zwischen Beruf und Berufung

Trotz der zunehmenden Akademisierung der Erwachsenenbildung/Weiterbildung gibt es keine entsprechenden Zugangsberechtigungen für eine Tätigkeit in der Erwachsenenbildung. Diese Situation spiegelt sich auch in den beruflichen Abschlüssen diese Personengruppe. So verteilen sich die Hauptfachrichtungen der beruflichen Abschlüsse auf knapp 80 Berufe. 45 % der Erwachsenenbildner/-innen haben dabei einen akademischen Abschluss, wobei nur 16 % von allen Erwachsenenbildnern/-innen ein einschlägig pädagogisches Studium haben (z. B. Erziehungswissenschaft, Lehramt) (vgl. Martin/Langemeyer 2014, S. 55). Bei den Lehrkräften in der Erwachsenenbildung liegt der Akademisierungsgrad bei 72 %. Auch in diesem Bereich zeigt sich eine große Heterogenität von 66 Studiengängen, wobei weniger als ein Drittel über einen pädagogischen Studienabschluss verfügt (vgl. Schütz/Nittel 2012).

Während sich die Absolventen der Diplomstudiengänge Erwachsenenbildung anfänglich mit zum Teil erheblichen Akzeptanz- bzw. Berufseinmündungsproblemen konfrontiert sahen (vgl. Gieseke 1982), wird heute davon ausgegangen, dass „dasjenige Personal der Erwachsenenbildung, das auf Management-, Planungs- oder bildungspolitischen Ebene arbeitet, die Kerngruppe in der Erwachsenen-

bildung, einen akademischen Abschluss in Erwachsenenbildung haben sollte." (Heyl 2012, S. 39 f.). Bei den nebenberuflich Beschäftigten wird in der Regel kein pädagogisches Studium vorausgesetzt, jedoch eine wissenschaftliche Ausbildung und eine pädagogische Eignung erwartet (vgl. Nittel 2000, S. 31).
Wesentliche Einstellungsvoraussetzungen im Weiterbildungsbereich sind auch die extrafunktionalen Qualifikationen, wobei es gerade bei den freien Trägern nicht unwesentlich ist, dass der Kandidat den „Stallgeruch" der jeweiligen Institution mitbringt. In diesem Zusammenhang ist auf die bei einigen Trägern verbreitete Skepsis gegenüber einer nicht von ihnen beeinflussbaren vorberuflichen, wissenschaftlichen professionellen Sozialisation hinzuweisen.

a) Anerkennung von Kompetenzen

Aufgrund der Tatsache, dass die Einmündung in ein Tätigkeitsfeld der Erwachsenenbildung zumeist über einen nebenberuflichen Einstieg und der Grundlage einer nicht-pädagogischen Ausbildung erfolgt, besitzt die Anerkennung von Berufserfahrungen in diesem Feld eine besondere Relevanz. Diese betrifft z. B. die Frage der formalen Eingruppierung in Tätigkeitsbereiche und damit Verdienstmöglichkeiten. Die akademische Weiterbildung ist dabei eine wichtige Möglichkeit, beruflich erworbenes Wissen bzw. Kompetenzen theoretisch zu fundieren. Die Anerkennung und Anrechnung dieses Vorwissens bzw. der erworbenen Kompetenzen ist eine Kernforderung des Bologna-Prozesses. Dabei werden fünf Formen unterschieden:

1. Direkte Anrechnung, d. h. pauschale Anerkennung von vorhandenen Abschlüssen
2. Anrechnung nach individueller Prüfung der Zertifikate / Abschlüsse
3. Individuelles Assessment der Bewerber / innen
4. Nachlaufende Akademisierung durch strukturierte akademische Aufbereitung von Praxiserfahrung als Studienleistung
5. Berücksichtigung von Vorwissen in der Gestaltung von Lehrveranstaltungen

Einige dieser Formen werden aktuell schon für Studiengänge der Erwachsenenbildung eingesetzt. So ist eine Zulassung zum Fernstudiengang Erwachsenenbildung an der TU Kaiserslautern nach bestandener Eignungsprüfung auf der Basis einer Berufsausbildung bzw. entsprechender Berufserfahrung möglich[7].
Bernhardsson und Lattke (2012) weisen zudem darauf hin, dass sich die Möglichkeiten nicht in der Erlangung von Zugangsberechtigungen erschöpfen sollte:

„Perspektivisch ist insbesondere bei berufsbegleitenden Studiengängen auch die Erlassung von Teilen des Studiums aufgrund des Vorhandenseins informell erworbener einschlägiger Kompetenzen eine Möglichkeit. Ferner ist es auch denkbar, Teile des Lehrangebots zu einem Studiengang von nicht-universitären akkreditierten Anbietern abdecken zu lassen" (ebd., S. 270).

---

[7] vgl. Zulassungsvoraussetzungen zur Eignungsprüfungen http://www.zfuw.uni-kl.de/einschreibung/eignungspruefungen/ (25.06.2016)

Welche Möglichkeiten die Anerkennung informell erworbener Kompetenzen für die Erwachsenenbildung bietet zeigt aktuell schon das Beispiel der WeiterBildungsAkademie (WBA) Österreich (vgl. Steiner 2010). Die WBA ist eine Gemeinschaftsinitiative der Verbände der Erwachsenenbildung in Österreich und des Bundesinstituts für Erwachsenenbildung in Österreich. Ziel dieses kooperativen Systems ist neben der berufsbegleitenden Weiterbildung die Anerkennung non-formal und informell erworbener Kompetenzen. Dazu können verschiedene Formen der Nachweise über formal erworbene Kompetenzen (Zeugnisse, Beurteilungen etc.), non-formal erworbene Kompetenzen (Zertifikate, Teilnahmebestätigungen u. a.) sowie informell erworbene Kompetenzen (z. B. aus entsprechenden Verfahren der Kompetenzfeststellung) eingereicht werden[8].

Auf der Grundlage der eingereichten Nachweise findet eine Standortbestimmung statt, die Voraussetzung für die Zulassung zu einer Prüfung im Rahmen der Zertifizierungswerkstatt ist. Die WBA bietet somit die Möglichkeit, auf der Basis formell, non-formal und informell erworbener Kompetenzen einen zertifizierten Abschluss in der Erwachsenenbildung zu erhalten. Darüber hinaus können die WBA-Zertifikate als Zugangsvoraussetzung für Studienangebote der Universität Krems genutzt werden, wodurch weitere Professionalisierungsoptionen eröffnet werden.

In enger Verbindung mit der Entwicklung des Modells der Kompetenzbilanzierung und -anerkennung der WBA steht das Dresdner Kompetenzbilanzierungsinstrument KOMPASS (vgl. Gruber/Wiesner 2012). KOMPASS ist dabei ein sowohl theoretisch abgeleitetes als auch empirisch überprüftes Instrument der Kompetenzbilanzierung, welches bezogen auf typische Arbeitssituationen unterschiedliche Ausprägungsgrade von Kompetenzen ermittelbar macht. Die Bilanzierung basiert dabei vor allem auf einer Selbsteinschätzung der Lernenden, die durch eine Fremdeinschätzung ergänzt werden kann (vgl. Böhm/Wiesner 2012).

Auch in der Schweiz gibt es eine Reihe von Instrumente zur Anerkennung von Kompetenzen für Lehrende in der Erwachsenenbildung (Lauterbach 2005). Bereits seit 1995 bietet der Schweizer Verband für Erwachsenenbildung (SVEB) den modularen Baukasten zur Ausbildung der Ausbilder (AdA) an, welcher speziell auf Weiterbildungsfachleute ausgerichtet ist. Die Zertifizierung einzelner Module des Baukastens kann im Rahmen einer Gleichwertigkeitsbeurteilung auch über einen Kompetenznachweis erreicht werden. Grundlage dafür sind eine entsprechende Selbstbeurteilung sowie ggf. Weiterbildungsbestätigungen, Arbeitszeugnisse oder Arbeitsproben. Rund 4 % der Modulzertifikate werden dabei über eine Gleichwertigkeitsbeurteilung erworben (vgl. Eckhardt-Steffen 2012, S. 60).

Auf europäischer Ebene wurde im Projekt VINEPAC (Validation of informal and non-formal psycho-pedagogical competencies of adult educators) das Validierungsinstrument Validpack entwickelt, welches der Sichtbarmachung und Validierung erwachsenenpädagogischer Kompetenzen für Lehrende dient. Validpack ist ein

---

[8] Akzeptierte Formen des Kompetenznachweises der WBA http://wba.or.at/studierende/nachweise.php (25.06.2016)

Tool, welches auf einem mit Indikatoren hinterlegten Kompetenzmodell aufbaut. Auch dieses Instrument basiert auf einer Kombination von Selbst- und Fremdeinschätzung (vgl. Lupou 2010).

Diese Vorarbeiten, insbesondere aber die Erfolge der WBA-Österreich und des Schweizer Verbands für Erwachsenenbildung (SVEB) sind Vorbild für ein entsprechendes Vorhaben des Deutschen Instituts für Erwachsenenbildung (DIE) zu einem trägerübergreifenden Verfahren zur Anerkennung von Lehr-Kompetenzen in Deutschland[9] (vgl. Bosche u. a. 2015; Lencer/Strauch 2016).

b) Berufsethik in der Erwachsenenbildung

Ein weiteres Kennzeichen der Professionalisierung ist die Entwicklung einer Berufsethik. Berufsethiken „sind berufsfeldbezogene theoretisch abstrakte Ethiken, die in praktischen konkreten berufsständischen Morallehren sich inhaltlich niederschlagen" (Löwisch 1995, S. 8). Die Verbindung von pädagogischem Handeln und Ethik wird als besonders eng eingeschätzt (vgl. Berzbach 2005, S. 19). Die Ethik der Erwachsenenbildung thematisiert den

> *„moralischen Gehalt des in der EB [Erwachsenenbildung, a. d. V.] vermittelten Wissens und Könnens, auf das moralische Verhalten der darin Lehrenden und Lernenden und auf die Ermöglichung der Aneignung moralischen Verhaltens durch die Institutionen und die Organisation der EB" (Erpenbeck 2010, S. 95).*

Trotz der Notwendigkeit ethisch begründeten Verhaltens wurde in der Erwachsenenbildung

> *„bisher weder eine Berufsethik ausgebildet, die in einem bekannten, allgemein akzeptierten und institutionalisierten Berufskodex ausgedrückt wäre, noch hat sie einen bereichsethischen Forschungszusammenhang ausgebildet" (Bernhardsson/Fuhr 2014, S. 41).*

Als Ursache dafür werden die unscharfen Strukturen der Erwachsenenbildung gesehen, die angesichts der Bedeutungszunahme des informellen Lernens sowie einer zunehmenden Vernetzung, Virtualisierung der Anbieter und Angebote weiter an Konturen verlieren. Eine Berufsethik für den Bereich der Erwachsenenbildung ist daher eng an den Bereich der institutionalisierten Erwachsenenbildung, genauer die Einrichtungen, gebunden, die die Erwachsenbildung als ihren Kernbereich ansehen. Die grundsätzlich geringe berufsverbandliche Organisation sowie das wenig ausgeprägte Berufsbild von Erwachsenenbildner/-innen erschweren die Entwicklung bzw. berufsverbandliche Umsetzung einer Berufsethik zusätzlich.

Die Diskussion zu einer Berufsethik der Erwachsenenbildung wird durch die Schaffung eines europäischen Binnenmarktes weiter forciert. So sind die Berufsverbände aufgefordert, Verhaltenskodizes zu entwickeln, um eine höhere und einheitliche

---

[9] Website des Projekt „Grundlagen zur Entwicklung eines trägerübergreifenden Anerkennungsverfahrens für die Kompetenzen Lehrender in der Erwachsenen-/Weiterbildung – GRETA" http://www.die-bonn.de/institut/forschung/professionalitaet/greta.aspx (26.05.2016)

Dienstleistungsqualität sicherzustellen sowie das Vertrauensverhältnis zwischen Dienstleister und Abnehmer zu verbessern. Darüber hinaus soll die

„Erarbeitung eines Verhaltenskodex von einer Berufsorganisation dazu genutzt werden, das besondere Profil ihrer Mitglieder hervorzuheben, indem diese verpflichtet werden, bei der Erbringung ihrer Dienstleistungen bestimmte Grundsätze, ein bestimmtes Berufsethos oder besonderes Know-how einzuhalten" (Kommission der Europäischen Gemeinschaften 2007, S. 7).

Ein Beispiel für die Diskussion solcher Standards sind die vom britischen sektoralen Arbeitgeberverband „Lifelong Learning UK" herausgegebenen „Standards for teachers, tutors and trainers in the lifelong learning sector" (Lifelong Learning UK 2006), die folgende Richtlinien enthalten (ebd., S. 3, Übersetzung nach Nolda 2012, S. 116):

- *„Lehrende im Bereich des lebenslangen Lernens schätzen*
- *alle Lernenden, ihren Fortschritt und ihre Entwicklung, ihre Lernziele und Bestrebungen sowie die Erfahrungen, die diese in ihr Lernen einbringen*
- *das Lernen an sich und die damit verbundene Möglichkeit, Menschen emotional, intellektuell, sozial und ökonomisch zu fördern und einen Beitrag zur Nachhaltigkeit auf kommunaler Ebene zu liefern*
- *Gleichheit, Verschiedenheit und Inklusion in Bezug auf lernende, die Belegschaft in Betrieben und die Kommune*
- *Reflexion und Evaluation der eigenen Praxis und ihre ständige professionelle Entwicklung als Lehrende*
- *Zusammenarbeit mit anderen Menschen, Gruppen und/oder Organisationen mit einem berechtigten Interesse am Fortschritt und an der Entwicklung von Lernenden."*

In Deutschland ist u.a. das Forum für Werteorientierung in der Weiterbildung e.V. (FWW), das sich für verantwortungsbewusstes und wertorientiertes Handeln in der Weiterbildung einsetzt und versucht verbandübergreifende ethische Standards zu etablieren. Der Berufskodex des FWW (FFW 2013) umfasst sechs Artikel (siehe Abbildung 26). Mitglieder des Vereins machen durch eine Unterschrift deutlich, dass sie sich den formulierten Prinzipien verpflichtet fühlen und können dies nach außen durch ein entsprechendes Siegel deutlich machen. Bei Verstößen gegen den Berufskodex kann das Siegel wieder entzogen werden.

Artikel	Beschreibung
1. Erklärung zum Menschenbild	Die Weiterbildenden gehen in ihrer Tätigkeit von einem Menschenbild aus, das in der Werteorientierung der Menschenrechte wurzelt.
2. Zum Selbstverständnis der Weiterbildenden	Die Weiterbildenden beteiligen sich an der Entwicklung der Gesellschaft und unserer Welt. Sie übernehmen dabei eine besondere Verantwortung.
3. Zum Verhältnis Weiterbildner – Trainingsteilnehmer	Die Weiterbildenden kommen ihrer besonderen persönlichen und sozialen Fürsorgepflicht gegenüber den Trainingsteilnehmenden nach.
4. Zum Verhältnis Weiterbildungsanbieter – Nachfrager/ Auftraggeber	Die Weiterbildenden sehen sich gegenüber Nachfragenden ihrer Leistungsangebote zu den Prinzipien der Wahrheit, Klarheit und Vertraulichkeit verpflichtet.
5. Zum Verhältnis Weiterbildner untereinander	Das Verhältnis der Weiterbildenden untereinander soll gekennzeichnet sein von Respekt und Kollegialität, von Fairness und Kooperationsbereitschaft.
6. Zum Verhältnis Weiterbildner und Berufsstand	Die Weiterbildenden wahren und fördern durch ihr Auftreten und ihre Arbeitsweise das Ansehen des Berufsstandes.

Abb. 26 „Berufskodex für Weiterbildung" des Forum Werteorientierung in der Weiterbildung e. V.

Vertiefungsblock

Der Eid des Sisyphos

In der Einführung in die Systemische Pädagogik mit dem Titel „Der Eid des Sisyphos" (Arnold/Arnold-Haecky 2009) wurde vor dem Hintergrund ähnlicher Vorschläge in der Pädagogik (u. a. von Hentig 1993) eine berufsethische (Selbst-)Verpflichtung, welche in einer für die Erwachsenenbildung leicht abgewandelter Form im Folgenden dokumentiert sei:

„Als Pädagoge bin ich in erster Linie der Entfaltung der inneren Kräfte und Möglichkeiten der Lernenden verpflichtet. Meine Aufgabe ist es, ihre Kompetenzen so zu fördern und zu entwickeln, dass sie mit den Situationen, Fragen und Problemen, die das Leben für sie bereithält, konstruktiv und erfolgreich umgehen können. Ich klage nicht über die ›Schwierigkeiten‹, die sie mir dabei machen, sondern weiß, dass ich für systemisch intelligente und anschlussfähige Lösungen solcher Schwierigkeiten zuständig bin.

Deshalb verpflichte ich mich, mein pädagogisches Handeln gemäß folgender Einsichten zu gestalten:

- Ich habe erkannt, dass ich allein dafür verantwortlich bin, ob ich den institutionellen Rahmen sinnvoll nutze oder in einer lähmenden Routine erstarre. Deshalb werde ich aufhören, über die Einengungen zu lamentieren, und ich werde versuchen, neue Wege zu gehen, auch wenn ich bisher Angst vor ihnen hatte oder sie für unmöglich hielt. Da ich weiß, dass im Außen nur sein darf, was im Inneren bereits existiert, werde ich mich verstärkt um die Transformation dieser inneren Bilder, die mich und andere festlegen, kümmern und mich bemühen, meine didaktische Phantasie zu entfalten *(Selbstveränderungs-Credo)*.
- Ich höre auf, inhaltliche Vorgaben nur zu erledigen, sondern bemühe mich darum, den Lernenden die wirksame Aneignung von Wissen, Fähigkeiten und Fertigkeiten zu ermöglichen *(Ermöglichungsdidaktisches Credo)*.
- Ich habe erkannt, dass ich als Lehrperson nur erfolgreich sein kann, wenn ich mit den Lernenden in Beziehung trete und die eigenen Bilder (z. B. Typologien), mit denen ich sie identifiziere, auflöse und loslasse *(Beziehungs-Credo)*.

Ich schwöre deshalb:

- die mir anvertrauten Menschen zu respektieren und ihnen in dem Bewusstsein zu begegnen, dass meine Beobachtung von ihnen nur das zu erkennen vermag, was meine Beobachtung zu erkennen vermag,
- sie niemals zu kränken oder zu ermutigen, sondern einzig und allein (auch und gerade die von mir als ›schwierig‹ empfundenen Lernenden) nach Wegen zu suchen, auf denen sie ihre Selbstwirksamkeit erfahren und spüren können,
- die Verständigung mit den sich mir anvertrauenden Menschen zu suchen und dafür zu sorgen, dass sie sich mit den Erwartungen (z. B. Lehrplan und Curriculum) auseinandersetzen und zugleich ihr Eigenes gestalten können,
- den Lernenden ein Vorbild für Fehlertoleranz, Menschlichkeit, wertschätzenden Umgang und Solidarität zu sein und ihnen durch meine Ansprechbarkeit, Zuwendung und Begleitung erlebbar auszudrcken, dass jeder Mensch über spezifische Potenziale verfügt, die es zu entdecken und zu entfalten gilt,
- mich in der Zusammenarbeit mit Kolleginnen und Kollegen um die Beschreitung neuer didaktisch-methodischer Wege zu bemühen und die professionelle Selbstreflexion im Team zu stärken, damit unsere Bildungseinrichtung zu einem Ort der Kompetenzentwicklung und der menschlichen Reifung werden kann" (nach: Arnold/ Arnold-Haecky 2009, S. 16).

Trotz dieser sehr konkreten Beispiele bleibt das erwähnte Problem eines unklaren Feldes mit einer Vielzahl von Akteuren im Bereich der Erwachsenenbildung. Dabei sind es vor allem Verbände freier Trainer und / oder privater Weiterbildungsorganisationen (z. B. Berufsverband für Trainer, Berater und Coaches – BDVT), die sich mit der Kodifizierung berufsethischer Standards beschäftigen, während große nationale Träger der Erwachsenenbildung im deutschsprachigen Raum in diesem Bereich kaum aktiv sind. Dies gilt in gleicher Weise für verbandsübergreifende Organisationen in Deutschland, Österreich und der Schweiz und selbst für die europäische Ebene (z. B. European Association for the Education of Adults – EAEA) (vgl. Bernhardsson / Fuhr 2014). Gerade aber die europäische Ebene wäre angesichts der stark segmentierten nationalen Berufsverbände geeignet, eine Diskussion zur Entwicklung einer Berufsethik für die Erwachsenenbildung anzustoßen und zu koordinieren. Absehbar ist jedoch nicht damit zu rechnen, dass nationale wie internationale Aktivitäten zur Entwicklung einer entsprechenden Berufsethik führen werden.

c) Berufsverband als Interessenvertretung

Die Bedeutung eines Berufsverbandes für die Professionalisierung wurde bereits im Rahmen der Entwicklung ethischer Standards für die Erwachsenenbildung angesprochen. Darüber hinaus besitzen Berufsverbände sowohl nach innen als auch nach außen eine zentrale Funktion als fachlicher, sozialer und politischer Zusammenschluss einer Berufsgruppe. Nach innen dienen sie u. a. dem Austausch und der kollegialen Beratung sowie der Entwicklung und Einhaltung beruflicher Standards. Nach außen gerichtet haben sie die Funktion der (bildungspolitischen) Interessenvertretung und ermöglichen eine geschlossene Außendarstellung. Somit ist ein Berufsverband ein wichtiger Beitrag zur beruflichen Identitätsentwicklung sowie eine grundlegende Voraussetzung dafür, dass eine Berufsgruppe öffentlich in Erscheinung treten kann.
Für die Erwachsenenbildung hätte ein Berufsverband z. B. die Funktion,

„gesellschaftliche Entwicklungen in ihren Auswirkungen auf die organisierte Erwachsenenbildung und auf die beruflichen Handlungsstrukturen und die einzelnen Berufsgruppen in diesem Bereich zu beobachten, zu reflektieren und im Interesse der Berufstätigen berufspolitische Handlungskonzepte zu entwickeln und umzusetzen; berufliche Identitäten und Identifikationen, Selbst- und Aufgabenverständnisse sowie Werthaltungen könnten kommuniziert, Erfahrungen ausgewertet werden" (Peters 2004, S. 55).

Kil und Manz (2003) betonen darüber hinaus die Aufgabe eines Berufsverbandes der Erwachsenenbildung für die

„Entwicklung eines Berufsprofils und der allgemeinen Anerkennung von Berufsbild und Studienabschluss sowie deren Eingruppierung in die Berufslandschaft (…) sowie um die, in so diversifizierten Berufsfeldern wie der Erwachsenenbildung dringend notwendige, Vernetzung der Mitglieder und die Nachwuchsförderung" (ebd., S. 48 f.).

Berufsverbände tragen somit wesentlich zum Professionalisierungs-Prozess bei.
Die berufsverbandliche Organisation in der Erwachsenenbildung zeichnet sich zum einen durch eine Vielzahl an Verbänden und einen geringen Organisationsgrad aus. Grundsätzlich kann zwischen Verbänden unterschieden werden, die sich primär über die Ausbildung definieren, wie z. B. der Berufsverband der Erziehungswissenschaftlerinnen und Erziehungswissenschaftler e. V. (BV-Päd.)[10] sowie der Berufs-

[10] Homepage des BV-Päd. http://www.bv-paed.de (25.05.16)

verband Deutscher Diplom-Pädagogen und Diplom-Pädagoginnen e. V. (BDDP)[11], sowie Verbänden, die einzelne Tätigkeitsfelder fokussieren, wie z. B. Berufsverband für Trainer, Berater und Coaches (BDVT)[12], der Deutsche Verband für Coaching und Training e. V. (dvct)[13] oder der Wuppertaler Kreis e. V. (Bundesverband betrieblicher Weiterbildung)[14] oder der Dachverband der Weiterbildungsorganisationen (DVWO e. V.)[15].

Der Organisationsgrad der Erwachsenenbildner/-innen in den Berufsverbänden wird im Verhältnis zu den klassischen Professionen als sehr gering eingeschätzt. Während bei den Medizinern (94 %) und Juristen (53 %) der Organisationsgrad am höchsten liegt, sind es im Mittel aller Erwerbstätigen nur 12 %, die sich berufsverbandlich organisieren. Im Verhältnis dazu sind die Mitgliedszahlen in den Berufsverbänden der Erwachsenenbildung sehr gering. Von den ca. 54.000 Erwerbstätigen mit erziehungswissenschaftlichem Abschluss, die vornehmlich in der Erwachsenenbildung beschäftigt sind, nur ca. 525 im Berufsverband der Erziehungswissenschaftlerinnen und Erziehungswissenschaftler e. V. (BV-Päd.) sowie ca. 670 im Berufsverband für Trainer, Berater und Coaches (BDVT) organisiert (vgl. Martin/Langemeyer 2014, S. 56).

Es ist somit festzustellen, dass es aktuell keinen Berufsverband von Erwachsenenbildern/innen gibt, der die beschriebenen Aufgaben für das Berufsfeld umfassend wahrnimmt. Diese Situation wirkt sich nicht nur negativ auf die Vertretung der Interessen der Beschäftigten in diesem Berufsfeld, sondern auch die Entwicklung eines geteilten Selbstkonzepts der Erwachsenenbildner/-innen und damit insgesamt auf die Professionalisierung aus.

Insgesamt besteht in der wissenschaftlichen Diskussion Einigkeit darüber, dass sich die Erwachsenenbildung bisher nicht zu einer Profession entwickelt hat bzw. der Professionalisierungsprozess noch nicht abgeschlossen ist. Wie aus der Darlegung des Status der Professionalisierung deutlich wurde:

- ist die Erwachsenenbildung durch eine Vielzahl prekärer Beschäftigungsverhältnisse gekennzeichnet und ehren- und nebenberufliche Tätigkeiten überwiegen im Verhältnis zu einer hauptberuflichen Erwerbstätigkeit die die Sicherstellung des Lebensunterhalts ermöglichen.

---

11 Homepage des BDDP http://www.diplom-paedagogen.de (25.05.16)

12 Homepage des BDVT http://www.bdvt.de (25.05.16)

13 Homepage des dvct http://www.dvct.de (25.05.16)

14 Homepage des Wuppertaler Kreis e. V. http://www.wkr-ev.de (25.05.16)

15 Homepage des DVWO http://www.dvwo.de (25.05.2016)

- ist für die Ausübung der Tätigkeit notwendiges Wissen systematischer Bestandteil einer akademischen Ausbildung, die vor allem in Masterstudiengänge mit Schwerpunkt Erwachsenenbildung angeboten wird.
- ist der Zugang zur Ausübung des Berufs nicht formal über Prüfungen oder Lizenzen geregelt. Vielmehr zeigt sich eine große Heterogenität der beruflichen Hintergründe der in der Weiterbildung beschäftigten. Dabei dominieren akademische Abschlüsse, die jedoch in der Regel nur bei hauptberuflichen Mitarbeitern einschlägig erwachsenenpädagogisch sind.
- gibt es keine Berufsethik für die Beschäftigten in der Erwachsenenbildung.
- existiert ein sehr heterogenes Feld von Berufsverbänden für Erwachsenenbilder/innen, in denen nur ein geringer Teil der Beschäftigten organisiert ist.

Als Ursache für den geringen Professionalisierungsgrad der Erwachsenenbildung wird vor allem das heterogene Handlungsfeld der Erwachsenenbildung gesehen. Dem gegenüber vertritt Nittel (2000) die Ansicht, dass sich diese Unübersichtlichkeit der Institutionen und Ort der Erwachsenenbildung nicht zwangsläufig hemmend auf den Prozess der Verberuflichung auswirken muss:

„Am Beispiel anderer Berufsstände könnte man ebenso gut aufzeigen, dass die Fähigkeit einer Profession, die Tätigkeitsfelder zu wechseln und in nahezu allen gesellschaftlich relevanten Bereichen präsent zu sein, sich keineswegs als 'berufspolitischer Stolperstein' auswirken muss, sondern im Gegenteil professionalisierungsfördernd sein kann (ebd., S. 26).

Festzuhalten bleibt, dass (auch durch die Digitalisierung des Bildungsbereichs) die Formen und Anbieter von Erwachsenenbildung weiter zunehmen und sich das Feld damit noch heterogener als bisher gestalten wird. Dieser Prozess erschwert auf der einen Seite die Professionalisierungsbestrebungen, könnte auf der anderen Seite aber auch Auslöser für stärkere Abgrenzungsbemühungen von Erwachsenenbildung und der darin beschäftigten Professionellen gegenüber der wachsenden Anzahl von Anbietern sein.

5.4 Professionalität von Erwachsenenbildner/-innen

Was unter erwachsenenbildnerischer Professionalität zu verstehen ist, „wird in der wissenschaftlichen Literatur höchst unterschiedlich beschrieben und in der Berufspraxis offenbar mindestens ebenso unterschiedlich eingeschätzt" (Peters 2004, S. 10). Nittel (2000) versteht darunter eine „gekonnte Beruflichkeit" (ebd., S. 15) und Gieseke (2009b) „kompetentes, pädagogisches Handeln" (ebd., S. 385). Grundlage dafür ist entsprechendes Wissen und Können, das über Ausbildung und Erfahrung erworben wird. Die Kernkompetenzen erwachsenenpädagogischen Handelns werden dabei auf auf mikrodidaktischer Ebene einerseits im Bereich der

Unterrichtsgestaltung verortet. Andererseits erfordert das Handlungsspektrum der Erwachsenenbildner/-innen eine erweiterte Bestimmung,

„denn das didaktische Handeln in der Erwachsenenbildung erfolgt nicht nur im Unterricht, sondern durch Vorträge, auf Studienreisen, im Fernstudium, durch Diskussion einer Fernsehsendung, durch die Mitwirkung in einer Bürgerinitiative" (Siebert 1984, S. 172).

Eine schuldidaktische Definition erwachsenenpädagogischen Handelns erscheint aber auch deshalb zu eng, „weil sie primär das Unterrichtsgeschehen erfasst; die meisten hauptberuflichen Erwachsenenbildner/-innen sind jedoch mit der Vor- und Nachbereitung der Lehr-/Lernprozesse beschäftigt. Auch der Fachbereichsleiter, der Leiter einer Einrichtung, sogar der Geschäftsführer und der Bildungspolitiker, der ein Erwachsenenbildungsgesetz verabschiedet, treffen didaktische relevante Entscheidungen" (ebd.). Angesichts dieser Vielfältigkeit der erwachsenenpädagogischen Handlungssituationen hat es der Erwachsenenpädagoge schwer, sein professionelles Selbstverständnis klar zu definieren und sich angesichts der berufsfeldfremden Infiltration des Erwachsenenbildungsbereichs genuine professionelle Akzeptanz zu sichern.

a) Wissensbereiche/Professionswissen

Eine Grundlage für die Professionalität ist das Professionswissen, „welches in der mit Aufgaben der Erwachsenenbildung vertrauten Berufskultur kursiert – oder genauer: konstruiert, tradiert und verändert wird" (Nittel 2001, S. 31). Zu diesem Professionswissen gehört auf der einen Seite das wissenschaftliche Wissen, welches vornehmlich in der universitären Aus- und Weiterbildung erworben wird und auf der anderen Seite berufliches Wissen, welches sich über die berufliche Praxis generiert. Wissenschaftliches Wissen ist dabei jenes Wissen, dass auf nachvollziehbare Weise durch wissenschaftliche Methoden und Kriterien gewonnen wurde für gültig befunden wird, während berufliches Wissen vor allem den Kriterien der Brauchbarkeit und Nützlichkeit genügen muss (vgl. Peters 2004, S. 142). Beide Wissensarten, also das wissenschaftliche Wissen und das berufliche Wissen, stellen eine komplementäre Basis erwachsenenpädagogischen Handelns dar.

Aufgrund dieser Komplementarität kann das Professionswissen nicht ausschließlich in der Hochschule erworben werden, da es für die Komplexität und Intransparenz pädagogischer Situation keine allgemeinen Regeln pädagogischen Handelns gibt (Technologiedefizit). Das von der Hochschule vermittelbare Wissen für die Erwachsenenbildung sollte aber nach Fuhr (1991) sowohl wissenschaftliches als auch praktisches Wissens beinhalten (vgl. Abb. 27).

Wissensart	Beschreibung
1. Vermittlungswissen	
	• Überblick über Strukturen der Erwachsenenbildung, die Träger und ihre spezifischen Zielsetzungen, die Institutionalformen, zu erwerbende Zertifikate, Teilnahmevoraussetzungen und Möglichkeiten der finanziellen Förderung von Teilnehmern • Unterrichtsfach
2. Handlungswissen	
2.1 Didaktisches Wissen	• Unterrichtstheoretisches Wissen • Wissen über Möglichkeiten der Thematisierung von Wissen, Können und Haltungen für Unterrichtszwecke • Wissen über die Lehre von der Artikulation des Unterrichts • Wissen über die Figuren des Unterrichts
2.2 Beratungswissen	• Beratungstheorie • Wissen über die Figuren der Beratung • Wissen über pädagogische und diagnostische Verfahren • Wissen über die Methode des Verstehens
2.3 Organisationswissen	• Organisationstheoretisches Wissen • Wissen über Angebotsplanung • Juristisches und betriebswirtschaftliches Wissen
3. Zielwissen	
	• Wissen über pädagogische und andragogische Ziele und Grundsätze • Wissen über Bildungsbedürfnisse Erwachsener • Wissen über die Methoden der empirischen Sozialforschung • Metaethisches Wissen
4. Bedingungswissen	
	• Wissen über die Adressaten und Teilnehmer • Wissen über die gesellschaftlichen Bedingungen des Handelns

Abb. 27 Arten erwachsenenpädagogischen Professionswissens (Fuhr 1991, S. 231–233)

Seit Beginn der 1990er Jahre wird verstärkt die Bedeutung betriebswirtschaftlichen Wissens für hauptberuflicher Mitarbeiter/innen in den öffentlich verantworteten Einrichtungen der Weiterbildung diskutiert (Nuissl/ Schuldt 1993). Grund dafür waren zum einen veränderte finanzielle Rahmenbedingungen und ein differenzierterer Weiterbildungsmarkt, was zu höherem Kostendruck führte, zum anderen aber auch neue Rechtsformen der Bildungseinrichtungen, die neue wirtschaftliche und finanzielle Freiräume ermöglichte. Damit rückten betriebswirtschaftliche Aufgaben wie das Vermarkten und Kalkulieren von Angeboten in den Fokus der Arbeit von Erwachsenenbildnern (vgl. Schöll 2006, S. 173).

b) Kompetenzbereiche von Erwachsenenbildner/-innen

Erwachsenenpädagogen haben es schwer, eine Akzeptanz ihres professionellen Berufswissens durchzusetzen. Zum einen spielt hierbei die traditionelle Laienhaftigkeit bzw. der nebenberufliche Status vieler Kursleitenden bzw. Dozent/innen eine Rolle, zum anderen folgen die Erwachsenenpädagogen und -pädagoginnen mit ihrem Selbstverständnis häufig den traditionellen Handlungsmustern i. S. eines „patronalen", „missionarischen", „Sachkompetenz-" oder „Gruppenpartner-Verhältnisses" (Schulenberg 1964, S. 65 f.) gegenüber den Erwachsenen und treten damit in eine oftmals chancenlose Konkurrenz mit den fachlich und fachdidaktisch i. d. R. versierteren Nebenberuflern. Die Erwachsenenpädagogen und -pädagoginnen können als pädagogische Professionals kein alle Sachbereiche umspannendes mikrodidaktisches Selbstverständnis glaubwürdig vertreten. Wollen sie nicht als Generalisten abgestempelt und mit administrativen Jedermanns-Tätigkeiten beschäftigt werden, so müssen sie sich des „Propriums" ihrer genuinen Zuständigkeit bewusst werden. Hierzu gehört, so könnte man auf der einen Seite argumentieren, ganz wesentlich die Professionalisierung der Programmplanung als didaktisches Handeln (Siebert 1982), zumal die hauptamtlichen Professionals in der Erwachsenenbildung schwerpunktmäßig als disponierendes pädagogisches Personal tätig sind. Diese Tätigkeit umfasst hauptsächlich makrodidaktische Aktivitäten und nur u. a. auch „eigene Lehrtätigkeit", d. h. mikrodidaktische Aktivitäten.

> Erwachsenenpädagogen sind demnach mehr Bildungsmanager als Bildungshelfer, obgleich sicherlich diese beiden Funktionen ineinander übergehen.

So stellte bereits Tietgens im Blick auf die Professionalisierung der Erwachsenenbildung fest,

„dass es in der Erwachsenenbildung Tätige geben muss, die sich dieser Aufgabe ausschließlich zuwenden können, die für diese Tätigkeit eine Vorbereitung erfahren haben und für die der Anreiz ihrer professionellen Kompetenz darin liegt, dass sie den Fundus ihres Wissens in Verbindung mit einer Sensibilität für wechselnde Situationen in ein kommunikatives Planungshandeln umsetzen können" (Tietgens 1986, S. 171).

Auf der anderen Seite wird die professionelle Kompetenz der Lehrenden für die Qualität von Weiterbildung betont, womit das mikrodidaktische Wissen stärker in den Mittelpunkt rückt. Auch wenn sich eine Professionalisierung im Sinne eines „Weiterbildungslehrenden" (vgl. Arabin/Beinke 1980) nicht etablieren konnte, besteht „wachsendes Interesse an der Professionalität von Lehrpersonen in der Erwachsenenbildung" (Schrader 2010, S. 28). Lernerfolg, so wird dabei argumentiert, „ist primär eine Frage der Qualität von Lehr-Lernsituationen, weniger der organisatorischen Rahmenbedingungen." (ebd., S. 29).

Alle Bestrebungen, auch die mikrodidaktische Ebene des unmittelbaren unterrichtlichen Handelns zur Domäne von Professionals zu erklären, müssen allerdings berücksichtigen, dass pädagogisches Handeln sich nicht in gleicher Weise professionalisieren lässt wie das distanzierte professionelle Handeln von Ingenieuren, Ärzten oder Richtern. Beim erwachsenenpädagogischen Handeln sind nämlich in wesentlich stärkerem Maße die kommunikative Kompetenz, die Lebenserfahrung, die sozialen Fähigkeiten, die Persönlichkeit und das pädagogische Verstehen gefragt als dies bei technologischen Experten der Fall ist. Für die Erwachsenenbildung ist demnach ein spezifischer Typus des Professionellen zu fordern, der mit der hohen spezifischen Kompetenz nicht automatisch eine adressatenferne Expertenschaft verbindet.

Im Zusammenhang mit der Frage, welche Kompetenzen für die Erwachsenenbildung relevant sind, wurden in den letzten 25 Jahren verschiedene Kompetenzmodelle entwickelt. Beispielhaft dafür sind frühe Ansätze der Beschreibung professioneller Handlungskompetenz von Lehrpersonen in der Weiterbildung durch Ziep (1990), die Kompetenzbeschreibungen für die Bereiche des Unterrichtens, Beratens und Organisierens in der Erwachsenenbildung von Fuhr (1991) oder die empirisch basierten Arbeiten von Harteis (2000) zu den Kompetenzen des betrieblichen Bildungspersonals.

Bildungspolitisch erhielt diese Auseinandersetzung durch die Mitteilung der EU-Kommission „Man lernt nie aus“ (Kommission der Europäischen Gemeinschaften 2006) neuen Auftrieb, in dem die große Bedeutung der beruflichen Weiterbildung des in der Erwachsenenbildung tätigen Personals für die Qualität der Bildung betont wurde (ebd., S. 7). In der erneuerten Agenda für die Erwachsenenbildung (Rat der Europäischen Union 2011) wurde dieser Punkt wieder aufgegriffen und in Bezug auf die Festlegung von Kompetenzprofilen präzisiert. Kompetenzprofile stellen dabei Kompetenzbeschreibungen zur Ausübung einer bestimmten Berufsrolle dar, die auf einzelne Einrichtungen aber auch einrichtungsübergreifend formuliert sein können und vor allem einer fachlich-horizontalen Verortung von Berufsrolleninhaber/innen innerhalb einer Branche dienen (vgl. Lattke/Sgier 2012, S. 8).

Als Reaktion darauf entstanden in den letzten Jahren eine Reihe von Kompetenzprofilen für die Erwachsenenbildung, die in europäischer Zusammenarbeit entwickelt wurden (vgl. Bernhardsson/Lattke 2012; Sgier/Lattke 2012; Strauch/Radtke/Lupou 2010). Diese Ansätze berücksichtigen dabei auch die Anbindung an den Europäischen Qualifikationsrahmen (EQF), um vorhandenen Zertifikate/Abschlüsse und Kompetenzen den entsprechenden Niveaustufen zuordnen zu können und international vergleichbar zu machen (vgl. Bechtel 2008; Kraft/Seitter 2008; Lattke/Strauch 2011). Zu nennen wären hier die Projekte *Flexi-Path* (Flexi-Path 2010), in dem ein Kompetenzprofil für Management- und Leitungsfunktion von Weiterbildungspersonal entwickelt wurde, sowie *Qualified to Teach*, ein EQR-basierter Kompetenzkatalog mit lernergebnisorientierten Deskriptoren für Lehrende der Erwachsenenbildung (Bernhardsson/Lattke 2011). Einen umfassenden Ansatz für alle Kompetenzfelder der Erwachsenenbildung verfolgte ein europäisches Projekt unter Leitung von Research voor Beleid (vgl. Buiskool u.a. 2010). Dabei wurden 13 Tätigkeitsfelder der Erwachsenenbildung über Dokumentenanalysen, Expertentreffen und Stakeholderbefragungen analysiert und mit 7 allgemeinen sowie 12 spezifischen Kompetenzen beschrieben (vgl. Abb. 28).

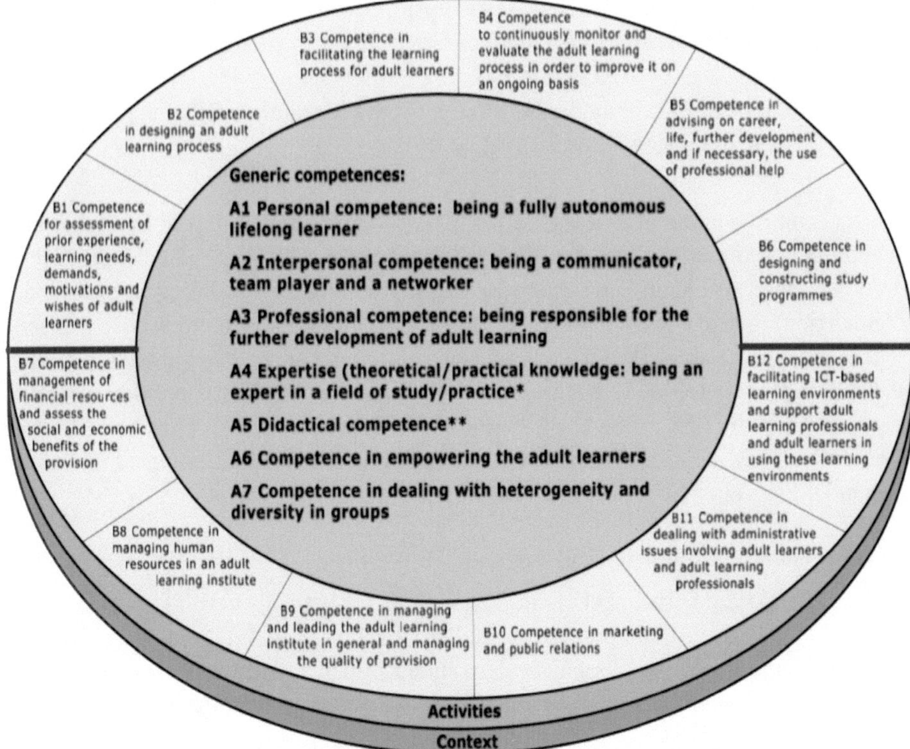

Abb. 28 Schlüsselkompetenzen für Erwachsenenbildner/-innen (Buiskool et al. 2010, S. 11)

Das Kompetenzmodell berücksichtigt dabei als eines der wenigen Modelle auch explizit den Bereich der medienpädagogischen Kompetenz, der für die Tätigkeit von Erwachsenenbildner/-innen nicht nur in der Lehre, sondern in allen Tätigkeitsfeldern an Bedeutung gewinnt. Die dazu notwendigen Kompetenzen werden dabei wie folgt beschrieben:

Informations- und Kommunikationstechnologien (ICT-support activities)

- Mitarbeit beim Design von IKT-gestützten und mit gemischten Formen arbeitenden Lernangeboten, wobei vielfältige mediale Formen zum Einsatz kommen (Internet, Integration von Text, Audio und Video)
- Bereitstellung von IKT-gestützten Programmen
- Mitarbeit in Entwicklungsteams mit Beteiligung von Lehrpersonen, Lernenden, Systemadministratoren und Bildungsplanern
- Leiten und Begleiten von Prüfungen/Leistungskontrollen in Online-Lernumgebungen

- Nutzung von elektronischen Diskussionsforen und anderen Medien inkl. Computergestützten Audio- und Videokonferenzen zur Lernunterstützung und Beratung
- Mitarbeit beim Gestalten der Webseiten für das Marketing; Pflegen persönlicher Webseiten“ (Buiskool/Broek 2012, S. 96).

Insgesamt liegen damit eine Reihe von Kompetenzmodellen für die Erwachsenenbildung vor, die sehr unterschiedliche Zielsetzungen und Ansprüche haben. Neben der wissenschaftlichen Fundierung ist für die Nutzung der Modelle im Rahmen der Bilanzierung und Anerkennung auch die Praktikabilität sowie ein breiter Konsens der Verbände notwendig, um Standards zu etablieren. Dieser Weg wird aktuell durch das Projekt GRETA[16] des Deutsches Instituts für Erwachsenenbildung (DIE) gegangen (vgl. Lencer/Strauch 2016). Dabei können die europäischen Modelle eine Orientierung für nationale Lösungen bieten. Die Einführung europäischer Standards erscheint aber noch als ein weiter Weg.

c) Professsionalitätsentwicklung

Die Entwicklung beruflicher Handlungskompetenz kann als Verbindung von (theoretischem) Wissen und (praxisvermittelten) Erfahrungen verstanden werden. Sie umfasst dabei nicht nur Wissen, sondern auch Können und drückt sich in der Verbindung dieser beiden Dimensionen aus, oder, wie Nittel es formuliert:

„Wissen und Können bilden die beiden Quellen von Professionalität, allerdings beschränkt sie sich weder auf das Fachwissen einer akademischen Disziplin noch auf die bloße Intuition oder die reine Erfahrung des virtuosen Praktikers. Professionalität stellt vielmehr eine nur schwer bestimmbare Kombination, eine Schnittmenge aus beidem dar“ (Nittel 2000, S. 71).

Kompetenzentwicklung kann daher als Prozess „aufgabenbezogene[n] Tätigkeitserweiterung und berufsbiographische[n] Kompetenzaufschichtung“ (Seitter 2009b, S. 11) verstanden werden, die sich in formaler oder non-formaler Aus- und Weiterbildung, aber auch über informelle Formen des beruflichen Kompetenzerwerbs vollzieht. Professionalität kann sich dabei auch unabhängig von der Profession entwickeln, d. h. auch dort beobachtet und zugesprochen werden, wo die Kennzeichen einer Profession nicht oder nicht vollständig erfüllt sind (vgl. Nittel 2000, S. 19). Die Wege der Professionalitätsentwicklung sind in der Erwachsenenbildung sehr heterogen. Wie bereits beschrieben, ist für hauptberufliche Stellen eine akademische Ausbildung wichtige Voraussetzung. Allerdings ist auch festzustellen, dass nur ein relativ geringer Teil der Absolventen von Studienangeboten der Erwachsenenbildung auch später in diesem Bereich arbeitet. So sind es nach einer Studie von Krüger u. a. (vgl. Krüger u. a. 2003) nur ca. ein Drittel der Studierenden mit der

[16] Website des Projekts GREATA – Grundlagen zur Entwicklung eines trägerübergreifenden Anerkennungsverfahrens für die Kompetenzen Lehrender in der Erwachsenen-/Weiterbildung https://www.die-bonn.de/institut/forschung/professionalitaet/greta.aspx?

Studienrichtung Erwachsenenbildung/Weiterbildung, die auch später in diesem Arbeitsfeld tätig sind (ebd., S. 79). Andersherum ist – wie gezeigt – auch der Anteil der Erwachsenenbildner/-innen mit pädagogischer Vorqualifikation gering. Die Bedeutung informellen und non-formalen Lernens für die Professionalisierung muss entsprechend hoch eingeschätzt werden. Hinzu kommt, dass durch die prekären Beschäftigungsverhältnisse die zeitlichen und finanziellen Ressourcen für die individuelle Weiterbildung gering sind.

„Unter diesen Bedingungen scheint Professionalität eher als Resultat individueller Erfahrungen und persönlichen Engagements denn eine Folge verlässlicher institutionalisierter Angebote“ (Schrader 2013, S. 10).

Eine große Bedeutung wird in diesem Zusammenhang insbesondere der Ratgeberliteratur zugesprochen, die zwar in hohem Maße praktische Hilfestellungen gibt, der aber auch immer wieder mangelnde wissenschaftliche Fundierung und rezepthafte Vorgehensmodelle vorgeworfen werden. In ähnlicher Weise dürfte dies auch für die Nutzung von Internetquellen gelten, wobei hier bisher wenige Erkenntnisse vorliegen. Im Rahmen einer aktuellen Studie von Schöb u. a. (2015) gaben nur ein Drittel der befragten Lehrkräfte der Erwachsenenbildung an, Fachportale im Internet zu nutzen (ebd., S. 3).

Insgesamt ist damit nur für den größten Teil der in der Erwachsenenbildung Tätigen der Modus einer berufsbegleitenden Professionalisierung typisch und kommt den Anforderungen und Möglichkeiten der Berufsgruppe entgegen. Entsprechend sollten Angebote der Weiterbildung eine „situativ-praxisbegleitende Unterstützung“ (Hohmann, 2010) bieten, indem sie Handlungsanlässe und Problemlagen aufgreifen und auf Basis wissenschaftlich gewonnener Erkenntnisse reflektieren.

6. Arbeiten und Lernen

6.1 Berufliche Weiterbildung

Einer Betrachtung der beruflichen Weiterbildung ist vorwegzustellen, dass eine Trennung zwischen beruflicher und allgemeiner Weiterbildung nicht immer klar und eindeutig ist. Die Erträge der beruflichen Bildung können für die private Verwendung ebenso von Bedeutung sein wie die Erkenntnisse aus der allgemeinen Weiterbildung für den Beruf. So ist z. B. eine Zuordnung des Spracherwerbs zu der einen oder der anderen Kategorie problematisch. Dennoch zeigen sich auch viele Unterschiede und Besonderheiten, z. B. in Hinblick auf die Finanzierung, auf die in diesem Kapitel eingegangen werden soll.

a) Formen und Ziele beruflicher Weiterbildung

Die berufliche Weiterbildung umfasst nach § 1 Absatz 4 des Berufsbildungsgesetzes (1) die *berufliche Fortbildung*, die es ermöglichen soll, „berufliche Handlungsfähigkeit zu erhalten und anzupassen oder zu erweitern und beruflich aufzusteigen", sowie (2) die *berufliche Umschulung*, „die zu einer anderen beruflichen Tätigkeit befähigen" soll (Bundesministerium 2005, S. 16). Berufliche Fortbildung wird dabei weiter differenziert nach *Anpassungsfortbildung*, die „berufliche Handlungsfähigkeit erhalten und an gewandelte Erfordernisse der Arbeitswelt anpassen soll" (ebd., S. 3), sowie berufliche *Aufstiegsfortbildung*, die es ermöglichen soll, „die berufliche Handlungsfähigkeit im Hinblick auf qualitativ höherwertige Berufstätigkeiten zu erweitern und beruflich aufzusteigen" (ebd.) (vgl. Abb. 29).

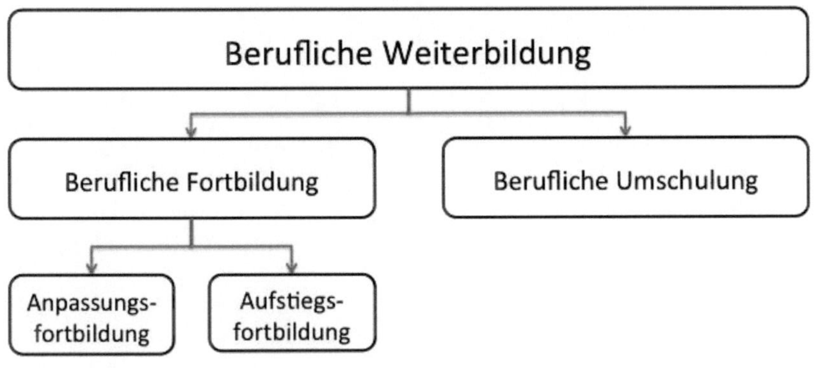

Abb. 29 Struktur der beruflichen Weiterbildung

Neben dieser *zielorientierten* Beschreibung der beruflichen Weiterbildung, wie das Gesetz sie vornimmt, gibt es noch weitere Klassifikationen. So wurde im Zuge der „Wiederentdeckung des Lernorts Arbeitsplatz" (Dehnbostel 1993, S. 163) Anfang der 1990er Jahre deutlich, dass die im Berufsbildungsgesetz beschriebene Klassifikation nur den Teil der formalen bzw. non-formalen Weiterbildung abgedeckt, den Bereich informellen Lernens aber gänzlich unberücksichtigt lässt[1]. So haben Alt, Sauter, und Tillmann (1993, S. 46) neben die Fortbildung und Umschulung den Bereich des „Lernen am Arbeitsplatz/Einarbeitung" gesetzt, der sowohl das informelle Lernen, als auch die organisierte Einarbeitung umfasst. Grünewald and Moraal (1996, S. 12) haben in ähnlicher Weise unter einem *methodischen* Blickwinkel die betriebliche Weiterbildung „im engeren Sinne" (interne und externe betriebliche Weiterbildung) und „im weiteren Sinne" (arbeitsplatznahe Formen der betrieblichen Weiterbildung sowie Informationsveranstaltungen) unterschieden.

Die berufliche Weiterbildung lässt sich darüber hinaus bezüglich der *organisatorischen Verankerung* in den Bereich der (inner-)betrieblichen und der außerbetrieblichen oder auch individuell berufsbezogenen Weiterbildung unterteilen. Die grundsätzlichen Unterschiede bestehen darin, dass die (inner-)betriebliche Weiterbildung (in der Regel) nur für Mitarbeitende der Unternehmen angeboten und von diesen auch finanziert wird. Außerbetriebliche oder auch individuell berufsbezogene Weiterbildung wird hingegen von nicht unternehmensgebundenen Bildungsdienstleistern angeboten und kann ohne bestimmte Unternehmenszugehörigkeit besucht werden. Die Kosten werden in der Regel von den Teilnehmenden individuell getragen. Betriebliche Weiterbildung ist darüber hinaus durch ihre strategische Bedeutung für die Personalentwicklung des Unternehmens und weniger vom Prinzip der Freiwilligkeit getragen. Zudem ist sie speziell(er) auf die aktuellen und zukünftigen spezifischen Anforderungen des Unternehmens ausgerichtet. Dementsprechend werden unter der betrieblichen Weiterbildung

„alle betrieblich veranlassten oder finanzierten Maßnahmen verstanden [...], die dazu dienen, beruflich relevante Kompetenzen der Mitarbeiter oder des Unternehmens zu erhalten, anzupassen, zu erweitern oder zu verbessern" (Weiß 1990, S. 15).

Diese hier beschriebenen Klassifikationen lassen Mischformen unberücksichtigt. So kann eine Weiterbildung Ziele der Anpassung und des Aufstiegs verbinden, informelles Lernen am Arbeitsplatz auch im Rahmen formaler Weiterbildung eingebunden sein (z.B. über Praktika) und innerbetriebliche Weiterbildung auch für externe Teilnehmer geöffnet werden (z.B. über Weiterbildungsverbünde).

Eine kontroverse Diskussion wird seit den 1980-er Jahren über das Verhältnis betrieblicher und individueller beruflicher Weiterbildung geführt. Dabei steht die Frage im Mittelpunkt, ob die betriebliche Weiterbildung *allein* auf die Anforderun-

---

[1] Zur Erläuterung der Begriffe formal, non-formal und informell siehe unten.

gen des Unternehmens ausgerichtet ist, oder ob sich hier *auch* Möglichkeiten individueller Entfaltung und Entwicklung bieten. Hintergrund der Diskussion ist u. a., dass sich die Anforderungen an die Unternehmen und die Kompetenzen der Mitarbeitenden gewandelt haben. Die notwendige Veränderungsfähigkeit der Unternehmen hat dazu geführt, dass sich neue Vorstellungen des Managements und der Organisation etabliert haben (z. B. Lean Management, Lernende Organisation). In diesem Zusammenhang wurden Hierarchien abgebaut, Entscheidungsprozesse dezentralisiert und die Verantwortung verstärkt den einzelnen Mitarbeitenden übertragen. Die Beschäftigten waren und sind damit nicht mehr nur ausführende Organe, sondern zunehmend mit ihrer ganzen Persönlichkeit und ihren individuellen Kompetenzen gefordert. Dementsprechend steht auch die betriebliche Weiterbildung vor der Herausforderung, die Teilnehmenden und ihre Persönlichkeitsentwicklung stärker in den Fokus zu nehmen. Die vielfach beschworene generelle Unversöhnlichkeit von funktionaler Qualifizierung und individuellen Emanzipationsansprüchen löst sich unter diesen Bedingungen teilweise auf.

So argumentiert auch die *Konvergenzthese*, dass vor dem Hintergrund der beschriebenen Veränderungen eine (zunehmende) Verbindung pädagogischer und ökonomischer Interessen möglich ist. Sie geht davon aus, dass die individuelle Kompetenzentwicklung der Mitarbeitenden Voraussetzung für die Veränderungs- und Wettbewerbsfähigkeit der Unternehmen ist. Dafür müssen die Unternehmen den Mitarbeitenden aber größere Freiheiten und bessere Bedingungen für ihre individuelle Kompetenzentwicklung bieten, als bisher üblich war (vgl. Harteis 2004). Unter diesen Voraussetzungen zeigen sich auch Lerneffekte, die über die betriebliche Verwertung hinausgehen (vgl. Salman 2009).

Begleitet wird diese Entwicklung durch die Tendenz zur „Entgrenzung der Arbeit“ (Gottschall / Voß, 2003), die sich u. a. in einer zeitlichen, räumlichen und sozialen Auflösung von vormals festen Strukturen von Arbeit ausdrückt (z. B. Arbeitszeit, Arbeitsort). Eine besondere Rolle ist in diesem Zusammenhang sicherlich auch den technologischen Entwicklungen und insbesondere den digitalen Medien zuzusprechen. Sie sind auf der einen Seite wesentliche Voraussetzung für entgrenzte Arbeitsstrukturen, haben aber gleichzeitig auch Auswirkungen auf das individuelle Weiterbildungsverhalten, die Organisation der (beruflichen) Weiterbildung und die Anforderungen an das Weiterbildungspersonal. So zeigen sich neue Lernmöglichkeiten und Zugänge zum Wissen, gleichzeitig wird das ubiquitäre[2] Lernen aber auch zu einem Anspruch, dem Arbeitnehmer(innen) entsprechen sollen.

Insgesamt zeigt sich damit, dass die aktuellen Entwicklungen kontroverse Folgen für die berufliche und insbesondere betriebliche Weiterbildung haben. Arbeit und Lernen verlieren nicht nur jeweils für sich an Struktur, indem sie sich zunehmend vielfältig entgrenzen und in größerem Umfang der Selbstgestaltung der Subjekte überlassen werden, sondern sie gehen auch selbst ineinander über. Dabei ergeben sich sowohl Chancen, als auch Risiken, sowohl für die Individuen selbst, als auch für

[2] ubiquitär (*lat. ubique*) bedeutet soviel wie überall, allgegenwärtig

die Anbieter beruflicher Weiterbildung. Die Formen und Ziele der beruflichen Weiterbildung haben sich dabei erweitert und verändert und müssen sich den neuen Herausforderungen anpassen.

b) Begründungen und Funktionsbestimmungen zur beruflichen Weiterbildung

In den öffentlichen Verlautbarungen von Wirtschaftsverbänden, Politikern sowie Wirtschafts- und Bildungsexperten wird ständige – lebenslange – Weiterbildung zumeist als in zweierlei Hinsicht bedeutsam beschrieben: einerseits für die weitere wirtschaftliche und gesellschaftliche Entwicklung, andererseits für die berufliche Entwicklung des Einzelnen (vgl. z. B. BLK 2004; Kommission der Europäischen Gemeinschaften 2000). In einer gemeinsamen Erklärung des Deutschen Gewerkschaftsbundes und des Kuratoriums der Deutschen Wirtschaft für Berufsbildung heißt es – bezogen auf die berufliche Weiterbildung:

„Aktuelle berufliche Kompetenzen werden in der Informations- und Dienstleistungsgesellschaft für die Berufs- und Lebenschancen des Einzelnen wie für die Leistungs- und Wettbewerbsfähigkeit der Unternehmen immer wichtiger" (DGB – Deutscher Gewerkschaftsbund/ KWB – Kuratorium der Deutschen Wirtschaft für Berufsbildung 2008, S. 3)

Je nach weltanschaulichem und interessenpolitischem Standpunkt werden dabei recht unterschiedliche Akzente gesetzt. Die häufigsten Argumente der betrieblichen Weiterbildung lassen sich auf die folgenden drei, von Voigt bereits 1986 herausgearbeiteten, Begründungsmuster zurückführen (Voigt 1986. S. 112 f.):

1) Schritthaltenkönnen mit den sich wandelnden Qualifikationsanforderungen im technisch-ökonomischen und sozialen Bereich

Die ständige Veränderung der Arbeitsanforderungen im betrieblichen Bereich (z. B. aktuell im Kontext der Digitalisierung der Arbeit/Industrie 4.0) führt einerseits zu einem Bedarf an höheren Qualifikationen und andererseits zu der Notwendigkeit einer ständigen Anpassung der veralternden Kenntnisse, Fähigkeiten und Fertigkeiten an den neuesten Stand der Entwicklung. Beide Erfordernisse – Höherqualifizierung und Anpassungsweiterbildung – werden als zentrale Begründungen betrieblicher Weiterbildung angesehen.

So stellt bereits das Kuratorium der Deutschen Wirtschaft für Berufsbildung in seiner „Grundposition" von 1980 fest:

„Die Erhaltung und Verbesserung der Qualifikation der Mitarbeiter sind wesentliche Voraussetzungen für die Wettbewerbs- und Leistungsfähigkeit der Betriebe. Strukturwandel, steigende Anforderungen am Arbeitsplatz, neue Produkte und Technologien erfordern berufliche Weiterbildung. Die Wirtschaft versteht berufliche Weiterbildung als Aktualisierung, Erweiterung und Vertiefung des beruflichen Wissens und Könnens. […]
Eine vom wirtschaftlichen und technischen Fortschritt geprägte Industriegesellschaft ist ohne laufende Anpassung der Kenntnisse und Fertigkeiten der in der Wirtschaft Tätigen an

neue Entwicklungen nicht funktionsfähig. Berufliche Weiterbildung ist deshalb zur Erhaltung der Leistungsfähigkeit einer hochentwickelten Volkswirtschaft im internationalen Wettbewerb unerlässlich" (KWB 1980, S. 6 und S. 11).

2) Aufstieg und Abbau von Chancenungleichheiten

Im Hinblick auf den einzelnen Mitarbeitenden wird die Bedeutung der betrieblichen Weiterbildung vornehmlich als eine Bildungschance gesehen, die Karrierewege eröffnet; die Formulierung „Abbau von Chancenungleichheiten" findet sich in diesem Zusammenhang allerdings eher in gewerkschaftsnahen (als in unternehmerischen) Verlautbarungen. Dort wird mehr Wert darauf gelegt, dass der/die Einzelne durch berufliche Weiterbildung

- *„Entwicklungs- und Aufstiegschancen wahrnehmen (kann), die sich aus einer verbesserten beruflichen Qualifikation ergeben,*
- *die berufliche Mobilität und Einsatzbreite verbessern (kann),*
- *die Chancen zu erweiterter Mitwirkung und Mitgestaltung am Arbeitsplatz wahrnehmen (kann)" (ebd., S. 9).*

Berufliche bzw. betriebliche Weiterbildung fördere dadurch die Entfaltung der individuellen Anlagen, eröffne Chancen für die berufliche Entwicklung und trage somit zur Erhaltung des Arbeitsplatzes bzw. zur Vermeidung von Arbeitslosigkeit bei.

3) Verbesserung der Berufsstruktur und der Arbeitsbedingungen

Da betriebliche Weiterbildung sich nicht allein auf die unmittelbaren Anforderungen von Betrieb und Arbeitsmarkt beschränken darf, sondern auch weiterreichendes berufliches Wissen sowie arbeitsplatzübergreifende formale Fähigkeiten (problemlösendes Denken, Kooperationsfähigkeit, Erkennen von Zusammenhängen etc.) berücksichtigen sollte, kann sie einen Beitrag zur Verbesserung der Berufsstruktur und der Arbeitsbedingungen zugunsten des einzelnen Arbeitenden und des Betriebes insgesamt leisten.

Die Erwartungen, die die Wirtschaft mit dieser Zielsetzung verbindet, werden aus folgender Passage der „Grundposition der Wirtschaft zur beruflichen Weiterbildung" (ebd.) deutlich:

„Neben den fachlichen Qualifikationen für neue Berufsanforderungen trägt sie [die berufliche Weiterbildung, A. d. V.] als eine wesentliche Voraussetzung für den betrieblichen Erfolg dazu bei, das Mitarbeiter- und Führungsverhalten zu verbessern. Aufwendungen sind damit Investitionen, deren Nutzen langfristig dem Unternehmen zugutekommt" (ebd., S. 9).

Für den einzelnen Betrieb werden in diesem Zusammenhang u.a. folgende Ziele festgestellt. Sie solle:

- „Lernfähigkeit, Urteilungsvermögen, Flexibilität und Transferfähigkeit der Mitarbeiter zu entwickeln und zu erhalten, (…)

- die Zusammenarbeit im Betrieb und die Identifikation des einzelnen mit seiner beruflichen Aufgabe zu verbessern und ihn zur Mitgestaltung zu motivieren,
- Kreativität, Engagement, Verantwortungsbewusstsein und Initiative zu fördern und die Arbeitszufriedenheit zu steigern" (ebd., S. 10).

Die drei beschriebenen Begründungsmuster zur Bedeutung der betrieblichen Weiterbildung markieren nur sehr grob die vielfältigen, zum Teil gegensätzlichen und auch heute noch vertretenen Legitimationsbemühungen, die sich auf einzelbetrieblicher Ebene wesentlich differenzierter artikulieren.

Darüber hinaus wird der beruflichen Weiterbildung vor dem Hintergrund aktueller Migrationsherausforderungen auch eine Funktion der Integration zugeschrieben (Bertelsmann- Stiftung 2016). Dabei stehen wiederum Argumente der Verbesserung der Chancengleichheit und Teilhabe und der Sicherung des Fachkräftebedarfs nebeneinander.

c) Umfang beruflicher Weiterbildung

Die Weiterbildungsbeteiligung wird in Deutschland ab 1979 im Rahmen des Berichtsystems Weiterbildung (BSW) erhoben, das 2007 durch den europäischen Adult Education Survey (AES) abgelöst wurde. Die Differenzierung zwischen allgemeiner und beruflicher Weiterbildung ist dabei durchaus angreifbar, ist aber schon aufgrund vergleichender Analysen bei der empirischen Erfassung unabdingbar (vgl. Rosenbladt 2007, S. 23). Dabei bieten sich folgende Möglichkeiten einer Klassifizierung:

- *„Zuordnung zu umgangssprachlich gut verankerten Begriffen wie 'berufliche Weiterbildung' und 'allgemeine Weiterbildung' durch die Befragten selbst;*
- *der Bezug auf spezifische berufliche Funktionen von Weiterbildung, etwa beruflicher Aufstieg, Anpassung an neue berufliche Anforderungen usw.*
- *die Motivation der jeweiligen Person, also der subjektive Verwertungszusammenhang (oder „Zweck") einer Bildungsmaßnahme*
- *die Inhalte der Bildungsmaßnahme (Thema, Fachgebiet)*
- *der Träger der Maßnahme (z. B. der Betrieb, ein berufliches Bildungswerk)" (ebd.).*

Der Vergleich zwischen BSW und AES zeigt die Problematik einer unterschiedlichen Operationalisierung von Weiterbildung. So unterscheidet der BSW vier Lernformen: Formalisierte Weiterbildung (1. Berufliche Weiterbildung in Form von Kursen; 2. Allgemeine Weiterbildung in Form von Kursen) und informelle Lernformen (3. Informelle berufliche Weiterbildung; 4. Selbstlernen in der Freizeit). Demgegenüber unterscheidet der AES zwischen informellem Lernen, nonformaler und formaler Bildung sowie betrieblicher Weiterbildung, individueller berufsbezogener Weiterbildung und nicht-berufsbezogener Weiterbildung (vgl. Abb. 30).

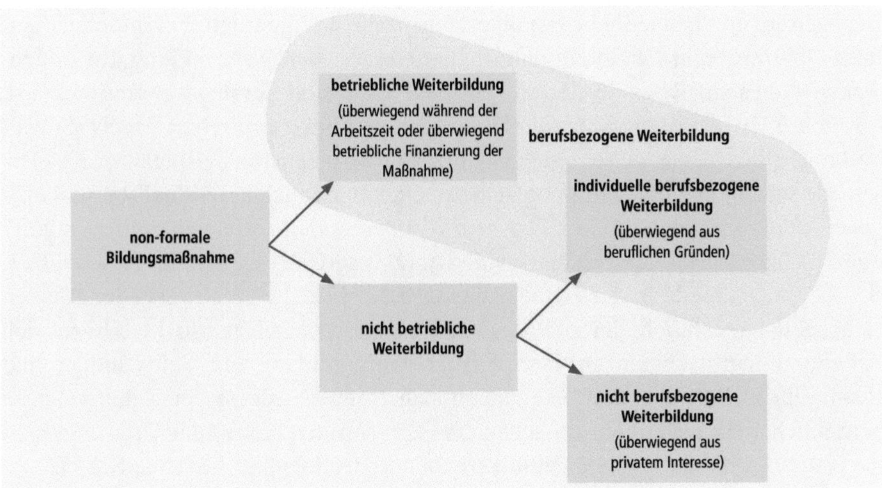

Abb. 30 Definition berufsbezogener Weiterbildung für Daten des Adult Education Survey (AES) (BIBB 2012, S. 284)

Betrachtet man die Daten des AES, so zeigt sich, dass die meisten Teilnehmenden an berufsbezogener Weiterbildung teilnehmen und im Bereich der berufsbezogenen Weiterbildung wiederum die betriebliche Weiterbildung eine dominante Stellung einnimmt. Der Anteil der Personen, die an betrieblicher Weiterbildung teilnehmen, hat sich dabei im Verhältnis zur individuell berufsbezogenen Weiterbildung in den letzten Jahren sogar noch vergrößert (vgl. Abb. 31).

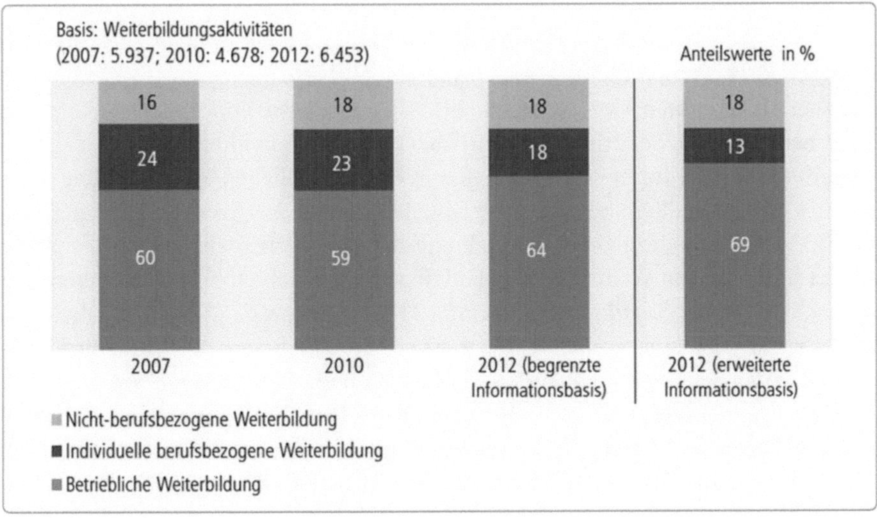

Abb. 31 Verteilung der Weiterbildungsbeteiligung auf Segmente im Trendvergleich (Bilger u. a. 2013, S. 45)

Bezogen auf unterschiedliche Bevölkerungsgruppen zeigen sich aber mitunter deutliche Differenzen in der Beteiligung an berufsbezogener Weiterbildung. Im Folgenden wird dies auf Basis der Daten des Adult Education Surveys verdeutlicht (vgl. Leven u. a. 2013). Aber auch die Daten des Sozio-oekonomischen Panels (SOEP) bestätigen diese Ergebnisse (vgl. Yendell 2017). So existieren beispielsweise Unterschiede sowohl in der Beteiligung an betrieblicher als auch individuell-berufsbezogener Weiterbildung zwischen *Ost- und Westdeutschland*, die sich zwischen 2007 und 2012 zugunsten von Ostdeutschland noch vergrößert haben (Leven u. a. 2013, S. 64). Unterschiede in der Beteiligung an berufsbezogener Weiterbildung lassen sich auch hinsichtlich der *Stellung im Betrieb* ausmachen. So beteiligen sich Arbeiter/innen weniger an betrieblicher Weiterbildung als Selbständige und Beamt/innen. In gleicher Weise zeigen sich Unterschiede in der Beteiligung an betrieblicher Weiterbildung zwischen *Un-/Angelernten* (28 %) und *Führungskräften* (69 %) (ebd. S. 70) sowie damit verbundene Bruttoeinkünfte (ebd., S. 73).

Neben regionalen und ökonomischen Kriterien wirkt sich auch der *Bildungshintergrund* auf die Beteiligung an berufsbezogener Weiterbildung aus. Bezogen auf das Segment der betrieblichen Weiterbildung beteiligen sich Personen mit dem höchsten Hauptschulabschluss zu 22 % an betrieblicher Weiterbildung, während Personen, die mindestens Fachabitur haben, zu 42 % an betrieblicher Weiterbildung teilnehmen. Im Bereich der individuell berufsbezogenen Weiterbildung liegt der Unterschied zwischen niedrigen Schulabschlüssen (7 %) und hohen Schulabschlüssen (18 %) bei 11 Prozent (ebd., S. 74). Hier zeigt sich jedoch bezogen auf das Stundenvolumen pro Kopf bei der betrieblichen und individuell berufsbezogenen Weiterbildung, dass ein Unterschied zwischen den niedrigen und mittleren Abschlüssen im Verhältnis zu den höheren Abschlüssen auszumachen ist (ebd., S. 75).

Auch das *Geschlecht* hat einen Einfluss auf die Beteiligung an betrieblicher (Männer 37 %, Frauen 29 %) als auch individuell-berufsbezogener Weiterbildung (Männer 10 %, Frauen 13 %) (ebd., S. 80). *Altersbezogene* Differenzen zeigen sich in der betrieblichen Weiterbildung deutlicher als in der individuell-berufsbezogenen Weiterbildung. Niedrigere Beteiligungen in der betrieblichen Weiterbildung ergeben sich dabei vor allem bei den unter 30-jährigen und den über 55-jährigen (ebd., S. 84). Bei der altersbezogenen Betrachtung zeigt sich aber auch, dass insbesondere bei der betrieblichen Weiterbildung die Länge der besuchten Veranstaltungen sehr unterschiedlich ist. So bilden sich die 35–39-jährigen zwar sehr häufig, aber vom Umfang nur sehr kurz weiter (ebd., S. 88). Schließlich zeigen sich auch Unterschiede in der Beteiligung bei Personen mit und ohne *Migrationshintergrund* sowie *Ausländer/innen*. Während 2012 36 % der Deutschen ohne Migrationshintergrund an einer Form der betrieblichen Weiterbildung teilnahmen, lag dieser Anteil bei den Deutschen mit Migrationshintergrund bei 21 % und in der Gruppe der Ausländer/innen bei 16 %. Im Segment der individuell-berufsbezogenen Weiterbildung lagen die Unterschiede bei 9 % für Deutsche ohne Migrationshintergrund bzw. 7 % für Deutsche mit Migrationshintergrund und Ausländer/innen (ebd. S. 91).

Insgesamt zeigt sich damit, dass es im Bereich der berufsbezogenen Weiterbildung deutliche Chancenungleichheiten zwischen verschiedenen Bevölkerungsgruppen gibt. Diese Ungleichheiten zeigen sich insbesondere im Bereich der betrieblichen Weiterbildung und betreffen u. a. das Geschlecht, das Alter, die berufliche Stellung und den Migrationshintergrund. Maßnahmen einer stärkeren diversitäts- und demographieorientierten betrieblichen Weiterbildung scheinen damit noch nicht die gewünschte Wirkung zu entfalten (vgl. Kimmelmann 2009). Kritisch ist damit auch die Hoffnung zu betrachten, über die berufliche Weiterbildung die Chancengleicheit zu verbessern. Vor diesem Hintergrund bedarf es weiterer betrieblicher als auch bildungspolitischer Anstrengungen zur Überwindung der ungleichen Nutzung von Weiterbildungsangeboten.

d) Anbieter und Inhalte beruflicher Weiterbildung

Zu den Anbietern der beruflichen Weiterbildung zählen vor allem die Bildungseinrichtungen der Unternehmen, die betriebliche Bildungsangebote für die Mitarbeitenden bereitstellen. Darüber hinaus lassen sich Angebote beruflicher Weiterbildung in den Portfolios vieler Bildungsanbieter finden. Bei der wbmonitor-Umfrage 2015 waren knapp 60 % der Anbieter sowohl in der beruflichen als auch der nichtberuflichen Weiterbildung tätig, während sich ca. ein Drittel auf berufliche Weiterbildung fokussierte (Ambos/Koschek/Martin 2016, S. 27).

Anbieter, die sich auf den Bereich beruflicher Weiterbildung spezialisiert haben, sind z. B. im Bundesverband der Träger beruflicher Bildung (BBB) organisiert. Aber auch die großen Verbände, wie z. B. die Volkshochschulen, haben ein breites beruflich orientiertes Angebot. Der Programmbereich „Arbeit – Beruf“ ist in den letzten 10 Jahren jedoch deutlich zurückgegangen. Weist die Volkshochschulstatistik 2005 noch ca. 73.700 Kurse mit ca. 2.308.000 Unterrichtsstunden und ca. 708.000 Belegungen für den Bereich „Arbeit-Beruf“ aus (vgl. BIBB 2014, S. 325), waren es 2015 nur noch ca. 55.700 Kurse mit ca. 1.540.000 Unterrichtsstunden und 473.000 Belegungen (Huntemann/Reichart 2016, S. 29). Als Ursache dafür werden u. a. zurückgehende Unterrichtsstunden bei PC- Kursen im Fachgebiet IuK-Grundlagen/allg. Anwendungen angegeben (vgl. ebd., S. 9).

Für die betriebliche Weiterbildung von besonderer Bedeutung sind die Angebote des „Wuppertaler Kreis e. V.“, dem Bundesverband der Einrichtungen betrieblicher Weiterbildung. Die Verbandsstatistik zeigt hier eine tendenziell leicht ansteigende Zahl an Mitgliedseinrichtungen, Veranstaltungen und Teilnehmenden über die letzte Dekade. So wurden von den Mitgliedern im Jahr 2012 insgesamt ca. 130.000 Veranstaltungen für 1,3 Mio. Teilnehmende angeboten (Bundesinstitut für Berufsbildung 2014, S. 328). In ähnlicher Weise zeigt sich bei den Industrie- und Handelskammern eine leichte Zunahme der Veranstaltungen in diesem Zeitraum, wobei 2012 ca. 24.000 Veranstaltungen mit ca. 1,7 Mio Unterrichtsstunden für ca. 337.000 Teilnehmende angeboten wurden (ebd.)

Neben diesen Anbietern sind noch der Bundesarbeitskreis Arbeit und Leben (BAK AL) sowie die Bundesarbeitsgemeinschaft für katholische Erwachsenenbildung (KEB) für die berufliche Weiterbildung von Bedeutung. So hat der KEB 2012 ca. 5000 Veranstaltungen mit ca. 300.000 Unterrichtstunden für ca. 69.000 Teilnehmende angeboten. Bezogen auf alle Veranstaltungen des KEB liegt dieser Bereich dennoch unter 7 %, womit die berufliche Weiterbildung eher ein Randsegment der katholischen Erwachsenenbildung darstellt. Der BAK AL hat im gleichen Jahr mit ca. 3.500 Veranstaltungen mit ca. 220.000 Unterrichtsstunden und ca. 52.000 Teilnehmenden zwar weniger Angebote als der KEB, bezogen auf alle Veranstaltungen des BAK AL macht die berufliche Weiterbildung jedoch fast 45 % aus (Horn/Ambos 2014).

Die quantitativ bedeutendsten Anbieter im Bereich der beruflichen Weiterbildung sind jedoch die Betriebe. Mehr als die Hälfte der Betriebe (53 %) förderten 2012 Weiterbildungsaktivitäten. Dabei gibt es aber deutliche Differenzen zwischen den Betriebsgrößen. „Während sich 44 % der Kleinstbetriebe in der Weiterbildung ihrer Mitarbeiter/-innen engagieren, trifft dies auf 70 % der Kleinbetriebe, 90 % der Mittelbetriebe und nahezu alle Großbetriebe zu“ (BIBB 2014, S. 301). Nach der CVTS4-Erhebung haben 2009–2010 nur etwas mehr als ein Viertel der Unternehmen mit 10–19 Mitarbeitenden keine Weiterbildung angeboten, bei den Unternehmen mit 50–249 Mitarbeitenden waren es nur 14 % und bei Unternehmen mit mehr als 1000 Mitarbeitenden lediglich 2 % (Statistisches Bundesamt 2013, S. 22). Während bezogen auf die Unterrichtsstunden bei den Unternehmen bis 249 Mitarbeitende die externen Angebote dominieren, sind es bei den Unternehmen ab 250 Mitarbeitende interne Angebote (ebd., S. 38).

Diese Situation rührt daher, das kleine Unternehmen normalerweise über keinen eigenen Weiterbildungsbereich verfügen bzw. diese Aufgaben von der Geschäftsführung oder aus dem administrativen Bereich des Personalwesens wahrgenommen wird. Diese Situation spiegelt sich auch in der Statistik, die nicht zwischen Personen und Organisationseinheiten unterscheidet. So weist der CVTS4 für 2010 einen Anteil von 43 % der Unternehmen mit 10–19 Mitarbeitenden aus, die über eine Person oder Organisationseinheit für die betriebliche Weiterbildung verfügen. Bei den Unternehmen ab 250 Personen sind es mindestens 80 % (Statistisches Bundesamt 2014, S. 56).

Die Inhalte der beruflichen Weiterbildung erstrecken sich über ein weites Themenspektrum, was angesichts der Breite der Berufe und den damit verbundenen heterogenen Anforderungen nicht verwundert. Es existieren unterschiedliche Systematisierungen der Inhalte, wie beispielsweise die grobe Differenzierung zwischen gewerblich/naturwissenschaftlich-technisch, kaufmännisch, EDV/IT und fachübergreifenden Themen. Eine allgemeingültige Klassifizierung gibt es nicht, jeder Anbieter strukturiert die Angebote anders. Daraus ergeben sich auch erhebliche

Probleme der statistischen Erfassung (vgl. Rosenbladt 2007, S. 85 ff.). Der Adult Education Survey hat die Themenaufteilung des Berichtsystems Weiterbildung (BSW) aufgegeben und unterscheidet nun nach Lernfeldern. Dabei zeigt sich, dass im Vergleich zur nicht-berufsbezogenen Weiterbildung die Anteile im Bereich „Sprachen, Kultur und Politik" sowie „Gesundheit und Sport" einen geringeren Umfang in der beruflichen Weiterbildung einnehmen, während die Bereiche „Wirtschaft, Arbeit, Recht" sowie „Natur, Technik, Computer" stärker vertreten sind (vgl. Abb. 32).

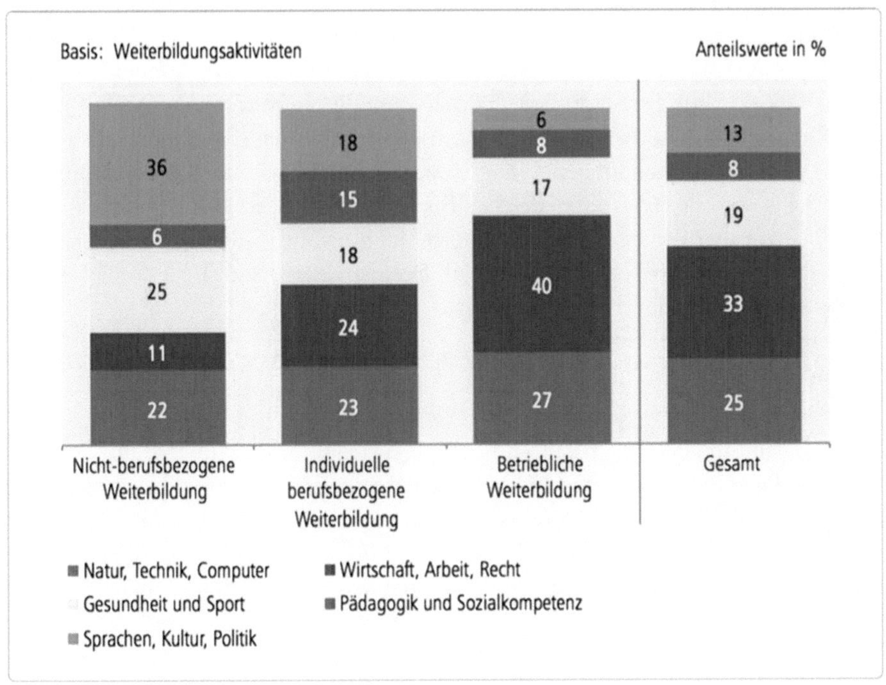

Abb. 32 Lernfelder nach Weiterbildungssegmenten (Bilger u. a. 2013, S. 131)

Innerhalb des Bereichs „Natur, Technik, Computer" dominieren in der beruflichen Weiterbildung die Themenfelder „Umgang mit Computer, Softwarethemen" und „Ingenieurwesen, Technik" sowie innerhalb des Bereichs „Wirtschaft, Arbeit, Recht" die Themen „Handel, Marketing, Rechnungswesen" (ebd., S. 92). Die Bedeutung von EDV bzw. IT-Themen zeigt sich auch in anderen Untersuchungen, wobei ein direkter Vergleich aufgrund der unterschiedlichen Kategorisierungen schwierig ist. Darüber hinaus resümiert Schiersmann (vgl. 2007 S. 179 ff.), dass fachübergreifende Querschnittsthemen eine wichtige Rolle in der beruflichen Weiterbildung spielen.

e) Finanzierung beruflicher Weiterbildung

Die Finanzierung der beruflichen Weiterbildung erfolgt durch die Unternehmen, die Teilnehmenden und die öffentliche Hand. Die Finanzierung erfolgt dabei fast zur Hälfte durch die Unternehmen (48 %), gefolgt von den Individuen (40 %) und schließlich der öffentlichen Hand (12 %). Der Gesamtaufwand für die berufliche Weiterbildung wird dabei (auf Grundlage der Jahre 1999–2004) auf ca. 35 Mrd. Euro geschätzt. Auf die betriebliche Weiterbildung, die von den Unternehmen selbst getragen wird, entfallen dabei knapp 50 % bzw. 17 Mrd. Euro (Moraal 2007). Genaue Angaben sind insbesondere für die betriebliche Weiterbildung schwierig, da auf Seiten der Unternehmen die Kosten nicht regelmäßig erhoben werden oder aufgrund des Aufwands der Erhebung nicht bereitgestellt werden können (Schiersmann 2007, S. 220). Fast zwei Drittel der Kosten für die betriebliche Weiterbildung entfallen dabei auf die Teilnahmegebühren. Weitere Kosten entstehen durch Reisen (11 %), Personalaufwendungen (21 %) sowie Kosten für Räume, Ausstattung und Unterrichtsmaterial (6 %) (Statistisches Bundesamt 2013, S. 46).
Die Finanzierung der beruflichen Weiterbildung erfolgt (neben der Finanzierung durch Unternehmen) über vier Wege (vgl. Dohmen 2013, S. 61):

1. Staatliche Finanzierung der Anbieter
2. Beiträge der Teilnehmenden
3. Bundesagentur für Arbeit
4. Steuerliche Absetzbarkeit der Weiterbildungsausgaben

Daneben sind in den letzten Jahren nachfrageorientierte Instrumente in Form von Weiterbildungsgutscheinen für Individuen und Unternehmen hinzugekommen, die als Anreiz und (finanzielle) Unterstützung zur Weiterbildungsteilnahme fungieren und die Entscheidungs- und Wahlfreiheit der Teilnehmenden fördern sollen. Je nach Instrument und Bundesland werden dabei unterschiedliche Zielgruppen adressiert (Käpplinger 2013, S. 4). Die empirische Untersuchung zeigt, dass beabsichtigte Wirkungen

> *„in großen Teilen anders ausfallen als erwartet. So werden die Risikogruppen vielfach nicht im gewünschten Maße erreicht. [...] Auch in Bezug auf Betriebe zeigt sich, dass der Effekt der Gutscheinförderung nicht in der Erstaktivierung liegt, sondern vielmehr zu Verstetigungen und Veränderungen des Weiterbildungsverhaltens führt“ (Käpplinger/Klein/Haberzeth 2013, S. 25).*

Dennoch haben sich die Gutscheine im Kanon der Förderinstrumente etabliert. Es bleibt abzuwarten, ob die dafür notwendige Finanzierung, die zu großen Teilen aus Mitteln des Europäischen Sozialfonds (ESF) kommt, langfristig zur Verfügung stehen wird.
Ohne Frage haben die Finanzierungsmöglichkeiten Einfluss auf die Teilnahme an beruflicher Weiterbildung. Da Weiterbildung zunehmend individuell finanziert wird (Walter 2015), erschweren sich damit insbesondere für Geringqualifizierte oder prekär Beschäftigte die Möglichkeiten zur Teilnahme. Finanzierungsunterstützungen für diese Zielgruppen sind daher eine notwendige Voraussetzung, um Weiterbildungsabstinenz zu verringern.

f) Formen und Methoden beruflicher Weiterbildung

Lehrgangsförmige Kursangebote

Die berufliche Weiterbildung verfügt über ein breites Spektrum an Methoden, die in einer Vielzahl von Ratgebern beschrieben sind. Traditionell ist die berufliche Weiterbildung dabei durch *lehrgangsförmige Kursangebote* geprägt, in denen entsprechende Lehr- / Lernmethoden in eher lehrer- oder lernerzentriertem Unterricht praktiziert werden. Lehrgangsförmige Angebote sind durch eine Trennung von Arbeit und Lernen gekennzeichnet und finden in festen zeitlichen und inhaltlichen Strukturen statt. Sie gehören zum Standardrepertoire der meisten Bildungsdienstleister (vgl. Abb. 30). Gegenstand sind zumeist berufsfachliche Inhalte, die nach fachdidaktischen Methoden vermittelt werden. Neben Schulungen und Kursen gehören zu dieser Kategorie auch stärker handlungsorientierte und teilnehmeraktivierende Methoden wie Workshops oder Fallarbeiten, in denen auch die berufspraktischen Erfahrungen und Interessen der Teilnehmenden aufgegriffen sowie der Transfer vorbereitet und unterstützt werden kann. Traditionell dominieren aber vor allem Formen des Frontalunterrichts und eine vermittlungsorientierte Didaktik fachlicher Inhalte (vgl. Abb. 33).

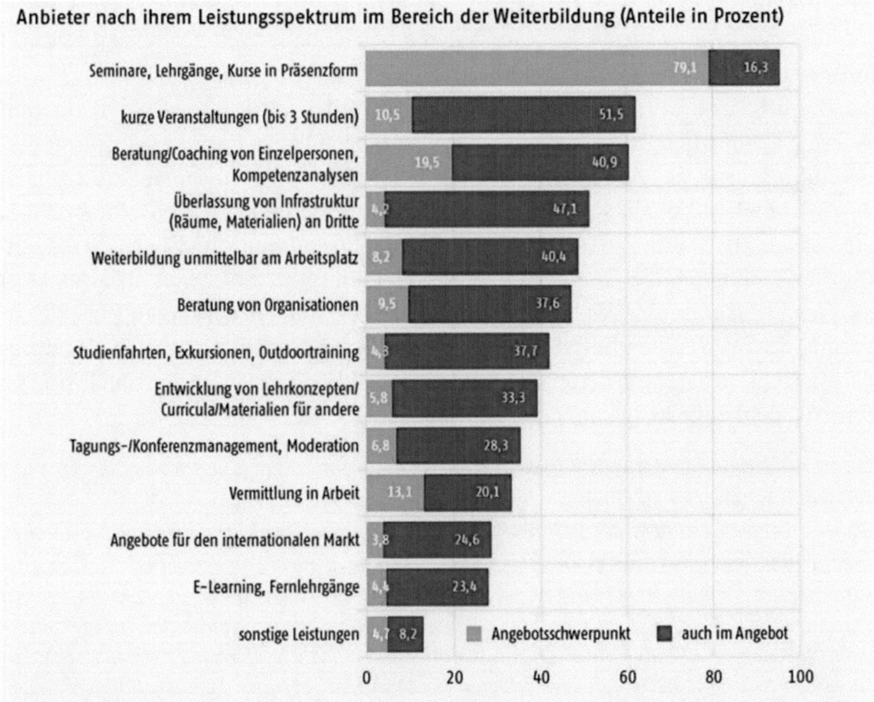

Abb. 33 Leistungsspektrum der Weiterbildungsanbieter (Ambos/Koschek/Martin 2016, S. 29)

Das Bild, welches sich auf Anbieterseite zeigt, spiegelt sich auch in den Unternehmen. So stellen auch dort Lehrveranstaltungen (immer noch) den größten Umfang der Angebote (56 % des Stundenvolumens) (Bundesinstitut für Berufsbildung 2014, S. 306). Bezüglich des Angebots an Lehrveranstaltungen zeigen sich dabei Unterschiede in der Betriebsgröße. Während bei den kleinen Unternehmen (10 bis 19 Mitarbeitende) gut die Hälfte Lehrveranstaltungen anbieten, sind des bei den mittelständischen Unternehmen (50–249 Mitarbeitende) fast drei Viertel und bei den Großunternehmen über 94 % (Statistisches Bundesamt 2013, S. 24).

Informelles Lernen

Mit dem Wandel von Arbeits- und Organisationskonzepten veränderten sich in den 1980er Jahren die beruflichen Anforderungen und führten zur Notwendigkeit, die Ansätze der beruflichen Weiterbildung zu überdenken. Die Einsicht, dass nicht nur Fachwissen und -können, sondern umfassende Schlüsselqualifikationen notwendig sind, führte zur Diskussion neuer Methoden in der betrieblichen Weiterbildung. Entsprechend der Anforderungen an mehr Selbständigkeit und Selbstverantwortung sowie der Bedeutungszunahme sozialer und personaler Kompetenzen standen nun auch verstärkt Formen des selbstorganisierten und erfahrungsorientierten Lernens im Mittelpunkt. In diesem Zusammenhang erfuhren das *informelle Lernen* sowie Formen *arbeitsintegrierten Lernens* (für die betriebliche Weiterbildung) verstärkt Aufmerksamkeit.

Der Begriff des informellen Lernens ist dabei vor allem als Kontrastbegriff zu organisierten Lernformen zu verstehen und besitzt eine Nähe zu Formen selbstgesteuerten und erfahrungsbasierten Lernens. Es liegen zahlreiche Auseinandersetzungen zum informellen Lernen vor (vgl. Burger/ Harring/Witte 2015; G. Dohmen 2001; Niedermair 2015; Rohs 2016b) sowie eine breite Diskussion zum Begriffsverständnis, die letztendlich die Brauchbarkeit des Terminus eher erschwert als erleichtert hat. Grund dafür ist eine bis heute weitgehende Leerstelle in der theoretischen Fundierung des informellen Lernens. Dies wird auch im Begriffsverständnis der Europäischen Union deutlich, deren Definition informellen, non-formalen und formalen Lernens wohl am häufigsten rezipiert wird:

*„**Formales Lernen** findet in Bildungs- und Ausbildungseinrichtungen statt und führt zu anerkannten Abschlüssen und Qualifikationen.*

***Nicht-formales Lernen** findet außerhalb der Hauptsysteme der allgemeinen und beruflichen Bildung statt und führt nicht unbedingt zum Erwerb eines formalen Abschlusses. Nicht-formales Lernen kann am Arbeitsplatz und im Rahmen von Aktivitäten der Organisationen und Gruppierungen der Zivilgesellschaft (wie Jugendorganisationen, Gewerkschaften und politischen Parteien) stattfinden. Auch Organisationen oder Dienste, die zur Ergänzung der formalen Systeme eingerichtet wurden, können als Ort nicht-formalen Lernens fungieren (z. B. Kunst-, Musik- und Sportkurse oder private Betreuung durch Tutoren zur Prüfungsvorbereitung).*

***Informelles Lernen** ist eine natürliche Begleiterscheinung des täglichen Lebens. Anders als beim formalen und nicht-formalen Lernen handelt es sich beim informellen Lernen nicht not-*

wendigerweise um ein intentionales Lernen, weshalb es auch von den Lernenden selbst unter Umständen gar nicht als Erweiterung ihres Wissens und ihrer Fähigkeiten wahrgenommen wird" (Kommission der Europäischen Gemeinschaften 2000, S. 9f.).

Für das Verständnis informellen Lernens ist eine Rückverfolgung der Genese aufschlussreich. Dabei zeigt sich, dass der Begriff bereits um 1900 von John Dewey in die wissenschaftliche Diskussion einführt und in den 1920-er Jahren von Eduard C. Lindemann auch im Bereich des Lernens Erwachsener genutzt wurde. Breitere Beachtung fand das informelle Lernen aber erst in den 1970-er Jahren, als die Bedeutung lebenslangen Lernens bildungspolitisch thematisiert und der Umfang informellen Lernens (für die Erwachsenenbildung) auch empirisch belegt wurde (vgl. Rohs 2016a). Für die berufliche Bildung sind in diesem Zusammenhang vor allem die Arbeiten von Victoria Marsick und Karen Watkins von Bedeutung. Mit ihrem Buch „Informal and incidental learning in the workplace" (Marsick/Watkins 1990) griffen sie die theoretischen Grundlagen zum Erfahrungslernen in betrieblichen Kontexten auf und betonten die Bedeutung selbstgesteuerten Lernens im Prozess der Arbeit für den Kompetenzerwerb der Mitarbeitenden und für die Veränderungsfähigkeit von Unternehmen. Zudem wurde schon in den frühen Erhebungen, wie z.B. von Tough (1971) und Livingstone (Livingstone 1999), festgestellt, welchen bedeutsamen Umfang informelle Lernaktivitäten ausmachen. Wie groß dieser Umfang ist, kann nicht pauschal beantwortet werden (vgl. Rohs 2009). Die Untersuchungsergebnisse schwanken zwischen den Jahren, Ländern, Berufsgruppen und Tätigkeitsbereichen teilweise erheblich (vgl. Kaufmann 2016). Probleme ergeben sich zusätzlich durch die schwere und sehr unterschiedliche Erfassung informellen Lernens, so dass Erhebungen zum informellen Lernen kaum miteinander verglichen werden können und immer nur einen Teil informeller Lernaktivitäten berücksichtigen.

Eine Reihe von Untersuchungen haben festgestellt, dass der Anteil informellen Lernens ca. 70–90% aller beruflichen Lernaktivitäten ausmacht (vgl. Cross 2006, S. 243 f.), wobei auch deutliche Abweichungen davon festzustellen sind.

Diese hohen Anteile sind dadurch zu erklären, dass das informelle Lernen eher den aktuellen, situativen Bedarf trifft als Kurse, die durch Planungs- und Umsetzungsphasen eine hohe Vorlaufzeit haben und situative Lernbedarfe damit kaum bedienen können. Transferprobleme bei der Übertragung theoretischen Wissens in die Praxis treten zudem nicht auf, da informelle Lernen situativ und direkt mit der Umsetzung verbunden ist. So sprechen Lernende dem informellen, erfahrungsorientierten Lernen auch die größte Bedeutung für den Erwerb beruflicher Handlungskompetenz zu (vgl. McCall/Lombardo/Morris 1988; Staudt/Kley 2001).

Damit verliert formales, organisiertes Lernen jedoch nicht an Relevanz. Informelles Lernen als situatives, selbstgesteuertes Lernen bleibt immer zufällig und stark von den Lernchancen und Kompetenzen der Lernenden abhängig. Unterstützende Maßnahmen zum Ausgleich individueller Defizite, zur Reflexion und Korrektur (falsch) erlernten Wissens und Könnens sind nicht strukturell verankert und können zu Benachteiligungen, Ineffizienz und letztendlich auch dazu führen, dass notwendige Kompetenzen nicht ausgebildet werden. Zudem beinhaltet die Zielsetzung „berufliche Handlungskompetenz" stets auch die Reflexion des eigenen Handelns. Demzufolge gehen Dybowski et al. (1999) von der Notwendigkeit der Komplementarität formellen und informellen Lernens aus. Je nach Lernziel, Voraussetzungen der Teilnehmenden als auch Rahmenbedingungen des Lernens müssen daher in der Planung der Unterstützung von Lernprozesse beide Lernformen Berücksichtigung finden. Wittwer (2006) fasst diese Entwicklung so zusammen:

„Die berufliche Bildung bewegt sich wieder in die Richtung ihrer Anfänge, in Richtung auf das informelle Lernen, das learning by doing, allerdings jetzt mit hohen reflexiven Anteilen" (Wittwer 2006, S. 193).

Lernen im Arbeitsprozess

Das Lernen in Arbeitsprozessen gehört zu den klassischen Formen betrieblicher Bildung und ist den betrieblichen Formen arbeitsbezogenen Lernens zuzuordnen, bei denen Lernprozesse und -inhalte von Arbeit und Arbeitsabläufen geleitet sind bzw. auf diesen basieren. Ältere Formen sind das Anlernen am Arbeitsplatz nach dem Prinzip des Vormachens und Nachmachens, zu den neuen Formen gehören Konzepte wie das arbeitsprozessorientierte Lernen der Arbeit (vgl. Rohs/Dehnbostel 2004).

Bezüglich der Formen der Verbindung von Arbeiten und Lernen liegen verschiedene Klassifikationen vor, wie z.B. praxisorientierte Unterscheidungen von „on-the-job", „near-the-job" und „off-the-job". Dehnbostel (2001, S. 56 f.) unterscheidet folgende Formen arbeitsbezogenen Lernens:

- arbeitsgebundenes Lernen,
- arbeitsverbundenes Lernen und
- arbeitsorientiertes Lernen.

Diese Formen arbeitsbezogenen Lernens unterscheiden sich u. a. durch den Lernort. Während beim arbeitsgebundenen Lernen Lernort und Arbeitsort identisch sind (z. B. Gruppenlernen im Arbeitsprozess oder Lerninseln), sind beim arbeitsverbundenen Lernen Lernort und Arbeitsort getrennt, auch wenn zwischen ihnen eine direkte räumliche oder arbeitsorganisatorische Verbindung besteht (z. B. Technikzentren, Lernstätten und Qualitätszirkel). Beim arbeitsorientierten Lernen besteht demgegenüber keine Verbindung zwischen Lernort und Arbeitsplatz. Die Lerngestaltung kann dennoch inhaltlichen Bezug auf den Arbeitsprozess nehmen. Das Lernen findet in diesem Fall z. B. in außerbetrieblichen Bildungszentren statt.

Voraussetzung für arbeitsgebundene Lernformen ist, dass die Arbeitsplätze unter Lerngesichtspunkten organisiert und gestaltet sind. Damit ist zum einen die lernhaltige Gestaltung der Arbeit an sich angesprochen. Das bedeutet, dass die Arbeit beispielsweise abwechslungsreich gestaltet ist, Handlungsspielräume eröffnet und zeitliche Flexibilität bietet, aber auch durch (leichte) Überforderung Anreize zum Lernen setzt. Zum anderen sind Kontextfaktoren von Bedeutung, wie z. B. Möglichkeiten zum sozialen Austausch, Zugriff auf Informationen aber auch eine Arbeitsumgebung, die nicht z. B. aufgrund eines zu hohen Geräuschpegels ein Lernen am Arbeitsplatz erschwert (vgl. Frieling u. a. 2006; Sonntag / Stegmaier 2007). Drittens erfordert eine Unterstützung selbstgesteuerten Lernens im Arbeitsprozess insgesamt eine veränderte Unternehmens- und Lernkultur (vgl. Koring 2012; Rohs/ Einhaus 2004), die ein Lernen im Arbeitsprozess auch als erwünscht fördert. Die Nutzung dieser Möglichkeiten hängt dann von den individuellen Dispositionen der Mitarbeitenden ab (Wieland 2004).

Weiterbildung am Arbeitsplatz gewinnt für die deutschen Unternehmen immer mehr an Bedeutung. Im Durchschnitt sind es bereits 45 % der Unternehmen, die diese Lernform anbieten, bei den mittelgroßen Unternehmen mit 250–999 Mitarbeitenden sind es sogar 80 % (Statistisches Bundesamt 2013, S. 25). Ausdruck des Umdenkens in der betrieblichen Weiterbildung und Personalentwicklung zu einer stärkeren Fokussierung auf informelles und arbeitsprozessintegriertes Lernen ist die Popularität des 70:20:10-Modells (Jennings / Wargnier 2015; Lombardo /Eichinger 1996). Ausgehend von empirisch ermittelten Ergebnissen zum Umfang informeller Lernprozesse in Unternehmen wird die Forderung erhoben, die betriebliche Weiterbildung an der „tatsächlichen" Bedeutung der unterschiedlichen Lernformen auszurichten, d. h. 70 % informelles Lernen im Arbeitsprozess, 20 % durch das Lernen mit anderen in Form von Mentoring, Coaching und Tutoring und lediglich 10 % durch seminaristische Weiterbildungsmaßnahmen. Solche Pauschalisierungen sind in hohem Maße problematisch, da sie nicht den spezifischen Anforderungen der Zielgruppe und der Lernziele Rechnung tragen und die Gefahr besteht, dass die Verantwortung für die Weiterbildung den Mitarbeitenden übertragen und damit einer Selbstausbeutung Vorschub geleistet wird (Forneck 2005).

Diese Entwicklung wurde auch schon früh kritisch diskutiert. So stellt Garrick (1998) heraus, dass die Betonung des Informellen im Rahmen der Personalentwicklung vor allem unter Verwertungsgesichtspunkten erfolgt und wenig Platz für die Interessen des Subjekts sowie eine kritische Reflexion unternehmerischen Handelns lässt. Die Personalentwicklung befindet sich dabei in einem Interessenszwiespalt zwischen der individuellen Förderung der Mitarbeitenden und der Verwertung höchstpersönlicher Subjektpotenziale. Mit der Betonung des informellen und selbstorganisierten Lernens stellt sich zudem die Frage, welche Rolle der betrieblichen Weiterbildung zukommt, wenn das Lernen im Arbeitsprozess selbstorganisiert stattfindet. Aus ökonomischer Perspektive ist die Möglichkeit der Kosteneinsparung naheliegend. Eine zunehmende Selbstverantwortung der Mitarbeitenden für ihre Kompetenzentwicklung kann jedoch auch eine Überforderung bedeuten und dazu führen, dass nicht die Kompetenzen erworben werden, die für die Wettbewerbsfähigkeit des Unternehmens zentral sind.

Aus pädagogisch-didaktischer Perspektive werden daher Formen der Lern(prozess)begleitung bzw. prozessbegleitenden Lernberatung wichtiger, die die Unterstützung von Lernprozessen in offenen und flexiblen Lernprozessen zum Ziel haben (Geldermann/Geldermann 2006; Klein/Reutter 2011). Das erfordert „auf der einen Seite von allen Beteiligten (von Lernenden, Lehrenden und Organisation) ein hohes Maß an Prozessoffenheit und Flexibilität. Zugleich bedarf es Orientierungen und unterstützender Elemente, um die individuellen und kollektiven Lernprozesse zu strukturieren sowie notwendige Verantwortlichkeiten und Verbindlichkeiten zu klären" (Aulerich 2005, S. 13). Lernprozessbegleitung wird daher in Formen der Planung und Vereinbarung von Lernzielen, in der Beratung und Unterstützung bei Problemen des Lernens (z. B. Zeitmanagement, Lernorganisation), aber auch in Fragen der Identifikation und Gestaltung von Lernmöglichkeiten sowie der Beratung zur lernförderlichen Arbeitsgestaltung wirksam. Eine mögliche Ausgestaltung der Rolle des Lernprozessbegleiters in der betrieblichen Weiterbildung ist in Abb. 34 beschrieben.

Rollenbeschreibung Lernprozessbegleiter*

Der Lernprozessbegleiter (Lernberater oder „Coach") ist eine dem Kandidaten fest zugeordnete, methodisch geschulte Person mit ausgeprägten kommunikativen Kompetenzen. Er begleitet den gesamten Qualifizierungsprozess des Kandidaten, sinnvollerweise von der Auswahl eines realen Kunden- oder Entwicklungsprojekts bis zum Fachgespräch. Der Lernprozessbegleiter trägt dadurch maßgeblich zur Qualität der Weiterbildung bei. Der Lernprozessbegleiter hat folgende Aufgaben:

- Er unterstützt den Kandidaten (gemeinsam mit dem Qualifizierungsverantwortlichen und dem fachlichen Berater) bei der Auswahl von Qualifizierungsprojekten und berät ihn dabei im Hinblick auf eine sinnvolle Qualifizierung und die Erfüllung der Zertifizierungskriterien.
- Er plant mit dem Kandidaten die Durchführung des/der Projekte/s, die zeitliche Gliederung, die Schwerpunkte der Weiterbildung, die Reflexionsgespräche und die Lernschritte (Qualifizierungsvereinbarung).
- Er reflektiert gemeinsam mit dem Kandidaten in regelmäßigen Gesprächen die Arbeit im Qualifizierungsprojekt, die dabei entstandenen Lernerträge sowie den Verlauf der Qualifizierung und hier insbesondere den Stand seiner individuellen Kompetenzen.
- Er berät den Kandidaten bei der Planung und Umsetzung geeigneter Vorgehensweisen, um Kompetenzlücken (vorausschauend) zu schließen, fördert die Entwicklung von Selbstlernkompetenzen und gibt Anregungen zur Auswahl von Lernmaterialien.
- Er ist grundsätzlich Ansprechpartner für alle außerfachlichen Problemlagen, die den Lernprozess oder den Verlauf der Weiterbildung behindern. Der Lernprozessbegleiter identifiziert und analysiert mit dem Kandidaten persönliche Lernschwierigkeiten und ihn berät zu Lernstrategien und zu seiner Lernsituation im Arbeitsumfeld.
- Der Lernprozessbegleiter wirkt daraufhin, dass der Kandidat begleitend zur Durchführung des Projekts dokumentiert. Der Lernprozessbegleiter berät den Kandidaten zur Dokumentation und zwar im Hinblick auf die Erschließbarkeit seiner Kompetenzen und der durchgeführten Arbeitsprozesse.
- Der Lernprozessbegleiter versteht die dem Profil zu Grunde liegenden Prozesse und Zusammenhänge und ist in der Lage, Inhalte und Abläufe von Qualifizierungsprojekten nachzuvollziehen und darüber mit dem Kandidaten zu sprechen. Der Lernprozessbegleiter versteht sich aber nicht als Ansprechpartner für fachliche Fragestellungen.

Die Unterstützungsleistungen des Lernprozessbegleiters basieren auf einem Vertrauensverhältnis zum Kandidaten und zielen darauf, dessen Fähigkeiten zu selbst organisiertem Lernen und Arbeiten zu stärken.

Abb. 34 Rollenbeschreibung Lernprozessbegleiter in der IT-Weiterbildung (Rohs 2004, S. 157)

Weiterbildungsberatung

Lernbegleitung in diesem Sinne – als didaktisches Konzept – ist von der Weiterbildungs*beratung* zu unterscheiden.

*„Die zentrale Aufgabe der Weiterbildungsberatung liegt in der **Information und Unterstützung** der Ratsuchenden zur **Sondierung und Auswahl von Bildungsangeboten** innerhalb der Weiterbildung mit Blick auf die Lebenssituation der Ratsuchenden, ihre finanzielle Lage, ihre zeitlichen Ressourcen, Interessen und Fähigkeiten etc." (Strauch 2010, S. 26f., Hervorhebung im Original).*

Das schließt nicht aus, dass innerhalb der Lernbegleitung auch eine Beratung zur Lösung von Lernproblemen stattfindet (Pätzold 2004, S. 175).

Beratungsangebote im Bereich der Weiterbildung haben in den letzten Jahren stark zugenommen. Sie werden mittlerweile von 85 % der Weiterbildungseinrichtungen angeboten. Neben allgemeiner Weiterbildungsberatung (60 % der Anbieter) werden dabei vor allem berufsbezogene Angebote wie z. B. Laufbahn und Karrierberatung (51 %), Qualifizierung des Personals im Betrieb (46 %), Beruflicher Wiedereinstieg (45 %) unterbreitet (Koscheck / Weiland 2013, S. 4). Die Vielzahl an Angeboten, die auch durch Förderprogramme finanziert werden, führt zu einer Heterogenität und Unübersichtlichkeit des Feldes ohne verbindliche Qualitätsmaßstäbe, so dass ein „Mindestmaß an Strukturbildung und Transparenz" sowie „der Ausbau der Qualität des Beratungsangebots" (Schiersmann 2015, S. 108) zu den wesentlichen aktuellen Herausforderungen zählen.

Neben der schon beschriebenen Tendenz einer Betonung informellen und selbstgesteuerten Lernen, einer stärkeren Verlagerung der betrieblichen Weiterbildung in den Arbeitsprozess sowie einer Kompetenzorientierung (vgl. Frank / Iller 2013) hat vor allem die Digitalisierung wesentlichen Einfluss auf die Gestaltung der beruflichen Weiterbildung. Digitale Medien und die damit verbundene *Virtualisierung der Lehr- / Lernunterstützung* sind wohl der stärkste Motor für Innovationen und Veränderungen in der beruflichen Weiterbildung. Sie beeinflussen das Lernen weit über das konkrete Lehr- / Lerngeschehen hinaus.

6.2 Digitale Medien in der beruflichen Weiterbildung

Internet und Computer spielen seit ihrer Verbreitung in den 1980-er und 1990-er Jahre auch eine Rolle für die berufliche Weiterbildung. Dabei wurde der Einsatz von Computern zu Lehr- / Lernzwecken zunächst im Kontext sogenannter „neuer Medien" betrachtet, worunter auch Kabel- und Satellitenfernsehen, Bildschirmtext, Bildplatten und Video gefasst wurden (Hüther / Terlinden 1986). Diesen Medien wurde insbesondere hohes Potenzial für selbstgesteuertes Lernen zugesprochen, weshalb in den Einrichtungen der Erwachsenenbildung Selbstlernzentren erprobt wurden (vgl. Otto 1979). Diese fanden jedoch aufgrund der hohen Anschaffungskosten für die Technik sowie unzureichender Qualifikationen des Personals nur begrenzt Verbreitung (vgl. Podehl 1984, S. 310 ff.).

Die Medienkonvergenz, d.h. die Fähigkeit des Computers, die Möglichkeiten vormals getrennter Medien (wie z.B. Radio, Kassetten- und Videorekorder, Fernseher) zu übernehmen, führte zu einer zunehmenden Fokussierung der technologischen Unterstützung von Lehr-/Lernprozessen auf den Computer, sowie ab den 1990-er Jahren auch des Internets.

Mit den Möglichkeiten von Computer und Internet, aber auch vor dem Hintergrund lerntheoretischer Erkenntnisse, veränderten sich die mediendidaktischen Einsatzformen. Bis in die 1990-er Jahren dominierten *computer-based trainings* (CBT), die im Zuge der technologischen Entwicklung verstärkt multimedial ausgestaltet wurden. Mit zunehmender Kapazität der Speichermedien (Magnetband, Floppy Disc, Diskette, CD-Rom und später auch DVD und USB-Stick) wurden die Möglichkeiten der (speicherintensiven) multimedialen Präsentation größer. Auf mediendidaktischer Ebene wurden einfache Drill-and-Practice-Programme, die auf eine einfache Präsentation und Abfrage von Lehr-/Lerninhalten basierten, durch (intelligente) tutorielle Systeme (ITS) abgelöst. Diese Anwendungen ermöglichten durch Interaktion mit den Lernenden eine individuelle Unterstützung der Lernprozesse.

Mit der Verbreitung des Internets wurde die Speicherung der Daten auf Datenträger überflüssig. Zwar wurde zunächst aufgrund fehlender Bandbreiten und großen Datenmengen multimedialer Lehr-/Lernanwendungen auf Datenträger zurückgegriffen. Seit der Jahrtausendwende hat aber das *web-based training* (WBT) die CBTs abgelöst. Mit dem Internet wurden dann auch Möglichkeiten der Interaktion und des Austauschs von Inhalten möglich. Insbesondere *social media* trugen dazu bei, dass mit Wikis, Weblogs und Podcasts neue Formen der einfachen Interaktion möglich wurden.

Mit der zunehmenden Miniaturisierung der Informations- und Kommunikationstechnologie sowie der Verbreitung von kabellosem Internet ist Lernen über Laptops, Tablets und vor allem Smartphones fast überall möglich (*mobile learning*) (vgl. de Witt/Sieber 2013). Lernen wird situativer und auch informeller, da es ohne strukturelle Rahmung des Lernprozesses in allen Lebenszusammenhängen möglich wird (*ubiquitous learning*) (vgl. Yahya/Ahmad/Jalil 2010). Gleichzeitig ergeben sich Übergänge zwischen Lernen in organisierten Strukturen (Unterricht) und eher informellen Lernformen, so dass ein „nahtloses" Lernen in unterschiedlichsten Kontexten entsteht (*seamless learning*) (vgl. Wong/Looi 2011).

Legt man diese grobe Folie der Entwicklung digitaler Medien auf die berufliche Weiterbildung, so zeigt sich, dass diese sicherlich der Bereich ist, der diese Entwicklungen (im Verhältnis zu den anderen Bildungsbereichen) zuerst aufgegriffen hat und diesbezüglich als besonders innovativ gelten kann. Dies hängt mitunter auch mit den besonderen Anforderungen betrieblicher Weiterbildung bezüglich Aktualität und Individualisierung zusammen, aber auch mit der Skalierbarkeit bei Schulungen großer Personenzahlen, wo das Lernen mit digitalen Medien didaktische und finanzielle Vorteile gegenüber Präsenzveranstaltungen bietet. Dabei zeigen sich aber mitunter deutliche Unterschiede zwischen der betrieblichen und der individuell berufsbezogenen Weiterbildung.

Die Potenziale digitaler Medien für das Lernen Erwachsener werden vor allem darin gesehen, unterschiedliche und auch neue Möglichkeiten für das Lernen zu schaffen, damit auch heterogenen Anforderungen von Lernenden gerecht zu werden (Individualisierung) und Inklusion und Chancengleichheit zu schaffen.

Die UNESCO beschreibt die bildungs- und sozialpolitische Funktion der Nutzung der Digitalisierung mit den Worten:

„Through mobile devices, electronic networking, social media and online courses, adult learners can have access to opportunities to learn anytime and anywhere. Information and communication technologies have also considerable capacity for facilitating access to education for people with disabilities permitting their fuller integration into society, as well as for other marginalized or disadvantaged groups" (UNESCO 2016, S. 148).

Grundsätzlich zeigt sich zunächst, dass die Nutzung digitaler Medien (zum Lernen) kein Phänomen bestimmter Altersgruppen ist. Zwar haben Jüngere immer noch häufiger Internetzugang und auch eine intensivere Internetnutzung, jedoch gleichen sich diese altersbezogenen Unterschiede zunehmend an. Erst ab der Generation der über 50-jährigen nehmen Zugang, Nutzungsvielfalt, Kompetenz und Offenheit (aktive Auseinandersetzung mit Vor- und Nachteilen) bezüglich digitaler Medien sowie auch die Nutzung aktueller Geräte (wie z. B. Smartphones) deutlich ab (vgl. TNS Infratest 2015, S. 27 f.). Das bedeutet jedoch nicht, dass digitale Medien für diese Altersgruppe nicht geeignet sind. Vielmehr muss betont werden, dass E-Learning gerade für die heterogene Gruppe der Älteren besondere Potenziale in der Differenzierung und im Ausgleich von Beeinträchtigungen bietet (vgl. Schewe/Rohs 2013; Thalhammer 2014).

Dennoch zeigen sich – wie generell in der Teilnahme an Weiterbildung – auch Unterschiede in der Nutzung digitaler Lehr-/Lernangebote. Dies betrifft insbesondere frei zugängliche Angebote. Dabei zeigen sich erste Differenzen schon im Zugang und der generellen Nutzung des Internet. So haben u. a. Personen mit niedrigem Bildungsniveau, geringerem Einkommen, ohne Beschäftigung oder niedrigem Beschäftigungsstatus und Migrationshintergrund weniger häufig Zugang zum Internet (Digital Divide) (vgl. TNS Infratest 2015), was sich auch in den Nutzungsmöglichkeiten offener Lernangebote niederschlägt. Schon Sawchuk (2003) zeigte, dass die Lernmöglichkeiten über Computer und Internet einzelne Bevölkerungsteile benachteiligen. Diese Benachteiligungen haben sich auch trotz einer generellen Zunahme des Zugangs und der Nutzung nicht vollständig nivelliert. Darüber hinaus besteht das Problem, dass trotz Zugang zum Internet unterschiedliche Kompetenzen der Mediennutzung sowie unterschiedliche Nutzungspräferenzen potenziell sogar dazu führen können, dass sich vorhandene Unterschiede des Wissens noch vergrößern (vgl. Rohs/Ganz 2015). So nutzen Personengruppen mit niedrigen Kenntnissen im Umgang mit Computer und Internet auch weniger häufig entsprechende Angebote (Bilger/Seidel/Strauß 2013). Notwendig sind daher nicht nur der Zugang und die Bereitstellung von Lernmöglichkeiten über das Internet, sondern auch die entsprechende Aufbereitung der Inhalte und eine begleitende Förderung der Medienkompetenz für die Zielgruppen, die diese Angebote bisher weniger nutzen.

Trotz der Potenziale, die den digitalen Medien zugesprochen werden, geben nur 41 % der Weiterbildungseinrichtungen an, auch E-Learning einzusetzen. Am weitesten verbreitet sind dabei der Einsatz von Lernplattformen zur Inhaltsbereitstellung und webbasierte Selbstlernmodule. Diese werden nur von 28 % der Anbieter eingesetzt. Blended Learning, als Mischung von Präsenz und Online-Phasen, wird von knapp einem Viertel genutzt (24 %). Virtuelle Seminare (15 %) oder social media (12 %) sind sogar noch weniger verbreitet (Koscheck/Weiland 2013, S. 7 f.).

Trotz der geringen Verbreitung kann die betriebliche Weiterbildung – im Verhältnis zu anderen Bildungssektoren – bezüglich des Einsatzes digitaler Medien als innovativ angesehen werden. Diese Einschätzung ist nicht unwesentlich darauf zurückzuführen, dass die technologischen Entwicklungen der letzten Jahre in den meisten Unternehmen zu einer starken Digitalisierung des Arbeitsumfelds geführt haben. So zeigt eine Befragung des Bundesinstituts für Berufsbildung (BIBB),

„dass die Arbeit mit digitalen Geräten und Medien für viele Beschäftigte in Deutschland zum kennzeichnenden Merkmal derzeitiger Organisation von Arbeit geworden ist. So gab es 2015 in beinahe allen Betrieben einen PC oder Laptop mit Internetzugang" (Gensicke u. a. 2016, S. 10).

Dieser Prozess wird sich in den kommenden Jahren (z. B. durch die Entwicklung zur sogenannten Industrie 4.0) noch weiter verstärken, so dass mehr Mitarbeitenden eine digitale Arbeits- und Lerninfrastruktur zur Verfügung stehen wird.

Der Anteil der Unternehmen, die E-Learning einsetzen, unterscheidet sich je nach Unternehmensgröße. Bei den kleinen und mittelständischen Betrieben setzt ca. jeder fünfte digitale Medien zum Lehren und Lernen ein, bei den Großunternehmen mit über 1000 Mitarbeitenden schwanken die Angaben zwischen der Hälfte und zwei Drittel (vgl. ebd.; Goertz 2013; mmb Institut für Medien- und Kompetenzforschung/Haufe-Akademie 2014). Grundsätzlich ist daher davon auszugehen, dass der Einsatz digitaler Medien mit Unternehmensgröße zunimmt. Dies kann u. a. darauf zurückgeführt werden, dass nicht nur die Ressourcen für entsprechende Entwicklungen in Form von Finanzmitteln, Strukturen und Expertise zur Verfügung stehen, sondern sich der Einsatz der meist kostenintensiven Produktion auch rechnet. So ist es nicht verwunderlich, dass im betrieblichen Kontext E-Learning vor allem für Grundlagenschulungen, wie Compliance, Anwenderschulungen oder Arbeitssicherheit, eingesetzt werden (vgl. mmb Institut für Medien- und Kompetenzforschung 2016, S. 10).

Bezüglich der Anwendungen dominieren dabei vor allem klassische Formen wie Blended-Learning, Virtuelle Klassenräume oder WBT, die nur eine (teilweise) Übertragung bewährter Lehrformate in den virtuellen Raum darstellen. Anwendungen, die auch selbstgesteuertes, situatives Lernen und kollaboratives virtuelles Lernen ermöglichen, wird zwar eine zunehmende Bedeutung zugesprochen (vgl. Abb. 35), die Nutzung in den Unternehmen ist aber noch längst nicht verbreitet. So geben nach einer Untersuchung des Instituts für Medien- und Kompetenzforschung und der Haufe-Akademie (nur) 52 % der KMU und 61 % der Großunternehmen an, tatsächlich E-Learning in irgendeiner Form einzusetzen (mmb Institut für Medien- und Kompetenzforschung & Haufe-Akademie 2013, S. 4). Insbesondere für mittelständische Unternehmen und das Handwerk ist festzustellen,

> *„dass der gezielte, mehrwertschöpfende Einsatz digitaler Medien in der beruflichen Aus- und Weiterbildung bei weitem noch nicht stattfindet. Es fehlen in starkem Maße integrierte Konzepte, um eine methodisch abgesicherte und effiziente Erweiterung betrieblichen Lernens mit Hilfe digitaler Medien zu erzielen" (Härtel 2012, S. 5).*

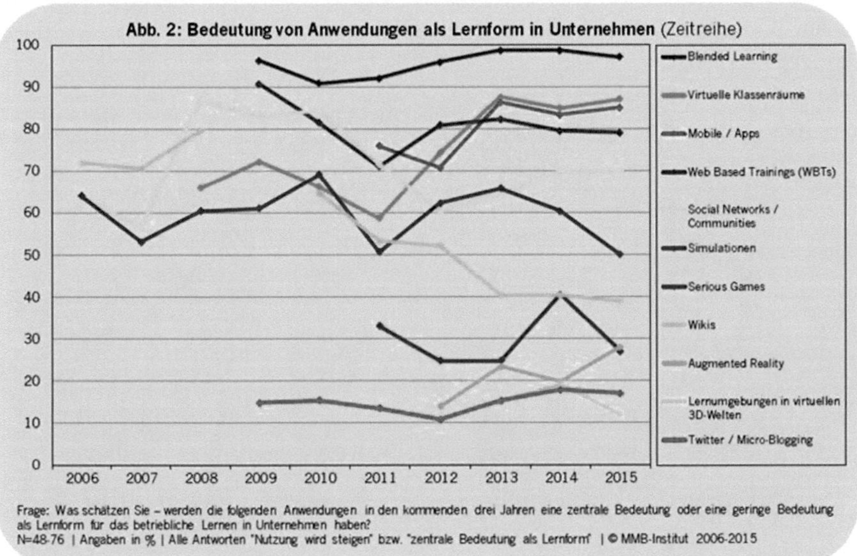

Abb. 35 Bedeutung von Anwendungen als Lernform in Unternehmen (mmb Institut für Medien- und Kompetenzforschung 2016, S. 8)

Herausforderungen und Probleme beim Einsatz digitaler Medien in der betrieblichen Bildung zeigen sich auf personaler und organisationaler Ebene. Auf personaler Ebene stellt die Kompetenz der Lernenden (insbesondere für das selbstgesteuerte Lernen) und der Lehrenden / Lernbegleiter eine wesentliche Voraussetzung für die Akzeptanz und Nutzung digitaler Medien dar. Dabei bestehen, wie bereits beschrieben, zunächst grundsätzliche Unterschiede zwischen einzelnen Nutzergruppen. Die Ergebnisse von PIAAC (Programm for the International Assessment of Adult Competencies) für Österreich zeigen dabei, dass sich Erfahrungen im Umgang mit Computer und Internet am Arbeitsplatz positiv auf die technologiebasierte Problemlösekompetenz auswirken (Baumgartner/ Tarnai/Wolf/Ertl 2014).

Als weitere Herausforderung zeigt sich die Kompetenz der Lehrenden. Zwar gibt es aktuell keine verlässlichen Studien zu den medienpädagogischen Kompetenzen der Lehrenden in der beruflichen Weiterbildung, insgesamt wird jedoch von einem Defizit in diesem Bereich für alle Lehrenden in der Erwachsenenbildung ausgegangen (von Hippel 2007: mmb Institut/Learntec 2016).

Auf organisatorischer Ebene zeigen die Untersuchungen unterschiedliche Ergebnisse. Eine Delphi-Befragung des mmb Instituts für Medien- und Kompetenzforschung (2016) hat ergeben, dass die Lernkultur und eine fehlende Aufgeschlossenheit der Entscheider als ein erhebliches Hindernis für die Einführung von E-Learning in Unternehmen eingeschätzt wird (vgl. Abb. 36). Ein weiterer Aspekt sind hohe Kosten bzw. fehlende Budgets, wie eine Erhebung der Haufe-Akademie zeigte (Haufe-Akademie & Cross-Knowledge 2016). Als Hinweise für fehlende Kompetenzen können zudem die didaktischen Defizite der digitalen Lernumgebungen gewertet werden.

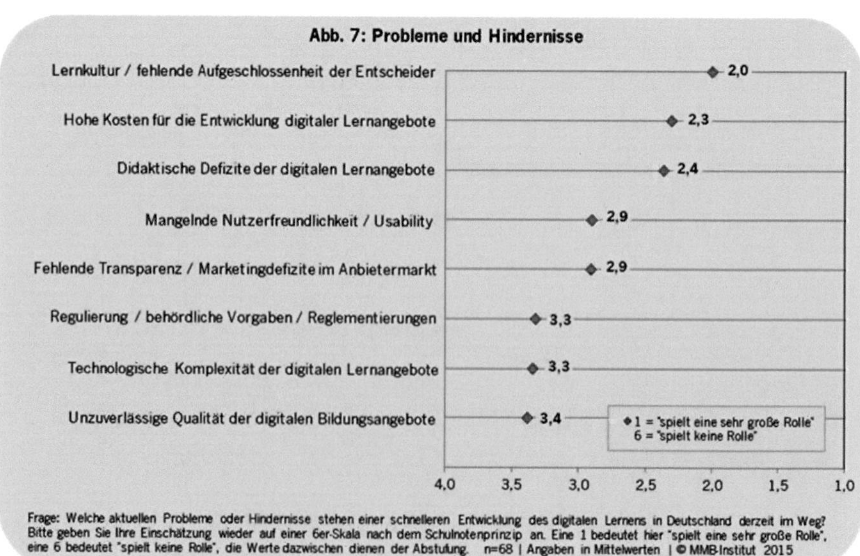

Abb. 36 Probleme und Hindernisse für die Entwicklung des digitalen Lernens in Unternehmen (mmb Institut für Medien- und Kompetenzforschung 2016, S. 12)

Für die Zukunft der betrieblichen Weiterbildung postulieren Erpenbeck und Sauter nicht weniger als eine „Lernrevolution" (Erpenbeck/Sauter 2013, S. 53). Ursache dafür ist die moderne Informationstechnik, die zu „Entwicklungsgeschwindigkeiten von Technik und Industrie, Kultur und Politik [führt], die mit klassischem Vorratslernen überhaupt nicht mehr zu beherrschen sind" (ebd., S. 3). Technologien wie

Cloud Computing, semantische Systeme, künstliche Intelligenz und die Möglichkeiten mobilen Lernens sind aber auch gleichzeitig die Lösungen, indem sie den Computer zum persönlichen Coach individueller Lernaktivitäten machen. Dabei wird die Kompetenzorientierung zur wesentlichen Leitlinie der didaktischen Gestaltung von Lernprozessen.

Welche Lehr-/Lerntechnologien in welchen didaktischen Arrangements sich perspektivisch durchsetzen, ist angesichts der Entwicklungsdynamiken schwer zu beurteilen. Prognosen, wie z. B. aus dem Horizon Report (New Media Consortium[3]), zeigen sich immer wieder als anfällig, Trends allgemein und bezüglich der zeitlichen Entwicklung vorauszusagen. Der BITKOM-Report „Vom E-Learning zu Learning Solutions“ nennt u. a. Micro-Learining, Mobile Learning und adaptives Lernen als zukünftige Trends, und selbst das „Bildungsfernsehen“ soll durch die Verbindung von Fernsehen und Internet eine neue Renaissance erfahren (Eichler u. a. 2013). Abb. 37 zeigt eine Einschätzung zu den Trends digitalen Lernens anhand des Gartner Hype Cycles. Danach sind neben Mobile Learning Ansätze des Learning Analytics sowie der Gamification die kommenden Trends in der betrieblichen Weiterbildung.

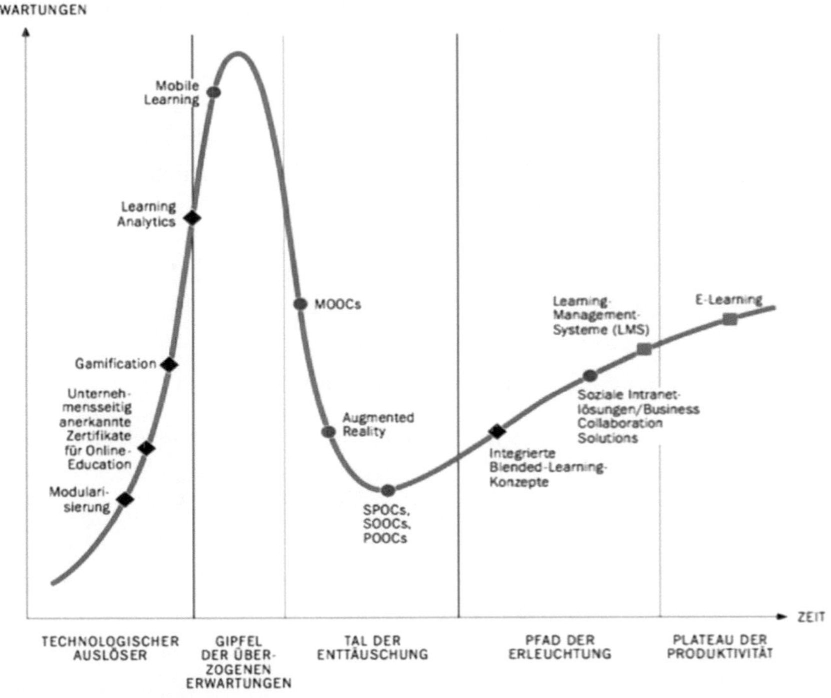

Abb. 37 Hype Cycle der Corporate Online-Education (Roland Berger Strategy Consulting 2014)

[3] http://www.nmc.org/nmc-horizon/

Nach einer Befragung des Bundesverbands betriebliche Weiterbildung (Wuppertaler Kreis e. V.), rechnen die Bildungsdienstleister damit, „dass in Zukunft Online-Lernen in virtuellen Klassenzimmern, die Bereitstellung von Lerninhalten in digitalen Bibliotheken sowie Videoproduktionen und interaktive Module eine noch deutlich stärkere Rolle in ihrem Dienstleistungsangebot spielen werden als heute" (Wuppertaler Kreis e. V. 2016, S. 21).

Unabhängig von der konkreten Technologie und den didaktischen Szenarien wird sich der Weiterbildungsmarkt durch das Internet zunehmend internationalisieren. Schon heute stehen Distance Learning-Angebote von Bildungsanbietern auf der ganzen Welt zur Verfügung. So ermöglichen z. B. Massive Open Online Courses (MOOCs) kostenlos an amerikanischen Top-Universitäten zu studieren. Diese Entwicklung wird sich perspektivisch auch auf die berufliche Weiterbildung auswirken.

6.3 Anforderungen und Perspektiven beruflicher Weiterbildung

Das Ziel der beruflichen Weiterbildung liegt u. a. darin, die einmal erworbenen beruflichen Grundqualifikationen den sich (ständig) ändernden Anforderungen des Arbeitsmarktes anzupassen. Das Erkennen dieser Veränderungen ist für die berufliche Weiterbildung zentral, um die Angebote und Angebotsformen diesen Anforderungen anzupassen. Diese reaktive Charakteristik der (beruflichen) Weiterbildung führt dazu, dass sie „chronisch verspätet" ist (Staudt/Kriegesmann 2002, S. 115), denn bis aus den Innovationen Anforderungen abgeleitet und daraus entsprechende Angebote entwickelt werden, hat sich der Bedarf längst verändert. Eine Reaktion auf diese Situation ist eine verstärkte Orientierung an überfachlichen oder Schlüsselkompetenzen bzw. eine Selbststeuerung des Lernens im Arbeitsprozess.

a) Anforderungen an die Arbeitskraft der Zukunft

Das Erkennen zukünftiger Kompetenzanforderungen spielt dennoch eine wichtige Rolle für die berufliche Weiterbildung, insbesondere dann, wenn die Veränderungen nicht ausreichend Zeit für den entsprechenden Kompetenzaufbau lassen bzw. eine Kompetenzentwicklung im Arbeitsprozess nicht ausreichend ist. Das ist z. B. der Fall, wenn durch disruptive Technologien völlig andere Anforderungen in einzelnen Branchen entstehen oder einzelne Wirtschaftsbereiche sehr stark wachsen.

So haben bereits 1984 Kern und Schumann in ihrer Untersuchung mit dem Titel „Das Ende der Arbeitsteilung" festgestellt, dass moderne Technologien die Arbeitsteilung obsolet machen und in den fortgeschrittenen Industrien, vor allem im Maschinenbau, der Automobilindustrie und der Chemieindustrie, zu einem Verschmelzen von bislang isolierten Tätigkeiten zu ganzheitlicheren Arbeiten führen. Schon damals wurde erkannt, dass Mitarbeitende über komplexe Fähigkeiten verfügen müssen,

„die man als Arbeitskraft gerade dann besonders wirksam nutzt, wenn man ihr Vermögen umfassend betrieblich bindet und funktionalisiert, statt nur minimale Segmente davon aufzugreifen und den Rest brachliegen und verkümmern zu lassen; also nicht Lockerung des Leistungszugriffs, sondern Verstärkung hinsichtlich der intellektuellen und motivationalen Fähigkeiten“ (Kern/Schumann 1984, S. 10).

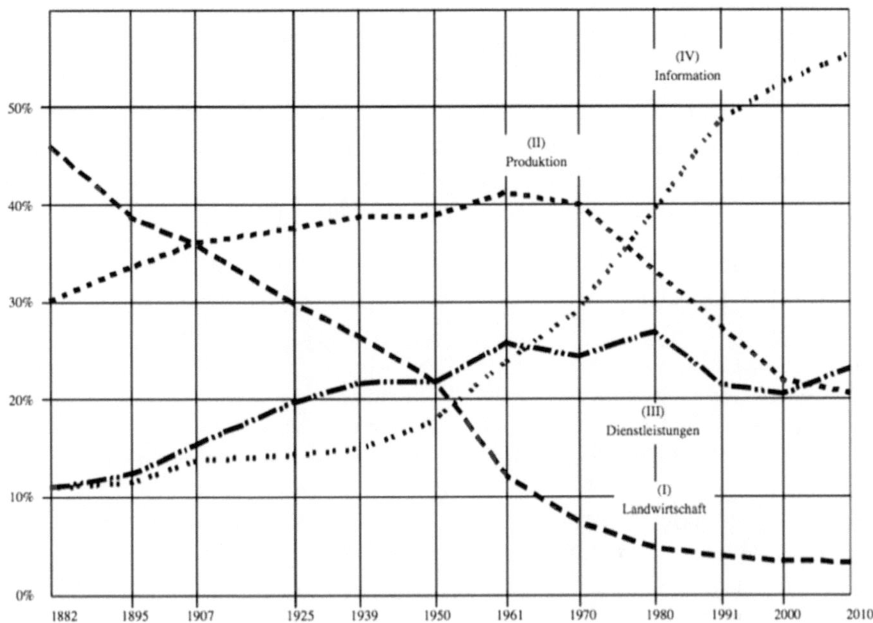

Abb. 38 Die Entwicklung des Informationssektors 1882–2010 (Dostal 1995, S. 529)

Mit der zunehmenden Digitalisierung der Arbeit verstärkten und erweiterten sich diese Tendenzen. Wissensarbeit, das heißt der Umgang mit Informationen und Wissen, ist in den Industrieländern zu einem zentralen Wirtschaftsfaktor geworden (vgl. Abb. 38). Zwischen 1995 und 2005 stieg der Anteil der Wissensarbeiter/innen nach unterschiedlichen Schätzungen zwischen 12 % und 30 %, während die Erwerbszahlen in nicht-wissensintensiven Branchen gleichzeitig abnahmen (vgl. North/Güldenberg 2008, S. 11; Stiehler/Schabel/Möckel 2013, S. 6). Diese Entwicklungen dokumentieren den Übergang von der Industrie- zur Informations- bzw. Wissensgesellschaft.

Nach North and Güldenberg (2008, S. 251 ff.) müssen Wissensarbeiter/innen über folgende fünf Schlüsselqualifikationen verfügen:

1. Wissensfelder strukturieren und bewerten
2. Zusammenarbeit gestalten
3. Kommunikationsmedien intelligent nutzen

4. Selbstmanagement
5. Achtsamkeit

Eine wesentliche Rolle spielt dabei auch die Digitalisierung der Arbeit, die die Grundlage für die Wissensarbeit darstellt. Sie ermöglicht ein flexibleres und stärker selbstbestimmtes Arbeiten. Gleichzeitig kommt es zu einer Entgrenzung und Flexibilisierung der Arbeit, des Arbeitsorts und der Zeit. Der Mitarbeitende wird dabei in verstärktem Maße für die Bewältigung der Arbeitsanforderungen und Weiterbildung selbst verantwortlich. Den positiven Seiten der Autonomie steht jedoch die unternehmerische Nutzung der subjektiven Ressourcen (Kreativität, Emotionen, Zeit u. a.) entgegen. Diese enge Verwobenheit von Persönlichkeit und Arbeit wird unter dem Begriff der *Subjektivierung der Arbeit* diskutiert (Moldaschl / Voß 2003). In Abbildung 39 werden die Chancen und Risiken dieser Entwicklung gegenübergestellt.

Chancen	Risiken
• Selbstverwirklichungs- und Partizipationsmöglichkeiten • Aufhebung von Fremdkontrolle und Zwang • Realisierung individueller Interessen und Orientierungen • Vereinbarkeit von Arbeit und Leben – Chance für Frauen?	• Segmentierung der Beschäftigten: positive Wirkungen für höher Qualifizierte, negative für gering Qualifizierte • Wachsende Anforderungen, Leistungsdruck, Selbstausbeutung • Wachsende Unsicherheit und kumulierte Risiken: Prekarität • Entgrenzung von Arbeit und Leben: Zugriff auf Lebenswelt

Abb. 39 Chancen und Risiken der Subjektivierung von Arbeit (Lohr 2008, o. S.)

Die Wahrnehmung der Chancen ist dabei eng an die individuellen Kompetenzen geknüpft. So gibt es die „Digitalen Bohème“ (Friebe / Lobo 2006), hoch qualifizierte Wissensarbeiter / innen, die sich gänzlich gegen die Vorgaben und Strukturen in Organisationen wenden und ein Leben „jenseits der Festanstellung“ als Mikro-Unternehmer bevorzugen. Ihnen ist vor allem die Selbstverwirklichung wichtig, die sie in Formen der beruflichen Selbständigkeit ausleben. Zunehmend sind aber auch Menschen gezwungen als Selbständige am Markt zu agieren oder unter den Bedingungen von Selbststeuerung und Selbstkontrolle in Unternehmen zu arbeiten. Voß und Pongratz (1998) bezeichnen diesen Typus als *Arbeitskraftunternehmer*:

„Als Kennzeichen dieser neuen Form sehen wir […] eine systematisch erweiterte Selbst-Kontrolle der Arbeitenden, einen Zwang zur forcierten Ökonomisierung ihrer Arbeitsfähigkeiten sowie eine entsprechende Verbetrieblichung der alltäglichen Lebensführung“ (ebd., S. 132).

Diese Entwicklung ist mit Vor- und Nachteilen verbunden, die sich auf der einen Seite in erweiterten Handlungs- und Gestaltungspielräumen und auf der anderen Seite und einer direkten Wirkung der Marktkräfte auf den Einzelnen niederschlagen. Ausschlaggebend sind bekannte Ungleichheitsfaktoren, wie z. B. Bildung, soziale Beziehungen, nationale oder soziale Herkunft und Geschlecht. Darüber hinaus könnte sich die Fähigkeit zur Bewältigung der spezifischen Dilemmata selbstorganisierten Arbeitens als neue Ungleichheitsdimension herausstellen (vgl. Pongratz/Voß 2001). Dazu gehören:

1. Fähigkeit zur aktiven zeitliche Strukturierung der eigenen Arbeit (Festlegung von Arbeitsbeginn, -ende, Pausen, Beschleunigung u. a.)
2. Bereitschaft zu Mobilität und Fähigkeit zur räumlichen Eigenkontrolle (Festlegung von Arbeitsorten)
3. Fähigkeit zur Kontrolle der eigenen Arbeitsleistungen
4. Fähigkeit zur selbständigen Anpassung der fachlichen Kompetenzen an die beruflichen Anforderungen (formelle und informelle Weiterbildung)
5. Fähigkeit zur Selbstmotivation und selbständiger Sinnsetzung
6. Fähigkeit zur Sicherstellung der technisch/medialen Infrastruktur zur Erbringung der Arbeitsleistungen (vgl. Voß/Pongratz 1998, S. 140 ff.).

Während Personengruppen, die über diese Fähigkeiten verfügen, von den Entwicklungen profitieren können, prognostizieren Pongratz und Voß auch eine (nicht kleine) Schicht von „Arbeitskraft-Tagelöhnern", wie sie sich im Bereich des *Crowdworking* von *Clickworkern* darstellt. Freiberuflich Tätige erledigen dabei in Form von Mikrojobs sowohl Routineaufgaben (z. B. Recherchen) als auch kreative Tätigkeiten (z. B. Grafikdesign) für Unternehmen. Die Koordination erfolgt auf entsprechenden Plattformen, die Bezahlung ist eher gering und die Beschäftigung auf Aufträge und nicht eine kontinuierliche Beschäftigung ausgelegt. Nach Eurofound (2015) gilt Deutschland als ein Land, in der solche Beschäftigungsformen aktuell an Bedeutung gewinnen. Schon heute ist jedoch absehbar, dass sie mittelfristig weitgehend durch IT-Anwendungen übernommen werden.

Die aktuelle Diskussion zur Arbeit der Zukunft wird vor allem durch das Schlagwort *Industrie 4.0* bzw. *Smart Factory* oder *Smart Manufacturing* bestimmt. Darunter wird die Verschmelzung von Informations- und Produktionstechnologie zu cyberphysischen Systemen verstanden. Die Auswirkungen dieser Entwicklung auf die Arbeit und die Kompetenzanforderungen der Beschäftigten sind heute noch nicht absehbar. Wie bisher auch in Bezug auf Subjektivierung und Arbeitskraftunternehmer/innen dargestellt, werden auch bezüglich dieser Entwicklung zwei divergierende Perspektiven aufgezeigt. Auf der einen Seite werden Aufgaben mit einfachen Anforderungen zunehmend „verschwinden" bzw. automatisiert ablaufen. Insbesondere die Beschäftigungschancen von An- und Ungelernten werden sich dadurch weiter verringern bzw. werden die Eingriffs- und Gestaltungsmöglichkeiten in der Arbeit weniger. Die Steuerung und Kontrolle der Arbeitsverrichtung wird weitergehend durch Maschinen erfolgen. Auf der anderen Seite werden Beschäftigte mit besseren Qualifikationen mit höheren Komplexitäts-, Abstraktions- und Problemlöseanforderungen konfrontiert (Windelband 2014). Damit sind veränderte Kompetenzanforderungen verbunden. Insbesondere überfachliche Kompetenzen gewinnen an Bedeutung – wie die Beschaffung, die Aneignung und der Umgang mit komplexen Informationen, interdisziplinäre Kommunikation und (kreative) Problemlösungskompetenzen.

Es ist grundsätzlich nicht erstaunlich, dass vor allem Fähigkeiten und Kompetenzen an Bedeutung gewinnen, die nicht automatisiert bzw. von Maschinen und Informationstechnologie abgebildet werden können. In vielen Bereichen sind Maschinen schon heute Menschen überlegen. Defizite liegen aber vor allem in den Bereichen, die nicht auf logischen Schlussfolgerungen beruhen, in dem Sinne also nicht trivial sind (vgl. von Foerster 1985), sondern unerwartet, kreativ, schöpferisch. Daher sind es genau diese Kompetenzen, die in Zukunft für Unternehmen von Bedeutung sein werden.

Wissenschaftler/innen des „Institute for the Future" des University of Phoenix Research Institute (Davis/Fidler/Gorbis 2011) identifizierten in Kooperation mit einer Reihe von Expert/innen zehn Fähigkeiten, die aufgrund der aktuellen Entwicklungen für Arbeitnehmer der Zukunft von Bedeutung sind:

1. Sense Making: Die Fähigkeit, die tiefere Bedeutung dessen zu erfassen, was ausgedrückt wurde.
2. Social Intelligence: Die Fähigkeit, mit anderen auf eine emotionale und empathische Weise in Kontakt zu treten.
3. Novel and Adaptive Thinking: Die Fähigkeit, auf unerwartete Umstände oder Anforderungen mit neuen oder angepassten Lösungsansätzen zu reagieren.
4. Cross-Cultural Competency: Die Fähigkeit, in verschiedenen kulturellen Settings zu agieren.
5. Computational Thinking: Die Fähigkeit, große Datenmengen in abstrakte Konzepte zu übersetzen und datenbasierte Argumentation zu verstehen.
6. New-media Literacy: Die Fähigkeit, Inhalte kritisch zu bewerten und zu entwickeln und für eine überzeugende Kommunikation einzusetzen.
7. Transdisciplinarity: Die Fähigkeit, Konzepte unterschiedlicher Disziplinen zu verstehen.
8. Design Mindset: Die Fähigkeit, Arbeitsumfeld und Arbeitsprozesse so zu gestalten, dass die gewünschten Ergebnisse erbracht werden können.
9. Cognitive Load Management: Die Fähigkeit, wichtige Informationen zu identifizieren und die eigenen kognitiven Fähigkeiten unter Nutzung verschiedener Tools und Techniken zu optimieren.
10. Virtual Collaboration: Die Fähigkeit produktiv zu arbeiten, Engagement zu entwickeln und Präsenz als Mitglied eines virtuellen Teams zu zeigen.

Einige dieser Fähigkeiten sind vorerst Menschen vorbehalten, jedoch gibt es Anzeichen, dass auch diese perspektivisch von Maschinen übernommen werden können. So wurden die Züge des Computerprogramms AlphaGo beim Spiel gegen den Go-Meister[4] Lee Sedol als „unerwartet" und „kreativ" bezeichnet[5]. Auch die menschlichen Emotionen werden im Bereich des *Affective Computing* versucht zu erkennen, zu interpretieren und von Seiten des Computers/Roboters darzustellen und auszudrücken (Calvo/D'Mello/Gratch/Kappas 2015).

Die Anforderungen an die berufliche Bildung werden sich demnach entsprechend der technologischen Entwicklung und der Geschwindigkeit ihrer Implementierung in den beruflichen Alltag verändern. Dabei ist davon auszugehen, dass sich hier Unterschiede zwischen einzelnen Ländern, Branchen und Unternehmen aber auch zwischen Berufen und Tätigkeitsfeldern ergeben. Insbesondere einfache Routinetätigkeiten wie auch physische Tätigkeiten werden dabei durch Technologien übernommen. Aber auch alle anderen Bereiche werden betroffen sein. Arbeiten und Lernen wird zukünftig als gemeinsame Tätigkeit von Computer/Roboter und Menschen stattfinden. Welche Aufgaben dabei den Menschen zukommt und wie sich das Verhältnis zwischen ihnen und Computern/Robotern gestaltet, wird von der jeweiligen Tätigkeit, aber auch den Fähigkeiten der Technik abhängen.

b) Entwicklungstendenzen und Herausforderungen der beruflichen Weiterbildung

Wie bisher deutlich wurde, verändern sich sowohl die Arbeitsanforderungen, als auch die Rolle der Lehrenden und Lernenden in der beruflichen Weiterbildung und damit zusammenhängend auch die Formen des Lernens. Angesichts der Entwicklung zu einer kontinuierlichen beruflichen Weiterbildung in verschiedenen formalisierten oder informellen Lernsettings, in verstärkter Selbstverantwortung und vor dem Hintergrund einer zunehmenden Digitalisierung stellen sich mehrere zentrale Fragen:

- Wie wandeln sich aufgrund der dargestellten Veränderungen die Strukturen und Organisationsformen der beruflichen Weiterbildung?
- Welche veränderten oder neuen Aufgaben und Rollen ergeben sich für die Professionellen in der beruflichen Weiterbildung?
- Wie können Qualität und Erträgen der Lernprozesse gesichert werden?
- Wie kann eine Zertifizierung informell erworbener Lernergebnisse gestaltet werden?

Der beruflichen Weiterbildung kommt nicht nur hinsichtlich ihres Anteils an den gesamten Weiterbildungsaktivitäten eine besondere Stellung zu. Auch von Seiten der Wirtschaft und der Bildungspolitik wird der beruflichen Weiterbildung zur Sicherung der Wettbewerbs- und Innovationsfähigkeit sowie zur Sicherung der individuellen Beschäftigungsfähigkeit eine zentrale Rolle zugeschrieben.

---

[4] Go ist ein strategisches Brettspiel, welches die Komplexität von Schach bei weitem übertrifft.

[5] http://www.faz.net/aktuell/feuilleton/go-genie-lee-sedol-verliert-gegen-alphago-14116573.html

Demgegenüber spielt die berufliche Weiterbildung in der öffentlichen Auseinandersetzung im Vergleich zu den anderen Bildungssektoren nur eine marginale Rolle. Die Teilnahmequoten an der betrieblichen Weiterbildung sind im internationalen Vergleich eher durchschnittlich (Schönfeld / Behringer 2013) und stagnieren auf einem Niveau unter 50 % (BIBB 2016). Grundsätzlich stellt sich dabei die Frage, welche Orientierungsmaßstäbe für die Weiterbildungsbeteiligung gelten sollten. Die Digitalisierung der Arbeit und die demographische Entwicklung stellen dabei zukünftig eine besondere Herausforderung dar, die zu allgemein erhöhtem Weiterbildungsbedarf führen werden. Insbesondere bisher unterrepräsentierte Gruppen in der beruflichen Weiterbildung sollten hier stärker adressiert werden. Dazu gehören neben Geringqualifizierten, Menschen mit Migrationshintergrund, Frauen, Arbeitslose und ältere Arbeitnehmer / innen.

Im Zuge höherer Arbeitsanforderungen auch auf sogenannten „Einfacharbeitsplätzen" sowie angesichts einer hohen Gefahr von Arbeitslosigkeit in diesem Segment stellt die Kompetenzentwicklung von Geringqualifizierten eine wichtige Aufgabe der beruflichen Weiterbildung dar. Dabei erscheint es notwendig, sowohl informell erworbene Kompetenzen zu erfassen und zu zertifizieren als auch die Akkumulation von Teilqualifikationen zu ermöglichen und Finanzierungsmodelle für die Weiterbildung dieser Personengruppe zu entwickeln (Baethge / Severing / Weiß 2013, S. 35 ff.).

In ähnlicher Weise sind auch Migrantinnen und Migranten eine Zielgruppe, der die berufliche Weiterbildung besondere Aufmerksamkeit entgegenbringen sollte. Diese Zielgruppe umfasst fast 20 % der Bevölkerung, in der für den Arbeitsmarkt relevanten Gruppe der unter 25-jährigen 30 % bis 50 %. Demgegenüber hat diese Personengruppen überdurchschnittlich oft keinen Schulabschluss oder keine Berufsausbildung und partizipiert unterdurchschnittlich an Weiterbildungen. Dies gilt insbesondere für Ausländer / innen der ersten Generation, die durch die aktuelle Flüchtlingskrise besondere Aufmerksamkeit erfahren. Die zweite Generation erreicht bei gleichem Bildungsniveau Beteiligungsquoten wie Deutsche ohne Migrationshintergrund. Darüber hinaus sind Deutschkenntnisse, die berufliche Stellung und eine Mitgliedschaft in Gewerkschaften, Berufsverbänden oder einem Betriebs- / Personalrat Determinanten, die die Teilnahme an beruflicher Weiterbildung beeinflussen (vgl. Öztürk 2012).

Für die Qualität der beruflichen Weiterbildung ist das professionelle Handeln der Lehrenden von zentraler Bedeutung. Das Weiterbildungspersonal rekrutiert sich jedoch zu großen Teilen aus Quereinsteiger / innen mit sehr unterschiedlichen beruflichen Hintergründen. Eine pädagogische Ausbildung liegt nur bei einem Teil der Beschäftigten vor. Gleichzeitig verändert und erweitert sich das Rollenverständnis und Tätigkeitsspektrum der Lehrenden, die neben der Durchführung von Unterricht u. a. mit der Erfassung von Kompetenzen, der Gestaltung digitaler Lernumgebungen und -materialien, mit der Beratung und Begleitung von Lernprozessen und der Begleitung von Veränderungsprozessen betraut sind. Aufgrund der wachsenden Anforderungen ist – trotz eines bereits heute hohen Anteils an Personen mit Hochschulabschluss – mit einer weiteren (pädagogischen) Akademisierung der Lehrenden in der Weiterbildung zu rechnen. Vor allem für die verhältnismäßig geringe Zahl an Festangestellten in diesem Bereich gilt ein pädagogisches Studium als wichtiger werdende Zugangsvoraussetzung. Bemühungen um die Formulierung einheitlicher Qualitätsstandards für das Personal der (beruflichen) Weiterbildung sowie die Anerkennung ihrer informell erworbenen Kompetenzen sind aktuelle Debatten, deren Ausgang noch nicht absehbar ist.

Die Erfassung und Anerkennung informell erworbener Kompetenzen entfaltet durch die Empfehlung des Rates der Europäischen Union (Rat der Europäischen Union 2012), bis 2018 entsprechende Verfahren einzuführen, eine besondere Dringlichkeit auch für die berufliche Weiterbildung – bei den Lehrenden, aber gleichermaßen für die Teilnehmer/innen.

In den letzten Jahren wurden dazu eine Reihe von Verfahren entwickelt (Erpenbeck/von Rosenstiel 2007; Strauch/Jütten/Mania 2009), die ein breites Spektrum an Formen und Zielsetzungen abbilden. Im heterogenen Feld der daraus entwickelten Instrumente gehört der ProfilPASS (Bosche /Seusing 2014) zu den Bekannteren. Insgesamt ist die Verbreitung aber noch als sehr gering einzuschätzen. Perspektivisch ist vor allem zu klären, wie mögliche Standards aussehen könnten und wer Anbieter entsprechender Verfahren sein könnte. Um eine hohe Akzeptanz zu erzielen

„müsste gesichert sein, dass es sich um Einrichtungen handelt, die selbst keine Anbieter von Bildungsdienstleistungen sind und die öffentlich legitimiert sind, allgemeingültige Standards für Lernergebnisbündel, Qualifikationen und auch Kompetenzfeststellungsverfahren festzulegen, die Akkreditierungen von Trägern durchzuführen und im Einvernehmen mit ihnen Zuordnungen zum DQR vornehmen" (Baethge u. a. 2013, S. 84).

Die Anerkennung könnte dann auch einen wesentlichen Beitrag zur Verbesserung der Durchlässigkeit leisten. Schon aktuell gibt es verschiedene Regelungen, die z. B. die Aufnahme eines berufsbegleitenden Hochschulstudiums auf Grundlage von Berufserfahrungen ermöglichen. Die Anzahl der Angebote wissenschaftlicher Weiterbildung nehmen dabei ständig zu und bestätigen dadurch insbesondere auf regionaler Ebene die Hoffnung, auf diesem Wege zur Verbesserung des Qualifikationsniveaus und zur Verringerung des Fachkräftebedarfs beitragen zu können (Fritsch/Pasternack/Tietze 2015).

Die Digitalisierung spielt in allen Entwicklungsbereichen der beruflichen Bildung eine zentrale Rolle. Sie ist dabei nicht nur Auslöser verschiedener Entwicklungen, sondern stellt gleichzeitig auch Lösungsmöglichkeiten zur Verfügung. Im beruflichen Kontext entstehen durch die Digitalisierung neue Anforderungen an die Kompetenzen der Arbeitsnehmer/innen und die Gestaltung der beruflichen Weiterbildung. Digitale Medien stellen parallel dazu eine Möglichkeit dar, Weiterbildung besser an individuelle und situative Bedarfe anzupassen. Die Schaffung dieser Möglichkeiten ist wiederum an die Kompetenzen der Weiterbildner/innen gebunden und deren Nutzung an die Medienkompetenz der Teilnehmenden. Die Nutzung digitaler Medien zur (informellen) Wissens- und Kompetenzaneignung sowie zur Bewältigung beruflicher Aufgaben führt gleichzeitig auch dazu, dass die Anforderungen an die berufliche Weiterbildung wachsen, entsprechende Medien einzusetzen. Damit verbunden verändert und erweitert sich das Aufgabenspektrum der Weiterbildungsanbieter, die sich zudem in einem zunehmend internationalen Weiterbildungsmarkt bewegen. Die Digitalisierung ist damit Kern vielfältiger Veränderungen, die Auswirkungen auf die berufliche Weiterbildung haben.

Die Forschung im Bereich der beruflichen Weiterbildung spielt in diesem Zusammenhang eine wichtige Rolle, um über mögliche Wirkungen und Konsequenzen der dargestellten Entwicklungen aufzuklären und einen Transfer der Forschungsergebnisse in die Weiterbildungspraxis zu unterstützen. Grundlage dafür ist nach Baethge et al. (2013 S. 101 ff.) eine belastbare statistische Datenbasis für die berufliche Weiterbildung, wie sie bereits für andere Bereiche vorliegt. Solche Datenbasis kann aber nur die Grundlage zur Identifikation möglicher Handlungsfelder bieten, die durch weiterführende Forschungsarbeiten ergänzt werden muss. Insgesamt erscheint es jedoch notwendig, gerade im Zuge hoher Dynamiken mit ungewissen Wirkungen auf das System der beruflichen Weiterbildung die Forschungsbemühungen zur Generierung bildungspolitischen Steuerungswissens und didaktischer Handlungskompetenz zu stärken.

Literatur

AES (Adult Education Survey) (2014) – Weiterbildungsverhalten in Deutschland 2014. Hrsg. Bundesministerium f. Bildung und Forschung, Bonn.

Alheit, P. (2003): Biographizität als Schlüsselqualifikation. Plädoyer für transitorische Bildungsprozesse. In: QUEM-Report Nr. 78, S. 7–22.

Alheit, P. (2016): Vom Kritisch motivierten „Lernen in Selbsthilfe". In: Tippelt/v. Hippel, S. 557–567.

Alheit, P./Bergamini, S. (1996): Storie di vita. Metodologia di ricerca per le scienze sociali, Milano.

Alheim, K. (2016): Kritik, Aufklärung, politische Intervention. Ulm.

Alheim, K./Bender, W. (Hrsg.) (1996): Lernziel Konkurrenz. Erwachsenenbildung im „Standort Deutschland". Eine Streitschrift. Opladen.

Alt, C./Sauter, E./Tillmann, H. (1993): Berufliche Weiterbildung in Deutschland. Strukturen und Entwicklung. Bielefeld.

Ambos, I./Koschek, S./Martin, A. (2016): Öffentliche Weiterbildungsförderung von Teilnehmenden. Ergebnisse der wbmonitor Umfrage 2015. Abgerufen unter: https://wbmonitor.bibb.de/downloads/Ergebnisse_20160405.pdf

Arabin, L./Beinke, L. (1980): Weiterbildungslehrer an Volkshochschulen. In: Aus Politik und Zeitgeschichte, 47, S. 39–45.

Arbeitsgruppe Bildungsbericht am Max-Planck-Institut für Bildungsforschung (1994): Das Bildungswesen in der Bundesrepublik Deutschland. Reinbek b. Hamburg.

Arnold, R. (1983): Pädagogische Professionalisierung betrieblicher Bildungsarbeit. Frankfurt am Main, Bern/New York.

Arnold, R. (1985): Deutungsmuster und pädagogisches Handeln in der Erwachsenenbildung. Aspekte einer Sozialpsychologie der Erwachsenenpädagogik und einer pädagogischen Handlungstheorie. Bad Heilbrunn/OBB.

Arnold, R. (1995): Bildung und/oder Qualifikation? Divergenzen und Konvergenzen in der betrieblichen Weiterbildung. In: Arnold, R. (Hrsg.): Betriebliche Weiterbildung zwischen Bildung und Qualifizierung. Reihe Anstöße. Bd. 11. Frankfurt, S. 1–26.

Arnold, R. (1996): Weiterbildung. Ermöglichungsdidaktische Grundlagen. München.

Arnold, R. (2005): Die emotionale Konstruktion der Wirklichkeit. Beiträge zu einer emotionspädagogischen Erwachsenenbildung. Baltmannsweiler.

Arnold, R. (2007): Ich lerne, also bin ich. Eine systemisch-konstruktivistische Didaktik. Heidelberg.

Arnold, R. (2010): Deutungsmuster. In: ders./Nolda/Nuissl, S. 63–64.

Arnold, R. (2011): Irritationslernen – eine systemische Strategie des Capacitybuilding. In: Ders. (Hrsg): Veränderung durch Selbstveränderung. Impulse für das Change-Management. Baltmannsweiler, S. 159–170.

Arnold, R. (2012a). Ermöglichen. Baltmannsweiler.

Arnold, R. (2012b): Evidenz oder Emergenz. Zum erkenntnistheoretischen Rückfall einer evidenzbasierten Bildungsforschung. In: Weiterbildung, 4, S. 24–27.

Arnold, R. (2012c): Seit wann haben Sie das? Grundlinien eines Emotionmalen Konstruktivismus. 2. Auflage. Heidelberg

Arnold, R. (2013a): Selbstbildung. Oder: Wer kann ich werden und wenn ja wie? 2. Auflage, Baltmannsweiler.

Arnold, R. (2013b): Systemische Erwachsenenbildung. Die transformierende Kraft des begleiteten Selbstlernens. Baltmannsweiler.

Arnold, R. (2014): Die bornierte Organisation. Aufgaben einer Transformativen Führung. In: Weiterbildung, 3, S. 28–31.

Arnold, R. (2015a): Begriffe sind Fenster. Systemische Pädagogik von A–Z. Baltmannsweiler.

Arnold, R. (2015b): Die vier Seiten des Bedarfs in der Erwachsenenbildung. In: Kraus, K. / Weil, M. (Hrsg.): Berufliche Bildung. Historisch – aktuelle – international. Detmold, S. 219–225.

Arnold, R. (2015c): Wie man lehrt, ohne zu belehren. 29 Regeln für eine kluge Lehre. Das LENA-Modell. Heidelberg.

Arnold, R. (2017): Es ist später, als du denkst. Perspektiven für die Restbiografie. Bern 2017.

Arnold, R. / Arnold-Haecky, B. (2009): Der Eid des Sisyphos. Eine Einführung in die Systemische Pädagogik. Baltmannsweiler.

Arnold, R. / Erpenbeck, J. (2014): Wissen ist keine Kompetenz. Dialoge zur Kompetenzreifung. Baltmannsweiler.

Arnold, R. / Faulstich, P. / Mader, W. / Nuissl, E. / Schlutz, E. (2000): Forschungsmemorandum für die Erwachsenen- und Weiterbildung. Im Auftrag der Sektion Erwachsenenbildung der Deutschen Gesellschaft für Erziehungswissenschaft (DGfE). Sonderbeilage zum REPORT – Zeitschrift für Weiterbildungsforschung. Frankfurt.

Arnold, R. / Lermen, M. (2013): Öffnung der Hochschulen für beruflich Qualifizierte in der Wissenschaftlichen Weiterbildung. In: Vogt, H. (Hrsg.): Hochschule und Weiterbildung. Jahrestagung 2012 der DGWF. Bielefeld 2013, S. 80–86.

Arnold, R. / Müller, H.-J. (1992): Berufsrollen betrieblicher Weiterbildner. In: Berufsbildung in Wissenschaft und Praxis, 21 (5), S. 36–41.

Arnold, R. / Nuissl, E. (2003): Ein Briefwechsel zur Replik auf die Ahlheim-Arnold-Kontroverse von Klaus-Peter Hufer und Ulrich Klemm. In: Erwachsenenbildung, 49 / 1, S. 29–31.

Arnold, R. / Pätzold, H. (2008): Bausteine zur Erwachsenenpädagogik. Baltmannsweiler.

Arnold, R. / Schiersmann, Ch. (2004): Entwicklungstrends im Weiterbildungsbereich. In: BMBF (Hrsg.): Expertisen zu den konzeptionellen Grundlagen für einen Nationalen Bildungsbericht – Berufliche Bildung und Weiterbildung / Lebenslanges Lernen. Berlin. S. 33–52.

Arnold, R. / Siebert, H. (2004): Konstruktivistische Erwachsenenbildung. Von der Deutung zur Konstruktion der Wirklichkeit. 4. Auflage. Baltmannsweiler.

Arnold, R. / Siebert, H. (2006): Die Verschränkung der Blicke. Konstruktivistische Erwachsenenbildung im Dialog. Baltmannsweiler.

Arnold, R. / Faber, K. (Hrsg.) (2011): Vernetzung schafft Perspektiven. Neue Ansätze in der Lehrerbildung. Baltmannsweiler.

Arnold, R. / Gieseke, W. (Hrsg.) (1999): Die Weiterbildungsgesellschaft. 2 Bde. Neuwied.

Arnold, R. / Holzapfel, G. (Hrsg.) (2008): Emotionen und Lernen. Die vergessenen Gefühle in der (Erwachsenen-)Pädagogik. Baltmannsweiler.

Arnold, R. / Kaltschmid, J. (Hrsg.) (1986): Erwachsenensozialisation und Erwachsenenbildung. Aspekte einer sozialisationstheoretischen Begründung von Erwachsenenbildung. Frankfurt a. M.

Arnold, R. / Neuser, W. (Hrsg.) (2017): Beobachtung des Wissens – Das Wissen des Beobachters. Annäherung an eine systemische Hermeneutik. Baltmannsweiler 2017.

Arnold, R. / Nolda, S. / Nuissl, E. (Hrsg.) (2010): Wörterbuch Erwachsenenbildung. 2. Auflage. Bad Heilbrunn / OBB.

Arnold, R. / Pachner, A. (Hrsg.) (2011): Lernen im Lebenslauf. Baltmannsweiler.

Aulerich, G. (2005): Prozessbegleitende Lernberatung – ein Konzept für SOL in der organisierten Weiterbildung. In: Aulerich, G. u. a. (Hrsg.): Prozessbegleitende Lernberatung: Konzeption und Konzepte. Vol. 90. Berlin.

Autorengruppe Bildungsberichterstattung: Bildung in Deutschland (2008). Ein Indikatorengestützter Bericht mit einer Analyse zu Übergängen im Anschluss an den Sekundarbereich. Im Auftrag der Ständigen Konferenz der Kultusminister der Länder der Bundesrepublik Deutschland und des Bundesministeriums für Bildung und Forschung. Bielfeld.

Autorengruppe Bildungsberichtserstattung (2010): Bildung in Deutschland. Ein indikatorengestützter Bericht mit einer Analyse zu Perspektiven des Bildungswesens im demographischenWandel. Bielefeld 2010.

Axmacher, D. (1974): Erwachsenenbildung im Kapitalismus. Ein Beitrag zur politischen Ökonomie des Ausbildungssektors. Frankfurt a. M.

Axmacher, D. (1990): Widerstand gegen Bildung. Zur Rekonstruktion einer verdrängten Welt des Wissens. Weinheim.

Baecker, D. (2013): Beobachter unter sich. Frankfurt a. M.

Baethge, M./Baethge-Kinsky, V. (1995): Ökonomie, Technik, Organisation: Zur Entwicklung von Qualifikationsstruktur und qualitativem Arbeitsvermögen. In: Arnold, R./Lipsmeier, A. (Hrsg.): Handbuch Berufsbildung. Opladen, S. 142–156.

Baethge, M. (1979): Empirische Qualifikationsforschung und Weiterbildung. In: Siebert, H. (Hrsg.): Taschenbuch der Weiterbildungsforschung. Baltmannsweiler, S. 459–197.

Baetghge, M./Oberbeck, H. (1986): Zukunft der Angestellten. Frankfurt a. M.

Baethge, M./Severing, E./Weiß, R. (2013): Handlungsstrategien für die berufliche Weiterbildung. Beielfeld.

Balli, C./Meurer, B./Storm, U. (1993): Weiterbildung des Weiterbildungspersonals. Eine Auswahlbibligraphie zu Selbstlern- und Fernlehrmaterial. Berlin.

Barz, H. (2016): Lebenswelt, Lebenslage, Lebensstil und Erwachsenenbildung. In: Tippel/von Hippel 2016, S. 117–136.

Barz, H./Tippelt, R. (Hrsg.) (2004): Weiterbildung und soziale Milieus in Deutschland. 2 Bde. Bielefeld.

Barz, H./Tippelt, R. (Hrsg.) (2007): Weiterbildung und soziale Milieus in Deutschland. Praxishandbuch Milieumarketing. Bd. 1. Bielefeld.

Bastian, H./Frieling, G. (2010): Volkshochschulen. In: Arnold/Nolda/Nuissl, S. 297–298.

Baumgartner, P./Tarnai, C./Wolf, B./Ertl, B. (2014): Technologiebasiertes Problemloesen im Kontext der Erwerbstätigkeit. In: Austria, S. (Hrsg.): Schlüsselkompetenzen von Erwachsenen – Vertiefende Analysen der PIAAC-Erhebung 2011/12. Wien, S. 376–394.

Bechtel, M. (2008). Kompetenzprofile für die Erwachsenenbildner. Europäische Perspektiven anlässlich der EQF-Diskussion. DIE-Zeitschrift, 15 (4), 36–38.

Bechtel, M./Lattke, S./Nuissl, E. (2005): Porträt Weiterbildung Europäische Union. Hrsg. vom Deutschen Institut für Erwachsenenbildung (DIE). Bielefeld.

Beck, U./Giddens, A./Lash, S. (1996): Reflexive Modernisierung. Eine Kontroverse. Frankfurt.

Beck, U. (1986): Risikogesellschaft. Auf dem Weg in eine andere Moderne. Frankfurt a. M.

Berger, P. L. (1971): Lebenslauf und Lebensläufe oder: Vergangenheit nach Maß und von der Stange. In: Ders.: Einladung zur Soziologie. Eine humanistische Perspektive. München, S. 64–76.

Berichtssystem Weiterbildung (1993): Integrierter Gesamtbericht zur Weiterbildungssituation in den alten und neuen Bundesländern. Studien Bildung und Wissenschaft. Bd. 110. Bonn.

Bernhardsson, N./Fuhr, T. (2014): Standards ethischen Handelns in Verbänden der Erwachsenenbildung. In: Report-Zeitschrift für Weiterbildungsforschung, 37 (1), S. 39–50.

Bernhardsson, N. / Lattke, S. (2011): Core Competencies of Adult Learning Facilitators in Europe. Findings from a Transnational Delphi Survey Conducted by the Project "Qualified to Teach". Abgerufen unter: http://asemlllhub.org/fileadmin/www.dpu.dk/ASEM/events/RN3/QF2TEACH_Transnational_Report_final_1_.pdf

Bernhardsson, N. / Lattke, S. (2012): Europäische Kompetenzmodelle für Erwachsenenbildner / innen im Vergleich. In: Egentemeyer, R. / Schüßler, I. (Hrsg.): Akademische Professionalisierung in der Erwachsenenbildung / Weiterbildung. Baltmannsweiler, S. 259–271

Bertelsmann-Stiftung (2016): Arbeitsmarktintegration von Flüchtlingen: bestehende Praxisansätze und weiterführende Empfehlungen. Abgerufen von https://www.bertelsmann-stiftung.de/fileadmin/files/Projekte/28_Einwanderung_und_Vielfalt/Studie_IB_Arbeitsmarktintegration_Fluechtlinge_2016.pdf

Berzbach, F. (2005): Die Ethikfalle: Pädagogische Theorierezeption am Beispiel des Konstruktivismus. Bielefeld.

BIBB – Bundesinistitut für Berufsbildung (Hrsg.) (2012): Datenreport zur Berufsbildungsbericht 2012. Informationen und Analysen zur Entwicklung der beruflichen Bildung. Bonn.

BIBB – Bundesinistitut für Berufsbildung (2014): Datenreport zum Berufsbildungsbericht 2014. Informationen und Analysen zur Entwicklung der beruflichen Bildung. Abgerufen unter: https://www.bibb.de/dokumente/pdf/BIBB_Datenreport_2014.pdf

BIBB – Bundesinistitut für Berufsbildung (2016): Datenreport zum Berufsbildungsbericht. Informationen und Analysen zur Entwicklung der beruflichen Bildung. Abgerufen von https://www.bibb.de/dokumente/pdf/bibb_datenreport_2016.pdf.

Bilger, F. / Gnahs, D. / Hartmann, J. / Kuper, H. (2013): Weiterbildungsverhalten in Deutschland: Resultate des Adult Education Survey 2012. Bielefeld.

Bilger, F. / Seidel, S. / Strauß, A. (2013): Kompetenzen in ausgewählten Feldern. In: Bilger, F. / Gnahs, D. / Hartmann, J. / Kuper, H. (Hrsg.): Weiterbildungsverhalten in Deutschland. Resultate des Adult Education Survey 2012. Bielefeld, S. 310–329.

Blankertz, H. (1982): Die Geschichte der Pädagogik von der Aufklärung bis zur Gegenwart. Wetzlar.

BLK – Bund-Länder-Kommission für Bildungsplanung und Forschungsförderung (2004): Strategie für Lebenslanges Lernen in der Bundesrepublik Deutschland. Abgerufen von http://www.blk-bonn.de/papers/heft115.pdf

BLK (1973): Bildungsgesamtplan. Stuttgart.

Bockemühl, C. (1978): Ordnungsmodelle der Erwachsenenbildung. Ein Vergleich der verschiedenen Landesgesetze. In: Aus Politik und Zeitgeschichte. B 19 / 78 vom 13. Mai. S. 34–46.

Boehm, J. / Wiesner, G. (2012): Das Kompetenzbilanzierungsinstrument KOMPASS (Kompass für Weiterbildner / Einsatzempfehlung). In: Gruber, A. / Wiesner, G. (Hrsg.): Erwachsenenpädagogische Kompetenzen stärken. Kompetenzbilanzierung von Weiterbildner / -innen. Bielefeld, S. 117–129.

Born (2014): Geschichte der Weiterbildungsforschung. In: Tippelt, R. / Hippel, A. v. (Hrsg.): Handbuch Erwachsenenbildung / Weiterbildung, Wiesbaden, S. 231–242.

Bosche, B. / Brandt, P. / Jütten, S. / Strauch, A. (2015): Einschätzungen der Zielgruppe: Vor einer bundesweiten Strategie zur Anerkennung der Kompetenzen von Lehrkräften in der Weiterbildung. In: DIE Zeitschrift für Erwachsenenbildung, (1), 54–56.

Bosche, B. / Seusing, B. (2014): Der ProfilPASS in Unternehmen: Der Leitfaden für die Praxis. Bielefeld.

Brater, M. / Freygarten, S. / Rahmann, E. / Rainer, M. (2011): Kunst als Handeln – Handeln als Kunst. Was die Arbeitswelt und Berufsbildung von Künstlern lernen können. Bielefeld.

Braun, S. (1996): Biographisches Lernen als Methode in der Erwachsenenbildung. In: REPORT – Zeitschrift für Weiterbildungsforschung, 37, S. 109–115.

Bretschneider, M. (2004): Non-formales und informelles Lernen im Spiegel bildungspolitischer Dokumente der Europäischen Union. Hrsg. Vom Deutschen Institut für Erwachsenenbildung. Bonn.

Brim, O. G. / Wheeler, S. (1974): Erwachsenensozialisation. Stuttgart.

Brocher, T. (1976): Gruppendynamik in der Erwachsenenbildung. Braunschweig.

Bubenzer, R. (1983): Grundlagen für Staatspflichten auf dem Gebiet der Weiterbildung. Frankfurt a. M.

Buiskool, B.-J. / Broek, S. (2012): Schlüsselkompetenzen für das Weiterbildungspersonal: Ein Inventar der europäischen Praxis. In: Sgier, I. / Lattke, S. (Hrsg.): Professionalisierungsstrategien der Erwachsenenbildung in Europa. Entwicklungen und Ergebnisse aus Forschungsprojekten. Bielefeld, S. 87–107.

Buiskool, B.-J. / Broek, S. D. / van Lakerveld, J. A. / Zarifis, G. K. / Osborne, M. (2010): Key Competences for Adult Learning Professionals. Retrieved from http://www.frae.is/files/Kennarafærni2010_1168938254.pdf

Bundesministerium für Bildung und Wissenschaft (1970): Bildungsbericht 1970. Bonn.

Bundesministerium für Bildung und Wissenschaft (Hrsg.) (1990): Betriebliche Weiterbildung. Forschungsstand und Forschungsperspektiven. Schriftenreihe Studien zu Bildung und Wissenschaft. Bd. 88. Bonn.

Bundesministerium für Bildung und Forschung (2005): Die Reform der beruflichen Bildung. Berufsbildungsgesetz 2005. Zusammenstellung der Begründungen zu den Einzelvorschriften des Berufsbildungsgesetzes (AUSZUG). Abgerufen von http://www.ast-suedwest.gdws.wsv.de/bbiz/anlagen/begr_bbig.pdf.

Bundeministerium für Bildung und Forschung (Hrsg.) (2008): Empfehlungen des Innovationskreises Weiterbildung für eine Strategie zur Gestaltung des Lernens im Lebenslauf. Bonn.

Bundeministerium für Bildung und Forschung (Hrsg.) (2009): Zukunft (der) Weiterbildung. Vorschläge und Expertisen. Eine Aufsatzsammlung aus dem Innovationskreis Weiterbildung. Bielefeld.

Bundeministerium für Bildung und Forschung (Hrsg.) (2014): AES Weiterbildungsverhalten in Deutschland 2014. Bonn.

Burger, T. / Harring, M. / Witte, M. D. (Hrsg.) (2015): Handbuch Informelles Lernen. Interdisziplinäre und internationale Perspektiven. Weinheim & München.

Buschle, C. / Tippelt, R. (2015): Professionalle Erwachsenenbildner_innen – eine Beruf zwischen Fremdanforderungen und reflexiver Kompetenz. In: Justen, N. / Mölders, B. (Hrsg.), Professionalisierung und Erwachsenenbildung Opladen. S. 41–58

Calvo, R. A. / D'Mello, S. K. / Gratch, J. / Kappas, A. (Hrsg.) (2015): Oxford Handbool of Affective Computing. New York.

Ciompi, L. (2005): Affektlogik. Stuttgart.

Club of Rome (1979): Zukunftschance Lernen. Bericht für die achtziger Jahre. Hrsg. Von A. Peccei. Wien.

Cohn, R. (1975): Von der Psychoanalyse zur Themenzentrierten Interaktion. Stuttgart.

Combe, A. / Helsper, W. (Hrsg) (1996): Pädagogische Professionalität. Untersuchungen zum Typus pädagogischen Handelns Frankfurt a. M.

Cormier, H. (2000): The truth is what works: William James, Pragmatism, and the Seed of death. Maryland.

Cross, J. (2006): Informal Learning: Rediscovering the Natural Pathways That Inspire Innovation and Performance. San Francisco.

Dahm, G. / Gerhard, R. / Kommer, A. (1980): Weiterbildungspersonal. In: Dahm, G. u. a. (Hrsg.): Wörterbuch der Weiterbildung. München, S. 361–366.

Dauber, H. u. a. (o. J.): Ökologie und Pädagogik. Oder: Brauchen wir eine ökologische Erziehungswissenschaft? Versuch einer Argumentationsskizze. Kassel.

Davis, A. / Fidler, D. / Gorbis, M. (2011): Future Work Skills 2020. Abgerufen von http://www.iftf.org/uploads/media/SR- 1382A_UPRI_future_work_skills_sm.pdf.

Dehnbostel, P. (1993): Lernen im Arbeitsprozess und neue Lernortkombinationen. In: Bundesinstitut für Berufsbildung (BIBB) (Hrsg.): Umsetzung neuer Qualifikationen in die Berufsbildungspraxis. Entwicklungstendenzen und Lösungswege. Nürnberg, S. 163–168,

Dehnbostel, P. (2001): Perspektiven für das Lernen in der Arbeit. In: Arbeitsgemeinschaft Betriebliche Weiterbildungsforschung (Hrsg.): Kompetenzentwicklung 2001, S. 53–93. Münster.

Dehnbostel, P. (2010): Betriebliche Bildungsarbeit. Kompetenzbasierte Aus- und Weiterbildung im Betrieb. In: Bonz, B. / Nickolaus, R. / Schanz H. (Hrsg.): Studientexte Basiscurriculum Berufs- und Wirtschaftspädagogik. Bd. 9. Baltmannsweiler.

Deutscher Ausschuss für das Erziehungs- und Bildungswesen (1960): Zur Situation und Aufgabe der deutschen Erwachsenenbildung. Stuttgart.

Deutscher Bildungsrat (1972): Empfehlungen der Bildungskommission: Strukturplan für das Bildungswesen. Stuttgart.

Deutsches Institut für Erwachsenenbildung (DIE) (2014): Trends der Weiterbildung. DIE-Trendanalyse. Bielefeld.

Devereux, G. (1976): Angst und Methode in den Verhaltenswissenschaften. Frankfurt a. M.

Dewe, B. / Ferchfoff, W. / Radke, F.-O. (Hrsg.) (1992): Erziehen als Profession. Zur Logik professionellen Handelns in pädagogischen Feldern. Wiesbaden.

de Witt, C. / Sieber, A. (Hrsg.) (2013): Mobile Learning: Potenziale, Einsatzszenarien und Perspektiven des Lernens mit mobilen Endgeräten. Wiesbaden.

DGB – Deutscher Gewerkschaftsbund / KWB – Kuratorium der Deutschen Wirtschaft für Berufsbildung (2008): Berufliche Weiterbildung immer wichtiger. Vereinbarung zur beruflichen Fortbildung. Abgerufen von http://www.kwb-berufsbildung.de/fileadmin/pdf/2008_Fortschreibung_-Fortbildungsvereinbarung_DGB_KWB.pdf

DGFE – Deutsche Gesellschaft für Erziehungswissenschaft (2006): Kerncurriculum für konsekutive Bachelor / Master-Studiengänge im Hauptfach Erziehungswissenschaft mit der Studienrichtung Erwachsenenbildung / Weiterbildung. Retrieved from http://docplayer.org/storage/25/6397206/1464173253/64ow7XxR-AQp_vZbNqnzbQ/6397206.pdf

DIE (Deutsches Institut für Erwachsenenbildung) (Hrsg.) (2008): Trends der Weiterbildung – DIE – Trendanalyse 2008. Bielefeld.

DIE (Deutsches Institut für Erwachsenenbildung) (Hrsg.) (2010): Trends der Weiterbildung – DIE – Trendanalyse 2010. Bielefeld.

DIE (Deutsches Institut für Erwachsenenbildung) (Hrsg.) (2014): Trends der Weiterbildung – DIE – Trendanalyse 2014. Bielefeld.

Dieckmann, B. u. a. (1973): Gesellschaftsanalyse und Weiterbildungsziele. Braunschweig.

Dobischat, R. / Lipsmeier, A. / Drexel, I. (1996): Der Umbruch des Weiterbildungssystems in den neuen Bundesländern. Münster.

Dobischat, R. / Düsseldorf, K. / Dikau, J. (2006): Rechtliche und organisatorische Bedingungen der beruflichen Weiterbildung. In: Arnold, R. / Lipsmeier, A. (Hrsg.): Handbuch der Berufsbildung. 2., überarbeitete und aktualisierte Auflage. Wiesbaden, S. 531–546.

Dörner, O. (2006): Umgang mit Wissen in betrieblicher Praxis. Dargestellt am Beispiel kleiner und mittelständischer Unternehmen aus Sachsen-Anhalt und der Region Bern. Bad Heilbrunn / OBB.

Dohmen, D. (1996): Das lebenslange Lernen. Leitlinien einer modernen Bildungspolitik. Hrsg. vom Bundesministerium für Wissenschaft, Forschung und Technologie. Bonn.

Dohmen, G. (2001): Das informelle Lernen. Die internationale Erschließung einer bisher vernachlässigten Grundform menschlichen Lernens für das lebenslange Lernen aller. Abgerufen von http://www.werkstatt-frankfurt.de/fileadmin/Frankfurter_Weg/Fachtagung/ BMBF_Das_informelle_Lernen.pdf.

Dohmen, D. (2013): Finanzierung beruflicher Weiterbildung in Deutschland. In: Report – Zeitschrift für Weiterbildungsforschung, 36 (3), S. 61–84.

Dostal, W. (1995): Die Informatisierung der Arbeitswelt – Multimedia, offene Arbeitsformen und Telearbeit. In: Mitteilungen aus der Arbeitsmarkt- und Berufsforschung, 28(4), S. 527–543.

Dräger, J./Müller-Eiselt, R. (2015): Die digitale Bildungsrevolution. Der radikale Wandel des Lernens und wie wir ihn gestalten können. München.

Dybowski, G./Töpfer, A./Dehnbostel, P./Kling, J. (1999): Betreibliche Innovations- und Lernstrategien. Implikationen für berufliche Bildungs- und betriebliche Personalentwicklungsprozesse. Bielefeld.

Ebert, G. u.a. (1984): Weiterbildungsbereitschaft und Lebenswelt. Bd. 1: Wege zum methodisch kontrollierten Fremdverstehen. Reihe Forschung, Begleitung, Entwicklung der pädagogischen Arbeitsstelle des Deutschen Volkshochschulverbandes. Frankfurt a.M.

Eckhardt-Steffen, R. (2012): Aus der Praxis – für die Praxis. Kompetnzprofile in der höheren Berufsausbildung in der Schweiz. In: Sgier, I./Lattke, S. (Hrsg.): Professionalisierungsstrategien der Erwachsenenbildung in Europa. Entwicklungen udn Ergebnisse aus Forschungsprojekten. Bielefeld, S. 47–63.

Egetenmeyer, R./Lattke, S. (2007). The EMAE-Project. Developing and Implementing a multinational Master's Programme in Adult Education. Abgerufen unter: https://www.die-bonn.de/doks/egetenmeyer0701.pdf

Egetenmeyer, R./Lattke, S. (2009). European Master in Adult Education: Konzeption und Evaluation. Zur Internationalität der Professionalisierung in der Erwachsenenbildung. Abgerufen unter: https://www.die-bonn.de/doks/egetenmeyer0901.pdf

Eggers, P.B./Steinbacher, F.J. (Hrsg.) (1977): Soziologie der Erwachsenenbildung. Stuttgart.

Ehmer, S./Regele, W./Regele, D./Schober-Ehmer, H. (2016): Überleben in der Gleichzeitigkeit. Leadership in der „Organisation N.N." Heidelberg.

Eichler, S./Katzky, U./Kraemer, W./Michel, L.P./Stracke, C.M. (2013): Vom E-Learning zu Learning Solutions. Abgerufen von https://www.bitkom.org/Publikationen/2016/Sonstiges/E-Learning-Studie/Positionspapier-Learning-Solutions-2013.pdf.

Engelhardt, M. (1979): Das gebrochene Verhältnis zwischen wissenschaftlichem Wissen und pädagogische Praxis. In: Böhme, G. (Hrsg.): Entfremdete Wissenschaft. Frankfurt, S. 87–113.

Erikson, M. (1980): Identität und Lebenszyklus. Drei Aufsätze. Frankfurt a.M.

Erpenbeck, J. (2010): Ethik. In: Arnold/Nuissl,E./Nolda 2010, S. 95–96.

Erpenbeck, J./Sauter, W. (2013): So werden wir lernen! Komeptenzentwicklung in einer Welt fühlender Computer, kluger Wolken und sinnsuchender Netze. Wiesbaden.

Erpenbeck, J./von Rosenstiel, L. (Hrsg.) (2007): Handbuch Kompetenzentwicklung. Erkennen, verstehen und bewerten von Kompetenzen in der betrieblichen, pädagogischen und psychologischen Praxis. 2., überarbeitete Auflage. Stuttgart.

Eurofound. (2015): New Forms of Employment. Abgerufen von http://www.eurofound.europa.eu/sites/default/files/ef_publication/field_ef_document/ef1461en.pdf.

Europäische Kommission (1993): Wachstum, Wettbewerbsfähigkeit, Beschäftigung – Herausforderungen der Gegenwart und Wege ins 21. Jahrhundert. Brüssel.

Europäische Kommission (1995): Weißbuch zur allgemeinen und beruflichen Bildung. Lehren und Lernen auf dem Weg zur kognitiven Gesellschaft. Brüssel. (http://europa.eu.int/comm/education/doc/official/keydoc/lb-de.pdf).

Europäische Union (2000): Charta der Grundrechte der Europäischen Union. In: Amtsblatt der Europäischen Gemeinschaften vom 18.12.2000, C.364. Brüssel. (www.europarl.europa.eu/charter/pdf/text_de.pdf.)

Expertenkommission (2004): Finanzierung Lebenslangen Lernens, Finanzierung Lebenslangen Lernens – der Weg in die Zukunft, Bielefeld.

Falk, R. (1982): Kosten der betrieblichen Aus- und Weiterbildung. In: Göbel, U./Schlaffke, W. (Hrsg.): Berichte zu Bildungspolitik 1982/83. Köln, S. 63–172.

Faulstich, P./Graeßner, G. (2003): Studiengänge Weiterbildung in Deutschland. In: Sonderbeilage zum Report Weiterbildung. Bonn.

Faulstich, P. (1980): Bildungspolitik. In: Dahm, G. u.a. (Hrsg.): Wörterbuch der Weiterbildung. München, S. 66–69.

Faulstich, P. (1981): Arbeitsorientierte Erwachsenenbildung. Frankfurt.

Faure, E./Herrera, F./Kaddoura, A.-R./Lopes, H./Petrovsky, A. V./Rahnema, N./Ward, F. C. (1972). Learning to be: The world of education today and tomorrow. Paris.

Feidel-Mertz, H. (1972): Zur Ideologie der Arbeiterbildung. 2., erweiterte Auflage. Frankfurt a. M.

Feidel-Merz, H. (1975): Erwachsenenbildung seit 1945. Ausgangsbedingungen und Entwicklungstendenzen in der Bundesrepublik. Köln.

FFW – Forum Werteorientierung in der Weiterbildung e. V. (2013): Berufskodex für die Weiterbildung. Abgerufen unter: http://www.forumwerteorientierung.de/Berufskodex.pdf

Flexi-Path (2010): Flexi-Path Toolkit. A guide to Creating a Professional Portfolio to Demonstrate the High Level Comptences of Adult Educators. Abgerufen unter http://www.flexi-path.eu/tools/C.3.5.1_Toolkit_English.pdf

Forneck, H.-J. (1984): Zur Rezeption von alltagsweltlich-orientierten Theorien in der Erwachsenenbildung. In: Literatur- und Forschungsreport Weiterbildung vom 14.12.1984. München, S. 1–11.

Forneck, H.-J. (1987): Alltagsbewusstsein in der Erwachsenenbildung. Zur legitimatorischen und didaktischen Konkretisierung einer alltagsweltlich- orientierten Erwachsenenbildung. Frankfurt a. M. 1987.

Forneck, H. (2005): Die Regierung des selbst gesteuerten Lernens – Weiterbildung als neoliberale Öffnung von Subjektivität. In: Forneck/Retzlaff (Hrsg.): Kontingenz – Transformation – Entgrenzung. Über Veränderungen im pädagogischen Feld. Rostock, S. 133–144.

Foucault, M. (2009): Die Regierung des Selbst und der anderen. Vorlesung am Collège de France 1982–1983. Frankfurt a. M.

Frank, S./Iller, C. (2013): Kompetenzorientierung – mehr als ein didaktisches Prinzip. Report – Zeitschrift für Weiterbildungsforschung, 36 (4), 32–41.

Friebe, H./Lobo, S. (2006): Wir nennen es Arbeit. Die digitale Bohème oder Intelligentes Leben jenseits der Festanstellung. 3. Auflage. München.

Friedenthal-Haase, M. (Hrsg.) (2001): Erwachsenenbildung im 20. Jahrhundert: Was war wesentlich? München.

Friedenthal-Haase, M./Meilhammer, E. (2011): Erwachsenenbildungswissenschaft. In: Arnold/Nolda/Nuissl, S. 88–90.

Frieling, E./Bernhard, H./Bigalk, D./Müller, R. F. (2006); Lernen durch Arbeit: Entwicklung eines Verfahrens zur Bestimmung der Lernmöglichkeiten am Arbeitsplatz. Münster.

Frisch, M. (1969): Mein Name sei Gantenbein. Frankfurt a. M.

Fritsch, M./Pasternack, P./Tietze, M. (Hrsg.) (2015): Schrumpfende Regionen – dynamische Hochschulen: Hochschulstrategien im demographischen Wandel. Wiesbaden.

Frößinger, K. (2010): Bologna-Reform am Ende? Welche Folgen hat die Reform des Studiensystems für die grundständige Ausbildung im Fach Erwachsenenbildung? Retrieved from http://www.die-bonn.de/doks/froessinger1002.pdf.

Fromm, E. (1976): Haben oder Sein. Die seelischen Grundlagen einer neuen Gesellschaft. München.

Fuchs, W. (1984): Biographische Forschung, Eine Einführung in Praxis und Methoden. Westdeutscher Verlag. Opladen.

Fuhr, T. (1991): Kompetenzen und Ausbildung des Erwachsenenbildners – Eine Studie zur Professionalisierung der Erwachsenenbildung. Bad Heilbrunn.

Fuhr, T./Gonon, P./Hof, C. (Hrsg.) (2011): Erwachsenenbildung – Weiterbildung. Handbuch der Erziehungswissenschaft. Bd. 4. Stuttgart.

Garrick, J. (1998): Informal learning in the Workplace: Unmasking Human Resource Development. London.

Geißler, K./Ortey, F. M. (1998): Der große Zwang zur kleinen Freiheit. Berufliche Bildung im Modernisierungsprozess. Stuttgart.

Geißler, K. (1986): Strukturelle Verschiebungen in der beruflichen Weiterbildung. Vernachlässigte Aspekte zum Thema Technik-Folgen. In: Lisop, H. (Hrsg.): Bildung und neue Technologien. Symposion im Rahmen des Kongresses der Deutschen Gesellschaft für Erziehungswissenschaften. Heidelberg, S. 71–94.

Geißler, K. (1989): Bildung als „Lebenslänglicher Titelkampf". Jugendliche zwischen Wegwerf-Qualifikationen und Fastfood-Pädagogik. In: Tagungsreihe Zukunftsforum 2000. Ressource Mensch – Aus- und Weiterbildung: Die Zukunftsformel für Jugendliche? Evangelische Akademie. Bad Boll, S. 66–74.

Geißler, K. (1983): Vom pädagogischen Umgang mit der Zeit. In: Ruhland, H.-I./Niehus, M./Steffens, J.-J. (Hrsg.): Berufliche Sozialisation in der Auseinandersetzung mit verschiedenen Lernorten. Krefeld, S. 232–254.

Geldermann, B./Geldermann, R. (2006): Lernberatung für selbstgesteuertes Lernen.Bielefeld.

Gensicke, M./Bechmann, S./Härtel, M./Schubert, T./Garcia-Wülfing, I./Güntürk-Kuhl, B.I. (2016): Digitale Medien in Betrieben – heute und morgen. Eine repräsentative Bestandsanalyse. Abgerufen von https://www.bibb.de/veroeffentlichungen/de/publication/show/id/8048

Gerhard, R. (1980): Institutionen der Weiterbildung. In: Dahm, G. u. a. (Hrsg.).: Wörterbuch der Weiterbildung. München, S. 187–192.

Gerhard, R. (1992): Bedarfsermittlung in der Weiterbildung. Eine Handreichung. Baltmannsweiler.

Gerl, H. (1976): Erwachsenenbildung als Profession. A.U.E.-Information(Sonderheft 17). Hannover.

Gieseke, W. (1982): Pädagogenqualifikation. In: E. Nuissl (Hrsg.): Taschenbuch der Erwachsenenbildung. Baltmannsweiler, S. 145–167.

Gieseke, W. (1994): Der Erwachsenenpädagoge. In: Lenzen, D. (Hrsg.): Erziehungswissenschaft. Ein Grundkurs. Reinbek b. Hamburg, S. 282–213.

Gieseke, W. (2007): Lebenslanges Lernen und Emotionen. Wirkungen von Emotionen auf Bildungsprozesse aus beziehungstheoretischer Perspektive. Bielefeld; 2. Auflage 2009 a.

Gieseke, W. (2009 b). Professionalisierung in der Erwachsenenbildung/Weiterbildung. In: R. Tippelt & A. von Hippel (Eds.), Handbuch Erwachsenenbildung/Weiterbildung (pp. 385–403). Wiesbaden.

Global (1980): Global 2000. Der Bericht des Präsidenten. Frankfurt a. M.

Gnahs, D./Bilger, F. (2013): Anbieter auf dem Markt der Weiterbildung. In: Bilger, F. u. a. (Hrsg.): Weiterbildungsverhalten in Deutschland – Resultate des AES 2012, Bielefeld.

Görs, D. (1983 a): „Im Mittelpunkt der Mensch" oder „Weiterbildung als Schlüssel zum Unternehmenserfolg". In: Schlutz, E. (Hrsg.): Erwachsenenbildung zwischen Schule und sozialer Arbeit. Bad Heilbrunn/OBB, S. 125–139.

Görs, D.: (Hrsg.): Arbeiten und Lernen. Zur Praxis arbeitsbezogener Weiterbildung. München 1983 b.

Goertz, L. (2013): Indikatorengestützte Zeitreihe über die Nutzung digitaler Medien in der beruflichen Aus- und Weiterbildung. Abgerufen von https://www.bibb.de/dokumente/pdf/Expertise_Goertz.pdf

Gore, A. (2006): Eine unbequeme Wahrheit. Die drohende Klimakatastrophe und was wir dagegen tun können. 6. Auflage. München.

Gore, A. (2009): Angriff auf die Vernunft. München.

Gottschall, K./Voß, G. G. (Hrsg.) (2003): Entgrenzung von Arbeit und Leben. Zum Wandel der Beziehung von Erwerbstätigkeit und Privatsphäre im Alltag. München.

Graeßner, G./Walber, M. (2007). Stichwort: BA/MA-Studiengänge zu Erwachsenen- und Weiterbildung. DIE Zeitschrift für Erwachsenenbildung(3), 20–21.

Griese, H. (1976): Erwachsenensozialisation. München 1976.

Griese, H. (2016): Sozialisationstheorie und Erwachsenenbildung. In: Tippelt/von Hippel 2016, S. 89–102.

Groothoff, H. H./Wirth, J. (1976): Erwachsenenbildung und Industriegesellschaft. Paderborn.

Grotlüschen, A./Haberzeth, E./Krug, P. (2010): Rechtliche Grundlagen der Weiterbildung. In: Tippelt/von Hippel 2010, S. 347–366.

Gross, P. (1994): Die Multioptionsgesellschaft. Frankfurt a. M.

Grünewald, U./Moraal, D. (1996): Betriebliche Weiterbildung in Deutschland. Gesamtbericht. Ergebnisse aus drei empirischen Erhebungsstufen einer Unternehmensbefragung im Rahmen des EG-Aktionsprogrammes FORCE. Bielefeld.

Gruber, E./Wiesner, G. (Hrsg.) (2012): Erwachsenenpädagogische Kompetenzen stärken. Kompetenzbilanzierung für Weiterbildner/-innen. Bielefeld.

Gstettner, P. (1979): Störungsanalysen. Zur Reinterpretation entwicklungspsychologisch relevanter Tagebuchaufzeichnungen. In: Baacke, D./Schulze, T. (Hrsg.): Aus Geschichten lernen. Zur Einübung pädagogischen Verstehens. München, S. 146–181.

Habermas, J. (1979): Erkenntnis und Interesse. Frankfurt a. M.

Habermas, J. (1981): Theorien des kommunikativen Handelns. Bd. 1 und 2. Frankfurt a. M.

Härtel, M. (2012): Enquete-Kommission „Internet und digitale Gesellschaft“: Sachstandsbericht des BIBB zu den von der Projektgruppe „Bildung und Forschung“ erbetenen Schwerpunkten im Themenfeld „Berufliche Aus- und Weiterbildung“. Abgerufen von https://www.bibb.de/dokumente/pdf/InternetDigitale_Gesellschaft.pdf.

Hamacher, P. (1976): Entwicklungsplanung für Weiterbildung. Braunschweig.

Harteis, C. (2000): Berufliche Weiterbildung heute und morgen. Zukünftige Kompetenzanforderungen an Bildungspersonal und Nachwuchsrekrutierung. München.

Harteis, C. (2004): Zur Diskussion über die Konvergenz ökonomischer und pädagogischer Prinzipien betrieblicher Personal- und Organisationsentwicklung. In: Zeitschrift für Erziehungswissenschaft, 7 (2), 277–290.

Haufe-Akademie/Cross-Knowledge (2016): Digital Learning. Europäische Benchmark-Studie. Ergebnisbericht. o. O.

Heidsiek, C. /Petersen, J. (Hrsg.) (2010): Organisationslernen im 21. Jahrhundert. Festschrift für Harald Geißler. Frankfurt a. M.

Heyl, K. (2012): Ausgewählte Studiengänge der Erwachsenenbildung in Deutschland im Vergleich. In: Egentemeyer, R./Schüßler, I. (Hrsg.): Akademische Professionalisierung in der Erwachsenenbildung. Baltmannsweiler, S. 39–51.

Höffer-Mehlmer, M. (2011) : Programmplanung und Organisation. In: Tippelt/von Hippel 2011, S. 989–1002.

Hoerning, E./Marotzki, M./Schulze W./Tietgens H. (1991): Biographieforschung und Erwachsenenbildung, Bad Heilbrunn/OBB.

Hohmann, R. (2010): Fortbildungsbedarf von Lehrkräften aus Sicht des KBE. In: Schrader, J./Hohmann, R./Hartz, S. (Hrsg.): Mediengestützte Fallarbeit. Konzepte, Erfahrungen udn Befunde zur Kompetenzentwicklung von Erwachsenenbildnern. Bielefeld, S. 9–24.

Holzkamp, K. (1993): Lernen. Subjektwissenschaftliche Grundlegung. Stuttgart.

Horn, H./Ambos, I. (2014): Weiterbildungsstatistik im Verbund 2012 – Kompakt. Abgerufen unter: http://www.die-bonn.de/doks/2014-weiterbildungsstatistik-01.pdf

Horvath, Ö. v. (1926), Zur schönen Aussicht, Wien. Ada

Hüther, G. (2011): Was wir sind und was wir sein können. Frankfurt 2011.

Hüther, J./Terlinden, R. (Hrsg.) (1986): Neue Medien in der Erwachsenenbildung. Handbuch für Praktiker. München.

Hufer, K.-P. (2009): Erwachsenenbildung. Eine Einführung. Schwalbach/Ts.

Hummelsheim, S. (2010): Finanzierung der Weiterbildung in Deutschland. Bielefeld.

Huntemann, H./Ambos, I. (2014): Angebots- und Themenstrukturen in der Weiterbildung, in: DIE (Hrsg.), DIE – Trendanalyse 2014, Bielefeld.

Huntemann, H. & Reichart, E. (2016). Volkshochschul-Statistik: 54. Folge, Arbeitsjahr 2015. Abgerufen unter: www.die-bonn.de/doks/2016-volkshochschule-statistik-01.pdf

Hurrelmann, K. (1976): Sozialisation und Lebenslauf. In: Ders. (Hrsg.): Sozialisation und Lebenslauf. Reinbek b. Hamburg, Rowohlt

Hurrelmann, K. (1983): Das Modell des produktiv realitätsverarbeitenden Subjektes in der Sozialisationsforschung. In: Zeitschrift für Sozialisationsforschung und Erziehungssoziologie, 3/1, S. 91–104.

Illeris, K. (2010): Lernen verstehen. Bedingungen für erfolgreiches Lernen. Bad Heilbrunn/OBB.

Jarvis, P. (1995): Adult and Continuing Education. 2n ed. London.

Jechle, T./Kolb, M./Winter, A. (1994): Bedarfsermittlung in der Weiterbildung. In: Unterrichtswissenschaft, 22, 1, S. 3–22.

Jelich, F.-J./Haussmann, R. (Hrsg.) (2000): Fritz Borinski. Zwischen Pädagogik und Politik – ein historisch-kritischer Rückblick. Essen.

Jennings, C./Wargnier, J.R.M. (2015): Lernen mit dem 70:20:10 Modell. Abgerufen von http://www.crossknowledge.net/crossknowledge/whitepapers/effective-learning-with-70_20_10-whitepaper.pdf.

Kade, J. (1982): Grundlinien einer subjektivitäts- und erfahrungsorientierten Erwachsenenbildung. In: Geißler, K./Kade, J.: Die Bildung Erwachsener. Perspektiven einer subjektivitäts- und erfahrungsorientierten Erwachsenenbildung. München, S. 9–72.

Kade, J. (1983): Bildung oder Qualifikation. Zur Gesellschaftlichkeit beruflichen Lernens. In: Zeitschrift für Pädagogik, 29, S. 859–876.

Kade, J. (1989): Erwachsenenbildung und Identität. Eine empirische Studie zur Aneignung von Bildungsangeboten. Weinheim.

Kade, J. (1999): System, Protest und Reflexion. Gesellschaftliche Referenzen und theoretischer Status der Erziehungswissenschaft/Erwachsenenbildung. In: Zeitschrift für Erziehungswissenschaft, 2/4, S. 527–544.

Kade, J. (2005): Wissen und Zertifikate: Erwachsenenbildung/Weiterbildung als Wissenskommunikation. In: Zeitschrift für Pädagogik, 51 (4), S. 498–512.

Kade, J./Nittel, D./Seitter, W. (2007): Einführung in die Erwachsenenbildung. 2., überarbeitete Auflage. Stuttgart.

Käpplinger, B. (2013): Weiterbildungsgutscheine wirken – jedoch anders als erwartet. Abgerufen von http://www.die-bonn.de/doks/2013-weiterbildungsgutschein-01.pdf.

Käpplinger, B./Klein, R./Haberzeth, E. (Hrsg.): (2013). Weiterbildungsgutscheine: Wirkungen eines Finanzierungsmodells in vier europäischen Ländern. Bielefeld.

Kaltschmid, J. (1994): Biographische und lebenslauftheoretische Ansätze in der Erwachsenenbildung. In: Tippel, R. (Hrsg.): Handbuch Erwachsenenbildung/Weiterbildung. Opladen, S. 98–122.

Kandler, M./Tippelt, R. (2010): Weiterbildung und Umwelt: Bildung für nachhaltige Entwicklung. In: Tippelt/von Hippel 2010, S. 707–727.

Kaufmann, K. (2016): Beteiligung am informellen Lernen. In: Rohs 2016b, S. 65–86.

Kejcz, Y./Nuissl, E./Paatsch/Schenk, P. (1979): Lernen an Erfahrungen? Eine Fallstudie über Bildungsarbeit mit Industriearbeiterinnen. Frankfurt a.M.

Kern, H./Schumann, M. (1970): Industriearbeit und Arbeiterbewusstsein. Frankfurt.

Kern, H./Schumann, M. (1984): Das Ende der Arbeitsteilung. Rationalisierung in der industriellen Produktion. Frankfurt.

Kil, M./Manz, A. (2003): Warum brauchen Diplom-Pädagogen/-innen und Magiste-Pädagogen/-innen einen Berufsverband? In: Der Pädagogische Blick, 11 (1), 43–50.

Kimmelmann, N. (2009): Cultural Diversity als Herausforderung der berufichen Bildung. Erlangen-Nürnberg.

Kirchhöfer, D. (2005): Grenzen der Entgrenzung. Lernkultur in der Veränderung. Frankfurt a.M.

Klein, R./Reutter, G. (Hrsg.) (2011): Die Lernberatungskonzeption: Grundlagen und Praxis. Göttingen.

Knoll, J. (1973): Einführung in die Erwachsenenbildung. Berlin.

Knoll, J. u.a. (1967): Erwachsenenbildung am Wendepunkt. Der Bochumer Plan als Beitrag zum Dritten Bildungsweg. Heidelberg.

Knowls. M.S. (1976): Self-directed Learning. A Guide for Learners and Teachers. Cambridge.

Kohli, M. (1978): Soziologie des Lebenslaufs. Darmstadt/Neuwied.

Kohli, M. (1980): Lebenslauftheoretische Ansätze in der Sozialisationsforschung. In: Hurrelmann, K./Ulich, D. (Hrsg.): Handbuch der Sozialisationsforschung. Weinheim/Basel 1980. S. 299–317.

Kolb, D.A. (1976): The Learning Style Inventory: Technical Manual. Boston.

Kommission der Europäischen Gemeinschaften. (2000). Memorandum über Lebenslanges Lernen. Brüssel: Kommission der Europäischen Gemeinschaften Abgerufen von https://www.hrk.de/uploads/tx_szconvention/memode.pdf.

Kommission der Europäischen Gemeinschaften (2006): Erwachsenenbildung: Man lernt nie aus. Retrieved from https://www.bmbf.gv.at/schulen/euint/eubildung_eudossiers/erwachsenenbildung_14232.pdf?4dzi3h

Kommission der Europäischen Gemeinschaften (2007): Dienstleistungsqualität – Die Rolle europäischer Verhaltenskodizes. Retrieved from http://ec.europa.eu/internal_market/services/services-dir/conduct_de.htm

Koring, C. (2012): Selbstgesteuertes Lernen und die Rolle der Lernprozessbegleitung im Spannungsverhältnis zur Unternehmenskultur. In: Ulmer, P./Weiß, R./Zöller, A. (Hrsg.): Berufliches Bildungspersonal – Forschungsfragen und Qualifizierungskonzepte. Bielefeld, S. 77–94.

Koscheck, S./Weiland, M. (2013): Ergebnisse der wbmonitor Umfrage 2013: Lerndienstleistungen und neue Angebotsformen. Abgerufen von https://www.bibb.de/dokumente/pdf/wbmonitor_Ergebnisbericht_Umfrage_2013_mit_URN.pdf.

Kraft, S. (2006): Aufgaben und Tätigkeiten von Weiterbildner/inne/n – Herausforderungen und Perspektiven einer weiteren Professionalisierung in der Weiterbildung. Retrieved from http://www.die-bonn.de/esprid/dokumente/doc-2006/kraft06_02.pdf

Kraft, S./Seitter, W. (2008): Konstruktive Annäherung an EQF und DQR. Das Modell „Grund- und Fortbildungszertifikate für Lehrende in der Weiterbildung". In: DIE-Zeitschrift, 15 (4), 39–42.

Kraft, S./Seitter, W./Kollewe, L. (2009): Professionalitätsentwicklung des Weiterbildungspersonals. Bielefeld.

Krüger, H.-H. u. a. (2003): Diplom-Pädagogen in Deutschland. Survey 2001. Weinheim/München.

Krüger, W. (1992): Beratung als Aufgabe der Erwachsenenbildung. In: Schmitz, E./Tietgens, H. (Hrsg.): Erwachsenenbildung. Bd. 11 der Enzyklopädie Erziehungswissenschaft. Stuttgart 1992, S. 254–271.

Kucklick, C. (2015): Die Granulare Gesellschaft. Wie das Digitale unsere Wirklichkeit auflöst. 2. Auflage. Berlin.

Kuhlenkamp, D. (1982): Ansatz und Wirksamkeit von Weiterbildungspolitik in der Bundesrepublik Deutschland. In: ders./Schütze, H.-G. (Hrsg.): Kosten und Finanzierung der beruflichen Weiterbildung. Frankfurt, S. 17–33.

Kuhlenkamp, D. (2002): Rechtliche Rahmenbedingungen in der Erwachsenenbildung. Studienbrief des Fernstudiums Erwachsenenbildung. Kaiserslautern 2002.

Kultusministerkonferenz (1969): Rahmenordnung für die Diplomprüfung in Erziehungswissenschaft. In: Zeitschrift für Pädagogik, 15 (2), S. 209–220.

Kultusministerkonferenz (1989): Rahmenordnung für die Diplomprüfung im Studiengang Erziehungswissenschaft. Abgerufen unter: https://www.ph-ludwigsburg.de/uploads/media/KMK-Rahmenordnung.pdf

KWB – Kuratorium der Deutschen Wirtschaft für Berufsbildung (Hrsg.) (1980): Grundposition der Wirtschaft zur Beruflichen Weiterbildung. Bonn.

Langemeyer, I. (2009): Prekarisierung von Lernverhältnissen. In: Castel, R. (Hrsg.): Prekarität, Abstieg, Ausgrenzung. Die soziale Frage am Beginn des 21. Jahrhunderts. Frankfurt a. M., S. 297–306.

Lattke, S. (2007): Studiengänge Erwachsenenbildung in Europa. Deutsches Institut für Erwachsenenbildung. Abgerufen unter: http://www.die-bonn.de/doks/lattke0701.pdf

Lattke, S. (2012): Studiengangs- und Curriculumstrukturen im internationalen Vergleich – Deutschland, Italien, Großbritannien. In: Egetenmeyer, R./Schüßler, I. (Hrsg.): Akademische Professionalisierung in der Erwachsenenbildung/Weiterbildung. Baltmannsweiler, S. 53–64.

Lattke, S. (2014): Europäische Union. In: Krug, P./Nuissl, E. (Hrsg.): Praxishandbuch Weiterbildungsrecht. Loseblattsammlung. Köln.

Lattke, S./Sgier, I. (2012): Von Kompetenzprofilen und Qualifikationsrahmen – Ansätze zur Professionalisierung der Erwachsenenbildung in Europa. In: Sgier, I. /Lattke, S. (Hrsg.), Professionalisierungsstrategien der Erwachsenenbildung in Europa. Bielefeld, S. 7–13.

Lattke, S./Strauch, A. (2011): Ein sektoraler Qualifikationsrahmen für die Weiterbildung. In: DIE-Zeitschrift für Erwachsenenbildung, 18 (3), 39–42.

Lauterbach, U. (2005): Identifizierung, Bewertung und Anerkennung von non-formalen und informell erworbenen Kompetenzen in der Schweiz. In: Trends in Bildung international (10), S. 1–11.

Lehnhardt, G. (1984): Berufliche Weiterbildung und Arbeitsteilung in der Industrieproduktion. Frankfurt a. M.

Lencer, S. & Strauch, A. (2016). Das GRETA-Kompetenzmodell für Lehrende in der Erwachsenen- und Weiterbildung. Abgerufen unter: http://www.die-bonn.de/doks/2016-erwachsenenbildung-02.pdf

Lenz, W. (1979): Grundlagen der Erwachsenenbildung. Stuttgart.

Lenzen, D. (2014): Bildung statt Bologna. Berlin.

Leven, I./Bilger, F./Strauß, A./Hartmann, J. (2013): Weiterbildungstrends in verschiedenen Bevölkerungsgruppen. In: Bilger, F./Gnahs, D./Hartmann, J./Kuper, H. (Hrsg.): Weiterbildungsverhalten in Deutschland. Resultate des Adult Education Survey. Bielefeld, S. 60–94.

Liessmann, K. P. (2014): Das Verschwinden des Wissens. In: Neue Züricher Zeitung vom 4.10. (www.nzz.ch/meinung/debatte/das-verschweinden-des-wissens-1.1838345.

Lifelong Learning UK (2006): New overarching professional standards for teachers, tutors and trainers in the lifelong learning sector. Retrieved from London: http://www.et-foundation.co.uk/wp-content/uploads/2014/04/new-overarching-standards-for-ttt-in-lifelong-learning-sector.pdf

Litt, T. (1977): Berufsbildung und Allgemeinbildung. In: Dauenhauer, E./Kluge, N. (Hrsg.): Das Verhältnis von Allgemeinbildung und Berufsbildung. Bad Heilbrunn/OBB, S. 7–24.

Livingstone, D. (1999): Exploring the Icebergs of Adult Learning: Finding from the First Canadian Survey of Informal Learning Practices. In: The Candian Journal for the Study of Adult Education, 13 (2), 49–72.

Loch, W. (1979): Lebenslauf und Erziehung. Essen.

Lohr, K. (2008): Subjektivierung von Arbeit aus Sicht der Arbeitssoziologie. Paper presented at the 13. Bamberger Andragogentag. https://www.uni-bamberg.de/fileadmin/andragogik/Andragogik1/Andragogentag_2008/Vortrag_Bamberg_Subjektivierung_von_Arbeit.pdf.

Lombardo, M.M./Eichinger, R.W. (1996): The Career Architect Development Planner Minneapolis.

Löwisch, D.J. (1995): Einführung in pädagogische Ethik. Eine handlungsorientierte Anleitung für die Durchführung von Verantwortungsdiskursen. Damstadt.

Lupou, R. (2010): Validation of adult educators' competences. European need, solution and transfer of innovation to new contexts. In: Egentemeyer, R./Nuissl, E. (Hrsg.): Teachers and Trainers in Adult and Lifelong Learning. Asian and European Perspectives. Frankfurt a.M., S. 167–176.

Mader, W. (1975): Modell einer handlungstheoretischen Didaktik als Sozialisationstheorie. In: ders./ Weymann, A. (Hrsg.): Erwachsenenbildung. Theoretische und empirische Studien zu einer handlungstheoretischen Didaktik. Bad Heilbrunn/OBB, S. 11–148.

Mader, W. (Hrsg.) (1990): Weiterbildung und Gesellschaft. Bremen.

Mania, E./Strauch, A. (2010): Personal in der Weiterbildung. In: DIE-Zeitschrift für Erwachsenenbildung, 3/2010, S. 75–92.

Markert, W. (1973): Erwachsenenbildung als Ideologie. Zur Kritik ihrer Theorien im Kapitalismus. München.

Marsick, V.J./Watkins, K.E. (1990): Informal and incidental learning in the workplace: International Perspectives on Adult Continouing Education. New York.

Martin, A./Langemeyer, I. (2014): Demographie, sozioökonomischer Status und Stand der Professionalisierung – das Personal in der Weiterbildung im Vergleich. In: Deutsches Institut für Erwachsenenbildung (Hrsg.): Trends der Weiterbildung. DIE-Trendalanyse 2014. Bielefeld, S. 43–68.

McCall, M.W./Lombardo, M.M./Morris, A.M. (1988): The Lessons of Experience. How Successful Executives Develop on the Job. Massachusetts/Toronto.

Meilhammer, E. (2010): Geschichte der Erwachsenenbildung in Deutschland bis 1945. In: Arnold/ Nolda/Nuissl, S. 125–130.

Meisel, K./Nuissl, E./von Rein, A./Schlutz, E./Schöll, I. (1994): Marketing für Erwachsenenbildung? Bad Heilbrunn/OBB.

Meisel, K. (2010): Weiterbildungsmanagement. In: Tippelt, R./von Hippel, A. (Hrsg.): Handbuch Erwachsenenbildung/Weiterbildung. Wiesbaden, S. 427–436

Merk, R. (2006). Weiterbildungsmanagement. Bildung erfolgreich und innovativ managen. 3. Auflage. Augsburg.

Meueler, E. (1984): Aneignung von Wirklichkeit. In: Zeitschrift für Weiterbildung in Rheinland-Pfalz, 9/1984, S. 2–5.

Meueler, E. (2010): Didaktik der Erwachsenenbildung. Weiterbildung als offenes Projekt. In: Tippelt/ von Hippel, S. 973–988.

Meulemann, H. (1999): Stichwort Lebenslauf, Biographie und Bildung. In: Zeitschrift für Erziehungswissenschaft 2, S. 305–324

Meyer, H.-J. (1975): Klassik-Idealismus-Romantik. In: Pöggeler 1975, S. 31–49.

Mezirow, J. (1990): Fostering Critical Reflection in Adulthood. A Guide to Transformative and Emancipatory Learning. San Francisco.

Michelsen, G./Siebert, H. (1985): Ökologie lernen. Anleitungen zu einem veränderten Umgang mit der Natur. Frankfurt a.M.

Mieg, H.A. (2006): Professionalisierung. In: F. Rauner (Hrsg.): Handbuch Berufsbildungsforschung. Bielefeld, S. 343–350.

Moldaschl, M./Voß, G.G. (Hrsg.) (2003): Subjektivierung von Arbeit. München.

mmb Institut für Medien- und Kompetenzforschung/Haufe-Akademie (2013): e-Learning und Lernen am Arbeitsplatz im Mittelstand – machen es die kleinen Unternehmen anders als die großen? Repräsentative Studie zum Status quo und Perspektiven von e-Learning und Lernen am Arbeitsplatz. Abgerufen von http://www.mmb-institut.de/projekte/digitales-lernen/E-Learning_in_KMU_und_Grossunternehmen_2013.pdf.

mmb Institut für Medien- und Kompetenzforschung, & Haufe-Akademie. (2014): Der Mittelstand baut beim e-Learning auf Fertiglösungen: Repräsentative Studie zu Status quo und Perspektiven von e-Learning in deutschen Unternehmen. Abgerufen unter: http://www.mmb-institut.de/projekte/digitales-lernen/E-Learning_in_KMU_und_Grossunternehmen_2014.pdf

mmb Institut für Medien- und Kompetenzforschung (2016): MMB-Trendmonitor I/2016: mmb Learning Delphi 2015. Mobiles Lernen wird der Umsatzbringer No. 1. Weiterbildung und Digitales Lernen heute und in drei Jahren. Abgerufen von http://www.mmb-institut.de/mmb-monitor/trendmonitor/mmb-Trendmonitor_2016_I.pdf

mmb Institut für Medien- und Kompetenzforschung/Learntec (2016): Digitale Bildung auf dem Weg in Jahr 2025. Abgerufen unter https://www.learntec.de/data/studie-zur-25.-learntec/schlussbericht_studie-im-rahmen-der-25.-learntec.pdf

Mollenhauer, K. (1980): Einige erziehungswissenschaftliche Probleme im Zusammenhang der Erforschung von „Alltagswelten Jugendlicher". In: Lenzen, D. (Hrsg.): Pädagogik und Alltag. Stuttgart, S. 97–111.

Moraal, D. (2007): Berufliche Weiterbildung in Deutschland. Abgerufen von http://www.bibb.de/de/16624.php

Müller, H.-J. (2011): Devereux revisited – Anmerkungen zur Beobachter-Theorie der empirischen Verhaltensforschung. In: Arnold, R. (Hrsg.): Veränderung durch Selbstveränderung. Impulse für das Changemanagement. Baltmannsweiler, S. 171–190.

Müller, H. (2004): Unsere Träume und unser Leben. Frankfurt.

Nagel, B./Tiedke, E. (2007): Das Rechtssystem in der Weiterbildung. In: Krug, P./Nuissl, E. (Hrsg.): Praxishandbuch Weiterbildungsrecht. Stand 2007. Köln, S. 6–8.

Nagel, B./Tiedtke, E. (2015): Das Rechtssystem in der Weiterbildung. In: Krug, P./Nuissl, E. (Hrsg.): Praxishandbuch Weiterbildungsrecht. Stand 2015. Köln.

Nave-Herz, R. (Hrsg.) (1981): Erwachsenensozialisation. Ausgewählte Theorien und exemplarische Arbeiten. Weinheim.

Niedermair, G. (Hrsg.) (2015): Informelles Lernen: Annäherungen – Problemlagen – Forschungsbefunde, (Vol. 9). Linz.

Nittel, D. (2000): Von der Mission zur Profession? Stand und Perspektiven der Verberuflichung in der Erwachsenenbildung. Bonn.

Nittel, D. (2001): Professionswissen aus der Sicht der Profession. In: Dewe, B./Wiesner, G./Wittpoth, J. (Hrsg.): Professionswissen und erwachsenenpädagogisches Handeln. Bielefeld, S. 31–32.

Nittel, D. (2010): Biographietheoretische Ansätze in der Erwachsenenbildung. In: Tippelt/von Hippel 2010, S. 103–116.

Nittel, D./Völzke, R. (2002): Jongleure der Wissensgesellschaft. Der Berufsfeld der Erwachsenenbildung: Portraits und Fakten. Neuwied.

Nolda, S. (2012): Einführung in die Theorie der Erwachsenenbildung. 2. Auflage. Darmstadt.

North, K./Güldenberg, S. (2008): Produktive Wissensarbeit(er). Antworten auf die Management-Herausforderungen des 21. Jahrhunderts. Wiesbaden.

Nuissl, E. (1985): Zukunftschance Weiterbildung? Zu neueren konservativen Weiterbildungskonzepten, dargestellt am baden-württtembergischen Bericht „Weiterbildung: Herausforderung und Chance". In: Literatur- und Forschungsreport, 15, S. 16–31.

Nuissl, E. (2003): Kundschaft von Weiterbildung erzeugen. In: GdWZ, 14, 4, S. 176–178.

Nuissl, E. (2006): Einführung in die Weiterbildung: Zugänge, Probleme und Handlungsperspektiven. Neuwied.

Nuissl, E. (2010a): Erwachsenenbildung/Weiterbildung. In: Arnold u.a., S. 80–82.

Nuissl, E. (2010b): Empirisch Forschen in der Erwachsenenbildung. Bielefeld.

Nuissl, E. (2010c), Netzwerke und Regionalentwicklung, Münster.

Nuissl, E. (2010d): Ordnungsgrundsätze der Erwachsenenbildung in Deutschland. In: Tippelt/von Hippel, S. 329–346.

Nuissl, E. (2012): Deutungsmusteransatz. In: Schäffer, B./Dörner, O. (Hrsg.): Handbuch qualitative Erwachsenen- und Weiterbildungsforschung. Opladen, S. 238–249.

Nuissl, E. (2015): Lernergebnisse im Non-formalen Lernen. Beitrag zur Tagung „Lernergebnisorientierung" am 22. April 2015 in Berlin. In: www.dqr.de/media/DQR_22.4.2015_Nuissl_von_Rein_-Vormittag.pdf

Nuissl, E. (2016): Erwachsenenbildung/Weiterbildung. In: Tippelt/von Hippel/Schmidt 2016.

Nuissl, E./Brandt, P. (2009), Porträt Weiterbildung Deutschland, Bielefeld.

Nuissl, E./Brandt, P. (2010): Porträt Weiterbildung. DIE. 4., aktualisierte und überarbeitete Auflage. Bielefeld.

Nuissl, E./Lattke, S./Pätzold, H. (…): Europäische Perspektiven der Erwachsenenbildung. Studientexte für Erwachsenenbildung. Bielfeld.

Nuissl, E./Schenk, P. (Hrsg.) (1980): Problemfeld Bildungsurlaub. Aufsätze zu politischen und pädagogischen Aspekten des Bildungsurlaubs. Braunschweig.

Nuissl, E./Schlutz, E. (Hrsg.) (2002): Systemevaluation und Politikberatung, Bielefeld.

Nuissl, E./Schuldt, H.-J. (1993): Betrieb statt Behörde: Die Hamburger Volkshochschule im Wandel. Frankfurt a.M.

Nuissl, E./Siebert, H. (2013): Lehren an der Volkshochschule. Bielefeld.

Ötztürk, H. (2012): Soziokulturelle Determinanten der berufichen Weiterbildungsbeteiligung von Erwachsenen mit Migrationshintergrund in Deutschland – Eine empirische Analyse mit den Daten des SOEP. In: Report – Zeitschrift für Weiterbildungsforschung, 35 (4), S. 21–32.

Overwien, B. (2004): Internationale Sichtweisen auf „informelles Lernen" am Übergang zum 21. Jahrhundert. In: Otto, H./Coelen, T. (Hrsg.): Ganztagsbildung in der Wissensgesellschaft. Wiesbaden. S. 51–73.

Otto, V. (Hrsg.) (1979): Offenes Weiterlernen – Erwachsenenbildung im Selbstlernzentrum. Braunschweig.

PAS (Pädagogische Arbeitsstelle des Deutschen Volkshochschulverbandes) (Hrsg.) (1991): Didaktische Dimensionen der Erwachsenenbildung. Studienbibliothek Erwachsenenbildung. Bd. 2. Frankfurt a.M.

Pätzold, H. (2004): Lernberatung und Erwachsenenbildung. Baltmannsweiler

Peters, R. (2004): Erwachsenenbildungs-Professionalität: Ansprüche und Realitäten. Bielefeld.

Petersen, C.M./Schiersmann, C./Weber, P.C. (2014): Professionell beraten: Kompetenzprofil für Beratende in Bildung, Beruf und Beschäftigung. Retrieved from http://www.forum-beratung.de/cms/upload/BQ/BeQu-Kompetenzprofil.pdf

Podehl, B.R. (1984): Medienpädagogik und Erwachsenenbildung. Frankfurt a.M.

Pöggeler, F. (1968): Bildung in einer mündigen Gesellschaft. In: Ritters, C. (Hrsg.): Theorien der Erwachsenenbildung. Weinheim, S. 99–116. Weinheim.

Pöggeler, F. (1974): Erwachsenenbildung. Eine Einführung in die Andragogik. Handbuch der Erwachsenenbildung. Bd. 1. Stuttgart.

Pongratz, H. J./Voß, G.G. (2001): Erwerbstätige als „Arbeitskraftunternehmer" Unternehmer ihrer eigenen Arbeitskraft? In: SOWI – Sozialwissenschaftliche Informationen, 30 (4), S. 42–52.

Radkau, J. (2011): Die Ära der Ökologie. Eine Weltgeschichte. München.

Rammelstedt, B. u.a. (2013): Grundlegende Kompetenzen Erwachsener im internationalen Vergleich. Ergebnisse von PIACC 2012. Münster.

Rat der Europäischen Union (2011): Entschließung des Rates über eine erneuerte europäische Agenda für die Erwachsenenbildung. Brüssel.

Rat der Europäischen Union (2012). Empfehlungen zur Validierung nichtformalen und informellen Lernens. (2012/C 398/01).

Reble, A. (1975): Geschichte der Pädagogik. Stuttgart.

Reich, J./Tippelt, R. (2008): Milieumarketing – Verortung im bildungswissenschaftlichen Diskurs. In: Dsbn. U.a.: Weiterbildung und soziale Milieus in Deutschland. Bd. 3: Milieumarketing implementieren. Bielfeld, S. 10–17.

Reischmann, J. (2010): Das Konzept des lebensbreiten Lernens. Von „Lernen en passant" zu „kompositionellem Lernen" und „lebensbreiter Bildung". In: www.reischmannfam.de/lit/2010-ZehnLernformen.pdf

Reischmann, J. (2016): Lifewide Learning – Challanges for Andragogy. In: Journal of Adult Learning, Knowledge and Innovation. Budapest.

Richter, I. (1993): Recht der Weiterbildung, Baden-Baden.

Röhr-Sendlmeier, U.M./Käser, U. (2016): Informelles Lernen aus psychologischer Perspektive. In: M. Rohs (Hrsg.): Handbuch Informelles Lernen. Wiesbaden. S. 207–223.

Rohs, M. (2004): Lernprozessbegleitung als konstitutives Element der IT-Weiterbildung. In: Rohs/Käpplinger, S. 133–158.

Rohs, M. (2004). Der didaktisch-methodische Ansatz der Arbeitsprozessorientierten Weiterbildung in der IT-Branche. *Zeitschrift für Berufs- und Wirtschaftspädagogik*, 18, 187–198.

Rohs, M. (2009): Quantitäten informellen Lernens. In: Brodowski, M./Devers-Kanoglu, U./Overwien, B./Rohs, M./Salinger, S./Walser, M. (Hrsg.): Informelles Lernen und Bildung für eine nachhaltige Entwicklung: Beiträge aus Theorie und Praxis. Opladen, S. 35–42.

Rohs, M. (2016a): Genese informellen Lernens. In: Rohs 2016b, S. 3–38.

Rohs, M. (Hrsg.) (2016b): Handbuch Informelles Lernen. Wiesbaden.

Rohs, M./Einhaus, J. (2004): Die Bedeutung der Lernkultur für die Arbeitsprozessorientierte Weiterbildung in der IT-Branche. In: Meyer, R./Dehnbostel, P./Harder, D./Schröder, T. (Hrsg.): Kompetenzen entwickeln und moderne Weiterbildungsstrukturen gestalten. Münster, S. 125–137.

Rohs, M./Ganz, M. (2015): MOOCs and the Claim of Education for All: A Disillusion by Empirical Data. In: International Review of Research in Open and Distributed Learning, 16 (6). 1–19

Rohs, M./Käpplinger, B. (2004): Lernberatung in der beruflich-betrieblichen Weiterbildung. Konzepte und Praxisbeispiele für die Umsetzung. Münster.

Roland Berger Strategy Consulting (2014). Unternehmen Lernen Online: Corporate Learning im Umbruch. Abgerufen unter: http://www.robertfreund.de/blog/wp-content/uploads/2014/08/Roland_Berger_TAB_Corporate_Learning_D_20140602.pdf

Rosa, H. (2016): Resonanz. Eine Soziologie der Weltbeziehung. Berlin.

Rosenbladt, B. v. (2007): Unterscheidung von beruflicher und allgemeiner Weiterbildung in empirischen Erhebungen zur Weiterbildungsteilnahme. In: Report: Zeitschrift für Weiterbildungsforschung, 30 (4), 21–31.

Roth, G. (2011): Bildung braucht Persönlichkeit. Wie lernen gelingt. Stuttgart.

Rousseau, J.-J. (1962): Emíle. Oder über Erziehung. Paderborn.

Sauter, E. (1995): Bildungspolitische Aspekte der Qualitätssicherung in der Weiterbildung. In: Feuchthofen, J. E./Severing, E. (Hrsg.): Qualitätsmanagement in der Weiterbildung. Neuwied, S. 22–39.

Salman, Y. (2009): Bildungseffekte durch Lernen im Arbeitsprozess. Bielefeld.

Satzvey, F. (1975): Adolf Kolping. In: Pöggeler, S. 427–428.

Sawchuk, P. H. (2003): Adult Learning and Technology in Working-Class Life. Cambridge.

Schäffter, O. (2001): Weiterbildung in der Transformationsgesellschaft. Zur Grundlegung einer Theorie der Institutionalisierung. Baltmannsweiler.

Scharmer, C. O. (2007): Theorie U. Von der Zukunft her führen. Presending als soziale Technik. Heidelberg.

Scharmer, C. O. (2009): Theory U. Leading from the Future as it Emerges. The Social Technology of Presencing. Boston.

Schewe, R./Rohs, M. (Hrsg.) (2013): Erfahren ins Netz 2.0: Lernen älterer Beschäftigter mit Web 2.0 in der öffentlichen Verwaltung. Münster.

Schiersmann, C. (1999): Veränderungen der Funktion und Aufgaben des Weiterbildungspersonals vor dem Hintergrund prozessorientierter beruflicher Weiterbildung. In: Arnold, R./Gieseke, W./Nuissl, E. (Hrsg.): Erwachsenenpädagogik – zur Konstitution eines Faches. Baltmannsweiler, S. 201–211.

Schiersmann, C. (2007): Berufliche Weiterbildung. Wiesbaden.

Schiersmann, C. (2010): Beratung im Kontext lebenslangen Lernens. In: R. Tippelt/A. v. Hippel (Hrsg.), Handbuch Erwachsenenbildung/Weiterbildung, Wiesbaden, S. 747–769.

Schiersmann, C. (2015): Beraten. In: Dinkelaker, J./von Hippel, A. (Hrsg.): Erwachsenenbildung in Grundbegriffen. Stuttgart, S. 101–109.

Schiller, F. (2013): Gedichte. 1789–1805. Berlin 2013.

Schlaffke, W.: Betriebliche Weiterbildung. In: Tippelt, R. (Hrsg.): Handbuch Erwachsenenbildung/Weiterbildung. Opladen 1994.

Schlutz, E. (1983): Zur Funktion und Bedeutung der Erwachsenenbildung. Eine Einleitung. In: ders. (Hrsg.): Erwachsenenbildung zwischen Schule und Sozialer Arbeit. Bad Heilbrunn/OBB, S. 7–26.

Schlutz, E. (1991): Erschließen von Bildungsbedarf. Bonn.

Schlutz, E. (1999): Bedarfserschließung. In Grundlagen der Weiterbildung – Praxishilfen (4.30.10). Neuwied.

Schlutz, E. (2001): Bildungsbedarf. In: Arnold, R. u. a. (Hrsg.): Wörterbuch Erwachsenenpädagogik. Bad Heilbrunn/OBB, S. 51–52.

Schmidt-Lauf, S. (2005): Chancen für individuelle Lernzeiten: Bildungsurlaubs- und Freistellungsgesetze. In: Recht der Jugend und des Bildungswesens, 53/2, S. 221–235.

Schmitz, E. (1978): Leistung und Loyalität. Berufliche Weiterbildung und Personalpolitik in Industrieunternehmen. Stuttgart.

Schmitz, E. (1982): Antizipatorische Sozialisation – Bildungsinteresse und Statusübergänge. In: Becker, H. (Hrsg.): Wissenschaftliche Perspektiven zur Erwachsenenbildung. Braunschweig, S. 100–112.

Schmitz, E. (1984): Erwachsenenbildung als lebensweltbezogener Erkenntnisprozess. In: ders./Tietgens, H, (Hrsg.): Erwachsenenbildung. Bd. 11 der Enzyklopädie Erziehungswissenschaft. Stuttgart, S. 95–123.

Schöb, S. /Salender, M./Brandt, P./Fischer, M./Wintermann, O. (2015): Information und Vernetzung – Bedarfe und Erwartungen von Lehrkräften an online-gestützte Fortbildungsangebote. Bonn.

Schöll, I. (2006): Veränderungsanforderungen an haupt- und nebenberufliche Mitarbeitende in der öffentlichen Weiterbildung. In: Meisel, K./Schiersmann, C. (Hrsg): Zukunftsfeld Weiterbildung – Festschrift für Ekkehard Nuissl. Bonn, S. 171–182.

Schönfeld, G./Behringer, F. (2013): Betriebliche Weiterbildung in Deutschland im europäischen Vergleich. Ergebnisse der dritten europäischen Erhebung zur betrieblichen Weiterbildung (CVTS3). Wissenschaftliche Diskussionspapiere, 141. Bonn.

Schrader, J. (1994): Lerntypen bei Erwachsenen. Empirische Analysen zum Lernen und Lehren in der beruflichen Weiterbildung. München.

Schrader, J. (2010): Fortbildung von Lehrenden der Erwachsenenbildung: Notwendig? Sinnvoll? Möglich? Bedarf und Angebot im Überblick. In: Schrader, J./Hohmann, R./Hartz, S. (Hrsg.): Mediengestützte Fallarbeit: Konzepte, Erfahrungen und Befunde zur Kompetenzentwicklung von Erwachsenenbildnern. Bielefeld, S. 25–68.

Schrader, J. (2013): Förderung der Kompetenzen von Lehrkräften, Trainern und Beratern durch die Arbeit mit Videofällen: Grundlagen und Strategien eines längerfristig angelegten Forschungs- und Entwicklungsprogramms. In: Digel, S./Schrader, J. (Hrsg.): Diagnostizieren und Handeln von Lehrkräften. Lernen aus Videofällen in Hochschule und Erwachsenenbildung. Bielfeld, S. 7–23.

Schüßler, I. (2000): Deutungslernen. Erwachsenenbildung im Modus der Deutung. Eine explorative Studie zum Deutungslernen in der Erwachsenenbildung. Baltmannsweiler 2000.

Schüßler, I. (2007): Nachhaltigkeit in der Weiterbildung. Theoretische und empirische Untersuchungen zum nachhaltigen Lernen. Baltmannsweiler: Schneider

Schütz, J./Nittel, D. (2012): Von der Heterogenität zur Vielfalt! Akademische Professionalisierung im Blick einer komparativen pädagogischen Berufsgruppenforschung. In: Egetenmeyer, R./Schüßler, I. (Hrsg.): Akademische Professionalisierung in der Erwachsenenbildung/Weiterbildung. Baltmannsweiler, S. 229–244.

Schuchardt, E. (2003): Weiterbildung als Krisenverarbeitung. Bad Heilbrunn/OBB.

Schulenberg, W. (1957): Ansatz und Wirksamkeit der Erwachsenenbildung. Stuttgart.

Schulenberg, W. (1964): Erwachsenenbildung. In: Groothoff, H. (Hrsg.): Pädagogik. Frankfurt a.M., S. 64–72.

Schulenberg, W. (1972): Erwachsenenbildung als Beruf. In: Schulenberg, W., u.a. (Hrsg.): Zur Professionalisierung der Erwachsenenbildung. Braunschweig, S. 7–23.

Schulze, G. (1993): Die Erlebnisgesellschaft. Kultursoziologie der Gegenwart. Frankfurt a.M.

Schumann, M. (1994): Trendreport Rationalisierung. Automobilindustrie, Werkzeugmaschinenbau, Chemische Industrie. Berlin.

Seitter, W. (2006): Entwicklungsperspektiven universitärer Ausbildung von Weiterbildnern. In: Meisel, K./Schiersmann, C. (Hrsg.): Zukunftsfeld Weiterbildung: Standortbestimmung für Forschung, Praxis und Politik. Bielefeld, S. 107–116.

Seitter, W. (2009a): Professionalitätsentwicklung in der Weiterbildung. Wiesbaden.

Seitter, W. (2009b): Professionsentwicklung als aufgabenbezogene Tätigkeitserweiterung und berufsbiographische Kompetenzaufschichtung: Ein Aufriss. In: Seiter 2009a, 7. 11–18.

Seitter, W. (2000): Geschichte der Erwachsenenbildung. Bielefeld.

Seitter, W. (2011): Erwachsenenbildung und Weiterbildung in historischer Perspektive. In: Fuhr u. a., S. 65–88.

Seiverth, A./Fleige, M. (2014): Zur Situation des Personals in der Evangelischen Erwachsenenbildung. Hessische Blätter für Volksbildung, 64 (1), 53–65.

Sellnow, R. (1991): Die Förderung ökologischer Verantwortung im Konzept des „ökologischen Denk-Werkstatt“. In: Berger u. a., S. 103–117.

Senge, P. u. a. (2009): The Necessary Revolution. How Individuals and Organizations Are Working together to Create a Sustainable World. New York.

Sennett, R. (1988): Der flexible Mensch. Die Kultur des neuen Kapitalismus. Berlin.

Sgier, I./Lattke, S. (Hrsg.) (2012): Professionalisierungsstrategien der Erwachsenenbildung in Europa. Entwicklungen und Ergebnisse aus Forschungsprojekten. Bielefeld.

Siebert, H. (1979): Wissenschaft und Erfahrungswissen der Erwachsenenbildung. Paderborn.

Siebert, H. (1981): Grundangebot Weiterbildung. Diskussionsstand und Entwicklungsmöglichkeiten. Schriftenreihe Bildungsplanung des Bundesministeriums für Bildung und Wissenschaft. Heft 34. Bonn.

Siebert, H. (1982): Programmplanung als didaktisches Handeln. In: Nuissl, E. (Hrsg.): Taschenbuch der Erwachsenenbildung. Baltmannsweiler, S. 100–121..

Siebert, H. (1983): Erwachsenenbildung als Bildungshilfe. Bad Heilbrunn.

Siebert, H. (1984): Erwachsenenpädagogische Didaktik. In: Schmitz, E./Tietgens, H. (Hrsg.): Erwachsenenbildung. Bd. 11 der Enzyklopädie Erziehungswissenschaft. Stuttgart, S. 171–184..

Siebert, H. (1985a): Identitätslernen in der Diskussion. Frankfurt a. M.

Siebert, H. (1985b): Lernen im Lebenslauf. Zur biographischen Orientierung der Erwachsenenbildung, Frankfurt a. M.

Siebert, H. (1985c): Paradigmen in der Erwachsenenbildung. In: Zeitschrift für Pädagogik, 5, S. 577–596.

Siebert, H. (1989): Entwicklungen und Paradigmen der Erwachsenenbildungsforschung. In: Grundlagen der Weiterbildung – Praxishilfen. Register 8.10 vom Dezember, S. 1–14.

Siebert, H. (2009): Lernen und Lernberatung. Augsburg.

Siebert, H. (2010): Erwachsenenbildung in der Bunderepublik Deutschland – Alte Bundesländer und neue Bundesländer. In: Tippelt/von Hippel, S. 59–88.

Siebert, H. (o. J.): Aspekte einer reflexiven Didaktik. In: Schlutz, E. (Hrsg.): Die Hinwendung zum Teilnehmer – Signal einer „reflexiven Wende“ der Erwachsenenbildung? Tagungsberichte Nr. 6 der Universität Bremen. Bremen, S. 74–89.

Siebert, H. (2014): Erwachsene – lernfähig aber unbelehrbar? Was der Konstruktivismus für die Politische Bildung leistet. Schwalbach/Ts.

Siebert, H./Gerl, H. (1975): Lehr-Lernverhalten bei Erwachsenen. Braunschweig.

Sinus (2015): Informationen zu den Sinus-Milieus 2015 (Stand 01/2015 (2015). www.sinus-institut.de/fileadmin/user_data/sinus-institut/Downloadcenter/Informationen_zu_den_Sinus-Milieus.pdf

Sloterdijk, P. (2009): Du musst dein Leben ändern. Frankfurt.

Sonntag, K./Stegmaier, R. (2007): Arbeitsorientiertes Lernen. Zur Psychologie der Integration von Lernen und Arbeiten. Stuttgart.

Spiess, W./Bruns, H./Schick, K. (1973): Verschulung oder Befreiung? Braunschweig.

Spitzer, M. (2010): Medizin für die Bildung. Ein Weg aus der Krise. Heidelberg.

Statistisches Bundesamt (2013): Berufliche Weiterbildung in Unternehmen. Vierte europäische Erhebung über die berufliche Weiterbildung in Unternehmen (CVTS4). Wiesbaden. Abgerufen unter: https://www.destatis.de/DE/Publikationen/Thematisch/BildungForschungKultur/Weiterbildung/WeiterbildungUnternehmen5215201109004.pdf

Statistisches Bundesamt (2014): Bildungsfinanzbericht. Wiesbaden.

Staudt, E./Kley, T. (2001): Formelles Lernen – informelles Lernen – Erfahrungslernen. Wo liegt der Schlüssel zur Kompetenzentwicklung von Fach- und Führungskräften? Eine kompetenzbiografische Studie beruflicher Innovationsprozesse. Berichte der angewandten Innovationsforschung 193. Bochum

Staudt, E./Kriegesmann, B. (2002): Weiterbildung. Ein Mythos zerbricht (nicht so leicht!). In: Staudt, E./Kailer, N./Kottmann, M./Kriegesmann, B./Meier, A.J./Muschik, C./Stephan, H./Ziegler, A. (Hrsg.): Komptenzentwicklung und Innovation. Die Rolle der Kompetenz bei Organisation-, Unternehmens- und Regionalentwicklung. Münster, S. 71–126.

Steiner, P. (2010): Die Weiterbildungsakademie Österreich (wba). Erfahrungen und Zugänge zu Beratung und Kompetenzanerkennung für ErwachsenenbildnerInnen. In: Erwachsenenbildung.at, 9 (6), S. 2–6.

Stiehler, A./Schabel, F./Möckel, K. (2013): Wissensarbeiter und Unternehmen im Spannungfeld. Abgerufen von http://www.wissensarbeiter-studie.de/wp-content/uploads/downloads/2013/07/HAYS-Studie-Wissensarbeiter-Gesamtprojekt.pdf

Strauch, A. (2010): Wirksame Weiterbildungsberatung. DIE-Magazin, 17 (2), 26–27.

Strauch, A./Jütten, S./Mania, E. (2009): Kompetenzerfassung in der Weiterbildung Instrumente und Methoden situativ anwenden. Bielefeld.

Strauch, A./Radtke, M./Lupou, R. (Hrsg.) (2010): Flexible Pathways Towards Professionalisation. Senior Adult Educators in Europe. Bielefeld.

Strohschneider, P. (2016): Rede des DFG-Präsidenten anlässlich der Festveranstaltung im Rahmen der Jahresversammlung der DFG am 5. Juli 2016 (www.dfg.de/download/pdf/dfg_im_profil/reden_-stellungnahmen/2016/160705_rede_strohscneider_festveranstaltung.pdf)

Strukturplan Weiterbildung (1975). Strukturplan für den Aufbau des öffentlichen Weiterbildungssystems in der Bundesrepublik Deutschland. 5. Auflage. Stuttgart.

Strzelewicz, W. (1968): Erwachsenenbildung. Soziologische Materialien. Heidelberg.

Strzelewicz, W./Raapke, H.D./Schulenberg, W.: (1966): Bildung und gesellschaftliches Bewusstsein. Stuttgart.

Tausch, R./Tausch, A. (1983): Wege zu uns. Reinbek b. Hamburg.

Thalhammer, V. (2014): E-learning: An Opportunity for Older Persons. In: Schmidt-Hertha, B./Krasovec, S.J./Formosa, M. (Hrsg.): Learning across Generations in Europe. Contemporary Issues in Older Adult Education (S. 47–58). Rotterdam/Boston/Taipai.

Thomas, W.I./Znaniecki, F. (1958): The Polish Peasant in Europe and America. 2 Vol. New York.

Tietgens, H. (1964): Leiter und pädagogischer Mitarbeiter an Volkshochschulen. Nürnberg.

Tietgens, H. (1968): Zum Aufgabenverständnis der Erwachsenenbildung. In: ders.: Bilanz und Perspektiven. Aufsätze zur Entwicklung der Volkshochschulen. Braunschweig, S. 185–210.

Tietgens, H. (1977): Forschungen für die Erwachsenenbildung. In: Siebert, H. (Hrsg.): Praxis und Forschung in der Erwachsenenbildung. Opladen, S. 11–28.

Tietgens, H. (1978): Warum kommen wenig Industriearbeiter in die Volkshochschule? (1964) In: Schulenberg, W.: Erwachsenenbildung. Darmstadt; S. 98–174.

Tietgens, H. (1981): Die Erwachsenenbildung. München.

Tietgens, H. (1983a): Institutionelle Strukturen in der Erwachsenenbildung. In: Recht der Jugend und des Bildungswesens, 31, 2, S. 98–107.

Tietgens, H. (1983b): Erwachsenenbildung für ein Erwachsenensein. In: Psychosozial, 6/17, S. 155–173.

Tietgens, H. (1984): Zum Aufgabenverständnis beruflicher Weiterbildung in der Volkshochschule. In: Hessische Blätter für Volksbildung, 34, S. 33–42.

Tietgens, H. (1986). Erwachsenenbildung als Suchbewegung: Annäherungen an eine Wissenschaft von der Erwachsenenbildung. Bad Heilbrunn/OBB.

Tietgens, H. (Hrsg.) (1987): Wissenschaft und Berufserfahrung. Bad Heilbrunn/OBB.

Tietgens, H. (1991): Ein Blick der Erwachsenenbildung auf die Biographieforschung. In: Hoerning, E. u.a.: Biographieforschung und Erwachsenenbildung, Bad Heilbrunn/OBB, S. 206–223.

Tietgens, H. (1992): Reflexionen zur Erwachsenendidaktik. Bad Heilbrunn/OBB.

Tietgens, H. (2001): „Soziologie der Volksbildung" – Revision eines Geschichtsbildes. In: Friedenthal-Haase, M. (Hrsg.): Erwachsenenbildung im 20. Jahrhundert. München und Mehring, S. 185–197.

Tietgens, H. (2010): Geschichte der Erwachsenenbildung. In: Tippelt/von Hippel, S. 25–41.

Tietgens, H./Weinberg, J. (Hrsg.): Erwachsene im Feld des Lehrens und Lernens. Braunschweig 1969.

Tippelt, R. (2010): Institutionenforschung in der Erwachsenenbildung/Weiterbildung. In: Tippelt R./von Hippel, A. (Hrsg.), Handbuch Erwachsenenbildung/Weiterbildung, Wiesbaden, S. 453–472.

Tippelt, R./von Hippel, A. (Hrsg.) (2010): Handbuch Erwachsenenbildung/Weiterbildung. 4., durchgesehene Auflage. Frankfurt.

Tippelt, R./von Hippel, A. (Hrsg.) (2016) Handbuch Erwachsenenbildung/Weiterbildung. 6. überarbeitete und aktualisierte Auflage. Wiesbaden.

Tippelt, R./von Hippel, A./Schmidt, B. (Hrsg.): Handbuch Bildungsforschung. Opladen.

TNS Infratest (2015): D21-Digital-Index 2015. Abgerufen von http://www.initiatived21.de/wp-content/uploads/2015/10/D21_Digital-Index2015_WEB.pdf

Tough, A. (1971): The Adult's Learning Project: A Fresh Approach to Theory and Practice in Adult Learning. Toronto.

Tröger, W. (1977): Das Verhältnis von Allgemein- und Berufsbildung im Hinblick auf die Entwicklung der Technik. In: Dauenhauer, E./Kluge, N. (Hrsg.): Das Verhältnis von Allgemeinbildung und Berufsbildung. Bad Heilbrunn/OBB, S. 24–40.

Trumann, J. (2015): Weiterbildungsförderung: Finanzierung und Freistellung. In: Krug, P. /Nuissl, E. (Hrsg.): Praxishandbuch Weiterbildungsrecht. Loseblattsammlung, Köln: Luchterhand, S. 1–16.

UNESCO (2016): 3rd. Global Report on Adult Learning and Education. Abgerufen von http://www.uil.unesco.org/system/files/grale-3.pdf

Urbach, D. (1975): 1933–1945: Epoche des Nationalsozialismus. In: Pöggeler, F. (Hrsg.): Handbuch der Erwachsenenbildung. Bd. 4. Stuttgart, S. 78–95.

Varela, F. u.a. (1990): Kognitionswissenschaft – Kognitionstechnik. Frankfurt a.M.

Vath, R. (1979): Der Beruf des Erwachsenenpädagogen. In: Siebert, H. (Hrsg.): Taschenbuch der Weiterbildungsforschung. Baltmannsweiler, S. 108–139.

Vereinigung der Bayerischen Wirtschaft (Hrsg.) (2015): Bildung – mehr als Fachlichkeit. Münster.

Vester, F. (1975): Denken, Lernen, Vergessen. Was geht in unserem Kopf vor, wie lernt das Gehirn, und wann läßt es uns im Stich? München.

Voigt, W. (1986): Berufliche Weiterbildung. Eine Einführung. München.

von Foerster, H. (1985): Sicht und Einsicht. Wiesbaden.

von Hentig, H. (1984): Das allmähliche Verschwinden der Wirklichkeit. München.

von Hentig, H. (1993): Die Schule neu denken. München.

von Hippel, A. (2007): Medienpädagogische Erwachsenenbildung: Eine Analyse von pädagogischem Auftrag, gesellschaftlichem Bedarf und Teilnehmendeninteressen. Saarbrücken.

Voß, G. G. / Pongratz, H. J. (1998): Der Arbeitskraftunternehmer. Eine neue Grundform der Ware Arbeitskraft? In: Kölner Zeitschrift für Psychologie und Sozialpsychologie, 50 (1), S. 131 – 158.

Walter, M. (2015): Weiterbildungsfinanzierung in Deutschland. Aktueller Stand, Entwicklungen, Problemlagen und Perspektiven. Abgerufen von: http://www.bertelsmann-stiftung.de/fileadmin/files/BSt/Publikationen/GrauePublikationen/LL_Hinte rgrundpapier_Weiterbildungsfinanzierung.pdf

Weinberg, J. (1980): Professionalisierung der Weiterbildung durch Ausbildung für typische Arbeitsplätze. In: Beinke, L. / Arabin, L. / Weinberg, J. (Hrsg.): Zukunftsaufgabe Weiterbildung. Bonn. S. 403 – 424

Weinberg, J. (1985): Lernen Erwachsener. In: Raapke, H,-D. / Schulenberg, W. (Hrsg.): Didaktik der Erwachsenenbildung. Handbuch der Erwachsenenbildung. Bd. 7. Stuttgart, S. 32 – 43.

Weiß, R. (1990): Die 26 Milliarden-Investition. Kosten und Strukturen betrieblicher Weiterbildung. Köln.

Weiß, R. (2016): Bildungsökonomie und Weiterbildung. In: Tippelt, R. / Hippel, A. v. Wiesbaden, S. 367 – 384

Weiterbildung. Herausforderung und Chance (1984). Bericht der Kommission Weiterbildung. Erstellt im Auftrag der Landesregierung von Baden-Württemberg. Stuttgart.

Weniger, E. (1952): Die Eigenständigkeit der Erziehung in Theorie und Praxis. Probleme der akademischen Lehrerbildung. Weinheim.

Werder, L. v. (1980): Alltägliche Erwachsenenbildung. Weinheim.

Weymann, A. (Hrsg.) (1980): Handbuch für die Soziologie der Weiterbildung. Neuwied.

Whitebourne, S. K. / Weinstock, C. S. (1982): Die mittlere Lebensspanne. Entwicklungspsychologie des Erwachsenenalters. München.

Wieland, R. (2004): Arbeitsgestaltung, Selbstregulationskompetenz und berufliche Kompetenzentwicklung. In: Wiese, B. S. (Hrsg.): Individuelle Steuerung beruflicher Entwicklung. Kernkompetenzen in der modernen Arbeitswelt. Frankfurt a. M., S. 169 – 196.

Windelband, L. (2014): Zukunft der Facharbeit im Zeitalter „Industrie 4.0". In: Journal of Technical Education, 2 (2), S. 138 – 160.

Wirth, J. (1978): Erwachsenenbildung, Erwachsenenpädagogik. In: dies. (Hrsg.): Handwörterbuch der Erwachsenenbildung. Paderborn, S. 195 – 217.

Witt,S. / Müller, A.-L. (2015): Dokumentation der Studienangebote der Erwachsenenbildung / Weiterbildung unter Einbezug von berufsbegleitenden und weiterbildenden Studiengänge in Deutschland. Online unter: https://www.die-bonn.de/doks/2015-studiengang-01.pdf.

Wittpoth, J. (1987): Wissenschaftliche Rationalität und berufspraktische Erfahrung. Zum weiterbildenden Studium für Mitarbeiter in der Erwachsenenbildung. Bad Heilbrunn / OBB.

Wittpoth, J. (2003): Erziehung – Bildung – Lebenslanges Lernen. In: Rustemeyer, D. (Hrsg.): Erziehung in der Moderne, Würzburg.

Wittwer, W. (2006): Vom Lernen zum Lehren und zurück. Formen der Lehre in der beruflichen Weiterbildung. In: Nuissl, E. (Hrsg.): Vom Lernen zum Lehren. Lern- und Lehrforschung für die Weiterbildung. Bielefeld, S. 193 – 207.

Wong, L.-H. / Looi, C.-K. (2011): What seams do we remove in mobile-assisted seamless learning? A critical review of the literature. Computers & Education, 57 (4), S. 2364 – 2381. doi:10.1016/j.compedu.2011.06.007.

WSF – Wirtschafts- und Sozialforschung (2005): Erhebung zur beruflichen und sozialen Lage von Lehrenden in Weiterbildungseinrichtungen. Kerpen.

Wuppertaler Kreis e. V. (2016): Trends der Weiterbildung. Verbandsumfrage 2016. Abgerufen unter: http://www.wkr-ev.de/trends16/wktrends2016.pdf

Yahya, S. / Ahmad, E. A. / Jalil, K. A. (2010): The definition and characteristics of ubiquitous learning: A discussion. International Journal of Education and Development using Information and Communication Technology (IJEDICT), 6 (1), S. 117–127.

Yendell, A. (2017): Soziale Ungleichheit in der beruflichen Weiterbildung.

Zajonc, A. (2014): Contemplative Pedagogy and the Science: The place of Contemplation Within an Integrattive Education. In: www.arthurzajonc.org/wp-content/uploads/2016/01/ContemplaticePedagogyandtheSciences.doc-1.pdf

Ziep, K.-D. (1990): Der Dozent in der Weiterbildung. Professionalisierung und Handlungskompetenzen. Weinheim.

Zimmer, G. (1985): Entwicklungstendenzen der Informationstechnik und Konsequenzen für die berufliche Weiterbildung, In: Zeitschrift für Berufs- und Wirtschaftspädagogik, 81, 6, S. 508–522.

Znaniecki, F. (1969): On Humanistic Sociology. Chicago / London.

DIE AUTOREN

Prof. Dr. habil. **Rolf Arnold** vertritt das Fachgebiet Pädagogik (insbesondere Berufs- und Erwachsenenpädagogik) an der Technischen Universität Kaiserslautern. Nach mehrjähriger Führungsfunktion in einer internationalen Organisation leitete Arnold ab 1992 den Aufbau des heutigen „Distance and Independent Studies Center“ (DISC) an der TU Kaiserslautern zu einer der größten akademischen Fernstudieneinrichtungen in Deutschland, dem er heute als Wissenschaftlicher Direktor vorsteht. Im Jahr 2002 lehnte Prof. Arnold einen Ruf an die Universität Tübingen ab. Arnold ist seit 2003 der Sprecher des Leitungsgremiums des „Virtuellen Campus Rheinland-Pfalz“ (VCRP) – einem Hochschulnetzwerk mit heute mehr als 60.000 Studierende. Er war viele Jahre Verwaltungsratsvorsitzender des „Deutschen Instituts für Erwachsenenbildung“ (DIE) in Bonn sowie Mitglied des Innovationskreises Weiterbildung beim Bundesministerium für Bildung und Forschung (BMBF). Prof. Arnold ist an der Leitung der postgradualen Masterprogramme „Erwachsenenbildung“, „Personalentwicklung“, „Schulmanagement“ und „Systemische Beratung“ an der TU Kaiserslautern beteiligt. Zu den Konzepten einer Persönlichkeitsbildung hat Arnold u. a. das Buch „Wie man wird, wer man sein kann. 29 Regeln zur Persönlichkeitsbildung“ (Heidelberg 2016: Carl Auer) vorgelegt.

Weitere Informationen sowie Downloads und Audio- sowie Video bzw. Vorlesungsaufzeichnungen: www.sowi.uni-kl./paedagogik

Prof. Dr. habil. Dr. h.c. mult. **Ekkehard Nuissl** ist Seniorprofessor an der Technischen Universität Kaiserslautern und lehrt zudem als Professor an den Universitäten in Torun (Polen), Timisoara (Rumänien) und Florenz (Italien). Zuvor war er Leiter des Heidelberger Instituts für empirische Bildungsforschung, Direktor der Hamburger Volkshochschule und über zwanzig Jahre Wissenschaftlicher Direktor des Deutschen Instituts für Erwachsenenbildung, parallel dazu Hochschullehrer in Heidelberg, Hannover, Marburg und Duisburg-Essen. Er vertrat die Bundesrepublik Deutschland in internationalen Gremien der Erwachsenenbildung, war viele Jahre Vizepräsident der Wissenschaftsgemeinschaft Gottfried Wilhelm Leibniz und wurde 2006 in die International Hall of Fame for Adult Education berufen, wo er seit 2017 auch im Vorstand ist. Von seinen ca. 700 Publikationen sind viele in andere Sprachen übersetzt. Zuletzt veröffentlichte er „Lernort Tagung" (Bielefeld 2016, wbv), „Keine lange Weile" (Bielefeld 2016: wbv) und „Kultur lernen" (Baltmannsweiler 2017, Schneider).

Weitere Informationen unter https://www.sowi.uni-kl.de/paedagogik/mitarbeitende/nuissl/

Dr. phil. **Matthias Rohs** ist seit 2013 Juniorprofessor für Erwachsenenbildung mit Schwerpunkt Fernstudium und E-Learning an der Technischen Universität Kaiserslautern. Zuvor hat er an verschiedenen Forschungseinrichtungen in Deutschland und der Schweiz gearbeitet und war mehrere Jahre als Personalentwickler in der Wirtschaft tätig. Seine Forschungsschwerpunkte liegen im Bereich der allgemeinen, beruflich/betrieblichen und wissenschaftlichen Weiterbildung. Dabei stehen vor allem Fragen des informellen Lernens sowie des Einsatzes digitaler Medien im Mittelpunkt. Seit 2017 ist Matthias Rohs stellvertretender wissenschaftlicher Direktor des „Distance and Independent Studies Center" (DISC) an der TU Kaiserslautern und Leiter der Abteilung „Entwicklung und Transfer", zugleich fungiert er als einer der fachlichen Leiter des Masterstudiengangs „Erwachsenenbildung" am DISC. Darüber hinaus ist Matthias Rohs Mitherausgeber der Buchreihe „Erwachsenenbildung und lebensbegleitendes Lernen" im W. Bertelsmann Verlag und hat zuletzt das Handbuch „Informelles Lernen" herausgegeben.

Weitere Informationen unter https://www.sowi.uni-kl.de/erwachsenenbildung